2
2022
第2辑
总第66辑

Nomocracy Forum

法治论坛

广州市法学会 / 编

中国法制出版社
CHINA LEGAL PUBLISHING HOUSE

目录 CONTENTS

大数据法治

涉外法治

实务研究

案例分析

法谈法议

大数据法治

元宇宙视域下算法创作的版权保护

——以“某林案”与“某讯机器人 Dreamwriter 案”展开

郭永辉　宋伟锋*

【内容提要】 算法创作是元宇宙时代虚拟数字技术应用的产业发展需要，版权法是法律制度安排，为顺应产业发展要求，一方面激励算法应用的创新，保障算法创作主体的动力和期待；另一方面保护作品创作领域的人类作品创作积极性和主动性。但当前我国版权领域立法上规定不明确，造成司法实务上对算法创作判决差异性，如“某林案”与“某讯机器人 Dreamwriter 案”判决不一的问题。版权法对算法创作的制度设计或者法律诠释，应当保持宽容和审慎的态度，以工具理性与价值理性双重平衡理念，赋予算法创作的法律主体资格和作品地位，从而明确算法创作的权利归属、权利内容、权利界限及侵权责任认定路径，实现法律体系内部的制度性自洽。

【关键词】 元宇宙　算法创作　作品　工具理性

一、问题的提出

从两起人工智能生成内容著作权案说起，一是 2018 年北京某林律师事务所诉某度网讯科技有限公司著作权侵权纠纷案（以下简称“某林案”）[1]；二是

* 郭永辉——西北政法大学教授，博士生导师，主要研究领域：国家安全和反恐；宋伟锋——西北政法大学博士研究生，克拉玛依市人民检察院综合检察业务部副主任，全国检察机关调研骨干人才，主要研究领域：数据法。本文系 2021 年度最高人民检察院检察理论研究重点课题“检察机关服务保障平安中国建设研究”阶段性成果（GJ2021B03）。

1　参见北京某林律师事务所诉某度网讯科技有限公司著作权侵权纠纷案，北京互联网法院（2018）京 0491 民初 239 号民事判决书、北京知识产权法院（2019）京 73 民终 2030 号。

2019年深圳市某讯计算机系统有限公司诉被告上海盈某科技有限公司侵害著作权及不正当竞争纠纷案（以下简称“某讯机器人 Dreamwriter 案”）[2]。

两起案件的共性：均为人工智能生成内容著作权纠纷案，且两起案件均被认定法人作品，北京互联网法院认定理由是涉案文章系原告策划完成，文章内容体现原告视角的分析和评价；深圳市南山区人民法院认定理由是涉案文章是由原告主创团队多人分工，包括编辑团队、产品团队和技术开发团队，整体合作创作完成的作品，体现原告思想和表达要求，系原告主持的法人作品。

两起案件的不同：北京互联网法院认为，“某林案”中涉案文章不被认定为著作权法上的作品，理由是涉案文章虽有一定独创性，但不符合著作权法上自然人创作作品的要求，涉案文章系威科先行库输入关键词、算法、规则与模板的结果生成，实质上威科先行库创作分析报告，软件开发者与软件使用者均不具有作者身份，但为激励软件使用者使用、传播信息的动力，赋予软件使用者相关权益。深圳市南山区人民法院认为，“某讯机器人 Dreamwriter 案”中涉案文章系文字作品，理由是涉案文章系原告主创团队人员应用某讯机器人 Dreamwriter 智能写作辅助软件完成的，判断涉案文章独创性的认定，一是其外在表现上，涉案文章对当日上午相关股市信息、数据的选择、分析、判断，文章结构合理，表达逻辑清晰，符合文字作品形式要求；二是生成过程中，原告主创团队在数据输入、触发条件设定、模板和语料风格的取舍上的安排与选择，属于与涉案文章的特定表现形式之间具有直接联系的智力活动。

从“某林案”与“某讯机器人 Dreamwriter 案”看，司法实务界对算法创作物法律属性存在争议，可以看出算法创作物是否被认定为作品？算法创作是否能取得版权保护？当前，在我国著作权法对算法创作物未作出明确规定的情况下，如何界定算法创作主体法律属性和算法创作的客体（本文中“算法创作”即“人工智能创作”），需要为司法实务提供统一的标准，无疑是对数字法治的推进，也是顺应全球元宇宙时代发展的需要。

二、元宇宙与算法创作的结构逻辑

元宇宙是互联网技术发展新阶段的整体系统，而算法创作是互联网技术的要素组成部分，属于元宇宙的子系统。整个互联网循环的元宇宙运行，需要子系统按照结构安排运转，否则元宇宙系统将会停止运转，影响我国数字经济与全球接轨。

---

2 参见深圳市某讯计算机系统有限公司诉被告上海盈某科技有限公司侵害著作权及不正当竞争纠纷案，广东省深圳市南山区人民法院（2019）粤0305民初14010号民事判决书。

（一）元宇宙概念解读

1992年美国科幻小说家尼尔·斯蒂芬森在其撰写的《雪崩》（*Snow Crash*）一书中描述了一个平行于现实世界的网络世界——元宇宙（Metaverse）。[3] 2021年3月10日，沙盒游戏平台Robloxz作为第一个将“元宇宙”概念写进招股说明书的公司，在纽交所上市，首日市值突破400亿美元，引发思想界、科技界、资本界、文化界及相关政府部门的关注。元宇宙概念是指人类价值观念、人文思想、技术工具、经济模式和宇宙认知相结合，多人在线，用户自定义身份活动，平行于现实世界，又独立于现实世界的虚拟空间，具有映射现实世界的在线虚拟世界、真实的数字虚拟世界。[4] 元宇宙的基础设施：在经济要素上，数字身份、数字资产、数字市场、数字货币、数字消费；在基本特征上，沉浸式体验、自由创造、社交网络、经济系统、文明形态；在技术基础上，区块链、交互技术、游戏、人工智能、网络、物联网。[5] 人工智能主要依靠数据、算法及算力，模拟人的意识和思维，实现信息处理过程。算法在人工智能技术中占据核心地位，算法广泛应用于游戏、展览、教育、医疗、人文社科创作等领域。

（二）算法创作过程

吴汉东教授认为，算法创作实质上是机器学习技术的应用场景，即通过数据分析、算法学习，找到人类审美规则，形成表达文本。[6] 算法创作是指利用人工智能技术，在收集海量数据的基础上，借用人工设计的算法规则，生成的算法创作物。算法创作过程可以分为三个阶段：数据输入—算法学习—生成创作物。在数据输入阶段，主要进行数据个性化选择与安排；在算法学习阶段，开展算法规则与模板应用；在生成创作物阶段，生成算法结果。最终实现算法创作全流程。

数据输入阶段主要是数据收集和数据分析。以“某林案”为例，涉案文章系使用威科先行数据库检索关键词、案件类型、审判文书等条件，对符合要求的电影行业案件2589份裁判文书统计分析。以“某讯机器人Dreamwriter案”为例，涉案文章系利用Dreamwriter软件，在大量采集并分析股市财经类文章的文字结构、不同类型股民读者需求的基础上，根据原告独特的表达意愿形成文章结构，并利用原告收集的股市历史数据和实时收集的当日上午的股市数据，进行数据分析。

---

3 ［美］尼尔·斯蒂芬森著：《雪崩》，郭泽译，四川科技出版社2018年版，第5页。

4 邢杰等编著：《元宇宙通证》，中译出版社2021年版，第2－3页。

5 赵国栋、易欢欢、徐远重著：《元宇宙》，中译出版社2021年版，第2－16页。

6 吴汉东：《人工智能生成作品的著作权法之问》，载《中外法学》2020年第3期。

算法学习阶段是算法创作核心过程，主要是人机合一共同创作，即人类借助智能辅助协作软件创作。以“某林案”为例，借助威科先行数据库，选定关键词，使用可视化功能生成对电影娱乐行业的司法分析报告。以“某讯机器人Dreamwriter案”为例，主创团队对Dreamwriter软件设定规则和触发程序，智能化筛选数据库内容，符合文章生成条件的，进入写作引擎进行数据校验，按照参考模板，撰写文章。

生成创作物阶段是算法表达与文本模板生成内容。在“某林案”中，利用威科先行库生成电影娱乐行业的司法分析报告；在“某讯机器人Dreamwriter案”中，某讯主创团队，借助Dreamwriter智能写作软件，自动生成财经报道文章，于平台发布。

（三）元宇宙与算法创作的系统解构

动态系统由内部各部门要素的互动而发生演变，处于动态的平衡。[7] 算法创作与元宇宙逻辑关系是要素与系统的关系，算法创作作为元宇宙之中的互动要素不可或缺。从元宇宙系统要素看，存在经济要素和技术要素，经济要素下有数字市场，算法创作满足互联网新业态下人类对科学、文化信息需求；技术要素下有人工智能，算法是人工智能的核心技术。若将元宇宙视为一个动态的运行系统，那算法创作作为技术要素，是系统内各要素互动不可缺少的，否则元宇宙系统运行会出现异化，或者不稳定问题。在互联网技术日新月异的发展中，数字经济引领全球经济新发展，人工智能技术尤其是算法渗透到科技创新的各领域，算法创作作为算法应用的一个领域，成为元宇宙时代虚拟身份活动在数字市场的重要元素。算法创作成为构建元宇宙体系的结构要素，在元宇宙动态平衡中，为元宇宙各要素运转，起到枢纽和平衡稳定的作用。

三、工具理性与价值理性平衡下算法创作的法律范式

工具理性与价值理性作为判断算法创作的版权保护范式标准，为司法实务领域算法创作版权认定提供参考依据。反思算法技术发展与人类福祉之间的利益权衡，回归到主体（人类）—客体（算法）关系上，算法创作是为人类服务的工具。

7　陈天机、许倬云、关子尹著：《系统视野与宇宙人生》，广西师范大学出版社2004年版，第21－22页。

（一）工具理性与价值理性的平衡标准

德国社会学家马克斯·韦伯提出工具理性与价值理性，工具理性强调追求目的，忽视过程本身，具有功利导向；价值理性强调行为自身价值，即行为所内含的社会价值、良知。[8] 在社会演变中，工具理性与价值理性处于互动关系中，谁的权重因素大，谁就处于那个时代的主导。西方工业社会发展进入深刻的工具化理性化进程，[9] 过于强调科技革命，生产力发展，忽视社会关怀和道德伦理。内在道德被情感、被抛弃，社会公平正义为推理计算遮掩，工具理性取代价值理性。[10]

算法黑箱、大数据杀熟等技术至上的理念回归社会视野，纯粹地以某个理性主导形态对社会发展存在固有缺失。若片面强调算法、大数据技术发展对社会生产力发展具有极大促进作用，容易忽视社会责任、社会伦理。技术垄断造成技术占有者忽视弱势群体利益，损害社会公平正义，加重阶层分化，影响社会稳定。算法创作版权保护范式，需要结合工具理性与价值理性的平衡，才能有效促进社会技术发展与科技文明并存。

（二）算法创作的主体法律属性

算法创作的版权保护前提之一就是算法创作主体法律资格认定。我国现行《著作权法》第 11 条规定，“著作权属于作者……创作作品的自然人是作者……”现有立法对作品创作者认定为自然人，即使是法人作品，也是自然人代表法人创作的。若算法创作的主体定义为机器，就不具有创作作品的主体法律资格；若算法创作的主体定义为人与机器，就符合作品创作的自然人主体因素，具有法律上主体资格。

围绕算法创作的主体法律资格问题产生争议：

在司法实务领域争议，在“某林案”中，法院认定算法创作不具有著作权法上的作者身份，理由是创作者是威科先行库，不符合自然人创作要求；在“某讯机器人 Dreamwriter 案”中，法院认定算法创作具有著作权法上的作者主体身份，理由是涉案文章是由创作团队多人合作，人机合一共同创作，包括自然人因素。

8　［德］马克斯·韦伯著：《社会科学认识和社会政策认识中的客观性》，载《社会科学方法论》，李秋零、田薇译，中国人民大学出版社 1999 年版，第 20 页。

9　Max Weber, Vorbemerkung, in Gesammelte Aufsatze zur Religionssoziologie (Bd. I), Tubingen, 1988: 1 – 16.

10　闻媛：《价值判断在经济学研究中的式微与复归》，载《政治经济学评论》2021 年第 6 期。

在学术领域争议，支持算法创作法律主体资格的观点：吴汉东学者认为，算法创作是人类作者与机器作者合作创作的作品，符合著作权法作者的自然人因素，赋予算法创作主体法律资格。[11] 徐小奔学者认为，人在算法创作中充分参与带来作品的人格要素。[12] 何文怀学者认为，计算机程序的使用人可能成为计算机生成作品的作者，用户可以选择输入数据而利用人工智能进行创作。[13] 李伟民学者认为，人工智能管理者是作品的法律作者，把机器人、设计者作为事实作者对待。[14] 反对算法创作法律主体资格的观点：王迁学者认为，人工智能生成物不符合作品主体标准，即只有人创作的作品才称为作品。[15] 黄玉烨学者认为，人工智能本身属于物的范畴，不能成为著作权法上的适格主体，其产生物是“物生物”关系，而传统著作权法上的作品是“人生物”关系。[16] 李杨学者认为，按照康德哲学“人与物二分法”和“人是目的”，只要人的主体性与人工智能的客体性不发生根本变化，制度安排时，人工智能只能作为人的工具。[17] 刘文献学者认为，人工智能只能在人类先行建模、世界符号化后才能从事创作。[18]

在司法实务与学术研究领域观点基础上，个人倾向赋予算法创作的主体法律资格，理由如下：一是元宇宙时代，互联网新业态发展需要，激励和支持新技术的推广和应用，鼓励创造者研究开发新动力，算法创作是工具理性的最好诠释，但认可算法创作的同时不得忽视其价值理性，算法规则的社会伦理和社会责任，肯定人是社会的主体性，算法具有客体性，属于人类发展的工具，体现中道思维；二是算法创作并不是单纯的机器人创作，创作数据选择、创作风格、主题表达、创作模板及规则设定都蕴含人类对算法创作的思维和表达意图，具有人格因素，而反对者的理由就是因为机器人缺乏自然人的情感和思维表达，既然解释算法创作人机合作创作，则就应当认定算法创作主体具有法律主体资格。

---

11 吴汉东：《人工智能生成作品的著作权法之问》，载《中外法学》2020 年第 3 期。

12 徐小奔：《人工智能“创作”的人格要素》，载《求索》2019 年第 6 期。

13 何文怀：《我国著作权法下的“计算机生成之作品”》，载《浙江大学学报（人文社会科学版）》2020 年第 3 期。

14 李伟民：《人工智能诗集的版权归属研究》，载《电子知识产权》2019 年第 1 期。

15 王迁：《论人工智能生成的内容在著作权法中的定性》，载《法律科学》2017 年第 5 期。

16 黄玉烨、司马航：《孳息视角下人工智能生成作品的权利归属》，载《河南师范大学学报（哲学社会科学版）》2018 年第 4 期。

17 李扬、李晓宇：《康德哲学视点下人工智能生成物的著作权问题探讨》，载《法学杂志》2018 年第 9 期。

18 刘文献：《人工智能生成内容“可版权性”的哲学基础——以人工智能哲学理论为视角》，载《政治与法律》2020 年第 3 期。

（三）算法创作物的作品属性

算法创作物是不是著作权法上的作品仍争议不断。大陆法系知识产权是以黑格尔人格财产学说为理论基石，[19]形成的“人格—财产”二维权利体系。我国著作权立法借鉴“人格—财产”二维权利保护体系。《著作权法》第3条规定，本法所称的作品，是指文学、艺术和科学领域内具有独创性并能以一定形式表现的智力成果，包括符合作品特征的其他智力成果。我国作品认定采取概念加列举方式，但对算法创作物认定未明确列举，需要结合作品概念对人格因素进行独创性的解释判断。

在学术领域争议，支持算法创作物为作品的观点：吴汉东学者认为，对人工智能创作物而言，只要创作内容具备独创性，就应当认定为作品。[20]杨利华学者认为，以作品中心主义作为判断独创性的客观标准，而作者创作意图实践中无法探知，算法学习原有作品，生成与已有作品不同的算法创作物，具有显著差异性，符合作品独创性要求。[21]丛立先学者认为，人工智能创作的内容，形式上是人工智能经过感知学习分析而成的，是应用算法、规则和模板的结果，但决定作品成立与否应该看创作结果。[22]反对算法创作物为作品的观点：冯晓青学者认为，独创性判断可以从客体独创性和作者创作意图诠释，在客体独创性上，算法创作时基于语言编辑算法的创作规则不具有“实质性相似”的不同内容，创作规则属于算法模板，生成内容具有近似性。在作者创作意图上，算法创作依附于算法规则，缺乏创作主动性。因此不具有独创性，不是作品。[23]王迁学者认为，人工智能生成内容在表现形式上与人类创作的作品类似，但应用算法、规则和模板的结果，不能体现作者独特个性，并不能被认定为作品。[24]杨延超学者认为，人工智能时代，创作过程仅仅体现机器算法的贡献值，难以达到著作权法意义上的作品，必须包含想象力要素达到一定标准，才能成为法律意义上的保护对象。[25]

19　邹彩霞著：《中国知识产权发展的困境与出路：法理学视角的理论反思和现实研究》，上海社会科学院出版社2013年版，第84页。

20　吴汉东：《人工智能时代的制度安排与法律规制》，载《法律科学》2017年第5期。

21　杨利华：《人工智能生成物著作权问题探究》，载《现代法学》2021年第4期。

22　丛立先：《人工智能生成内容的可版权性与版权归属》，载《中国出版》2019年第1期。

23　冯晓青、潘柏华：《人工智能“创作”认定及其财产权益保护研究——兼评“首例人工智能生成内容著作权侵权案”》，载《西北大学学报（哲学社会科学版）》2020年第2期。

24　王迁：《论人工智能生成的内容在著作权法中的定性》，载《法律科学》2017年第5期。

25　杨延超：《人工智能视阈下知识产权概念的演进与变迁》，载《东南大学学报（哲学社会科学版）》2020年第6期。

综合算法创作是否成为作品的正反两方观点，个人倾向于算法创作物赋予著作权法意义上的作品，理由如下：一是算法创作物不能被视为作品，就不能得到版权保护，算法研发者和使用者对算法创作的研发和使用动力减弱，不利于算法技术优化，影响元宇宙时代基础要素的组建，整个数字时代的动态系统平衡被打破。人类社会文明是生产工具的革新，忽视工具理性，价值理性则无从谈起，人类文明将会停滞。二是从版权法的立法初衷看，其理论基石是思想与表达，但保护的重点在于表达而非思想，思想保护属于内在性，法律无法揣测其意图，不具有法律可操作性。独创性和可复制性是构成作品的实质要件，且独创性需要具备一定程序的智力创作。[26] 因此，算法创作物符合作品独创性要求，则可以认定为作品。三是算法创作是人的思维和意识的延伸，其在人的指导性创作，体现人的思想情感。算法创作具有独创性是缘于其生成内容与已有作品不同，就应视为独创性。以算法创作者身份属性否认其作品属性毫无意义。四是当前国外学者和立法认可算法创作物的作品属性。英国1988年《版权、设计和专利法案》第9条第3款，计算机生成作品，对该作品创作进行必要安排之人享有著作权。[27] 美国学者帕梅拉·塞缪尔森认为，人工智能的成果属于作品且受知识产权法保护。[28] 如美国学者蒂莫西·巴特尔依据“虚拟法律人格说”提出“FHA”理论，赋予人工智能虚拟的法律人格，使其对人工智能创作物享有知识产权。[29] 既然算法创作物具有人格因素，那被视为作品就是水到渠成。康德认为，作品是人格的反映，作品本质上是作者的意志。[30]

四、算法创作的版权保护路径

在元宇宙时代，互联网技术发展新业态下，数字虚拟经济崛起，新业态的发展成果需要法律制度予以保障。在工具理性与价值理性利益动态平衡中，赋予算法创作物著作权法意义上的作品地位，推动解决算法创作物版权保护路径问题。

（一）明确算法创作的权利归属

算法创作物作为著作权法上的作品，根据作品版权归属一般属于作者，或

---

26 吴汉东著：《知识产权法学》，北京大学出版社2014年版，第47-48页。

27 梁志文：《论人工智能创造物的法律保护》，载《法律科学》2017年第5期。

28 郭泽强：《人工智能时代权利与责任归属的域外经验与启示》，载《国外社会科学》2020年第5期。

29 朱梦云：《人工智能生成物的著作权归属制度设计》，载《山东大学学报（哲学社会科学版）》2019年第1期。

30 《康德著作全集》（第八卷），李秋零译，中国人民大学出版社2010年版，第85-86页。

者法人，但自然人仍然是作品的创作者。根据我国《著作权法》规定，机器人不享有著作权，只有自然人或法人组织享有著作权。在“某林案”与“某讯机器人 Dreamwriter 案”中，法院均将算法创作物即涉案文章认定为法人作品。从算法创作过程看，算法创作软件投资者、研发者、使用者、机器人对算法创作物著作权进行分配。

通过对相关利益主体解构排除方式，认定算法创作物权利归属。无论是英美法系还是大陆法系均认同机器人对算法创作物本身不享有著作权。即使算法创作物被视为作品，也是因其有人的参与，含有人的思维因素。机器人不具有法律主体资格是全世界的共识，在工具理性与价值理性认知中，算法创作作为人工智能工具，是为人类福祉服务的。人类与机器人属于主客体关系，因此机器人不享有算法创作物的著作权。从算法创作软件的投资者看，投资者的利益在其出售或者转让算法软件时，所获得的软件销售费或者转让费用足以弥补投资者的投入成本，也能保障其收益，不需要再赋予著作权来重复保障，因此，算法创作软件投资者不享有著作权。从算法创作软件研发者看，研发者分两类：一类是单独个体研发者，该类主体研发算法创作的软件，算法创作软件达到著作权法上“计算机软件”作品的要求，则著作权法即赋予研发者著作权。对算法创作物而言，算法创作物的著作权不属于研发者，但在研发者与使用者同一性的情况下，尽管看似是两次著作权，但每个著作权的客体不同，第一次著作权的客体是算法创作软件，第二次著作权的客体是算法创作物，属于算法软件生成的新物。另一类研发者履行法人职务，不享有著作权，研发算法创作软件，完成工作任务，尽管算法创作研发者是自然人（员工），其从算法创作物中已获得工资待遇保障。从算法创作软件使用者看，算法创作物的著作权归属于使用者。使用者在选择数据，设置关键词，选定表达主题、表达风格，选用模板等方面延伸个人思维和表达意图。使用者选择条件，生成算法创作物是不同于算法软件研发者思维的，而是根据已有数据库作品，结合自身表达风格和思维，生成的新的作品。这就好比画笔生产商永远不会预测画笔使用者会创作何种书法作品或者画作，使用者创作的作品是不同于原有作品的。使用者履行职务的，著作权属于法人；使用者个人创作的，则著作权属于使用者本人。新闻媒体、其他组织及个人使用算法软件创作，著作权理应采取上述路径归属认定。

上述算法创作物的著作权归属认定不会影响算法技术发展，可以妥善处理各方利益平衡。不建议另外设置机器人著作权，否则违背我国著作权法关于人身权—财产权二维权利的基础原则。不管互联网技术如何发展，人类处于中心位置不可撼动，机器不得与人类分权。

（二）厘定算法创作的权利内容

通过“某林案”和“某讯机器人 Dreamwriter 案”，综合分析对算法创作物不同人类创作的争议点，涉及算法创作物保护力度、署名权、发表时间、作品保护期限等问题解决，对明确算法创作物权利范畴意义重大。

从算法创作物的保护力度看，需要建立著作权分级保护模式，元宇宙时代的互联网新业态必然促使大量算法创作物累积出现，算法创作的基础能力取决于数据、算法、算力，意味着数据存储量越大，算法规则越优化，算力越强大，算法创作的速度越快，作品质量越高。这必然对纯粹人类创作的主动性产生影响，算法创作可以短时间批量化生成，但纯粹人类创作难以做到，人类的效率无法与算法创作相媲美。一味地强调作品中心主义，以结果论成败，尤其是作品质量达到中等程度以上时难以区分好坏，机器与人类创作足以混淆，这对人类思想和情感表达更新不利，也不利于作品创新。因此，构建作品著作权分级保护显得十分重要，这就如同手擀面比机器压的面好吃，售价高，市场欢迎度也高。根据著作权保护力度强弱，分为三级著作权保护：第一级著作权保护是纯粹人类作品，完全源自自然人思想和情感表达，具有独创性，传播人类思想文化，赋予一级著作权保护强度；第二级著作权保护是人（强因素）+机器合作（弱因素）生成作品，可以统称为弱算法创作物，人的创作贡献值处于绝对优势，机器创作的贡献值占比较小，保护等级上仅次于纯人类作品；第三级著作权保护是人（弱因素）+机器（强因素）生成作品，可以统称为强算法创作物，人类对创作的贡献值减弱，机器创作的贡献值比重占据绝对优势。

算法创作作品都离不开机器，鉴于此共性，可以对算法创作物实施区块链网上注册登记，对算法创作物发布前，增加一个环节即注册登记，属于备案性质。对算法创作物实施区块链注册登记，便于区分人类创作与算法创作的不同，对其著作权区别保护便于识别，否则人类创作与机器创作会发生混淆。对不同类型作品，区别著作权保护，目的是鼓励人类创作，表达思想，传播思想文明，而不是让机器淹没人类创作积极性。保护算法创作物的著作权是鼓励新技术、新业态发展，人类社会发展需要不断的技术革新。因区块链技术分布式、不可篡改性、信任共享的特点，采取区块链注册登记算法创作物，对确定算法创作物首次发表时间具有重要意义。算法创作与人类创作发表时间客观上不一致，人类创作时间在作品完成时，作者创作完成时间与作品生成时间同步即取得著作权，而算法创作是人的创作时间先于作品生成时间，作品完成具有滞后性，不是同步生成的。因此，采取区块链技术对算法创作进行注册登记，可以确定作品发表时间，有利于确定著作权获得时间。

在作品署名权认定上，对算法创作物文末备注“机器人作者+算法创作使用者”身份，解决作品署名权问题，最终作品归结在人的身份上，机器属于辅助工具。根据算法软件功能和创作过程贡献度，客观标识人与机器贡献值比重，一方面解决作品凝聚的贡献度差异，另一方面对著作权分级保护识别起到辅助作用，便于具体权利分级保护操作。在算法作品保护期限认定上，算法作品保护时间不得大于人类作品时间，毕竟人类作品凝聚的人类思想和情感表达的周期长，付出的技能和劳动成本高，根据社会必要劳动时间衡量商品价值大小也应当不同，具体而言，可以对算法创作领域分类，根据创新力度和领域，新闻报道遵循免费使用规则，不设置时间，理由是新闻类的人类作品也属于合理使用范围；综合评价类咨询动态保护周期设为 10 年，理由是咨询类具有时效性，若创新力度不大、时间过长，不利于信息传播；在文学艺术等其他领域，法官根据促进社会发展需要，合理裁量算法创作物的著作权保护时间。

（三）划定算法创作的权利界限

算法创作物的权利界限划分标准是立法对公益与私益的权衡。从制度框架赋予算法创作物著作权，不得限制产业发展。从工具理性角度看，算法作为互联网新业态的技术代表，是元宇宙时代的技术基础。算法创作属于算法应用的范围，可促进互联网新业态应用发展，推进社会经济发展。著作权法对技术创新进行保护，保护主体是算法应用主体，提升算法创作的动力和期待，成为算法技术革新的动力。因此著作权法保护算法创作者的合法权益。法律之所以赋予技术持有者垄断作品的权利，目的是鼓励其继续进行算法创作，促进文化思想传播，顺应互联网新业态技术发展需要。由此可见，当赋予算法创作物著作权影响到社会经济发展时，算法创作著作权就应当修改，法律制度是经济基础决定的。

在算法创作物的权利边界划分上，应在保障算法创作使用者权益的同时，兼顾社会公共利益需要。著作权法对作品设定合理使用制度，作品只有使用才能发挥文化思想传播作用，否则不利于思想文化交流。算法创作权利保护的界限处于弱保护状态，一方面鼓励算法创作使用，弥补投资者、研发者及使用者相关权益；另一方面促进思想交流和文明传播速度，推进社会发展。

（四）明确算法创作的侵权责任认定方式

权利与义务是一致的，既然对算法创作主体著作权予以肯定，则算法创作的侵权责任必须由其权利占有者承担。即算法创作使用者对算法创作侵权承担责任，若使用者是履行职务创作行为，则由其法人承担侵权责任。关于侵权责任认定，应根据《最高人民法院关于审理侵害信息网络传播权民事纠纷案件适用法律若干问题的规定》第 5 条规定的方式认定，简称“三步检测法”：第一步，限定算法创作中作品的使用情形；第二步，算法创作中作品的使用不得与已有作品正常使用发生冲突；第三步，算法创作领域作品的使用不得不合理损害作者合法权益。

具体到复制行为侵权，要从三个方面考虑构成侵权要件：一是判断是否存在版权上的传播行为。这个传播行为是以有形的形式重复、再现，使得作品被他人感知或传播。二是考量复制行为聚合程度是否达到传播效应。传播效应是一定范围产生传播内容的共鸣或影响。三是判断侵权者获取作品的途径是否合法，是否为作者合法授权获得的作品，或者合法所有的作品。算法创作侵权限制，只有在复制行为累积达到公开传播程度才能额外限制。[31]

在算法创作侵权赔偿数额上，算法创作侵权主体多为法人或其他组织，其涉及算法创作使用算法多用于单位网页或者公众号等媒体上，主要是提升媒体知名度或点击率，严格按照侵权人获得收益或者著作权人实际损失无法计算，可以结合网站或者自媒体的点击量或者浏览量认定，侵权者获取知名度与侵权额度的换算，借鉴个人信息犯罪的立法模式，出售或窃取信息数量，作为犯罪认定和量刑幅度的认定依据。点击率与产品宣传和销售挂钩，测算侵权作品提升点击量数量，结合宣传费用开支比例测算，若存在具体产品销售平台，则直接以侵权期间销售额作为依据。

结语

在互联网新业态发展趋势下，各国都在力争获得技术革新的主导权，走在互联网技术发展的前沿方阵，算法创作作为算法技术在人文社科领域应用的典型，同时算法技术是元宇宙时代的技术基础。算法创作应用成熟度事关元宇宙时代的技术准备的成败。著作权法作为法律制度安排，通过配置权利实现激励创新的最终目的，服务和促进元宇宙时代的虚拟经济发展。“某林案”和“某讯机器人 Dreamwriter 案”所引发的算法创作应用领域纠纷，引起法律界对算法创作的反思。在立法领域，我国和国际上的著作权法对算法创作的制度供给不足，需要修改或者法律解释予以保障；在司法领域，法官对算法创作的主体和作品地位认识存在差异，影响司法权威；在学术领域，关于算法创作法律资格尚未达成一致意见。总体上，算法创作昭示着互联网新技术的应用，也是元宇宙时代对大数据技术应用的要求，应当持宽容和保护的态度，法律制度安排和选择，

31　初萌：《人工智能对版权侵权责任制度的挑战及应对》，载《北方法学》2021 年第 1 期。

应当激励技术创新，以便更好地服务人类。法律对于算法创作投入者付出的劳动和收益，应当给予权利保护，否则技术革新缺乏内在动力，社会发展将会停滞或减缓。著作权法对算法创作保护，应当权衡工具理性与价值理性兼顾的理念，设计有关算法创作物著作权保护制度，既激励算法创作的应用，又保护人类创作思想动力，最终实现人类文明、思想文化的传播和发展。

从人类基因编辑看科技探索自由的国家责任

——以合理限度维度下的代际权利为视角

钱继磊*

【内容提要】 首例通过基因编辑技术而诞生的婴儿，意味着“基因编辑人”已从理论上的预设成为既定的客观事实。基因编辑人的诞生意味着因新科技爆炸时代到来而使人类加速成为风险共同体和命运共同体。在当下人类命运共同体时代，反思和讨论权利的合理限度维度下的代际权利不仅必要而且迫切。代际权利理论是不同于“后代人权利”及其他权利观的权利理论。它着重强调当代人与后代人权利间的紧张关系，从而使得权利自身得到更为合理的安排和规制，因而是建立在既有权利理论上的修正。基于代际权利理论，我们需要对人类基因编码行为进行较为详尽而系统的梳理与剖析，以反思人作为权利主体的行为之合理限度和边界。对于类似于给人类带来不可逆、不可知危险的科技探索行为，也只能由国家通过现代法治途径且在最低限度意义上承担这种规制义务。

【关键词】 代际权利　人类基因编辑　科技探索自由　国家责任

一、“基因编辑人”：从理论成为事实

在 2018 年之前，除专业人士外，可以说，绝大多数人对于人类基因编辑技术及相关问题都不甚了解。即便是在 2018 年 11 月 26 日之前，中国人文社科界

---

* 钱继磊——齐鲁工业大学政法学院副教授，主要研究领域：法理学、新兴权利理论、法文化学等。本文为山东省社科研究专项“齐鲁法文化的《民法典》融入研究”（项目编号：21CFZJ04）的阶段性成果，受到齐鲁工业大学教学科研项目“新文科理念下工科类高校法科学生法律思维培养研究”（项目编号：2020yb61）资助。本文获第三十三届全国副省级城市法治论坛主题征文二等奖。

学者也没有对此类问题给予太多的关注和讨论。然而自2018年11月26日开始，这项技术则因一事件而广为世人所知，可以说被载入史册。这一天与其说是因为将于次日召开的第二届国际人类基因编辑峰会而知名，毋宁说是因人类历史上第一对基因编辑婴儿“健康出生”这一爆炸性新闻的宣布而知名。据称，这对双胞胎的一个基因经过了修改，由此使得她们出生后即已获得天然抵抗艾滋病的能力。这则新闻产生的影响远远超出了全球科学群体，在当今自媒体时代，可以说是迅速席卷了整个人类社会。这意味着，当人们还在将主要目光集中于未来的“智能人”（或人工智能）时，基因编辑后的基因人却突然来到了现实世界，已经成为无法改变的客观事实。结果是，这种将基因编辑技术用于人类胚胎并孕育出了生命的“壮举”几乎受到异口同声的批评和谴责。究其理由，主要在于：一是从技术层面，认为当前基因编辑技术用于人类胚胎尚不够成熟，存在脱靶以及未知的可能风险等；二是从伦理层面，认为这种基因技术用于人类胚胎违背科学伦理[1]；三是从安全层面，认为这种行为将会对人类的基因库造成永久且不可逆转的污染和改变，从而威胁到人类整个基因库的安全性[2]；四是从个人权利层面，着重强调从这两婴儿个人角度来探讨如何保护好其个人隐私的伦理问题[3]。另外，也有人已经就这种技术使用于人体可能面临的伦理问题进行了较为系统的梳理，并提出了一些解决措施。

如果说上述讨论与研究还只是对于未来风险可能的理论准备与防范预测的话，那么随着首例基因编辑人的出生，人类就不得不面对无法改变的既定事实。对于此次行为，也有人从教义法学维度，试图就这一行为在民法、行政法乃至刑法等部门法领域中的法律责任进行分析和探讨。但问题是，暂且抛开现代法律自身的滞后性、刑法的谦抑性及“罪刑法定”等法理精神原则不论，即便是假定依据现有法律追究了当事人的责任，也无法解决现代法律因面对涉及高新科技的权利而带来的未知结果和风险问题。由此，对于这类新兴高科技技术行为给人类带来的可能后果，有人甚至不仅满怀忧思地问道，“‘基因编辑婴儿’打开了潘多拉魔盒?”[4]也有人从追问视角问道，“‘基因编辑’背后的伦理之门谁来守?”[5]

由上可知，对于人类基因编辑技术的限度等问题，学界已经从伦理、道德、

---

1 艾丹：《科学伦理的底线没有试探的“自由”》，载《湖北日报》2018年11月28日07版。

2 方舟子：《人类胚胎研究容不得半点轻率》，载《环球时报》2018年11月28日15版。

3 晁星：《“基因编辑”背后的伦理之门谁来守》，载《北京日报》2018年11月28日03版。

4 仲崇山等：《“基因编辑婴儿”打开了潘多拉魔盒?》，载《新华日报》2018年11月28日15版。

5 晁星：《“基因编辑”背后的伦理之门谁来守》，载《北京日报》2018年11月28日03版。

法律等方面进行了一些研究，关于立法模式、隐私权利保护等方面，也提出了些许理论建议。这为我们进一步研究此问题提供了难得的基础。不过，需要指出的是，既有研究从法哲学角度对此类问题展开的反思性研究尚显不足。我们知道，法学乃权利之学，而这种权利本位其实是与权利自身的边界密切相关的。不过，权利的边界是止于自身对他人权利及自由的尊重与维护[6]，还是止于“作为公平的正义”[7]，或是止于最大的不伤害[8]，人们对此存在不同的论争。但可以肯定的是，权利应当存在合理性边界。若从这个视角讲，针对上述事例，既有研究并未意识到这样一些问题：谁应当对作为基因编辑人诞生于人世间具有决定权？其未来的父母、相关专业人士或医学伦理委员会之类的组织是否就应当拥有此权利？父母基于生育权、专业人士基于科学探索自由权、医学伦理委员会基于职业权力是否就可以单独或共同行使此项决定权？这些问题的背后折射出的，是当下人工智能、互联网、生物工程等新科技爆炸式发展所带来的未知风险对传统的个人权利、国家义务等法律、法理和法治层面的新挑战。基因编辑人的诞生意味着，因新科技爆炸时代到来而使人类加速成为风险共同体和命运共同体。在当下人类命运共同体时代，从代际权利视角反思和讨论科技探索自由之合理限度，就显得不仅必要而且极为迫切。

二、作为一种权利理论的代际权利

在当下的学界，对于何谓“代际权利”，并未成为常用且共识的概念，而人们更多使用的则是“后代人的权利”概念。在讨论“代际权利”之前，有必要先对既有后代人权利理论进行简要梳理。后代人权利理论，由美国哲学家约尔·范伯格于1971年在其《动物与未来世代的权利》一书中提出。该理论主要是与对当时全球性生态环境的严重危机的密切关注相关。此外，有人认为，“二战”后自由主义思想的复兴也直接为后代人提供了工具性的“权利”因素。[9]有学者将这种权利的代际公正理论的证成基础建立在各代人之间针对地球自然与文化遗产的信托关系之上。这样，每代人都“既是受托人又是受益人”，不仅“为了相邻近各代的利益，而且为了所有的未来各代的利益”[10]。也有学者通过

6　张文显编：《法理学》（第四版），高等教育出版社2011年版，第98－99页。

7　［美］约翰·罗尔斯著：《正义论》，何怀宏等译，中国社会科学出版社2009年版，第11－17页。

8　［英］约翰·密尔著：《论自由》，许宝骙译，商务印书馆2005年版，第11－12页。

9　刘卫先：《回顾与反思：后代人权利源流考》，载《法学论坛》2011年第3期。

10　Edith Brown Weiss，The Planetary Trust：Conservation and Intergenerational Equity，Ecology Law Quarterly，1984. No. 4.

诠释建立在代际契约基础上的跨代人类共同体理论对后代人权利进行了论证，此理论通常以下面论述作为经典，即“社会确实是一项契约……它乃是一切科学的合伙关系，一切艺术的一种合伙关系，一切道德的和一切完美性的一种合伙关系……每一个特定国家的每一项契约，都只是永远社会的伟大初始契约的一款……”[11]而美国的约翰·罗尔斯尽管没有明确提出“后代人权利”概念，却通过原处状态“无知之幕”下的现代契约理论阐释了“代际的正义问题”。具体言之，他试图通过“正义的储存原则”避免出现功利主义学说所导致的那种“较穷的世代为了以后要富得多的后代的更大利益作出沉重的牺牲”。[12]对后代人权利，就如同当年约翰·边沁将古典自然法所倡导的自然权利视为“一种虚构、猜测，一种纯粹的逻辑幻想”[13]一般，有学者也对后代人权利进行了质疑与反思，认为它“只是一种权利的虚构”[14]，其实质是“强调人们普遍承担环境保护义务”[15]。有学者对这种批判给予高度认同，认为该理论不仅是对后代人权利理论的集中批判，也是对公民环境权理论进行批判的一种学术承接，并强调重申“与虚幻的‘后代人权利’相比，人们普遍承担的环境保护义务才是真实的”[16]。限于篇幅及论旨，本文并不打算对“后代人权利”进行系统详尽的证成或证伪。不过，由上可知，目前学者在对“后代人权利”的使用上主要限于生态环境伦理和法理领域，旨在解决当前人类所遇到的生态环境危机问题。

相较于“后代人权利”，本文所称的“代际权利”既不同于前述那种内涵模糊的概念，也不同于学者们所称的仅限于生态环境领域的“后代人权利”，而是基于跨代人之间的权利的合理限度这一维度，是对更为宽泛论题的思考。也就是说，代际权利所思考的是，当代人权利的合理限度不仅止于其他人的权利及公共的善，而且在有些特定情形下还应当止于后代人的最低限度意义上的权利。如果说“后代人权利”所着重强调的是相较于当代人的后代人，那么代际权利则更多凸显的是当代人与后代人之间的内在张力。不过，同“后代人权利”类似，这种代际权利同样面临理论根基方面的质疑。有学者对于“后代人权利”

---

11 ［英］埃德蒙·柏克著：《法国革命论》，何兆武等译，商务印书馆1998年版，第129页。

12 ［美］约翰·罗尔斯著：《正义论》，何怀宏等译，中国社会科学出版社1988年版，第285－294页。

13 严存生编：《西方法律思想史》，法律出版社2010年版，第239页。

14 李冰强：《虚幻的权利与现实的义务——对〈后代人权利论批判〉的本质解读》，载《政法论丛》2013年第5期。

15 刘卫先：《质疑“后代人权利”的代际契约说基础——兼论“后代人权利”的实质》，载《中州学刊》2011年第1期。

16 徐祥民：《环境保护走向何方——评〈后代人权利论批判〉》，载《荆楚学刊》2014年第3期。

所立基的后代人与当代人二分论、代际契约论、代际平等论、跨代共同体论、代际信托关系论等分别进行了严肃系统的批判[17]。其最为核心的批判性理据是，这些理论都面临同样的问题，即都存在当代人客观存在的“实有”与后代人“虚无”之间的矛盾。换言之，当代人与后代人间存在“关公战秦琼”式的历时性与共时性之间的错位与矛盾。这样，并非作为既成事实而存在的后代人又如何自我决定、享有或行使其权利呢？由于上述批判是基于生态环境的维度，从而将当代与后代仅视为集体性概念，其所提出的问题实质上是个人与整体之间的关系问题，而并非当代与后代之间的关系。然而个人与整体之间的关系是一回事，当代与后代之间的关系则是另一回事。如若我们不再将“代”的理解和界定仅仅视为彼此完全割裂的整体性概念的话，那么上述批判的正当性依据就会大打折扣。由此，按照此种理解，代际权利下的后代人就不再仅指涉一种集体性概念，而是成为一个个活生生的具体单个的人。这种后代人虽然并未存在于现实，但其成为现实人具有必然性。也就是说，只要没有人为阻隔、干预，潜在的后代人就应当且可以成为实际存在的当代人。在此意义上讲，此处所说的后代人是相较于其父母或同辈的准现实人。这种作为准现实人的后代人应当具有最低限度的不被伤害的权利。目前，我国已将胎儿在涉及遗产继承、接受赠与等财产方面视为具有民事权利能力的权利主体，对于其在生命权、健康权等人身方面是否应成为权利主体学界也有很大呼声。[18]尽管这种规定是基于对胎儿作为准现实人的权利保护之必要为限度，且仅限定于作为纯受益人范围，但其同样也无法参与到现实人的意思自治中来。另外，对于限制行为能力或无行为能力的法律主体而言，即便是现实人，也因其无法凭自我理性之意志决定行使其相应权利，而是需要通过监护、代理等制度来弥补解决这些问题。由此，从理论上讲，作为准现实人之具体个人的后代人享有最低限度的权利并非毫无正当性理据。如果说“后代人权利”理论被完全排斥的理由，是古典自然法之自然权利建立在虚幻的流沙之上，那么当代人权利理论也面临着同样的困境。即便是早期对古典自然法给予猛烈批判和极力排斥的分析法学者们，也日益意识到，完全拒斥权利不仅不可能，也不可欲，因而满怀妥协宽容之心，提出了作为“最低限度内容的自然法”[19]。从某种意义上讲，这也为代际权利理论提

17　刘卫先：《后代人权利理论批判》，载《法学研究》2010年第6期。

18　《民法典》第16条规定：“涉及遗产继承、接受赠与等胎儿利益保护的，胎儿视为具有民事权利能力。但是，胎儿娩出时为死体的，其民事权利能力自始不存在。”

19　哈特认为，“这些以有关人类、他们的自然环境和目的的基本事实为基础的、普遍认可的行为原则，可以被认为是自然法的最低限度的内容”。参见［英］H. L. A. 哈特著：《法律的概念》，张文显等译，中国大百科全书出版社1996年版，第188–189页。

供了理论上的可能性与可行性。

可见，这种代际权利看似建立在前述“后代人权利”理论之上，实质上又是与之存在显著差异的权利理论。其核心不在于寻求、彰显某种具体的类型式权能，更多的则是旨在揭示隐藏于权利背后的当代人与后代人权利之间的内在张力。这种权利张力关系不仅仅限于生态环境领域，或者甚至可以说，与生态环境维度间并未存在直接的关联，而是一种作为准现实人的具体个人所应享有的最低限度的权利与作为其上一代人之间的权利关系。如果说“后代人权利”理论是基于对人与自然和谐关系之追求的一种类权利，那么本文所说的代际权利则旨在强调构建人类安全命运共同体关系的人与人之间的关系。而这种关系能够成立，则是建立在对不同代际权利的合理安排和尊重基础之上的。

从权利发展史看，代际权利可以被看作建立在过去类型化、进化式权利理论之上的修正和提升，也可以视为我国权利本位理论的新发展。限于本文论旨，笔者不打算对这些权利理论本身进行详尽阐释。不过，从中可以看出，这些都是类型化、单向度的权利理论，即关注和强调权利自身的正当性及其彰显，甚至将不同权利间视为一种进化式的替代关系，却都对权利自身的合理边界不甚关注，也未对权利间的关系进行重点阐释。过去几十年来，权利本位理论在我国一直处于主导地位，也对中国法理、法治和法学的现代化理论与实践起到了巨大的理论促进和学理支撑作用。不过，此理论也同样更多的是关注权利本身的证成及实践、权利与义务的关系等问题，对于权利间关系及权利的合理限度等方面并未构成其重点关注的对象和内容。而本文所述的代际权利理论并不同于上述的既有权利理论，而是着重强调当代人与后代人权利间的内在紧张关系，从而使得权利自身能够得到更为合理的理论安排和制度规制。

三、代际权利下的人类基因编辑

基于上述代际权利理论，我们接下来将对人类基因编码行为进行较为详尽而系统的梳理与剖析，以期更好地反思和厘定人作为权利主体之行为所应有的合理限度和边界。

对于前述的基因编辑人诞生，有人试图从应当承担什么样的法律责任、是否构成犯罪等角度进行讨论。一如我们所知，依据“法无明文规定不为罪，法无明文规定不为罚”的“罪刑法定”原理，我们不能为了惩罚这种行为而对相关法律作扩张性理解和解释。即便是通过有效的扩张解释，可以将此类行为通过刑事法律来调整和规制，但对于此次具体行为依然没有溯及力，除非符合从旧兼从轻原理。更为关键的是，如果仅仅拘泥于教义法学意义上的法律责任是否应当追究以及程序是否得到遵循来作为目的，并不能够保证有效阻止类似行为的再次发生，而且还可能遮蔽了这类问题背后更为深层的理论问题。由此，有必要对其进行深层反思与追问，从更理性的逻辑视角对其进行讨论。抛开上述教义法学维度不论，需要思考的是，即便此“基因编辑人”乃是其父母在享有完全知情权下自我意志的同意以及医学伦理委员会合乎程序之下的结果，那么这是否就意味着相关专业人员此类行为具有了正当性理据呢？简言之，这类行为是否具有可欲性呢？

从代际权利理论看，其父母具有使其亲生子女健康诞生的权利，这是法律对人之生育权的确认和保障；而相关专业操作人员之所以能够实施此行为，是基于其父母同意之上的科技专业者本人享有的自由科学探索的权利；医学伦理委员会之所以拥有决定这种行为的同意权，是依法或约定授权且基于专业和职业而获得的职权。然而，相较于“基因编辑人”，前述这些人所拥有的这些权利或职权都可归入到当代人或现实人权利。在这些当代人权利中，最为核心和基础的是人的生育权。生育权是一项十分特殊的权利，它于1968年联合国《德黑兰宣言》中被提出，被认定为是人人应具有的基本人权，是一项与生俱来的，先于国家和法律发生的权利。这项权利具有“人之为人”的自然权利属性。此外，此项基本权利的特殊性在于它还具有承接人类自我繁衍的使命和功能，迄今为止仍然是人类完成自身生产的唯一途径和方式，也正是当代人的生育权之行使直接决定作为准现实人的后代人的权利。这种对后代人的决定权不是财产意义上的物质权利，而是能否健康来到这个世界并持续健康生活下去的特定权利。这是最核心意义上的人之生命健康权。也正是基于此，生育权除了具有私法意义并受民法调整外，还通常表现为社会法、行政法乃至刑法意义上的调整和规制对象，如我国《人口与计划生育法》就以生育权的享有、行使、规制、服务保障等为主要内容。由此，如果仅仅将其父母的自由意思表示之行为视为人类基因编辑的正当性依据，那实质上是将此类行为的正当性限制于私法意义上且受私法调整的私人行为。

如果仅从私法意义上讲，“对于带有遗传缺陷的夫妻而言，初步来看，人类基因编辑技术在根本上有利于其生育权的实现，这个权利应该可以对抗各种公共政策的考量”[20]，因而具有正当性。而需要强调指出的是，与一般生育权之实现不同，人类基因编辑技术不仅直接决定了其父母的直接后代能否健康来到这个世界并持续健康生活下去的权利，还将决定和剥夺此后代人之后的若干代人能否健康生存、生活、生育等系列人身权利的享有和行使，也将必然影响乃

---

20 朱振：《反对完美？——关于人类基因编辑的道德与法律哲学思考》，载《华东政法大学学报》2018年第1期。

至剥夺未来其他不特定人之不特定后代的此类权利。而且，当代人权利的行使给其后代人及其他不特定后代人带来的此类后果具有单向度的不可逆性、风险的不可知性和不可控性等。可见，是否基于作为父母的当代人之意思表示的同意，这已经远远不能为此种生育权的享有和实现提供充要的正当性理由了。

那么此类行为的相关专业实施者是否可基于其科学探索自由之权利而对此行为提供充要的正当性依据呢？何谓科学自由呢？迈克尔·波兰尼就认为，学术自由是指，“从事学术工作的人有选择自己研究问题的权利，在研究的过程中，不受外界的干扰与控制，并同时根据自己的意见教授自己的研究所得”。[21]而爱因斯坦“所理解的学术自由是，一个人有探求真理以及发表和讲授他认为正确的东西的权利。这种权利也包含着一种义务；一个人不应当隐瞒他已认识到是正确的东西的任何部分。显然，对学术自由的任何限制都会抑制知识的传播，从而也会妨碍合理性的判断和合理性的行动”。[22]由此，公民可以自由探索科学真理，根据自己的研究提出和坚持自己的学术观点。

此外，科学研究自由还是促进科学的进步和发展的必要条件和主要途径，对人类经济社会的发展具有积极促进意义，因而也多被国家法律所认可。我国《宪法》第47条规定：“中华人民共和国公民有进行科学研究、文学艺术创作和其他文化活动的自由。国家对于从事教育、科学、技术、文学、艺术和其他文化事业的公民的有益于人民的创造性工作，给以鼓励和帮助。”然而这种作为基本权利的科学探索自由也同样受到一定的限制。这种限制不仅来自所关涉具体对象的知情基础上的同意，而且还来自共识性的限制和认同，另外还应该来自着眼于更宽泛和长远的公共权力的规制和制约。这是因为，科学探索旨在求真，然而其这种客观中立立场下的求真的纯粹性一方面有利于科学技术的发展，另一方面却也可能对人类的基本伦理与公序良俗带来破坏。科学探索的这种主客二分观哲学立场将包括人类自身在内仅仅视为被研究的客体，这在某种意义上使得某些研究偏离康德意义上的人之目的而使人自身的研究异化为工具成为可能。康德认为，“人是生活在目的的王国中。人是自身目的，不是工具。人是自己立法自己遵守的自由人。人也是自然的立法者”[23]。尽管我们期望在求真的同时也可以符合或者至少不悖于求善，但有时客观事实却是真与善间不可兼得，

---

21 Michael Polanyi，“Foundations Of Academic Freedom，” In Michael Polanyi，The Logic Of Liberty，London：Rout-Ledge And Kegan Paul，1951，p. 32－48；Indianapolis：Liberty Fund，1998，p. 39－58. 转引自林毓生：《学术自由的理论基础及其实际含意——兼论消极自由与积极自由》，载《开放时代》2011年第7期。

22 《爱因斯坦文集》（第三卷），商务印书馆2010年版，第233页。

23 ［德］伊曼努尔·康德著：《实践理性批判》，韩水法译，商务印书馆2003年版，第95页。

只能在求真与求善之间进行选择。尽管对于何谓良善具有多元和多样化认识，但在尚未取得共识性认识和找到有效应对的制度性方案前，科学探索自由不宜突破既有的最低限度的共识性伦理框架和原则。不仅如此，现代社会的科学探索日益专业化，研究者已成为日益专业化的共同体，并因而具有基于专业知识和技术的垄断性的话语体系和话语权。因为话语权“就是一种影响他人的权力，也有人认为是公民以话语的方式自由表达诉求、影响他人、社会乃至政策决策的权力、手段”[24]。此外，这种专业化的科学探索研究也难以保证不会或者基于其专业共同体的立场，或者基于其自身的利益之考量有意无意地通过这类垄断性话语权产生寻租。或许正是基于此，虽然科学探索自由与一般意义上的人之言论自由可能存有很大差异，但依然应当受到最低限度伦理和制度的制约与规制。

至于医学伦理委员会，他们所行使的主要是基于专业和行业自律协会意义上的职权和职责行为，并在程序上以经过相关机关和法律规范的授权为前提。其所依凭的职权行为不仅旨在维护和保障行业内科学探索自由，也应对个别科学探索行为给予行业层面的审核，以维护最低限度的职业秩序与伦理。在我国，医学伦理委员会从无到有，发展日益具体化、规范化，其法律依据主要是原卫生部2007年颁布的《涉及人的生物医学研究伦理审查办法（试行）》和原国家食品药品监督管理局2010年颁布的《药物临床试验伦理审查工作指导原则》等。[25]我国《立法法》第五章部分专门就宪法、法律、行政法规、地方性法规、自治条例和单行条例、规章等之间的法律地位及效力等级从高到低进行了系统规定[26]。由此可知，这些相关规定的法律效力等级普遍较低且缺乏有效的保障力量。然而需要思考的是，即便是医学伦理委员会遵循了既定程序且为其真实意思表示，其最终的结果是否就具有终极意义上的正当性呢？换言之，医学伦理委员会之合法行为是否应成为医学科学探索行为的最后一道防线呢？对于一般意义上的个体性的、不具有代际传递性质的行为而言，如果在医学科学试验患者知情同意且不违背法律法规的前提下，医学伦理委员会的决定权不仅具有终极意义还具有正当性可能，那么对于具有未知风险且不可逆的代际传递性后果之类的行为而言，即便已经获得了本人知情下的同意且相关医学伦理委员会依法依规作出认可，其认可是否就应当为终极意义上的行为，依然值得商榷。

---

24 杨云霞：《话语“权利”抑或“权力”：辨析与再认识》，载《人民论坛·学术前沿》2021年第6期。

25 张涛、徐菊华：《中国医院伦理委员会发展的回顾与思考》，载《医学与哲学》2017年第11期。

26 《立法法》第87－102条。

否则，一旦这种未知风险的"潘多拉"之盒被打开，给后代人类带来的未知的、不可逆的后果是无法估量的。

由此，对于类似于人类基因编辑行为，仅依凭当代人的知情同意权，或者依据相关专业实施人员的科研探索自由和医学伦理委员会的职权，都不具有充要的正当性，也不足以维护人类文明进程之安全秩序。作为当代人的父母、专业实施人及医学伦理委员会与作为准现实人及其后代的后代人，三者已经构成了人类自身命运安全之共同体。任何一代人都有义务和责任维护这个命运共同体之"诺亚方舟"的完整性与完全性，而无权剥夺后代人避免未知风险之权利。换言之，尽管当代人与后代人间的权利范围和地位并非完全对等，但当代人应当尊重和保障后代人最低限度意义上的基本权利，而避免因人类基因编辑等处于未知风险的权利就是其中之一。由此，需要我们思考并建立更为牢固和有力的最后一道理论伦理与制度防线。

四、新科技爆炸时代下的国家义务

当今世界已经进入了以大数据、智能化、物联网、移动互联网、云计算、区块链等为标志的新一波高科技爆炸时代。由此，学界有人提出当今进入了"法律治理与技术治理的二元共治"时代[27]。然而，需要思考的是，即便是因技术治理在治理方式、自治空间等方面区别于传统的以国家为核心的法律治理就认可两者共治并存的话，那么这是否就意味着两者处于平等的治理地位呢？对此还有学者则更激进地指出，"法律算法化自动运行将成为常态，法律人工操作将成为非常态。数智化逻辑摧毁权利本位和司法中心主义法律法学观，权利主义法学势必为规制主义法学所取代"[28]。然而，是否权利主义法学与规制主义法学就是非此即彼的零和关系？在笔者看来，法律算法自动运行将越来越成为一种重要形态，这可能是不可避免的趋势。但从立法目的上看，不论法律算法运行占的比例有多大，都无法否认法律应当体现、践行和坚守人之为人的伦理底线。而且，数智社会时代的法律算法越发达，我们越要坚守这一底线。尽管可能面临更大的挑战和困难，但这不是我们放弃或妥协的理由，否则我们将真的被技术及其支配技术的力量奴役。而且，从目前现实看，至少在可预见的未来，技术治理可能也只是法律治理的补充和制约力量，而不宜将其置于与法律治理的同等地位，更不能将作为新兴技术的数智化算法置于法所依凭并坚守的底线伦理之上的地位，技术因其纯粹工具性和客观性而可能导致对人之基本伦

27 郑智航：《网络社会法律治理与技术治理的二元共治》，载《中国法学》2018 年第 2 期。

28 齐延平：《数智化社会的法律调控》，载《中国法学》2022 年第 1 期。

理与良俗完全漠视。

人类的历史经验告诉我们，科技作为一种工具，从来都是“双刃剑”，其在促进人类文明进程的同时，如果不受规制的话，也可能成为新的“利维坦”[29]。因此，在现代社会，技术不仅应当被视为治理的一种新方式，更应当坚守其为被治理的对象。如果就网络社会而言，这种技术给人带来的可能后果尚未明朗，而因人类基因编辑技术所带给人们的则已经成为不争的客观存在的事实。如果说立基于网络社会的技术治理作为一种相对独立与特色的治理方式尚具有学理上的正当性的话，那么能否立基于人类基因编辑技术而证成为与法律治理相抗衡的一种新治理方式就更值得商榷。因为后者的这种“试错”行为潜伏着可能给人类自身带来不可逆、不可知、不可控的风险，甚至是毁灭性的灾难。

在此情形下，如若依赖于个人理性、技术职业共同体的理性都可能无法避免对科技探索行为的合理限制乃至必要的禁止失灵时，就应当需要一种能够对之有效规制的力量的存在，尽管这种规制应当是以在最低限度意义上之必要为限的。在当今依然以主权国家为基本单位的人类社会，国家及其政府就不得不承担起这样一个必要的责任。这不仅关涉一个国家的国民，还关涉整个人类共同体之安危和命运。有人认为，相较于传统社会，近现代社会法治的重要特征之一，是建立在平等自由等价值之上自我之治，强调意思自治。在此理念支配下，集中体现这种理念的民商事法律是否发达，被视为衡量近现代社会法治的判准，并强调社会与国家的二元性。[30]然而，这并非意味着作为意思自治的民商法所占比重可以无限上升，更不能完全抛弃或忽视法律自身所应具有的最基本的规范之强制性特征。凯尔森就提醒我们，作为现代政治科学和法学基石之一的国家与法律的二元论，“只是一种政治意识形态”[31]，而作为政治组织的国家本身就是一种法律秩序，法律则是一种“人的行为的强制性规范秩序”[32]。由此，对类似于给人类带来不可逆、不可知、不可控之危险的科技探索行为，也只能由国家承

29 “利维坦”本是圣经中一种铜头铁臂似如鳄鱼的怪兽，在霍布斯那里用来形容强有力的国家，其诞生被誉为“活的上帝的诞生”。不过也因其代表国家至高无上权力的君主制不受实在法的制约而受到后人的质疑与批判。在当前社会，不受控制的科技并非无可能将成为不受人类控制的“利维坦”式的怪兽。［英］霍布斯著：《利维坦》，黎思复等译，商务印书馆 1985 年版，第 128 页。

30 英国法学家梅因就认为，所有已知的古代法的收集都有一个共同的特点，使它们与成熟的法律制度显著不同。其最显著的差别在于刑法与民法在其法律中所占的比重大小：民事部分法律相较于刑事部分法律所占比重越大，显示其法律的成熟度越高，反之亦然。［英］约翰·梅因著：《古代法》，沈景一译，商务印书馆 1984 年版，第 96 页。

31 See Hans Kelsen, Pure Theory of Law, University of California Press, 1967, p. 285.

32 ［奥］汉斯·凯尔森著：《法与国家的一般理论》，沈宗灵译，中国大百科全书出版社 1996 年版，第 3 页。

担起这种规制义务。这也是当前的无奈之举，只不过这种规制是通过现代法治途径且在最低限度意义上罢了。国家对科技探索自由之限度的规制乃至必要时的禁止职责，是基于当代人与后代人间权利的尊重与维护之上的人类命运共同体安全维护之责。

具体言之，就类似于人类基因编辑之类的科技探索行为之自由限度而言，国家对其负有的规制乃至禁止义务不应是一种消极意义上的，在必要时还应当是积极义务的规范性行为。所谓积极义务，即不依赖于其他行为主体的启动而自我依照职权展开的，一种通过主动作为而达至的规范性公共职务行为。这就需要在立法层面形成一部专门法律，在借鉴一些国家已经颁行的法律基础上，制定关于科技探索的伦理法，以对所有高科技探索行为从事前、事中以及事后进行全方位系统制度性设计。据不完全统计，已经颁行了对类似于人类基因编辑行为进行规制和禁止的国家主要有：法国的《生命伦理法》（1994 年）、英国的《人类受精、胚胎研究法》（1990 年）、德国的《胚胎保护法》（1990 年）、日本的《规范基因技术法》（2002 年）等。美国则于 1997 年以总统令方式禁止以联邦政府资金对人类胚胎实施基因改良技术。此外，世界卫生组织也于 1997 年发布了《世界人类基因与人权宣言》，决定禁止基因个体的产生。

具体言之，所谓事前，即对于高新科技的探索行为，需要相关个人依照程序向相关负责单位、相关专业协会以及相关机关部门进行申报登记审核。对类似于人类基因编辑行为，则应依据法定程序予以禁止性限制，至少在人类还没有把握能够获得安全性、有利的后果之前应当如此。所谓事中，即对于从事高科技研究的个人和机构，应当对其研究过程进行一定程度的了解、关注、监管与监督。如果对于已经被禁止的科技探索行为依然擅自继续开展的，有关行业协会或相关主管部门可以依据专业协会之自律章程或相关法律法规，对行为人给予一定期限的职业禁入处罚。所谓事后，即针对相关行为人或单位的擅自行为已经严重威胁到了人类的安全时作出的最严厉的刑事处罚。这种触犯刑法行为之标准不宜定为结果罪，亦可为一种危险罪，其罪名类似于威胁人类共同安全罪等。不过需要严格给予把握，在附加刑中可以通过法律解释将职业禁入处罚包括在剥夺政治权利之中。

这是因为，正如有学者所指出的，“基因治疗并非现在才出现的，只是到了当下才成为立法面对的难题”。[33] 由于法律自身所固有的滞后性，这对于如何通过法律来规制和避免科技迅猛发展可能伴随的风险，带来了更大的困难和挑战。

---

33 朱振：《反对完美？——关于人类基因编辑的道德与法律哲学的思考》，载《华东政法大学学报》2018 年第 1 期。

这类似于人类基因编辑行为所带来的后果的不可逆性。因此，我们更应当尽早准备，做到未雨绸缪，尽早通过立法来形成事前的风险预防制度体系。就我国而言，其实原卫生部早在 1993 年就公布了《人的体细胞治疗及基因治疗临床研究质控要点》，1998 年国务院又颁布了《人类遗传资源管理暂行办法》。此外，我国原药监局 1999 年也公布了《新生物制品审批办法》（已失效）。其相关内容虽表明了我国禁止人类基因编辑行为的态度和立场，但是这些规定效力层次较低，且较为分散，难以形成对人类基因编辑之类的科技行为滥用的有效且有力的预防和规制。针对我国这样的现实，有学者就提醒道，“从以往我国法律面对科技进步所采取的态度来看，一味地回避或采取不适当的政策只会催生庞大的地下市场”。[34] 因此，只有积极正面应对，进行提前谋划，做好系统性制度预防，这样才能从根本上弥补当前我国对此类行为规制的不足。

结语

在某种意义上讲，人类基因编辑行为所带来的“基因编辑人”的诞生给我们带来的警醒是前所未有的，带给我们的挑战是始料不及的。这也表明，面对当前如此迅猛的新一轮高科技浪潮，人类的未来未必总是光明大道、高枕无忧。如果我们人类对此不给予足够的警醒和重视的话，则这一浪潮很可能会将人类带入不可逆转的无底深渊。因此，我们在享受高科技带来的便利、愉悦、满足的同时，更不能丢掉时刻应当保持的审慎、理性、警醒之心。

在科技发展道路上，我们不能只顾低头赶路，而忘了出发的目的和初衷。人永远只能是目的而不应成为工具。技术永远应当为了人、服务于人，为人类带来普遍的福祉，使人与人之间更平等和安全，而不应使一部分人成为技术以及建立其上的某些人的奴隶，也不能将部分乃至整个人类置于未知的巨大风险之中。因此，当代人在享有和行使自身权利的时候，不能忽略后代人最低限度上的权利。而实质上当代人与后代人共同构成了人类未来命运之共同体。

只有各国政府都共同肩负起避免类似于人类基因编辑行为给人类带来的可能灾害，才能将一切未知的风险拒之于人类共同的命运安全的大门之外。否则，看似无所不能的高科技给我们带来前所未有的成功与满足，可能的结果是人类将会因这种“致命的自负”而正在或将要“通往奴役之路”。更为要害的是，人类对此不但毫无察觉，反而极力地一味追逐和希企。

对于未知世界，我们宁愿做一个保守主义者，毋宁我们的忧思是多余的。

34　朱振：《反对完美？——关于人类基因编辑的道德与法律哲学的思考》，载《华东政法大学学报》2018 年第 1 期。

聚合支付平台涉刑现状考察及合规治理路径

莫　然*

【内容提要】 聚合支付是近年来支付行业创新成果之一，它以第三方支付通道为基础，将具有资金结算功能的平台进行整合，具有广泛的兼容性、显著的便利性和集中的流量性。近年来，聚合支付平台快速发展，所形成的监管空白地带以及巨额非法利润的诱惑，使得大量聚合支付平台不惜铤而走险，沦为电信网络诈骗、网络赌场等犯罪行为洗钱的“理想通道”，而“非法二清”模式便是其最典型的非法业务模式。聚合支付行业频繁涉刑现象的背后是移动支付行业对便捷、效益的过度追求，在金融创新的大环境之下实现便捷与安全的有机统一不仅是聚合支付行业合规治理亟待解决的核心问题，更关系到整个移动支付行业，甚至我国金融市场的安全与发展。通过完善相关监管法律制度、强化行业协会在其中的定位与职责，重视系统安全方面技术手段的更新等方式可以有效遏制聚合支付行业频频涉刑的现状，同时也将其作为支付行业先行先试的试验田，探讨支付行业合规治理与发展的正确路径。

【关键词】 聚合支付　非法二清　安全　效益　合规治理

在全球互联网经济快速发展的背景之下，移动支付行业不可避免地成为电子商务发展过程中的重要支柱，而聚合支付便是当下金融创新行业的最新成果。聚合支付又称第四方支付，是通过技术手段将商业银行和第三方非银行支付机构的渠道做整合，具有广泛的兼容性、显著的便利性和集中的流量性。[1] 近年

* 莫然——广东金融学院副教授，主要研究领域：金融犯罪，刑事司法制度。

1 参见刘仁文：《完善制度规范惩治第四方支付违法犯罪》，载《检察日报》2019 年 11 月 14 日 03 版。

来，聚合支付逐渐发展成为独立于第三方支付平台的数据运营商，利用直接面对商户的天然优势，沉淀大量商业数据，形成庞大、优质的数据资产，在移动支付市场占据了独立的地位，并且衍生出上下游庞大的产业链，逐渐脱离了对第三方支付平台的依附，头部聚合支付服务商更是快速占据了大量市场份额。

面对聚合支付行业的快速扩张和发展，监管和执法手段明显落后，所形成的监管空白地带以及巨额非法利润的诱惑，使得大量聚合支付平台不惜铤而走险，沦为电信网络诈骗、网络赌场等犯罪行为洗钱的“理想通道”。近年来，聚合支付平台涉刑的案件频频见诸媒体，犯罪分子利用聚合支付平台对外转移和使用不法资金的现象愈演愈烈，严重扰乱我国金融市场秩序，危害国家金融安全和社会稳定。然而从当前相关执法部门和司法机关针对聚合支付平台涉刑现象所采取的治理方式来看，更接近一种短期“运动性”的整治行动，并未形成长期的制度化的执法行为，短期收效明显却缺乏持续性和规范化，司法实践中对聚合支付平台涉刑行为的定性与量刑也多有争议未能达成共识，进一步加剧了聚合支付平台涉刑行为法律适用的不确定性[2]，以至于违规经营的聚合支付平台刚被取缔一批又重新出现一批，给监管和打击带来更大的难度和挑战。然而当前学界对聚合支付行业的发展过程、非法业务模式及涉刑现状始终缺乏系统的实证调研和分析，因此难以对聚合支付平台涉刑成因做深入分析，也无法回应实务工作中对聚合支付行业有效监管、司法实践中正确定罪量刑的迫切需求。有鉴于此，本文拟分别选取宏观与微观两个视角，从大数据与经典个案两类分析样本入手，运用定量与定性两种实证研究方法，系统梳理聚合支付行业整体涉刑样态，并以此为据探讨其涉刑成因，通过提出我国支付行业中创新与监管，便捷与安全等冲突价值之间有机统一的理论范式，构建从政府监管、刑事打击到行业自律三位一体的支付行业合规治理体系，为有效应对支付行业中后续各种金融创新尝试可能引发的安全问题提供具有可操作性的建议。

一、数据观察：聚合支付行业涉刑样态

聚合支付又称“第四方支付”，旨在通过技术手段汇集不同具有支付结算功能服务商接口，实现支付渠道的资源整合与优势互补，满足市场不同主体对资金高

---

2 参见施净岚、倪婧：《第四方支付灰黑产业链的刑事风险分析与监管》，载《上海法学研究》2020年第20卷；郑旭江、刘仁文：《非法第四方支付的刑法规制》，载《社会科学研究》2021年第2期；刘仁文：《完善制度规范惩治第四方支付违法犯罪》，载《检察日报》2019年11月14日03版；刘伟：《第四方支付，犯罪边界在哪里》，载《检察日报》2021年9月7日07版；牟伦胜：《研发、维护第四方支付平台供他人诈骗应以诈骗罪论处》，载《中国检察官》2017年第10期。

效率流通的现实需求。依托支付宝、财付通等正规第三方支付平台和银行接口、互联网电信运营商接口等，通过技术手段为用户搭建更便捷的支付通道。[3]有关数据显示，2017 年我国聚合网络支付交易规模为 9.84 万亿元，同比增长 19.73%，预计 2023 年聚合网络支付交易规模将达到 24.65 万亿元。[4]可见，聚合支付已经成为我国金融创新的重要阵地，对聚合支付行业运营的日常监管和合规治理已然关乎我国金融秩序和安全。

聚合支付与第三方支付相比，可以说是后者的再次升级，也因此呈现出不同于第三方支付平台的一系列特征：第一，支付整合性。聚合支付平台打破以往银行、第三方支付以及其他具有支付结算功能平台各自独立运营的壁垒，汇集了银联、支付宝、京东、微信等多种支付渠道接口，使得市场交易主体享有更多的支付选择，从而加快了市场生产要素与资金的流动。第二，运营非独立性。根据中国人民银行发布的《关于持续提升收单服务水平规范和促进收单服务市场发展的指导意见》与《关于开展违规“聚合支付”服务清理整治工作的通知》的相关规定，聚合支付只是支付渠道的整合平台，自身不具有从事资金结算业务的资质，本质上还是属于收单外包机构范畴。这意味着，聚合支付是通过与正规支付机构签约合作，合法使用用户主体资料在多个支付机构中为其代开账户，并将由此形成的多个账户二维码或者支付通道进行聚合形成一个统一的支付通道，提升了商家和用户双方使用移动支付的便捷体验，这也决定了聚合支付平台不具有严格意义上的支付功能，本身要依附于有支付许可牌照的机构才具有商业意义。第三，数据信息高流通性。聚合支付平台通常第一时间获得商户与消费者资料信息，成为天然的数据运营端口。相较于第三方支付平台需要受到许可制度的监管，聚合支付平台面对交易过程中沉淀的大量商业数据可以更加灵活便捷地处理相关数据信息，从而在支付链条中的地位逐渐提高。

然而，随着聚合支付市场的饱和，许多聚合支付平台受到利益驱使，开始突破规范底线，违反国家支付结算制度，依托庞大的内部结算体系，使用金融、支付机构的合法支付通道，顺利避开监管，通过网络黑产供应链为下游犯罪，比如赌博、色情、诈骗、非法集资等网络犯罪提供充值、提现等便捷渠道，从中赚取巨额手续费，严重危害我国金融秩序与安全。不少平台通过非法渠道购买大量的企业与公民信息从事非法结算业务，或者通过虚拟商品交易为网络犯罪活动提供资金来源端口。近年来，全国多个聚合支付平台先后受到刑事追诉，

3　郑旭江、刘仁文：《非法第四方支付的刑法规制》，载《社会科学研究》2021 年第 2 期。

4　《2018 年聚合支付行业发展现状与 2019 年趋势分析 线上和线下业务齐发展》，https：//baijiahao. baidu. com/s？id = 1620425077131725604&wfr = spider&for = pc. ，最后访问于 2021 年 12 月 7 日。

一时间关于移动支付行业、金融科技创新的负面评论甚嚣尘上，引发了移动支付行业极大的震动，也在很大程度上动摇了社会公众对移动支付市场安全性的信心。鉴于此，为系统了解聚合支付平台涉刑的基本概况，笔者尝试从中国裁判文书网中对相关生效刑事裁判文书做针对性检索并以此作为系统考察聚合支付平台涉刑现状的研究样本。检索条件如下——案件类型：刑事案件；案由：刑事案由；文书类型：判决书；裁判日期：2016年1月1日至2021年4月30日；检索关键词："聚合支付""第四方支付""聚合支付平台"。满足以上搜索条件的生效刑事裁判文书共245份，在此基础上筛选出217份被告人为聚合支付平台（包括主要负责人与公司）的生效刑事裁判文书作为研究样本，从案件数量、量刑情况、犯罪主体以及罪名分布等四个方面对数据进行统计分析，用这些数据勾勒出聚合支付平台涉刑情况的基本样态。

第一，案件数量上升快、涨幅高。2016年至2021年4月，聚合支付平台作为被告人的刑事案件数量总体呈上升趋势。在2017年至2019年，聚合支付平台涉刑案件增幅已突破200%。虽然案件基数与其他类型刑事案件相比并不算高，但考虑到相关刑事案件数量增长幅度以及聚合支付市场的发展速度，有必要引起足够的重视。

第二，案件罪名集中、涉案人数多、涉案金额巨大。研究样本中所涉罪名主要集中在诈骗罪、非法经营罪、开设赌场罪，这三个罪名占比超过80%。其中，个人犯罪案件仅占比6.9%，共同犯罪案件占比93.1%，单位犯罪案件占比49%。涉案金额小于100万元的案件占比37%，涉案金额在100万元到500万元之间的案件占比10%，涉案金额在500万元以上的案件占比53%。平均涉案金额为人民币3,717,414,613元，个案涉案金额最高达人民币174,201,729,373元。以上三个罪名虽然都属于传统侵财犯罪，然而当聚合支付平台参与其中时，便呈现出涉案人数众多、涉案金额（特别）巨大的突出特征，社会危害性巨大。

第三，非法聚合支付平台为各类犯罪行为提供资金通道，并衍生出一系列犯罪链条。详细阅读样本案例，可以看到这些案件中虽然事实各异，罪名不同，但是都可以看到聚合支付平台在其中扮演着资金通道的重要角色，当其为犯罪行为，尤其是赌博、色情、诈骗网站服务时，其所具有的资金流通性、支付便捷性与数据流量性使得流经其中的非法资金数量更为庞大，通道更为隐蔽，流通速度更快，其超强的变现能力让犯罪分子趋之若鹜。为了实现自动化高效结算，聚合支付平台的经营者们还会用各种方式掌握大量第三方支付、收款实名账户，在这个过程中围绕着非法聚合支付平台开展了更多"业务"，通过虚假交易、恶意注册、微信跑分等手段绕过我国金融监管，形成了庞大的犯罪产业链，大大增加了公安机关查获犯罪资金往来路径的难度。

通过对以上司法数据的统计和分析，可以大致勾勒出聚合支付平台涉刑的基本情况与发展趋势，然而从现有大数据中无法让我们深入看到聚合支付平台涉刑现象频发背后的成因，宏观视角之下无法回应以下疑问。究竟是什么原因导致聚合支付行业乱象丛生？是作为金融创新成果之一的聚合支付行业自身存在原因还是整个移动支付行业逐渐暴露出来的风险？因此，有必要通过微观分析的视角，选取聚合支付平台涉刑的典型案例作为样本，剖析其非法业务模式进而揭示其涉刑成因。

二、个案探究：聚合支付平台非法业务模式解构及界定

作为移动支付快速发展的创新产物，聚合支付平台在进行违法犯罪活动时往往打着金融创新、服务社会等冠冕堂皇的旗号，用各种方式加以伪装，比如以充值话费的方式实现非法资金的流转，通过虚拟物品的交易进行支付结算等，近来一些聚合支付平台还通过“众包租码”的方式[5]利用个人账户进行收款。聚合支付平台采取的种种规避监管和侦查的行为不仅加大了打击其违法犯罪行为的难度，同时也使得司法实践中对其涉刑行为的定性存在大量争议。比如：聚合支付平台为不法分子提供资金流转的技术支持是否构成帮助信息网络犯罪活动罪[6]；聚合支付平台在仅提供通道聚合技术支持后，商户利用该平台自行进行上下游犯罪资金结算，应当如何认定聚合支付平台及其经营者的责任[7]；聚合支付平台征得信息主体同意而买卖公民个人信息是否构成犯罪；等等[8]。此外，以聚合支付平台为中心已经形成了庞大的产业链，不少案件会涉及共同犯罪的认定问题，涉及面广认定难度大[9]。仔细研读样本案例后，我们从中选取了两个较为典型的案例，以此为切入点剖析聚合支付平台的非法业务模式。

案例一：林某甲等8人非法经营案[10]

被告人林某甲、林某乙、张某等人，在未取得支付结算业务资质的情况下，以杭州某智能科技有限公司的名义，联结支付宝、微信等第三方支付平台，自

5　最典型的众包租码的方式便是招募大量代理和兼职用户，将兼职用户个人收款账户上传至黄赌毒网站，兼职用户在第三方支付平台收取赃款后，将其提现至银行账户，扣除手续费后转账给黄赌毒团伙。

6　参见施净岚、倪婧：《第四方支付灰黑产业链的刑事风险分析与监管》，载《上海法学研究》2020年第20卷；参见陈娟、陈红霞、张爽：《网络技术灰黑产刑法规制初探》，载《中国检察官》2019年第6期。

7　参见刘伟：《第四方支付，犯罪边界在哪里》，载《检察日报》2021年9月7日07版。

8　参见冀洋：《法益自决权与侵犯公民个人信息罪的司法边界》，载《中国法学》2019年第4期。

9　参见江溯：《帮助信息网络犯罪活动罪的解释方向》，载《中国刑事法杂志》2020年第5期。

10　参见浙江省杭州市中级人民法院（2020）浙01刑终406号刑事判决书。

建非法聚合支付系统。被告等人以发动公司员工注册、向不特定他人收买等方式获取大量无实际经营业务的空壳公司资料，并以这些公司资料在支付宝、微信等第三方支付平台注册了大量第三方支付平台账户，又绑定在被告人自建的聚合支付系统平台，以实现从事资金结算业务的目的；同时，林某甲通过自建的聚合支付系统平台与境外的赌博网站联通应用，赌资直接进入聚合支付平台，然后再转至位于全国多地的不同第三方支付平台账户或者对公账户上，接着又全部流回到赌博网站经营者的账户中。该聚合支付平台内注册的商户超过 100 家，都是空壳公司，平台按照 1%—1.5% 的比例对每笔来往资金收取手续费。

显然，本案被告人利用聚合支付平台开具大量账户信息，用以匹配黑灰产业链中适合的对象，为不法资金顺利接入合法结算清算渠道提供了便利，使得不法资金得以通过表面合法的形式实现转移。值得一提的是，在司法实践中还有不少非法聚合平台在各大电商平台设置虚假交易信息，并在掌握大量消费者信息后，采取与获取收单机构接口相同的套路为下游犯罪提供资金通道。最终，犯罪分子通过聚合支付平台变相地从事非法资金结算业务，使得黑灰产业团体有效避开了商业银行与第三方支付平台的审查。这可以说是聚合支付平台作为犯罪行为资金通道的典型案例。

案例二：陈某帮助信息网络犯罪活动案[11]

被告人陈某为了非法牟取暴利，打着高额佣金的旗号，通过 QQ、论坛等多种渠道发布消息，收购、租借个人支付宝收款码、微信收款码以及银行卡，吸引、发展了大量一般正常用户提供其支付账号。陈某以自己经营的聚合支付平台作为依托，与大量赌博网站、色情网站合作，一方面由陈某根据上家的要求提供账户并组织人员配合进行人脸认证，使得上游犯罪中所得非法资金转入陈某所经营的聚合支付平台最终提现到犯罪分子手中；另一方面还会采取类似网约车抢单的措施，通过聚合支付平台发布“跑分”通知，由用户进行抢单付款。陈某从中提取金额 0.5% 的手续费。截至案发当日，陈某等人已经涉及全国上百起电诈案件，涉案金额流水高达上亿元，累计非法获利 10 万余元。

本案所称的“跑分”平台或者说“跑分”活动[12]，又是聚合支付平台获取暴利的一个“常见业务”。具体来说，就是聚合支付平台经营者在未取得支付结算业务资质的情况下，通过招募下游码商或者自行组织人员，为上游网络诈骗、网络赌博等违法犯罪活动获取非法资金提供资金支付结算服务。本案中被告人

11　参见安徽省怀宁县人民法院（2021）皖 0822 刑初 78 号刑事判决书。

12　所谓“跑分”即是使用自己的银行卡或微信、支付宝的收款码，帮助电信网络诈骗、赌博等违法犯罪团伙进行洗钱，随后赚取佣金的不法行为。

陈某利用聚合支付平台发布消息，通过各种手段吸引了大量用户参与此类“跑分”活动，利用用户预先支付的保证金与境外赌场的赌客资金挂钩，进而形成平台用户与赌客之间的资金往来。该平台收取保证金和与境外赌客资金交易的行为实质上就是变相地进行非法资金结算行为，用户的行为也就是帮助平台从事非法经营（非法结算）的下游犯罪行为。这种闭环资金流转模式加大了我国银行与第三方支付平台对非法聚合支付平台的管控难度，同时潜在的庞大“跑分”用户也加大了黑灰产业的规模和隐蔽性，严重危害我国金融秩序与安全。

综合来看，以上两个案件具体事实和所涉罪名虽然不同，但是聚合支付平台在其中都承担着掩盖非法资金真实来源并进行合法化转移结算的“重任”，能让聚合支付平台“胜任”这样重任的原因在于其所采取的非法业务模式——“非法二清”模式。所谓“非法二清”，就是没有获得央行支付业务许可的单位或个人，在持牌收单机构下实际从事支付业务和资金清算的非法经营行为。支付结算业务，是由银行或持有支付结算拍照的非银行金融机构，提供的在收付款方之间进行的货币支付及资金清算的服务。只有取得相关牌照的机构才能开展结算，否则便属于非法结算。因此，聚合支付平台的业务范围决定了它可以从事收单业务，却不能从事支付结算业务。而“非法二清”模式则为聚合支付平台突破监管、获取高额利益提供了可能。具体来说，就是未取得银行卡收单业务许可和网络支付业务许可的聚合支付平台先将资金汇集到一个受其控制的接收主体账户，再将资金从该接收主体账户支付到实际商户手中。因为聚合支付平台依法从事收单业务，不得从事清算，所以主管部门针对它的监管力度不大，这也使得大量聚合支付平台能够轻易避开监管，通过“非法二清”的业务，频频涉足套现、洗钱、诈骗、赌博、毒品等违法犯罪领域，成为电信网络诈骗、网络赌场等犯罪分子洗钱的快捷通道，一跃成为网络犯罪产业链上的重要一环。

可以说，“非法二清”模式是聚合支付平台最为常见的非法业务模式，已然成为众多聚合支付平台“增加”收入、牟取暴利的主要途径。然而若深入看到这一行为模式与前些年的销售终端（POS）违规模式并无本质区别，前者不过是打着科技金融创新的旗号，实质依然是在“非法二清”的掩盖之下进行资金挪用、编织交易和层层嵌套。这不得不引起我们的思考，支付行业的创新是不是陷入一个恶性循环之中？社会公众对便捷越来越高的需求以及互联网金融行业之间的竞争压力，催生了一个又一个支付创新产品，在追求便捷的路上越走越远。然而这些产品中真正意义上的创新十分匮乏，它们中的绝大多数对支付便捷的提升都是以牺牲安全、违规操作为代价，与生俱来地存在争议和涉刑风险。当某个产品引起监管部门的注意，加大对其打击力度后，这个产品很快便销声匿迹，不久之后又会换汤不换药地以另一种形式再次出现，如此循环往复。

显然，聚合支付平台频频涉刑表面的原因是其“非法二清”的违规操作模式，但是真正的根源却是我国互联网金融创新和移动支付行业发展过程中越来越尖锐的安全与便捷的平衡问题。安全的层层把控必然需要让渡技术层面对便捷的追求，反之亦然，我们需要找到二者未来发展的平衡点，否则即便全部取缔聚合支付行业，也会再出现新的创新成品，从而再次进入新一轮的恶性循环。

三、追本溯源：移动支付行业未来发展的基本遵循

因支付便利而带来广大用户资金存在安全隐患，不仅是聚合支付行业面临的困境，也是当前我国移动支付行业发展道路上共同面临的难题——效益与安全的平衡问题。随着电子商务交易的繁荣，社会公众对支付便捷的需求越来越高，推动着移动支付行业快速发展，移动支付行业逐渐将“便捷”作为最核心的追求，以“效益”为导向的模式成为近年移动支付行业发展评价的首要标准。然而，在当前金融监管尚未成熟的情况下，一味追求效益最大化可能会对金融安全产生一系列负面影响。质言之，我国移动支付行业乃至整个金融产业正处于“大众创业、万众创新”的时代背景下，一代又一代创新产品层出不穷，但是在这一片繁荣的表面之下却始终伴随各种违法乱象，金融创新和支付便捷，似乎正以社会秩序和金融安全为代价，长远来看，这显然是对社会利益的重大损害。有鉴于此，面对聚合支付行业近年来涌现的种种问题，我们应当追本溯源，从移动支付行业内，甚至是金融行业科技创新的层面去深刻剖析我国金融产业在高质量发展与供给侧结构性改革过程中应当协调的各方利益与众多基本价值，为移动支付行业未来发展和创新提供所遵循的基本范式。

（一）坚持安全本位的发展理念

法律基本价值的内涵与构成是学界关注的焦点与争点，较有共识性的观点是，法的基本价值包括秩序、效益、自由、平等、人权、正义。[13] 在传统理论中，安全往往作为法秩序的派生价值出现，即通过实现法的秩序价值间接保障人的生命、财产、平等及自由的安全。[14] 但是，安全在每个历史发展阶段从来没有缺席，在保障众多法的基本价值中始终都存在它的身影。在一个组织良好的社会，安全属于必需品，而效率属于优先品，当安全必需品遇到效率优先品

---

13 张文显著：《法哲学范畴研究（修订版）》，中国政法大学出版社2001年版，第195页。

14 参见［美］E. 博登海默著：《法理学法哲学与法律方法》，邓正来译，中国政法大学出版社1999年版，第293页。

之时，应该遵循必需品大于优先品的准则。[15] 因为“安定有序是社会内在安全的外在表现，没有内在的安全，任何秩序和稳定都不是根本的、长久的”。[16] 2014 年，习近平总书记在中央国家安全委员会第一次会议上首次提出总体国家安全观。国家安全体系涵盖了政治安全、经济安全、网络安全、科技安全等 16 种国家安全。党的十九届六中全会公报指出：“在维护国家安全上，国家安全得到全面加强，经受住了来自政治、经济、意识形态、自然界等方面的风险挑战考验，为党和国家兴旺发达、长治久安提供了有力保证。”科学论断与实践证明，安全一直是维持一个国家、民族、社会繁荣稳定与兴旺发展的核心动力。

在移动支付领域，其拥有完全不同于传统支付的新型便捷化特点，它的出现完全改变了社会公众的支付习惯，也为我国支付安全带来了巨大的挑战。目前，我国形成了以《国家安全法》为统领，以《网络安全法》《数据安全法》《个人信息保护法》等专门法律为重点，以《刑法》为保障的安全治理格局。其中，《国家安全法》提出网络空间主权概念，《网络安全法》健全了网络监管体制、国家安全审查制度与安全等级保护制度，对关键信息基础设施进行重点保障；《数据安全法》出台后，我国构建了数据的分类、识别、流通与通知制度，将保障数据主权完整作为推进国家安全治理体系现代化的另一个重要抓手；同时，由于金融隐私具有浓厚的人权性与价值性，它直接关系到消费者的核心利益。在某种程度上，保护这种利益就是在保护、规范市场与保障金融安全。[17]《个人信息保护法》在此基础上将个人信息权益纳入保护对象，设立了一套严密的个人信息处理行为规范，确立了严厉的特殊法律责任制度。质言之，我国对移动支付的安全问题已经构建了严密的法网，政府及相关行业责任主体必须也必然在维护该行业安全的前提下从事相关活动。

有鉴于此，我国金融创新发展必须将安全放在首要位置，任何时候都须筑牢防范系统性金融风险安全底线，时刻以总体国家安全观为践行标准。移动支付行业发展模式的“红线”是维护国家经济安全、网络安全、科技安全的重大底线，推进社会治理现代化进程中不可触碰的“高压线”。在以往的行业发展模式中，移动支付创新产品涉刑现象的背后，正是该行业忽视了对产品安全性要求，没有守住“安全”这条底线的疏忽。显然，以“效益”为导向的行业模式已经不能适应国家重大战略规划与人民对美好生活的需求，以“安全”为导向的发展路径才是移动支付行业在今后蓬勃壮大的唯一出路。

15　张洪波：《以安全为中心的法律价值冲突及关系架构》，载《南京社会科学》2014 年第 9 期，第 93 页。

16　安东：《论法律的安全价值》，载《法学评论》2012 年第 3 期，第 6 页。

17　黎四奇：《二维码扫码支付法律问题解构》，载《中国法学》2018 年第 3 期。

（二）开拓政府与行业协会共治的良好局面

聚合支付出现的种种乱象严重冲击国家经济安全、社会安全，但是我国对于创新行业的治理“堵不如疏”，形成以“政府为主导、行业协会为主体”的治理格局，通过合规治理方式为我国市场经济的高质量发展“添砖加瓦”。

一方面，在国家治理层面上，政府应当正确处理好法治与改革创新的关系，即改革不能以牺牲法律的统一、尊严和权威为代价，任何层面、任何领域的改革，都必须经受住是否合乎法治的检验。[18] 政府应当在法治轨迹范围内推进市场的创新改革，这是提升国家治理能力的必然要求。[19] 因此，首先，应当破除传统观念的偏见，从发展的角度将聚合支付行业看作金融创新先行先试点，鼓励聚合支付平台与传统支付行业的进一步合作与发展；其次，在号召行业创新带动科技创新的同时，应当时刻树立法治意识，在自身法定权限范围内出台针对性的规范性文件予以引导与监管，确保市场规律与金融秩序的良性互动；最后，应当聚焦优化自身治理方式，例如引入第三方监管或评估机构，依托社会力量应对金融创新所带来的各种专业性、复合型、技术性难题，通过进一步融合社会治理手段提升国家治理的精细化程度，进而推进国家治理体系与治理能力现代化。

另一方面，社会治理是国家治理的重要组成部分，聚合支付行业应当形成有组织、有规模的行业协会自发性监管模式。首先，收单机构与第四方支付平台应当时刻遵循《国家安全法》《网络安全法》《数据安全法》《个人信息保护法》的相关要求，规范商业行为模式与承担相应的义务，营造良好的行业风气；其次，行业协会对内部成员的市场行为应当担负起监管责任，定期开展法治教育与行业规范培训，对涉嫌违规的成员进行行业内部处罚，对涉嫌违法犯罪的成员及时通报监管部门或公安机关。

总而言之，在坚持安全本位的发展理念下，应当积极开拓政府与行业协会共同治理的良好局面，对“非法二清”及相关违法行为事前、事中、事后进行全链条打击，斩断非法支付结算通道，有效遏制移动支付畸形发展的趋势。

（三）健全机制稳步推进创新叠加效应

效益作为市场经济的重要价值，能够充分调动市场主体的积极性，从而刺激市场的改革创新。“十四五”规划要求提升供给体系的韧性和对国内需求的适配性，并将“经济发展取得新成效”作为主要目标之一。然而在现实条件下，

---

18 王乐泉：《论改革与法治的关系》，载《中国法学》2014年第6期。

19 参见姜明安：《改革、法治与国家治理现代化》，载《中共中央党校学报》2014年第4期。

追求经济的高效益与维护我国经济安全、网络安全、科技安全以及个人信息安全中都不可避免地存在内在张力。但是，在任何法律制度中，基本价值序列排序可能会因时因地而有所不同，但若完全无视或忽视其中任何一个基本价值，则不能被称为一种真正的法律制度。[20]有鉴于此，我国在坚持以安全为本位、政府与协会共治的基础上，必须建立合理的制度体系，给予金融行业更多创新发展空间，以此把握改革创新的时代红利，实现经济效应不断叠加。对于聚合支付而言，便捷性一直是整个行业发展的生命之所在，它成功克服了时间、空间障碍，极大提高了电子商务交易的效率，减少了交易成本，进一步推动了产业要素的流动，打破了传统支付的垄断，实现了金融领域的高速发展。因此，国家应当从顶层设计给予该行业领域更多的制度性便利条件，例如在聚合支付平台原有的通道聚合模式基础上，通过许可制度给予特定平台探索信息聚合与资金聚合模式，在保障数字经济长远发展和网络秩序持续稳定的前提下，为聚合支付平台的发展建立良好的市场经济环境。

四、以点带面：聚合支付行业的合规治理与发展

金融活动具有天然的逐利性、风险性与关联性，如果市场金融主体不能严格坚持以安全为本位的发展理念，则必然付出被整顿与净化的代价；如果政府与行业不能精诚协作，共同治理因创新活动带来的问题，则金融创新发展断然不能持久；如果国家不能给予金融创新产品更多制度性红利，则国家的供给侧结构性改革进程也将越发艰难。诚然，聚合支付只是我国金融创新领域的部分产物，但聚合支付平台及其经营者若要长远发展，也应当严格遵循上述范式，依法开展经营活动，放弃眼前违法违规行为可能带来的利益。因此，未来移动支付行业的可持续发展必须建立在合法合规经营的基础之上。

（一）完善聚合支付监管法律法规体系

中国人民银行对聚合支付平台定义为外包机构，应当针对聚合支付的特点及模式，参照目前对外包机构的相关规定，完善聚合支付监管法规体系。具体而言，首先，应当明确聚合支付平台在开展金融业务时的法律责任，并参照第三方支付平台在一定范围内实行许可制度，通过市场准入机制筛选出资信水平较高、盈利能力强的机构从事第四方平台业务，形成监管倒逼机制。其次，明确中国人民银行的监管责任，特别着重强化支付相关信息的监管，充分保障消

20 参见［美］E. 博登海默著：《法理学法哲学与法律方法》，邓正来译，中国政法大学出版社 1999 年版，前言。

费者的用户信息安全。但是，由于当前只有公检法等特定机关才具备查询、冻结、扣划资金的权限，这可能导致打击有关违法犯罪行为措施的迟滞，建议依法授予银行在法定情形下冻结资金的权限，参考《刑事诉讼法》的有关规定和具体情况的需要冻结资金1—7个月。[21]最后，明确第三方支付机构的审核义务。实务中支付机构并未意识到对接入信息审核的重要性，对服务商提供的商户基本信息通常只进行形式审核，聚合支付机构很容易伪造商户、篡改资料，造成不法账户接入合法支付系统。故第三方支付机构应切实承担审核义务，严格遵守国家关于客户身份识别、风险防控和"反洗钱"的各项要求，采取有效技术规避第四方支付平台伪造、篡改、隐匿交易信息，同时对聚合支付机构中疑似风险和非法交易及时采取调查核实、延迟结算、终止服务等必要控制措施。[22]

（二）重视金融技术防控

聚合支付作为极具发展潜力的新兴行业，既要注重业务的发展，也要注重风险的防范。首先，监管机构应当对聚合支付的全流程进行登记，健全网联平台的信息建设，防止支付平台通过二维码变相绕过网联的情况；[23]其次，聚合支付平台需要重视自身支付安全防控，建立一个有较高风险防范体系的服务系统；最后，定期开展内部人员的管理与安全培训。聚合支付平台不仅要从系统上确保支付安全、信息安全，更要着力于保护客户信息。避免因为工作人员的违法违规操作泄露信息。

（三）加强聚合支付平台交易接口监管

非法聚合支付以正常商业交易作为掩护，依托正规的第三方支付平台进行支付结算活动"体外"循环，是非法资金流通的通道。然而，资金流转绕不开支付接口，无论其以何种形式结算资金，从事或变相从事资金结算都需要通过交易接口进行操作。因此，一方面，应当加强对公账户内大额资金流转的监管，实行支付链路的穿透式监管，集中管理和清算银行、第三方支付、聚合支付三者之间的交易接口，坚守聚合支付平台的辅助支付定位；[24]另一方面，应当建立银行与第三方支付平台联动监管机制，通过加强上游合作方的管理，从源头杜绝"非法二清"行为。

---

21 郑旭江、刘仁文：《非法第四方支付的刑法规制》，载《社会科学研究》2021年第2期。

22 张志云：《聚合支付乱象分析及对策研究》，载《金融科技时代》2018年第7期。

23 参见李涛：《聚合支付发展的风险及监管对策研究》，载《金融科技时代》2017年第12期。

24 丁双全：《二维码支付的法律风险及对策研究》，载《河北民族师范学院学报》2020年第1期。

（四）明确行业协会的监管培训义务

行业自治一直是社会治理的有效支撑。在形成聚合支付准入市场机制后，聚合支付行业协会应当自发监管该行业的市场行为，坚守依法依规经营的底线。第一，应当定期与监管机构开展交流活动，确保聚合支付行业发展规划在国家政策及法律法规的框架下有序运行，保障发展路线不偏离、不走样、不变性；第二，应当对不符合标准及违规的机构设立处罚机制，同时将相关违法违规甚至是犯罪行为及时上报监管机构或公安机关，把涉及危害金融安全、信息安全、社会安全的案件扼杀在萌芽状态；第三，应当定期开展行业培训，树立经营者正确的经营理念。通过组织行业内各会员开展研读《国家安全法》《网络安全法》《信息安全法》《反洗钱法》《刑法》等法律法规研讨会，进一步规范聚合支付平台的商业行为。

总之，聚合支付刑事合规需要监管者从制度层面、经营者从技术层面齐心协力、齐抓共管。在制度层面，需要明确各方责任边界，关注点不仅是聚合支付平台本身，还需要注意强化上游支付机构的审查责任、督促监管机构完善交易信息安全保障制度；在技术层面，需要通过加强聚合支付平台接口技术审查、穿透式监管，增大犯罪成本以抑制犯罪。此外，监管方式应当以强调行政监管为主导，刑事手段审慎介入。只有多管齐下，才能遏制聚合支付领域的不良风气，为我国聚合支付行业的健康发展保驾护航。

平台滥用市场支配地位下的消费者权益保障

丁庭威*

【内容提要】 保障消费者权益是《反垄断法》的宗旨与立法目的，然而平台违反《反垄断法》规定，滥用市场支配地位损害消费者权益的案例屡见不鲜。首先，平台经营者利用锁定效应损害消费者个人信息权、知情权与安全保障权；利用传导效应损害消费者自主选择权与公平交易权；利用混同效应损害消费者自主选择权与批评监督权。其次，平台内经营者通过“虚假交易”行为逐步打造“算法默示共谋”，侵蚀消费者的知情权、自主选择权与公平交易权。最后，《反垄断法》所规制的“剥削性滥用”对保障消费者权益仅具间接性，力有不逮。基于此，需探寻平台滥用市场支配地位下的消费者权益保障路径。首先，为平衡保障消费者权益与发展互联网软件的关系，针对平台经营者损害消费者权益的情形，应前置性地区分软件所处组织形态，界别“应用层面”与“平台层面”；再区分平台行为系“排他性滥用”或“剥削性滥用”，重点从定性与定量两方面规制“剥削性滥用”以增强对消费者权益保障的直接性。其次，针对平台内经营者滥用市场支配地位损害消费者权益的情形，应多方位监督“虚假交易”行为，防止平台内经营者获得市场支配地位后直接或间接形成“算法默示共谋”损害消费者权益。

【关键词】 消费者权益　平台经营者　网络效应　平台内经营者　剥削性滥用　算法默示共谋

---

*　丁庭威——中国人民大学法学院经济法学专业博士研究生，主要研究领域：经济法总论、竞争法。本文为中国人民大学2021年度拔尖创新人才培育资助计划项目的阶段性成果；国家社科基金后期资助重点项目（20FFXA004）的阶段性成果。本文获第三十三届全国副省级城市法治论坛主题征文一等奖。

一、问题的提出

新一代科技革命迅猛发展，互联网平台经济（以下简称平台经济）发展方兴未艾。为促进我国经济从高速增长向高质增长转型，同时提升我国经济水平的国际竞争力，平台经济的发展被寄予厚望。事实证明，近20年的嬗变，互联网平台（以下简称平台）为经济的发展注入了新的活力，我国经济在网络与科技力量的加持下正努力朝更高质量的方向发展。然而，仍需清醒地认识到，在平台经济发展的过程中，平台垄断问题突出，尤其是滥用自身市场支配地位排除、限制竞争的情形屡见不鲜，消费者权益在很大程度上受到损害，具体表现为信息茧房造就的“大数据杀熟”、资本无序扩张挤压普通群众生存空间、并购导致一家独大任意定价等[1]损害消费者个人信息权、知情权、安全保障权、自主选择权、公平交易权与批评监督权的行为。与此同时，我国的反垄断执法与司法实践似未较好回应“保障消费者权益”[2]这一价值需求，著名的“3Q大战”便为例证。[3]幸运的是，当下相关问题被注意到，2020年召开的中央经济工作会议提出“强化反垄断和防止资本无序扩张”，[4]这对我国目前发展火热的平台经济而言可谓一副清凉贴。但在这一背景与语境下，“强化反垄断和防止资本无序扩张”更多的是为规制以平台为载体的资本对我国经济发展造成的扭曲，反垄断更多的是作为监管金融创新的一种手段。换言之，该语境下的消费者权益保障并未得到应有的重视。

由于《反垄断法》施行时间尚短，相关反垄断执法与司法实践发展亦相对晚近，我国在反垄断执法和司法实践中更多吸收和学习的是国外经验与教训，以避免我们少走弯路。[5]这点在我国学界吸收反垄断规制相关理论中亦有所体现。在平台经济发展的初期阶段，学界更多采用的是芝加哥学派（Chicago School）的“消费者福利”（consumer welfare）标准，然而芝加哥学派将“消费

---

1 丁庭威：《互联网平台滥用市场支配地位规制路径新探——以双边市场下相关市场界定为分析视角》，载《科技与法律（中英文）》2021年第2期。

2 因为保障消费者权益是《反垄断法》的立法目的之一，理应在反垄断执法与司法中给予更多竞争关切。

3 张世明：《定谳私议：奇虎诉腾讯滥用市场支配地位案中“相关市场”的认定方法》，载《经济法学评论》2015年第2期。

4 《一图速览2020年中央经济工作会议》，载新华网，http://www.xinhuanet.com/fortune/2020-12/19/c_1126880114.htm，最后访问于2022年3月14日。

5 李青：《采取渐进式监管方法解决互联网平台竞争问题》，载新京报网站，https://m.bjnews.com.cn/detail/160986920315339.html，最后访问于2022年3月14日。

者福利”和“经济效率”[6]概念混为一谈，[7]而衡量“经济效率”的标准又是“社会总福利”，[8]即消费者福利的减损只要不与社会总福利发生冲突，那么此种行为便被反垄断法所认可。[9]易言之，即便消费者福利减少，而经营者福利上升，社会总福利提升，这在反垄断法上亦是可以容忍的。进言之，我国在促进平台经济发展的过程中，更多考虑的是“社会总福利”标准，而对“消费者福利”的关照并不到位。罗斯福研究中心关于反垄断的研究报告指出，经济效率导向的“消费者福利”标准在过去35年里并没有真正增加消费者福利，反而在较多市场领域内显著消除了竞争，损害了消费者福利。[10]经过发展，后芝加哥学派诞生，其不仅仅追求社会总福利，亦更多地关注消费者福利。当下对平台经济的促进与规制应更多吸收后芝加哥学派的理论精髓，将“消费者福利”标准更多地浸润其中，而非过分关注提高整个资源配置的“经济效率”。质言之，保障消费者权益应成为针对平台经济“强化反垄断和防止资本无序扩张”这一要求的题中应有之义。

二、消费者权益保障的《反垄断法》理据

（一）作为“社会本位法”之《反垄断法》的宗旨——兼议“人本主义经济法”对消费者权益的保障

不同于民法的“个人本位”与行政法的“国家本位”，经济法是典型的以“社会本位”为宗旨的法律，以促进社会公共利益最大化为目标。《反垄断法》作为经济法的组成部分，“社会本位”是其秉性使然，具有典型的社会本位法属性。社会本位法追求对社会公共利益的保障，社会公共利益的保障也必将落实到每一个消费者利益之上，因为每个人都是不同层面的消费者，于宏观状态而言，对消费者权益的保障，基本上可等同于对全体社会成员权益的保障，[11]等

---

6 See Richard A. Posner, Antitrust Law, University of Chicago Press, preface, 2001, p. 15.

7 See Robert H. Bork, The Antitrust Paradox: A Policy at War With Itself, Basic Books, 1978, p. 462; Katalin JuditCseres, Competition Law and Consumer Protection, Kluwer Law International, 2005, p. 20.

8 See Charles F. Rule, Antitrust, Consumers and Small Business, Speech before the 21st New England Antitrust Conference, 1987.

9 张永忠：《反垄断法中的消费者福利标准：理论确证与法律适用》，载《政法论坛》2013年第3期。

10 See Marshall Steinbaum & Maurice E. Stucke, The Effective Competition Standard: A New Standard for Antitrust, The University of Chicago Law Review 595, 596-623 (2020).

11 应品广：《经营者集中反垄断控制的福利标准——类型化之研究及我国的选择》，载《兰州商学院学报》2010年第4期。

同于对社会公共利益的维护。质言之，消费者是社会本位的终极体现与终极关照，社会本位应是“消费者本位”，只有消费者权益得到了保障，社会本位才能真正得到落实并实现其价值。否则一直停留在“社会”这一较为抽象空泛的概念之上，将会使得经济法“社会本位”的法律品性大打折扣。

有学者提出“人本主义经济法”[12]这一概念，给经济法“社会本位”的法律品性带来了更好的提升与发展，因为社会的发展终究是为了个人更好地发展，消费者作为个人，理应成为社会发展受益对象的出发点与落脚点。然而，在平台经济发展的背景下，消费者似乎变成一件件待价而沽的商品，平台更多关注的是消费者各种数据的当下价值以及经过算法分析后所挖掘出来的未来价值，如何充分发挥每个消费者最大化价值，是平台背后所隐藏的资本“逐利性”之生动写照。在现代社会中，对消费者权利及时、有效地维护已成为衡量任何一个主权者实施有效的社会治理和管控的重要指标。[13]《反垄断法》作为经济法是治国之法，[14]是社会治理和管控的重要组成部分，对消费者权利及时、有效地维护是其重要关切。质言之，我国在发展平台经济的历史语境中必须强调以民为本，谋求使民“相安相养”之道，否则，一旦平台经济的发展摆脱了法律确信的束缚，法律成为竞逐利益的工具，正义跟着富人私奔，实证法律也就失去公共意识对它的确认，经济可持续发展终将难以为继，甚至危机四伏。[15]在经济法与《反垄断法》的语境之下，消费者即“民”之根本，“人本”之核心。为防止经济法所追求的正义跟着“富人私奔”、随着“平台游走”，对消费者权益的保障应是《反垄断法》“社会本位”宗旨的题中应有之义，经济法“人本主义”的必然要求。

（二）《反垄断法》的立法目的——兼议保障消费者权益目的的首位性

我国2008年施行的《反垄断法》[16]第1条规定，“为了预防和制止垄断行为，保护市场公平竞争，提高经济运行效率，维护消费者利益和社会公共利益，促进社会主义市场经济健康发展，制定本法”，[17]因此“保障消费者权益”

12 张世明著：《经济法学理论演变原论》，中国人民大学出版社2019年版，第415页。

13 陈兵：《反垄断法实施与消费者保护的协同发展》，载《法学》2013年第9期。

14 张守文：《提升治国能力的经济法路径》，载《中国高校社会科学》2015年第1期。

15 张世明著：《经济法学理论演变原论》，中国人民大学出版社2019年版，第407页。

16 2021年公布的《反垄断法（修正草案）》截至目前仍处于草案状态，故不在本文探讨范围之内。

17 2021年发布的《反垄断法（修正草案）》第1条新增一项“鼓励创新”的立法目的，由于“创新”本身便属于“效率”中的“动态效率”，本文中笔者依旧将《反垄断法》的立法目的理解为传统意义上的四个，即“预防和制止垄断行为”“保护市场公平竞争”“提高经济运行效率”“维护消费者利益和社会公共利益”。

（“维护消费者利益”[18]）是《反垄断法》的重要立法目的之一。反观2003年《反垄断法（草拟稿）》第1条的规定，“为制止垄断，维护公平竞争，保护经营者、消费者的合法利益和社会公共利益，保障社会主义市场经济健康发展，制定本法”，其中一个非常明显的变化便是将“经营者的合法利益”删除，只留下“维护消费者利益和社会公共利益”。众所周知，一部法律的出台需经过长期的利益博弈与平衡，[19]由于《反垄断法》牵涉的利益面广，惩罚的威慑力度大，相关利益需经过博弈与平衡，因此其出台更属不易。相较可知，艰难出台的2008年《反垄断法》将消费者权益保障问题提升至重要位置，然反观当下，屡见不鲜的“大数据杀熟”“强制二选一”及“消费者隐私数据泄露”等种种现象反映了反垄断执法与司法实践尚存在问题。质言之，即便当下我国《反垄断法》将保障消费者权益明确写入立法目的，但由于缺乏具体的操作规范，出现了立法与实践上的较大落差，减损了《反垄断法》的应有功能，[20]不利于其立法目的的实现。

《反垄断法》的立法目的共分为四个，分别是“预防和制止垄断行为”“保护市场公平竞争”“提高经济运行效率”和“维护消费者利益和社会公共利益”。但在理论和实践中理解与适用这一条款出现了一些问题。首先，当下学界和实务界多偏重“保护市场公平竞争”这一立法目的，而将其他三个目的放于次要位置。而在强调“保护市场公平竞争”时，很容易产生为了“竞争”而追求“竞争”，将“竞争”当作一种目的而非手段，以至于产生倒因为果、混淆目的和手段的困局。“竞争”的确有诸多好处，但“竞争”是一种手段，仅是“过程”，[21]《反垄断法》通过保护竞争过程来达到保护消费者的目的，因为消费者乃经营者转嫁竞争过程中损失的终端所在。[22]如《反垄断法》规制滥用市场力量这一竞争过程进而致力于保护消费者。[23]只注重“竞争”结果而产生的非良性竞争将对市场秩序、消费者权益产生损害。其次，四个立法目的并列，极易产生“顾左右而言他”的适用困境。如在反垄断实践中，某一行为对消费者权益的损害是显而易见的，然而执法或司法机构会以这是为了“保护市场公平竞争”或“提高经济运行效率”等目的，进而选择继续执行，这种情况在实

18 在全文中，为配合法条的相关规定，笔者多次出现“消费者利益”这一表述。因此，若无特殊强调，为方便论述，文中“消费者利益”与“消费者权益”为同一所指。

19 史际春：《改革开放40年：从懵懂到自觉的中国经济法》，载《东方法学》2018年第6期。

20 陈兵：《反垄断法实施与消费者保护的协同发展》，载《法学》2013年第9期。

21 张世明：《大道贵中：制度思维与竞争法学建构》，载《财经法学》2019年第6期。

22 孙颖：《论竞争法对消费者的保护》，载《中国政法大学学报》2008年第4期。

23 See A. Michael Ferrill, Leslie Sara Hyman & Soledad Valenciano, Antitrust and Consumer Protection, 63 SMU Law Review 291, 291 -308 (2010).

践中时常发生，而消费者往往处于被动状态与弱势地位，时常有苦难言。是故，多重立法目的的冲突与平衡，使得《反垄断法》的适用呈现出棘轮效应，如同负重的骆驼般步履沉重，虽全力以赴，亦不敷应用，无法有效适应现实生活中层出不穷的问题。[24]因此，在这四个立法目的之中，明确一个首位目的便显得至关重要，这有利于提高法律适用的统一性，也将有助于减少执法与司法过程中的乱象。越来越多的学者认为对消费者权益的保障是《反垄断法》的最终价值取向与目的。[25]正如美国反托拉斯协会负责人蓝德（Robert H. Lande）认为的，反垄断法的最基本目标不是效率问题，而是分配问题，[26]是阻止财富不公平地从消费者转移到拥有市场势力的生产者，即防止通过垄断剥夺消费者应得的福利。[27]赖源河也有相同表述，公正自由之竞争固然为独立禁止法之直接目的，不过这一直接目的又是独立禁止终极目的之大成（消费者权益之确保）的手段的目的。[28]

自20世纪以来，在全球范围内出现的“消费者运动”所形成的“消费者社会”诉求[29]已深刻地影响到世界各国经济贸易发展的主旨，“自由公平竞争的开展”与“消费者权益的保障”这两者之间的关系趋于一致。[30]与此同时，对消费者权益的保障，基本上可等同于对全体社会成员利益的保障，即对社会公共利益的保障。因此，在“维护消费者利益”与“保护市场公平竞争”“保护市场自由竞争”[31]以及“维护社会公共利益”立法目的之内核契合或趋同的情形下，表明“维护消费者利益”应摆在《反垄断法》立法目的的首位。这一点从《国务院反垄断委员会关于平台经济领域的反垄断指南》（以下简称《指南》）便可作一管窥，《指南》更进一步强调了《反垄断法》的实施应当关注消费者利益。[32]当

---

24 张世明：《滥用知识产权与滥用市场支配地位之辩》，载《人大法律评论》2020年第2期。

25 徐孟洲：《论我国反垄断法的价值与核心价值》，载《法学家》2008年第1期；王晓晔：《我国反垄断立法的宗旨》，载《华东政法大学学报》2008年第2期；刘宁元：《反垄断法政策目标的多元化》，载《法学》2009年第10期。

26 有学者认为经济法是分配法，参见张守文：《现代化经济体系建设的经济法补缺》，载《现代法学》2018年第6期。

27 See Robert H. Lande, Wealth Transfers as the Original and Primary Concern of Antitrust: The Efficiency Interpretation Challenged, 50 Hastings Law Journal 871, 890 – 957 (1999).

28 赖源河著：《公平交易法新论》，中国政法大学出版社2002年版，第21页。

29 See P. Steams, Stages of Consumerism: Recent Work on the Issue of Periodization, 69 Journal of Modern History 102, 102 – 118 (1997).

30 See Michael Furmston & Jason Chuah, Commercial and Consumer Law, Pearson Education Limited, 2010, p. 376 – 377.

31 “预防和制止垄断行为”可进一步“保护市场自由竞争”，进而“提高经济运行效率”。

32 仅是“消费者利益”这一词组在《指南》中便出现了7次。

然，也有学者认为《反垄断法》作为“经济宪法”，消费者权益的保障只是其中的目的之一，反垄断法应抛弃消费者权益终极目的说法的桎梏，正确认识其终极目标——人类福祉，即消费者的、经营者的、全体国民的、经济的、政治的、文化的福祉。[33]笔者对《反垄断法》作为“经济宪法”并无异议，但对《反垄断法》是否能保障“消费者的、经营者的、全体国民的、经济的、政治的、文化的福祉”表示疑问，这是否会在一定程度上陷入“《反垄断法》万能”的误区，混淆《反垄断法》的竞争因素与非竞争因素。正如金泽良雄认为的，消费者自身可能从与人类生命本身的关系涉及高度的文化关系以及一切的生活关系。[34]消费者作为源头，涉及一切的生活关系，对其利益的保障亦是牵一发而动全身的。因此，保障消费者权益作为《反垄断法》的重要立法目的之一，应当摆在诸多目的之首，以提高该目的条款的适用性。

（三）世界《反垄断法》的实践经验——兼议我国作为三大反垄断司法辖区之一中的消费者权益保障

综观世界主要发达经济体，其相关的《反垄断法》立法与实践日趋重视对消费者权益的保障，如美国的《竞争与反托拉斯法执法改革法》（Competition and Antitrust Law Enforcement Reform Act of 2021）、《选择与创新在线法案》（Competition and Antitrust Law Enforcement Reform Act of 2021）、《通过启用服务切换法案》（the Augmenting Compatibility and Competition by Enabling Service Switching Act of 2021 or the ACCESS Act of 2021）；欧盟的《数字市场法》（Digital Markets Act）、《数字服务法》（Digital Services Act）；德国的《反限制竞争法》（GWB-Digitalisierungsgesetz）；日本的《提高数字平台透明度和公平性法案》（Act on Improving Transparency and Fairness of Digital Platforms）；澳大利亚的《新闻媒体和数字平台强制性议价法案》（News Media and Digital Platforms Mandatory Bargaining Code）以及俄罗斯的《保护竞争法》；等等。这些主要发达经济体的相关立法皆对平台经济中的消费者权益保障予以了明确规定，[35]并在实践中予以执行。

我国已与美国、欧盟并列成全球三大反垄断司法辖区，反垄断立法与实践亦时刻对标发达经济体。目前发布或颁布的《反垄断法（修正草案）》《指南》

---

33 兰磊：《反垄断法上消费者利益的误用批判》（下），载《竞争政策研究》2016年第6期。

34 ［日］金泽良雄著：《经济法概论》，满达人译，甘肃人民出版社1985年版，第461页。

35 各规范性文件中均有具体的消费权益保障规定，皆强调对平台经营者科以诸多保护消费者之义务，从规范层面彰显了消费者主权色彩。参见叶明、冉隆宇：《从间接保护到直接保护：平台经济下消费者在反垄断法中的定位》，载《竞争政策研究》2021年第5期。

等文件，对平台经济下的消费者权益保障问题有较为明确的规定，然相较于美国、欧盟等发达经济体，具体的操作细则仍不到位，对消费者权益保障的规定依旧相对原则并处于附属位置，这一现状需要我国在后续的相关立法中予以改善。

三、平台滥用市场支配地位下消费者权益保障的困境

承前所述，对消费者权益的保障是《反垄断法》的重要立法目标与价值追求，作为《反垄断法》三大支柱之一[36]的“滥用市场支配地位排除、限制竞争”是《反垄断法》重要规制对象之一，因此对平台滥用市场支配地位排除、限制竞争予以规制自不待言。然反观现实，平台具有诸多网络效应，如锁定效应、传导效应与混同效应，且占有市场支配地位的平台常常滥用其网络效应所产生的市场力量损害消费者权益，[37]而《反垄断法》在因应新业态新变化时显得力有不逮。

（一）平台经营者对消费者权益的损害

1. 锁定效应：对消费者个人信息权、知情权与安全保障权的损害

（1）锁定效应对消费者个人信息权的损害

实践中很多案例均可表明平台的锁定效应[38]给消费者个人信息权带来了侵扰与损害。当下，几乎人人都是网民，每个网民也都是消费者，其数据构成消费者个人信息的重要组成部分。平台形成锁定效应的第一步便是收集消费者的个人数据，而在此过程中，难免对消费者的个人信息权造成损害，具体表现为物质利益的损害与非物质利益的损害。其一，物质利益的损害是显而易见的，从我们每天收到的“垃圾短信”便可见一斑。消费者的数据被卖给有不同需求的群体，以契合这些群体的“精准推销”，[39]而由此所导致的诈骗、勒索等案件

---

36 张世明：《论反垄断法三大支柱的关系》，载《经济法学评论》2018 年第 1 期。

37 锁定效应、传导效应以及混同效应是互联网平台排除、限制竞争的重要手段与方式，一旦竞争受到限制，相应的损害最终会传递到终端消费者的身上，质言之，互联网平台滥用市场支配地位排除、限制竞争的最终结果即是对消费者权益的损害。参见焦海涛：《“二选一”行为的反垄断法分析》，载《财经法学》2018 年第 5 期。

38 锁定效应，是指先发展起来的技术仅凭借其先进入市场的优势，从可预期性、高效性、灵活性和便利性等方面进行锁定，从而实现收益递增的良性循环，进而在竞争中胜出。See W. Brian Arthur, Competing Technologies, Increasing Returns, and Lock-In by Historical Events, 99 The Economic Journal116, 116－131 (1989).

39 日常生活中，很多人表示自己仅仅在网上搜索过相关商品，就会有相关产品的商家打电话过来进行推销。有人表示：“我刚刚在网上搜索了一下源氏木语的家具，没过一分钟便收到了装修公司的推销电话，好像类似的情况发生过三四次了吧。有些令人不寒而栗。”

也经常见诸公安机关的报道。其二，非物质利益的损害，这一损害虽然是隐性的，但也成为消费者生活中的不安定因素。平台在收集、分析消费者个人数据的过程中，对消费者的诸多私密信息尽可“收入囊中”，如隐性疾病、个人癖好等各种消费者不愿透露的隐私数据。[40]对平台收集数据的利用与保护之边界并非本文探讨重点，但数据的过分收集终将对消费者个人信息权造成显性或隐性的损害。

（2）锁定效应对消费者知情权的损害

与此同时，平台通过大数据与算法编织“信息茧房”，并通过技术设障、提高转向成本来加强消费者的“路径依赖”，久而久之，不断形成、稳定并固化平台的锁定效应，而锁定效应在一定程度上具有“瓮中捉鳖”之功效。平台所承载的资本天然具有逐利性，其会追求利润最大化。平台汲取的利润越大，意味着消费者要付出的成本便越高，尤其是消费者在让渡自身权益时并不知情，其严重损害消费者的知情权。产生这种情形的原因是锁定效应所固有的“路径依赖”性使得消费者对价格因素不再那么敏感，上涨5%—10%对消费者来说在“可忍受”的范围之内。[41]质言之，消费者可能在某种“路径依赖”的惯性下无意识地选择购买某种商品或服务，锁定效应很容易导致一家独大的局面，此时供给与需求可能同时失去竞争性，而平台成为唯一的“知情者”，当这个“知情者”对每一种商品或服务向特定消费者进行拍卖时，通常语境下的市场可能已不存在了。[42]质言之，此时消费者的知情权全部或部分被平台剥夺，仿佛置身于“楚门的世界”，消费者如演员一般，他们的一切行为皆由平台这一“导演”提前安排好了。

（3）锁定效应对消费者安全保障权的损害

平台所具有的锁定效应，不仅会针对消费者，同样针对平台上的经营者，由于平台具有交叉网络外部性（cross-group network externalities），[43]成本会在消费者和经营者之间进行转移，平台锁定两者之后，便会提高佣金的比例，这一

---

40 更可怕的是，当下平台获取消费者数据不仅仅通过“文字信息输入”这种方式，更有甚者，直接通过“语音信息获取”的方式来获取消费者数据。如笔者曾说了一句“需要清理口气”的话，打开淘宝软件后，它便径直向我推荐“清理口气”的相关产品。许多人表示，均有过这样的经历。此为典型的平台利用自身市场支配地位严重侵害消费者个人信息权的表现，其收集消费者数据的触角已延伸至消费者个人生活的方方面面。

41 参见叶明：《互联网对相关产品市场界定的挑战及解决思路》，载《社会科学研究》2014年第1期。

42 曲创、刘重阳：《互联网平台经济的中国模式》，载《财经问题研究》2018年第9期。

43 See Katz Michael & Carl Shapiro, Network Externality, Competition and Compatibility, 75 American Economic Review 424, 424 - 440 (1985).

点从滴滴如何通过两次合并后提高消费者出行价格并上调平台上的经营者（司机）佣金的行为便可见一斑。

2. 传导效应：对消费者自主选择权与公平交易权的损害

（1）传导效应对消费者自主选择权的损害

传导效应在形成与扩张的过程之中，会将消费者的安装基础较为便利地传导至相关市场与不相关市场，这在一定程度上会减损作为反垄断法之竞争关切的消费者自主选择权，[44]我们可从2021年2月5日“虾米音乐正式关停”[45]这一事件作一管窥。在音乐市场上，网易云音乐、QQ音乐以及虾米音乐为人所熟知，时间更久远些的还有酷狗音乐、酷我音乐等，只是如今在市场上较为鲜见。虾米音乐的关停令众多爱好音乐的网友唏嘘不已。[46]反观原因，正是由于平台所具有的传导效应使得虾米音乐最终关停。网易云音乐因为与支付宝（阿里系）深度绑定，支付宝的消费者安装基础可很便利地传导至网易云音乐之中；与此同时，QQ音乐因为与微信、QQ（腾讯系）深度绑定，微信、QQ的消费者安装基础亦可很便利地传导至QQ音乐之中。虾米音乐曾作为支付宝的合作对象之一，只要开通“88VIP”会员便可享受虾米音乐的会员服务，但后来支付宝不再提供这项服务，虾米音乐由于无法获取支付宝的消费者安装基础而最终湮没于历史尘埃之中。通过此事件可知，平台所具有的传导效应可较为轻松地决定某个应用软件的生存状态。作为大众所熟知的虾米音乐尚且如此，遑论那些尚不为人所熟知便被扼杀在萌芽状态的应用软件。这背后便是对消费者自主选择权的损害，平台通过自身传导效应，进行差别化扶持，从而使得不同应用软件之间存在明显发展势差（而这种发展势差仅靠应用软件自身的努力并无法消弭），消费者的自主选择权也在平台发挥传导效应的过程之中被有意或无意地损害。

在欧盟，对消费者自主选择权的损害常常被给予更多关注，“若经营者具有主导地位，通过改变供应结构，其严重损害了消费者在市场上的行动自由，致使条约的目标受到阻却，这将被视为是滥用”。[47]平台利用传导效应对不同应用软件进行有差别的对待，这也是一种在平台经济语境下对供应结构的改变，事实上损害了消费者在市场上的选择自由，是一种典型的滥用市场支配地位的行

---

44 See Eleanor M. Fox, Against Goals, 81 Fordham Law Review 2157, 2157 - 2162 (2013).

45 《虾米音乐2月5日正式关停版权大战牺牲品?》，载新华网，http://www.xinhuanet.com/2021-01/06/c_1126950248.htm，最后访问于2022年3月13日。

46 《虾米关停网友：青春散场的这一天，终于还是来了》，载新华网，http://www.xinhuanet.com/2021-01/05/c_1126948999.htm，最后访问于2022年3月13日。

47 Europemballage and Continental Can v Commission [1973] E. C. R. 215 at [26]. 转引自张永忠：《反垄断法中的消费者福利标准：理论确证与法律适用》，载《政法论坛》2013年第3期。

为。针对我国虾米音乐关停这一事件，可参考美国和欧盟的相关案例及其经验做法。如在微软案件中，美国联邦贸易委员会（FTC）认为微软拒绝开放源代码具有锁定消费者的“减少消费者选择”的后果。在欧盟的知识产权拒绝许可行为分析中，当评估占支配地位的公司是否有供应责任时，欧盟同样不希望消费者在选择和创新利益方面受到损害。[48]以此反观我国虾米音乐关停事件，在很大程度上也正是因为具有绝对市场支配地位的平台拒绝对消费者的用户基础进行传导（开放源代码），进而导致“减少消费者选择”的后果，其对消费者自主选择权的损害是显而易见的。

（2）传导效应对消费者公平交易权的损害

消费者的公平交易权是指消费者在购买商品或接受服务时所享有的获得质量保障和价格合理、计量正确等公平交易的权利。正如前文所述，传导效应导致消费者自主选择权受限，由此带来的便是消费者公平交易权的受限。这是因为享受传导效应益处的应用软件往往自身实力较为强大，市场力量也较强。且其倚仗自身较强的市场力量，往往收取较高的费用。就“虾米音乐正式关停”事件而言，笔者比较了在其关停之前三家音乐的会员年费情况，网易云音乐 158 元，QQ 音乐 138 元，虾米音乐 88 元。虾米音乐是品质较高的音乐应用软件之一，其音乐品质有保障且会员价格较为合理，但最终因无法承受“传导效应之重”而退出历史舞台，的确令人扼腕。就如欧盟《数字市场法》所提及的，“平台利用强大的网络传导效应，利用企业和用户之间的中介功能来打造平台系统，从而巩固它们的地位，提高了进入壁垒，它们的不公平行为和缺乏可竞争性的市场环境使得价格更高、质量更低，选择和创新更少，从而损害消费者权益”。质言之，平台所具有的传导效应会使得平台利用自身的垄断力量提高产品价格、限制产量，导致消费者利益向垄断者转移。[49]在这背后，显而易见的是对消费者公平交易权的损害。

3. 混同效应：对消费者自主选择权与批评监督权的损害

（1）混同效应对消费者自主选择权的损害

由于混同效应导致平台在一定程度上兼具市场角色与社会角色，[50]导致社会对平台本应有的监督较难发挥作用，加之国家对平台发展寄予厚望，对于很

48 张永忠：《反垄断法中的消费者福利标准：理论确证与法律适用》，载《政法论坛》2013 年第 3 期。

49 张江莉、张镭：《平台经济领域的消费者保护——基于反垄断法理论和实践的分析》，载《电子政务》2021 年第 5 期。

50 丁庭威：《互联网平台滥用市场支配地位规制路径新探——以双边市场下相关市场界定为分析视角》，载《科技与法律（中英文）》2021 年第 2 期。

多争议纠纷国家会“授权”平台自身去解决，例如“淘宝客服”“京东客服”等便是平台化解消费者争议纠纷的第一道防线。但由此亦会带来一些问题，便是此种混同效应所带来的权利（力）很容易被滥用，现实生活中因混同效应而产生的滥用行为屡见不鲜。如“强制二选一”，著名的“3Q 大战”以及“头腾大战”皆因平台具双重角色而导致“强制二选一”的行为。与此同时，截至目前，平台之间尚未实现完全互联互通，在混同效应的限制下，消费者难以退出既有平台，平台之间的对抗实质上会缩减消费者选择的范围，[51] 这亦会在一定程度上减损消费者的自主选择权。正如“3Q 大战”中一审判决认为的，[52] 腾讯的“二选一”行为，表面上赋予了消费者一种自由选择权，但实际上是驱使消费者只能与自己独家交易而与 360 软件一刀两断。此后的最高人民法院二审判决认为，[53] 腾讯在相关市场上不具有市场支配地位，原因在于最高人民法院没有真正将难以在两个平台之间进行选择的消费者当作利益当事人，消费者在判决书中实际上是缺席的。

（2）混同效应对消费者批评监督权的损害

因平台兼具市场与社会的双重属性，其所扮演的角色近乎“准监管主体”。[54] 这种既当球员又当裁判员的身份[55] 使得其天然具有垄断性，对其监管的难度也较大，在一定程度上甚至演变成了“挟消费者以令天下”的局面。以淘宝平台为例，因为其自身便具有争议纠纷解决的机制，有些产品因质量问题或丢失问题会产生相应争议与纠纷，然而相关问题时常会在平台与物流之间互相推诿，消费者的批评监督权往往也会被平台内部化，消费者最终因“投诉无门”以及不愿浪费时间精力而放弃自己拥有的这份权利。质言之，争议纠纷难以从平台“外溢”，相关损害最终会转移至消费者并由消费者买单。

（二）默示共谋：平台内经营者对消费者权益的损害

平台内经营者往往是单独个体，难以拥有平台经营者这一“上帝视角”，但这并不代表它们不能或不会去损害消费者权益。换言之，平台内经营者也会利用自

---

51 张江莉、张镭：《平台经济领域的消费者保护——基于反垄断法理论和实践的分析》，载《电子政务》2021 年第 5 期。

52 参见广东省高级人民法院（2011）粤高法民三初字第 2 号民事判决书。

53 参见最高人民法院（2013）民三终字第 4 号民事判决书。

54 叶明、冉隆宇：《从间接保护到直接保护：平台经济下消费者在反垄断法中的定位》，载《竞争政策研究》2021 年第 5 期。

55 See Lina M. Khan, Amazon's Antitrust Paradox, 126 Yale Law Journal 780, 710 – 805 (2017).

身市场支配地位并以此达成“算法合谋”，[56]尤其是达成“算法默示共谋”[57]来损害消费者的权益。以淘宝这一平台内的经营者（商家）为例，当消费者意图购买某一商品并输入相应商品名称进行检索后，会出现琳琅满目的相关商品，其中不乏“销量10万+”且“好评如潮”的商品，它们往往会出现在众多商品的前列，这些商家亦会排在众多商家的前列。笔者此前对该情形并不知情，单纯以为是商家的产品好、信誉高。后来了解到，消费者购买相关产品，收到的包裹中有小卡片以“小额返利”的方式“诱导”添加相关店家的客服微信，此时客服会给出相应的评语和图片，只要按照要求填写好评评语就可以获得“小额返利”，“好评如潮”便诞生了。过些时日，这些淘宝店家的微信客服便会找消费者，问是否“刷单”，客服会指导购买指定商品，购买后会立马将本金返回，并告知包裹将会是空包或其他不值钱的物件（如餐巾纸、湿巾），收货后按照微信客服给出的指定评语评价便可获得相应“佣金”，周而复始，“销量10万+”便产生了。易言之，通过“刷单”这种行为，平台内经营者获得平台内较好搜索排名以及平台展示位置，进而获得更多的客户“流量”。这种平台内经营者与消费者联合制造的“虚假交易”在当下屡见不鲜。短期看，消费者似从中获利，但“天下没有免费的午餐”；长远看，这些擅长“刷单”的商家往往会成为同行业的“佼佼者”而占据商品检索页面的榜首，由于商家天然具有逐利性，对前期为使自己占据同行业市场支配地位所支付的“虚假交易”成本自然要进行填补，此时这些成本便会以提高商品价格的方式转嫁至消费者，而一旦这些作为行业“佼佼者”且具有本行业内部市场支配地位的商家涨价，其“销量10万+”且“好评如潮”的假象会使消费者因“思维惰性”与“路径依赖”而径直购买其商品，久而久之，其他同行业的商家便会有意无意地向这些“佼佼者”看齐，将自己的商品打造得与“佼佼者”极度相似，并同时将价格提升至“佼佼者”的相同水平，最终达到无需实质交流而仅靠算法的默示共谋便可以使平台内相同商品的价格几近一致，这一点从淘宝、京东及拼多多等平台内经营者针对同一商品定价几乎一致便可见一斑。久而久之，同一商品的价格被众多平台内经营者“默示共谋”地抬高，“溢价”严重，而这一结果最终将由消费者买单。

概言之，平台内经营者通过虚假交易行为提升在相关商品市场中的市场力量，并逐渐形成支配地位，进而再通过有意或无意的“默示共谋”行为，侵蚀消费者的知情权、自主选择权与公平交易权。

---

56 See Ezrachi, Ariel &Stucke, Maurice E., Artificial intelligence & collusion: When computers inhibit competition, 2017 University ofIllinois Law Review 1775, 1781 - 1796 (2017).

57 时建中：《共同市场支配地位制度拓展适用于算法默示共谋研究》，载《中国法学》2020年第2期。

（三）力有不逮：《反垄断法》所规制的“剥削性滥用”对消费者权益保障的间接性

《反垄断法》规定的七种滥用市场支配地位行为，学理上将其划分为两种——封锁竞争式的滥用与榨取式的滥用[58]或排他性滥用与剥削性滥用[59]。前者（封锁竞争式的滥用或排他性滥用）是指具有市场支配地位的经营者通过滥用行为，如增加竞争对手成本、拒绝与竞争对手交易或拒绝其进入使用核心设备等，来减弱现有市场竞争程度或阻碍竞争的增加，该滥用行为将影响相关的市场结构，并可能在市场上形成封闭效果，抑制其他竞争者的进入或扩张，或者使得其他竞争者退出该市场。后者（榨取式的滥用或剥削性滥用）直接以消费者为目标，如强加给消费者过高的价格或不合理的交易条款或条件，是具有市场支配地位的经营者利用其支配地位带给它的商业机会，以掠夺其在正常和充分有效竞争环境下所无法获得的商业利益的违法行为。[60]前文述及的平台经营者与平台内经营者对消费者权益的损害主要是指“剥削性滥用”。但反观我国《反垄断法》的规定，第1条立法目的确实将保障消费者权益列入其中，但有学者认为，《反垄断法》是一部竞争法，其立法逻辑的核心是保护竞争。[61]这一观点对学界和反垄断执法、司法实践都产生了重要影响。在该观点的指引下，实践中的操作在一定程度上忽视了消费者的诉求，过度将《反垄断法》的价值定位于对竞争者或经营者利益的维护之上。与此同时，《反垄断法》的具体条款并没有针对保障消费者权益的可操作性内容，均为一些原则性的规定。质言之，《反垄断法》的抽象价值定位与具体条款设计均显示其对消费者权益保障的力不从心，往往处于附属位置，具有间接性。

四、平台滥用市场支配地位下的消费者权益保障之路径

（一）针对平台经营者损害消费者权益的情形——兼议规制“剥削性滥用”以增强保障消费者权益的直接性

1. 区分组织形态——“应用层面”与“平台层面”

应用（Application）一般是指手机、平板及电脑的应用。例如 Microsoft、

---

58 刘孔中著：《公平交易法》，元照出版有限公司2005年版，第53页。

59 See D. G. Goyder, EC Competition Law 4th, Oxford University Press, 2003, p. 283.

60 陈兵：《反垄断法实施与消费者保护的协同发展》，载《法学》2013年第9期。

61 郑文通：《我国反垄断诉讼对“滥用市场支配地位”规定的误读》，载《法学》2010年第5期。

WPS、网易云音乐、QQ音乐等，而平台（Platform）一般是指通过网络信息技术，使相互依赖的多边主体在特定载体提供的规则和撮合下交互，以此共同创造价值的商业组织形态，例如App Store等。此处便涉及一个争议，例如微信、QQ、支付宝这种软件到底处于什么形态，究竟是“应用层面”还是“平台层面”。笔者认为，这些属于“平台层面”，以一例子为证，利用微信、QQ、支付宝等平台软件可登录WPS办公软件、有道翻译、网易云音乐等应用软件，反之却不能利用WPS等应用软件登录微信、QQ、支付宝等平台软件。由此可知，后者对前者有较强的依附性，前文提及的“虾米音乐关停事件”便能很好地说明这种依附关系，加之这些软件所具有的锁定效应和传导效应，它们早已变成了平台，因此前者和后者所处的层面是不同的，其影响力自然亦不相当。再如美团，从一开始的团购应用软件发展为当下集团购、外卖、酒店、打车等众多服务于一体的平台软件，俨然已从一个应用进化成一个平台。易言之，可进行“单向度”的数据资源共享、对数据“互操性”掌握主动权的软件以及兼具多种服务功能的软件应当可判定其已经处于“平台层面”。[62]当软件处于“应用层面”时，其常常处于发展初期，对自身的生存发展具有强烈渴望，会积极寻求、拉拢消费者，此时更注重站在消费者的角度考虑问题并会最大限度地满足消费者的体验感，往往会对消费者进行补贴。易言之，处于“应用层面”的软件在激烈的市场竞争环境下，只有尽可能提供物美价廉且方便消费者的商品，才有可能吸引消费者并逐渐形成用户黏性，进而不断提升自己的市场力量。例如各种“买菜应用”便在很大程度上对消费者让利补贴，因为只有这样，这些“应用”才有可能向“平台”进行发展。是故，应正确区分软件所处的组织形态，并将规制的重点集中于“平台层面”，以更好地节约执法与司法资源并最大限度鼓励创新。

2. 区分平台滥用市场支配地位的类型——“排他性滥用”和“剥削性滥用”

“排他性滥用”主要针对竞争者，一般在短期内并不会对消费者权益产生直接损害，甚至在一定程度上会对消费者进行补贴，短期内对消费者有利，让利于消费者，最终的结果是使消费者获得了实实在在的好处，因此对“排他性滥用”的规制不宜太过激进，可将重点集中在防止恶性并购，防止市场竞争格局发生较大变化，进而导致一家独大，让平台充分进行竞争，这样不仅可以促进消费者权益最大化，也可节约执法成本。此时，有人会认为，只考虑消费者的权益，而罔顾经营者的权益，这对经营者而言是否太过残忍。笔者认为，市场本就是“优胜劣汰”的场域，能够充分竞争，并且在竞争中胜出本身就是“市

---

62 丁庭威：《互联网平台滥用市场支配地位规制路径新探——以双边市场下相关市场界定为分析视角》，载《科技与法律（中英文）》2021年第2期。

场法则”，市场经济下，“竞争”作为一种良好的手段，必然需要长期存在，但其存在的最终价值也本就是保障消费者的权益。质言之，竞争并非目的，保障消费者权益才是最终目的。因此对“排他性滥用”规制的重点集中于防止平台恶性并购即可，至于平台“补贴”“烧钱”等一系列有利于消费者的行为皆是可容忍的，只要其最终表现为消费者从中获得了切实的好处。易言之，“排他性滥用”在客观上形成的让利于消费者的行为没有问题，规制的重点应置于防止恶性并购，使得平台的竞争格局事实上呈现一种良性的“寡头垄断”[63]即可。是故，规制应着重于“剥削性滥用”，因为平台的“剥削性滥用”直接以消费者为目标，通过对消费者权益进行侵蚀以掠夺其在正常的和充分有效的竞争环境下所无法获得的商业利益，该种滥用形态往往由“排他性滥用”发展到一定阶段后形成，[64]开始对消费者权益进行“吞噬”与“收割”，因此对其规制十分必要。

3. 重点规制“剥削性滥用”以增强保障消费者权益的直接性

首先，明确“定性”。第一，明确《反垄断法》是保障消费者权益的规范，明确消费者在反垄断法律关系中的定位，认定消费者就是《反垄断法》直接保护的对象，而并非仅仅保护竞争者。可通过主张以消费者公平交易权为内涵的消费者权益构成单独的《反垄断法》适用标准，区分其他学者提出的《反垄断法》是通过保护市场自由公平竞争秩序来间接保护消费者权益的观点。[65]第二，若有证据表明具有支配地位的平台有意利用短期亏损或放弃利润这一“排他性滥用”的方法来排斥一个或多个事实或潜在的竞争对手，以此维护、加强其市场支配地位，此阶段未对消费者权益造成实质性损害，要着重关注防止恶性并购，若“排他性滥用”发展为“剥削性滥用”，可直接认定平台损害了消费者权益，[66]纳入《反垄断法》的调整范围。

其次，精准“定量”。明确定性之后，要逐步量化消费者的具体损失，以实际损失为限要求《反垄断法》为其提供救济。有学者认为，可以量化的消费者权益由《反垄断法》加以保护，难以量化的消费者权益由《消费者权益保护

---

63 史际春：《反垄断的辩证法》，载《经济法学评论》2017 年第 1 期。

64 并非说“剥削性滥用”一定是“排他性滥用”的进阶，两种滥用形式完全可以同时进行。只是因为本文重点讨论的是平台滥用市场支配地位而对消费者利益造成损害，所以将规制重点放置于“剥削性滥用”这一以消费者为目标的滥用形式之上，因此为方便论述，故将两种滥用形态予以区分并明晰规制重点。

65 丁茂中：《“360 与 QQ 事件”凸显我国竞争文化的缺失》，载《法学》2011 年第 1 期。

66 《适用欧共体条约第 82 条查处市场支配地位企业滥用性排他性为的执法重点指南》第 63 节，转引自王晓晔著：《反垄断法》，法律出版社 2011 年版，第 208 页。

法》进行保护。[67] 笔者深以为然，当然，具体的量化标准仍有待实证分析，本文仅为后来研究者或决策者提供一个初步但可靠的分析框架。

（二）针对平台内经营者损害消费者权益的情形

平台内经营者通过虚假交易行为形成并巩固自身在相关商品市场中的支配地位，此后再通过有意或无意的“算法默示共谋”，侵蚀消费者的知情权、自主选择权与公平交易权。因此，为从源头上禁止虚假交易行为，需发挥平台自身监督、社会监督及公权力监督的三重作用，如平台对此种“刷单”等虚假交易行为要进行处罚，时时抽检，联合快递站检查包裹真实情况，[68] 接受消费者评价[69] 及社会的建议与举报。与此同时，反垄断执法机构也应对虚假交易行为进行抽检、排查，若发现须进行处罚，以公权力作为“达摩克利斯剑”悬于不规范的市场交易行为之上。久而久之，通过平台、社会及公权力的规范行为使得平台内经营者通过真实交易不断提高商品质量，防止商品“溢价”严重，尽可能提高商品质量并降低价格，为消费者提供高性价比的商品，切实保障消费者的权益。

余论——兼议保障消费者权益在经济法中的地位与“外循环”瓶颈的突破

保障消费者权益符合《反垄断法》的理论依据与实践要求，应明确《反垄断法》是保障消费者权益的规范，明确消费者在反垄断法律关系中的定位，认定消费者是《反垄断法》直接保护的对象。面对平台滥用市场支配地位情形下保障消费者权益的困境，积极寻求解决之道及完善路径，尽可能将平台损害消费者权益的规制路径纳入《反垄断法》的分析框架之下。

社会主义市场经济从本质和客观要求来说，是消费者主权的经济。正如习近平总书记所言，“江山就是人民、人民就是江山”，消费者主权思想充分体现了“以人为本”的理念，可谓“人本”理念，“人本”就是要把消费者作为出发点和落脚点。人的需要主要是消费需要，消费需要不断得到满足，不断丰富，正体现社会生产的目的，“人本”就是要扩大消费需求，提高消费质量，从

---

67 陈兵：《反垄断法实施与消费者保护的协同发展》，载《法学》2013 年第 9 期。

68 因为涉及消费者隐私，仅做形式上的审查，如实际上的“交易”应当是一台收音机，而实际包裹就是一包空纸巾大小，对于这种显而易见的“刷单”行为可以在平台自身层面发挥监管作用进行规制。

69 有学者认为可通过设立“消费者评价权”作为连接平台与消费者两个层面的桥梁与纽带。参见许恋天：《消费者网络评价权的配置法理与立法表达》，载《法制与社会发展》2021 年第 3 期。

而促进人的全面发展。[70]张世明教授较早提出“人本主义经济法”这一论断，[71]诚如其所言，中国经济法学体系的建构必须坚持以人为本的理念，[72]经济活动应以人为本，以消费者为本，使消费者成为竞争活动的受益者，而不应成为企业追求效率而转嫁竞争损失的终端。[73]《反垄断法》作为经济法中的重要组成部分，理应秉持经济法的基本理念。质言之，《反垄断法》归根结底，其目的在于促进创新和发展，创造更多的物质和精神财富，满足消费者多元化的需求，使广大消费者受益，这才是法律制定的本意。[74]因此，保障消费者权益应当是经济法的最终价值追求，所有的经济若不以保障消费者权益为目的则都将是盗窃，所有的经济如果离开消费者则都将是投机。[75]正如美国经济学家弗莱德·泰勒（Fred M. Taylor）所言，“保证每个个体消费者特殊的嗜好和需要不致因拥有全权的国家所确定的消费标准而受到损害”。[76]质言之，保障消费者权益应成为经济法的最终价值追求与人文关怀。

此外，面对复杂的国际环境，我国提出“双循环”[77]的要求，平台经济作为数字经济的代表，理应承担更多的责任，尤其应表现在“外循环”瓶颈的突破上。平台经济的发展得益于数据的获取应用、基础设施的建设完善、政策的倾斜扶持、消费者基数的“人口红利”以及特殊的经济社会环境等各种优厚条件，在平台经济领域，我国的商品或服务仍以性价比为竞争优势，在最根本的技术层面依然体现出不足。然而，这类的应用创新不足以构成核心竞争力，尤其是在发达国家对来自我国的数字技术高度警惕的环境下。作为数字经济代表的平台经济，理应有更多担当、追求与作为，不应仅仅将目光盯住消费者的“口袋”，想尽各种方法榨取消费者的剩余价值，最终“富了”平台、“误了”创新、“损了”消费者。实际上，在美国、欧盟、日本等发达国家和地区，保障消费者权益的重要力量之一就是来自那些具有国际市场优势地位的经营者，通

---

70 尹世杰：《市场经济是消费者主权的经济》，载《中国工商管理研究》1997年第3期。

71 张世明教授于1997年第一次提出“人本主义经济法”的概念。参见张世明著：《经济法学理论演变研究》（第二次全面修订版），中国民主法制出版社2009年版，第348页。

72 张世明著：《经济法学理论演变原论》，中国人民大学出版社2019年版，第415页。

73 张世明、王济东著：《企业并购法贯通论》，中国政法大学出版社2018年版，第396－397页。

74 张世明：《滥用知识产权与滥用市场支配地位之辩》，载《人大法律评论》2020年第2期。

75 感谢薛克鹏教授于2021年5月16日参加中国人民大学经济法学博士研究生毕业论文答辩时提出的相关表述，笔者稍加更改后予以援用。

76 See Fred M. Taylor, The Guidance of Production in a Socialist State, 19 The American Economic Review 1, 1－8 (1929).

77 《中共中央政治局常务委员会召开会议》，载新华网，http://www.xinhuanet.com/politics/leaders/2020－05/14/c_1125986000.htm，最后访问于2022年3月14日。

过它们的努力和行业影响力来提升相关商品和服务的标准和质量。[78] 单从这一点来看，我国平台经济发展的道路依旧“阻且长”。质言之，我国平台经济在发展的过程中应承担更多使命，在切实保障消费者权益的基础之上，不断提高自身科技创新能力，寻求技术突破，向“外循环”的星辰大海进发。

78 陈兵：《反垄断法实施与消费者保护的协同发展》，载《法学》2013 年第 9 期。

困境与反思：平台经济反垄断法律规制路径完善

黄俊杰*

【内容提要】 快速发展的平台经济既为我国社会经济注入全新活力，也易因资本的无序扩张形成垄断格局，在损害私益的同时也造成了市场竞争不足、市场运行失灵及侵害广泛消费者福利等公共利益受损。当前国家进行了一系列法律规制，但仍存在法律依据不足、认定困难、救济不足和执法能力较弱等瓶颈。规制路径在于从完善法律规制、明确适用规定、构建反垄断公益诉讼制度和提升监管水准以构建多元治理格局，促进平台经济公平竞争与创新发展。

【关键词】 平台经济　反垄断　数据治理　公益诉讼

近年来，平台经济业已成为推动我国经济转型和社会发展的重要动力。相对实体经济而言，平台经济通过发展数字技术连接上下游产业链和供需两端，具有市场庞大、资本密集和规模效应明显等特点，极大地降低了流通成本、提升了交易效率。[1]然而平台经济的无序扩张带来的垄断风险也随之凸显。平台企业借助创新技术和广袤资本等形成强大聚集效应，在垄断数据和市场份额等资源后滥用数据与算法控制权及平台管理权，采取“掐尖并购”及不合理内部整合，“捆绑销售”“二选一”和限制交易等操作，以求获得高额垄断利润。这在阻碍技术创新、损害大众利益的同时，更不利于营造公平竞争的营商环境。本文拟通过分析现有规制内容、方式，把握和前瞻面临困境及应对举措，以期为有效解决反垄断问题以及促进规范有序发展提供参考。

---

* 黄俊杰——四川省成都市金牛区人民检察院综合业务部副主任、二级检察官，主要研究领域：刑法学、刑事诉讼法学、数据法学。本文获第三十三届全国副省级城市法治论坛主题征文二等奖。

1　孙晋：《谦抑理念下互联网服务行业经营者集中救济调适》，载《中国法学》2018 年第 6 期。

一、现实风险：垄断平台经济所带来的隐患

拥有强大资金、数据优势和融资来源的大型平台企业易利用优势地位压缩其他市场参与者的利润空间，倒逼小型企业主动退出竞争，导致其难逃挤压、破产或被并购的困境，其有价值和竞争力的技术、数据、研发人员还会被大型平台企业吸收，[2] 产生更大规模、更多样化的数据集或者更优算法对竞争对手形成封锁效应，进一步巩固竞争优势。[3] 即使在大型平台企业之间，基于各自的份额和竞争，大多会拒绝开放数据入口，从而限制其他竞争企业获得本企业的外部性溢出。[4] 垄断行为滋生诸如价格控制、商品和服务质量下降等恶果，最终损害弱势消费者诸多合法权益，[5] 如自由选择权受损，[6] 个人信息数据权利遭受侵害，[7] 通过推荐特定信息或者利用数据为消费者采取个性化定价实现“大数据杀熟”。[8]

除此之外，垄断行为还会影响政府决策。平台经济的“共享”特质使任何个体都可通过平台将自己所有资源有条件地转让、分配给需求该资源的一方并获取收益，[9] 政府不再像在传统经济模式下那样拥有信息与管控优势。倘若政府监管跟不上步伐，平台在前期获得大量红利的基础上，在天生具有趋利性且无法有效驾驭的盈利欲望驱动下，会选择发展阻碍最小的方向以确保利益最大化，如基于其强大的数据挖掘、超算能力以及无可比拟的无限归集和使用数据优势继续“压榨”经营者、同行其他竞争者和消费者来赚取更多利益，同时其在大数据和算法等方面的应用和开发上存在的超前地位在某种程度上还会超越监管的数据控制。而业已形成规模和影响的垄断平台规则还会影响和干预按照传统经济模式设计规制体系和行为模式的政府决策，甚至使政府规制体系空转、决策部署无效乃至负效。

---

2 陈兵、赵青：《互联网平台封禁行为的反垄断法解读》，载《法治现代化研究》2020 年第 3 期。

3 周围：《人工智能时代个性化定价算法的反垄断法规制》，载《武汉大学学报（哲学社会科学版）》2021 年第 1 期。

4 杨东：《论反垄断法的重构：应对数字经济的挑战》，载《中国法学》2020 年第 3 期。

5 陈兵：《大数据的竞争法属性及规制意义》，载《法学》2018 年第 8 期。

6 陈兵、赵青：《我国剥削性滥用行为违法性判定基准审视——以非价格型剥削性滥用为视角》，载《上海大学学报（社会科学版）》2020 年第 3 期。

7 虽然《民法典》将个人信息保护置于人格权编隐私权章是从个人信息对隐私权保护影响考虑，但从财产利益保护的角度，个人隐私的“价值”越高，则平台收集数据的获利能力越强。参见孙益武：《论平台经济反垄断执法中的数据因素》，载《法治研究》2021 年第 2 期。

8 郑智航、徐昭曦：《大数据时代算法歧视的法律规制与司法审查——以美国法律实践为例》，载《比较法研究》2019 年第 4 期。

9 金江军、郭英楼著：《互联网时代的国家治理》，中共党史出版社 2016 年版，第 40 页。

二、实践检视：现行法治规制举措

虽然平台经济与传统经济在双边性、多属性、外部性、服务性等特征上有极大差异，[10]我国也采取了一系列举措进行监管和引导，尤其是2020年第四季度起可谓“大招”不断，见表1。

表1 近年来我国主要监管举措

年份	时间	事项
2019	8月8日	国务院办公厅发布《关于促进平台经济规范健康发展的指导意见》
2020	1月2日	国家市场监督管理总局就《反垄断法（修正草案）》向社会公开征求意见
	4月9日	国务院发布《关于构建更加完善的要素市场化配置体制机制的意见》，将数据与传统生产要素并列并推进监管
	11月10日	国家市场监督管理总局发布《关于平台经济领域的反垄断指南（征求意见稿）》
	12月11日	中央政治局会议首次提出强化反垄断和防止资本无序扩张
	12月18日	中央经济工作会议将强化反垄断和防止资本无序扩张列为2021年八项重点经济工作之一
	12月24日	国家市场监督管理总局依法对阿里巴巴涉嫌垄断行为立案调查
2021	1月9日	中央政法工作会议提出要加强反垄断和反不正当竞争执法司法
	1月31日	中央办公厅、国务院办公厅印发《建设高标准市场体系行动方案》强调加强平台经济、共享经济等新业态领域反垄断和反不正当竞争规制
	2月7日	国务院反垄断委员会发布《关于平台经济领域的反垄断指南》
	3月15日	中央财经委第九次会议提出要明确规则、划清底线、加强监管、规范秩序，促进公平竞争，反对垄断，防止资本无序扩张；同日国家市场监督管理总局出台《网络交易监督管理办法》
	4月10日	国家市场监督管理总局对阿里巴巴处以182.28亿元的行政处罚
	4月12日	人民银行、银保监会、证监会、外汇局再次联合约谈蚂蚁集团，要求从“打破信息垄断”等方面进行整改

10 ［法］让·梯若尔著：《创新、竞争与平台经济——诺贝尔经济学奖得主论文集》，寇宗来、张艳华译，法律出版社2017年版，第173－175页。

续表

年份	时间	事项
2021	4月13日	互联网平台企业行政指导会指出强迫实施“二选一”等问题危害极大，必须坚决根治，并要求各平台企业要在一个月内自检自查，整改期后发现再有强迫实施“二选一”等违法行为要从重从严处罚
	4月26日	国家市场监督管理总局对美团涉嫌垄断行为立案调查
	8月30日	中央全面深化改革委员会第二十一次会议上提及要“完善反垄断体制机制，充实反垄断监管力量，加强平台经济、科技创新、信息安全等重点领域执法司法”
	9月3日	国家市场监督管理总局发布《中国反垄断执法年度报告(2020)》，公布了2020年反垄断执法十大典型案例
	11月18日	国家反垄断局正式挂牌成立
2022	1月12日	国务院印发的《“十四五”数字经济发展规划》要求“探索建立适应平台经济特点的监管机制，加强和改进反垄断执法”
	1月20日	国家发展改革委等九部门联合出台《关于推动平台经济规范健康持续发展的若干意见》，从完善执法监管机制进行了要求

三、现状探讨：平台经济反垄断面临的法治挑战

（一）立法挑战：依据回应的欠缺

我国现行反垄断的基本理念、规则和制度主要是针对传统经济而言，对平台经济的制约收效甚微。《反垄断法（修正草案）》只对于互联网经营者市场支配地位认定的额外考量因素等进行了规定，《反垄断法》尚未正式完成修订，因此当前无法准确依据新规定认定垄断行为。[11]虽然《电子商务法》第22条、第35条已经对电子平台经营者的不合理限制或者附加不合理条件的行为进行了约束，但内容太单薄，也无法应对、规制平台经济所有垄断行为。《国务院反垄断委员会关于平台经济领域的反垄断指南》（以下简称《指南》）对如何有效规制作出专门性或者扩展性规定，在一定程度上明确了监管标准。但由于当前对反垄断特性问题研究还不够清楚和透彻，故也不能期望一部指南就能解决大部分问题甚至全部问题。况且《指南》只是国家市场监督管理总局发布的部门规范

11　第十三届全国人民代表大会常务委员会第三十五次会议通过《关于修改〈中华人民共和国反垄断法〉的决定》，自2022年8月1日起施行。本文为此前录用文章。下同。

性文件，根据现行法律规定，司法机关审理案件应以法律和法规为依据，对如何适用规范性文件并无规定，故司法机关不能直接根据该指南作出裁判决定。对行政机关来说，也存在法律效力较低、法律层级相对不够和法律威慑力不足等问题。同时鉴于平台经济涉及范围广、商业模式和竞争生态复杂、专业性强，需要多部门、多行业共同参与。《指南》内容仅有20余条，《反垄断法（修正草案）》去掉附则后也仅有60余条，无法对上述内容均有涉及，对反垄断执法原则、思路标准及操作方式也还不够细化和明确。因此需要进一步扩展法律法规内容，增强执行力和有效性。

（二）标准挑战：行为认定的模糊

1. 相关认定标准问题。传统行业对滥用市场支配地位的判定要界定市场范围，如在该市场经济活动中是否具有支配地位，是否存在滥用行为等。[12]对平台经济而言，数据系生产要素，算法系配置资源方式。数据作为一种基础和关键生产要素，只需一次收集便能多次零边际成本使用。使用基础数据并整合分析，还会产生新的关联数据，从而不断增强规模效应甚至拓展新的业务和领域。平台企业通过提供大量服务聚集了海量与消费者相关的数据，利用数据的市场效益产生经济效益强化垄断。由于数据难以估值，因此基于数据产生的经济行为，无法以传统的价格或市场份额等予以评估。而数据处理能力已成为平台企业的核心竞争力，[13]滥用算法权力就是大数据“杀熟”的实质。[14]平台大多将其视为商业核心秘密，极少对外公开。算法的隐秘性、不透明性使平台能够利用算法进行反竞争行为。[15]常见的算法垄断会导致抽奖概率不明、网络消费促销规则繁复、网络搜索竞价排名推荐、刷好评隐差评使评价结果失真、平台采用算法限制交易等后果。[16]在大数据和算法的加持下，“相关市场”及支配地位的界定和分析是否有滥用行为的方法发生了重大改变。大型平台企业掌握的海量数据易使其“滥用市场支配地位”，传统的需求或（和）供给替代分析方法（侧重定性分析和SSNIP）与临界损失分析方法（侧重根据价格变化进行定量分

---

12 李剑：《双边市场下的反垄断法相关市场界定——“百度案”中的法与经济学》，载《法商研究》2010年第5期。

13 孙益武：《论平台经济反垄断执法中的数据因素》，载《法治研究》2021年第2期。

14 廖建凯：《“大数据杀熟”法律规制的困境与出路——从消费者权利保护到经营者算法权力治理》，载《西南政法大学学报》2020年第1期。

15 施春风：《定价算法在网络交易中的反垄断法律规制》，载《河北法学》2018年第11期。

16 李勇坚：《善用“数字化武器”破解平台经济垄断难题》，载《科技日报》2021年3月5日07版。

析）等以价格为核心的替代性定量分析法失灵，[17] 取而代之的是用户数量、黏性及活跃度成为衡量的重要指标，平台极易达成垄断协议、轴辐协议而难以被发现，因此亟须在价格竞争之外加入其他非传统的考量因素，重构反垄断分析框架和规制数据市场竞争损害行为体系，以求贴近数据市场竞争的全貌。[18] 虽然《指南》设置了新的参考标准以便于规制平台经济滥用市场支配地位的新型手段，然而科学性和可操作性仍需进一步检验。以“二选一”行为为例，《指南》只进行了简单描述，并未详细列举具体的行为要件，没有明确相关商品市场界定的适用范围、具体情形，也未将相关时间市场、技术市场和创新市场等列为考察因素。[19]

2. 证据证明问题。《关于平台经济领域的反垄断指南（征求意见稿）》第 4 条曾规定直接证据认定规则，但《指南》却删除该条款，故反垄断执法和司法中证据证明力应达到何种程度值得思考。以“正当理由”的豁免条款为例，《指南》对滥用市场支配地位下的拒绝交易规则、限定交易规则和差别待遇规则进行相关规定，但如何认定是否构成垄断行为或是正当理由情形存在不确定性。倘若与经营者、消费者交易可能会使其利益发生不当减损属于“正当理由”范畴，可拒绝交易，那又应如何衡量“不当减损”的标准呢？客观的如技术故障，主观的如恶意利用规则漏洞等均会造成减损。再如平台企业以保护数据安全、知识产权等或者构建合理的经营模式为由限定安全交易，均可认定为“正当理由”范围，那么数据安全的保护对象具体应指向经营者还是消费者，抑或是扩大到所有参与到平台交易的成员？合理的经营模式又当如何界定？同时根据通常交易习俗，所有经营者都可以根据交易相对人实际需求且在符合正常交易习惯和行业惯例的基础上，采取不同的交易条件以促成交易。然而行业惯例应当包括哪些，是互联网平台行业的惯例，还是商品交易市场的惯例？目前此类事项规则均没有明确规定，实践中也难以认定和统一。

（三）制度挑战：法律救济的不足

虽然平台经济垄断行为更多的是带来产品价格、市场份额、经营利润等私人利益纷争的表象特征，但垄断问题往往会影响到广大消费者、经营者的公正

17 张晨颖：《平台相关市场界定方法再造》，载《首都师范大学学报（社会科学版）》2017 年第 2 期。

18 杨东、臧俊恒：《数据生产要素的竞争规制困境与突破》，载《国家检察官学院学报》2020 年第 6 期。

19 陈兵：《平台经济领域相关市场界定方法审视——以〈国务院反垄断委员会关于平台经济领域的反垄断指南〉第 4 条为中心的解读》，载《法治研究》2021 年第 2 期。

对待和市场经济的公平有序竞争，甚至在一定程度上会对社会经济的和谐发展及国家产业结构的平衡布局产生影响。因此，合理规制垄断问题带来的社会效益远高于个体价值，公益诉讼应“挺身而出”，禁止或预防垄断行为导致社会经济秩序和公共利益受损。然而当前法律规制手段主要集中在立法和执法领域，较少从司法领域进行规制，更缺乏从公益诉讼视角进行研讨。虽然中央全面深化改革委员会第二十一次会议和中央政法工作会议等均提及要加强反垄断司法工作，但迄今为止成效甚微。如近期出台的《反垄断法（修正草案）》《指南》《“十四五”数字经济发展规划》和《关于推动平台经济规范健康持续发展的若干意见》更多的是从行政执法角度进行规制，并未提及任何有关提起司法保护的具体内容。现行我国《反垄断法》只规定了行政监管部门介入处置和民事私益诉讼，未从国家司法公权力角度予以干涉，并未涉及任何有关提起公益诉讼的内容。上位法依据的缺失，加之“法律规定的机关和有关组织”亦未得到准确厘清和具体细化，导致提起平台经济反垄断公益诉讼“底气不足”。行政监管部门仅能对现有的垄断行为进行调查处罚，无法研判处置具有发散性、间接性及不确定性等明显特征的潜在行为，且对提出的损害赔偿等问题无能为力。民事私益诉讼中多被法院以原告与案件欠缺直接利害关系而驳回起诉，[20]即使极少数案件被法院受理，也会因广大垄断平台企业在资金、技术和人力上都占有明显优势，加之受诉讼地位悬殊、高昂的维权时间和金钱成本、举证能力欠缺以及预期诉讼请求不能超过投入成本等因素影响，导致处于绝对弱势的经营者和消费者不得已放弃维护自己的合法权益，更何况社会公共利益。[21]同时传统反垄断赔偿是借鉴民事赔偿方式，只能向法院获得极少部分的象征性赔偿。此种赔偿机制基于填补损害为要求，既难以对垄断平台企业产生足够的震慑效果，也无法与诉讼提起者所需承担的风险和付出的代价相称，容易打击提起公益诉讼的积极性。司法救济的缺乏使得在“政府主导、多元参与、法治保障的数字经济治理格局”中缺少一环，如何构造完备的垄断行为法律追责体系值得思考。

（四）实践挑战：监管能力的匮乏

《指南》在《反垄断法》的基石上应运而生，这给反垄断监管部门的监管思维、方式和能力等都带来了新的挑战。当前我国反垄断监管力量明显薄弱，人才队伍相对不强，配备资源能力有限，已经不能满足和适应监管发展的需求。

20　李娟：《反垄断实施机制的反思与完善——以反垄断公益诉讼为论》，载《经济法论丛》2019 年第 2 期。

21　吴波：《建议在反垄断领域引入检察公益诉讼》，载《人民检察》2020 年第 13 期。

比如《指南》规定了“个案分析”原则在相关市场界定中的运用，这就预示着不同类型的垄断需要不同专业领域的监管人员开展分析、调查、判断和决定。这不仅考验监管人员的专业素养和能力，还会使得反垄断调查结果明显推迟。目前《指南》并没有就监管人员应当如何对反垄断问题实施调查、取证和处罚等设置程序性规定，更何况专门章节。这不得不说是一大遗憾，既给监管工作带来不便，如即使监管人员得到某平台可能会实施垄断行为的线索，但受限于没有任何相关法治程序保障其合法行使职权，也不能开展调查、取证和处罚等工作，可能会导致反垄断监管虚置，如程序条款的缺位使得平台企业和经营者在面临处罚时丧失陈述意见和申请救济措施的渠道，影响平台各方利益和平台发展活力。同时基于平台经济的多边性以及广泛性，监管人员在进行反垄断调查取证时难度颇大。实践中少有平台企业主动承认垄断行为，由于其掌握了大量“数据”和“算法”，可以不留痕迹地隐匿甚至删除关键性证据。而相对于平台企业来说，经营者处于弱势地位，为了能继续生存发展不得不忍气吞声，不太乐意配合执法调查，给固定“数据”证据、获取“算法”证据等带来挑战。

四、制度预设：完善平台经济反垄断法治规制之建言

2021年政府工作报告肯定了“强化反垄断和防止资本无序扩张”的工作重点，“十四五”规划和2035年远景目标纲要设立专章规划数字经济，《“十四五”数字经济发展规划》要求“探索建立适应平台经济特点的监管机制”，均为平台经济高质量发展提供了思路。为此要坚持发展和规范并重，进一步推动平台经济规范健康持续发展。

（一）完善反垄断法律体系建设

2021年已出台《数据安全法》《个人信息保护法》，目前正在修改《反垄断法》，“加强制定数字经济、互联网金融、人工智能、大数据、云计算等新技术新应用涉及的立法工作”。[22] 故建议《反垄断法》对《指南》予以回应，提供上位法基础。一是在总则确立公平竞争的基础性地位，将公平竞争审查机制法治化。二是尽快设立数据专章。要立足数字经济特点，借鉴《指南》关于“数据”和“算法”的创新设定，将滥用市场支配地位违规收集和使用数据、利用算法实施价格共谋等行为纳入规制范畴，增设大型平台的新型基础设施地位和公平合理无歧视平台义务的条款，以及垄断协议、滥用市场支配地位、不当经

22　参见《全国人大常委会2021年度立法工作计划》，载中国人大网，http://www.npc.gov.cn/npc/c30834/202104/1968af4c85c246069ef3e8ab36f58d0c.shtml，最后访问于2021年4月28日。

营者集中的典型样态和必要考量因素。规定数据生产者、管理者、服务者和监管者的各自权利和义务，确定数据的所有权和使用权以及相关利益分配；明确“二选一”“算法共谋”“必需设施”等关键性概念，以及相关市场界定的考察因素、补充滥用支配地位行为的标准和表现形式和平台经济相关者的责任等内容。[23]确立优势证据标准，在举证方证明待证事项为真的可能性大于为假的可能性时即完成举证责任，[24]以减轻举证负担。三是完善法律责任制度。明确行政处罚时可对交易相对人尤其是消费者作出赔偿，对参与决策或实施限制竞争行为的高管、控股股东建立问责机制。必要时可设置刑罚制裁提高震慑力，如日本规定了“私人垄断、不正当交易限制、事业者团体的禁止行为之罪”。[25]可考虑制定专门法律法规确定平台企业的地位、权力和责任，形成以平台企业法律法规为主干的法律体系。加大对平台经济领域不同层次、不同部门、不同领域法律法规的梳理整合力度，做好相关配套规章及规范性文件立改删废并举工作，明确一般平台经济适用普通法律、特殊行业如金融行业等适用特别规定，实现平台及其权力治理法律规则的整体性。[26]集中规制《反垄断法》《反不正当竞争法》《电子商务法》《消费者权益保护法》等多部法律法规内容，并针对可能出现的不合理交易、不正当竞争、排除和限制竞争的滥用市场支配地位等行为进一步明确行为违法性的判断基准，如明确平台经济主体责任和侵权责任、[27]完善平台经济信用规制、研讨相关基础数据和算法的共享问题、[28]加强数字经济税收制度减少垄断行为的发生等，[29]尽可能降低法律的稳定性与平台经济高速发展性之间的张力，提高法律适用的可操作性、可裁性和可预测性。

（二）明确反垄断相关依据

首先，明确数据、算法的反垄断规定。数据是平台垄断的基础，要推动数

23 许光耀：《互联网产业中双边市场情形下支配地位滥用行为的反垄断法调整——兼评奇虎诉腾讯案》，载《法学评论》2018 年第 1 期。

24 钟刚：《平台经济领域滥用市场支配地位认定的证据规则思考》，载《法治研究》2021 年第 2 期。

25 缪大军：《域外平台经济反垄断法律制度》，载《人民法院报》2020 年 12 月 18 日 08 版。

26 郭渐强、陈荣昌：《网络平台权力治理：法治困境与现实出路》，载《理论探索》2019 年第 4 期。

27 马更新：《平台经营者“相应的责任”认定标准及具体化——对电子商务法第 38 条第 2 款的分析》，载《东方法学》2021 年第 2 期。

28 胡凌：《从开放资源到基础服务：平台监管的新视角》，载《学术月刊》2019 年第 2 期。

29 刘柏、卢家锐：《互联网平台经济领域垄断的潜在风险及防范》，载《财会月刊》2021 年第 3 期。

据开放性、可操作性和可携带性等以解决垄断问题。2019 年 3 月，英国发表的《数字竞争专家委员会报告》，提出应对数字时代竞争政策基准的重点是数据可携带性。[30] 目前我国对此尚没有规定、研究也不够深入，笔者建议加大对数据分享、数据交易和数据安全等领域的研究，在立足我国平台经济数据实用性要求、敏感风险程度以及脱敏与否等方面基础上对数据资产进行分级分类指导，[31] 借鉴欧洲关于数据可携带性的规定，建立健全三维结合立体的数据流动系统性标准和体系，促使平台数据的收集和使用有序进行，在不涉及国家安全、商业秘密及用户隐私的前提下平等开放，惩治平台过度收集使用和无限制挖掘数据等行为，实现无限收集的数据和有限分享间的利益平衡及有效保护与创新使用间的动态平衡。同时应在不损害公序良俗和正当经济效益的前提下增加算法的透明性，公开算法的基础、模式和步骤等内容，规范解释、验证和追责算法应用的标准，形成若干普遍性行业准则，如在对不同用户进行搜索时的结果必须要有相应的公共选项，定价算法应对所有消费者一致，不得适用个性化或歧视性定价等，确保算法应用结果的一致性。

其次，明确反垄断执法标准、程序和责任。如在认定市场支配地位时，不能再仅仅依据其市场份额进行认定，需要重点关注有无破坏正当竞争、损害消费者福利等行为。有学者建议将网络效应、锁定效应、市场创新、数据掌握和处理能力等因素纳入，[32] 或将具有相对严重损害特定领域、特定地域竞争结构的垄断行为纳入；[33] 还有学者提出引入 SSNDQ、SSNIC 等注重消费者体验及实现成本的界定方法。[34] 此次国家市场监督管理总局采用了 HHI 指数（赫芬达尔—赫希曼指数）和 CR4 指数（市场集中度指数）论证了阿里集团在相关市场高度集中，同时结合其他结构性和行为性指标综合认定其在相关市场中具备支配地位，[35] 提供了很好的遵循。建议厘清“二选一”行为内涵和外延，引入欧盟的“严重妨碍市场竞争”标准，修订经营者集中申报标准，禁止严重妨碍竞争

---

30 李勇坚：《善用“数字化武器”破解平台经济垄断难题》，载《科技日报》2021 年 3 月 5 日 07 版。

31 蒋大兴、王首杰：《共享经济的法律规制》，载《中国社会科学》2017 年第 9 期。

32 王先林、方翔：《平台经济领域反垄断的趋势、挑战与应对》，载《山东大学学报（哲学社会科学版）》2021 年第 2 期。

33 刘云：《互联网平台反垄断的国际趋势及中国应对》，载《政法论坛》2020 年第 6 期。

34 陈兵：《因应超级平台对反垄断法规制的挑战》，载《法学》2020 年第 2 期。

35 两个指数简单来说就是判断市场是不是寡头垄断的指数，赫芬达尔—赫希曼指数，1 是指完全垄断，越接近 1，这个市场就越集中在单一企业，具体的算法就是讲市场占有率平方，对平方进行加总后将指数乘以 10000；CR4 指数越接近 100，市场就越集中。参见国家市场监督管理总局国市监处（2021）28 号行政处罚决定书。

的经营者集中行为；[36] 规定宽大制度适用行为对象，限制适用纵向垄断协议，考量时间和技术等因素并将其作为考察市场进入壁垒、识别潜在竞争者的重要依据。细化“正当理由”条款，尤其是诸如“积极效果”“特定资源”“不当减损”等不确定性概念，减少因文义解释产生的歧义，补充规定不公平价格行为豁免的“正当理由”，尽量不使用类似“能够证明行为具有正当性的其他理由”等兜底条款，[37] 避免广泛出现以此抗辩的局面。在监管程序方面，《指南》在现行《反垄断法》第六章基础上初步规定了平台经济反垄断调查考量因素和调查对象，建议通过修改《反垄断法》该章节内容或另行制定单行法规，规定监管机构进行调查垄断的起始、终止及恢复调查等程序，以及有权采取相关措施以完成执法。同时明确救济措施，赋予被调查对象、相关利害关系人陈述意见、核实和抗辩等的权利，增设“法律责任”条款，一方面是根据平台经济中不同主体而区分各自责任方式，另一方面是对滥用权力的监管人员和滥用“避风港”条款的被调查对象进行法律规制。

（三）预设反垄断公益诉讼制度

1. 理论证成。《反垄断法》的立法本意既包括维护消费者权益，更有保护市场公平竞争、促进社会主义市场经济规范健康发展等宏观导向。平台经济垄断行为大都具有广泛影响，如横向垄断协议不光约束协议签署者，更会波及其他经营者和消费者，给市场公平竞争和创新、经济运行效率以及广泛消费者权益造成的损害具有明显的社会公共性，故反垄断行为亦有着浓厚的社会公益色彩。虽然检察机关承担的具体权能向兼具公权力制约、公益维护与私权利保障的公益职能转变，[38] 但检察机关代表国家保护公益的根本职能是没有改变的。检察机关提起公益诉讼是借助法律监督机关将传统行政领域的公益保护手段延展到司法领域，通过司法程序实现保护公益的目的，开创了一种包含公益司法保护内涵的法律监督方式。[39] 在既有的公益诉讼领域之外，检察机关应将威胁我国国家安全和深层次核心发展利益与广泛社会公共利益，如对我国国家安全、金融安全、人民群众生命安全和身体健康具有重大影响、可能构成严重威胁，但相应社会组织缺失、行政监管“失灵”风险较高的损害公共利益行为纳入到公益诉讼案件范围，如 2022 年初召开的全国检察长（扩大）会议就明确提出在

36 叶明、梁静：《我国互联网领域经营者集中反垄断审查的不足与改进》，载《西南政法大学学报》2021 年第 1 期。

37 许光耀著：《支配地位滥用行为的反垄断法调整》，人民出版社 2018 年版，第 22－64 页。

38 周新：《论我国检察权的新发展》，载《中国社会科学》2020 年第 8 期。

39 刘艺：《检察公益诉讼败诉案件中的客观诉讼法理》，载《行政法学研究》2020 年第 6 期。

落实好“4+5”法定责任的同时，积极稳妥重点办理网络治理、金融证券、知识产权等新领域案件。[40]因此平台经济反垄断与公益诉讼维护公共利益的内在价值有相同结合点。开展反垄断公益诉讼，既能弥补个人提起诉讼能力的不足和劣势，也能有效监督行政监管部门作为，[41]还能通过其裁判结果影响其他平台企业的决策行为，发挥预判性作用。[42]而这也是对《规划》提及的“增强数字经济安全体系”最好的回应。《法治中国建设规划（2020—2025年)》提出要拓展公益诉讼案件范围；[43]中共中央印发的《关于加强新时代检察机关法律监督工作的意见》也明确要求检察机关积极稳妥拓展公益诉讼案件范围。实践中已有部分省级人大常委会出台了将案件范围适度拓展到反垄断和反不正当竞争领域，[44]并有类似案例。[45]这些都为开展平台经济反垄断公益诉讼提供有力支撑。

2. 制度设置。一是明确反垄断公益诉讼范畴。倘若诉讼对象是平台企业，就应以经营者集中、不恰当收购、滥用市场支配地位等行为提起反垄断民事公益诉讼；倘若诉讼对象是具有监管职能的行政监管部门，就应以不履职或不当履职造成损害等行为提起反垄断行政公益诉讼。二是立法保障。在实体法方面，建议参照《英雄烈士保护法》这一范例，在修正《反垄断法》时增设公益诉讼条款，明确规定检察机关等组织可依法对损害社会公共利益的垄断行为向法院提起诉讼。为避免反垄断公益诉讼案件泛滥增加法院工作压力，以及防止有借公益之名行私益之实的可能，建议现阶段应明确以检察机关为主体提起平台经济反垄断公益诉讼的资格，构建反垄断民事、行政、刑事三位一体的责任追究体系，以更优地保障司法权威和公共利益。对有能力的社会组织则应将其作为第一主体，检察机关应予以支持起诉，[46]当然此处应有专门的规范性文件予以明确哪些社会组织能提起。在程序法方面，应做好反垄断公益诉讼与行政处罚

40 黄俊杰：《“四驱齐动”助推法律政策研究高质量发展》，载《检察日报》2022年2月23日03版。

41 谢鹏程：《论法律监督与公益代表——兼论检察机关在公益诉讼中的主体地位》，载《国家检察官学院学报》2021年第1期。

42 郝海燕：《异化与归正：消费公益诉讼惩罚性赔偿适用研究》，载《四川大学学报（哲学社会科学版)》2021年第3期。

43 颜运秋：《中国特色公益诉讼制度体系化构建》，载《甘肃社会科学》2021年第3期。

44 汤维建：《拓展公益诉讼案件范围应把握好“五论”》，载《检察日报》2021年3月29日03版。

45 如2020年5月贵州省黔西县检察院办理的该县某甲网络餐饮平台代理商涉嫌实施不正当竞争案，参见周蔚：《平台反垄断破局》，载《检察日报》2021年4月19日05版。

46 刘宇晨、陈士莉：《检察机关支持社会组织提起环境民事公益诉讼的困境与突围》，载《中国检察官》2021年第9期。

的衔接工作，明确提起反垄断民事公益诉讼和行政公益诉讼的线索移送、证据收集、办案流程、起诉标准、诉前程序、审核把关等操作规则，制定公益诉讼调查核实权程序性规定，提高办理反垄断公益诉讼案件的标准化、规范化、精细化水平，降低司法成本。三是配套机制构建。首先，建议在反垄断民事公益诉讼中由检察机关举证以证明垄断行为的存在。对难以获得的如垄断行为是否确实存在、垄断行为与损害结果之间的因果关系为实施垄断的平台企业所掌握等证据，应严格适用举证责任倒置，由平台企业自行举证。平台企业不能证明其不存在垄断行为或垄断行为与损害结果之间不存在因果关系的，应承担败诉风险。在反垄断行政公益诉讼中，原被告均是国家机关，建议由收集证据成本更低、作出行政决定的行政监管部门负责收集证据并举证，以节约诉讼成本。其次，要落实好有关检察机关调查取证权的规定。调查取证权是检察机关高效办理公益诉讼案件的有力保障，检察机关应当查明事实，收集与案件相关的所有证据材料。倘若检察机关不能充分行使调查取证权，那么就难以获取相关证据材料，从而有导致很多案件会因无法举证而败诉的可能。具体而言，当检察机关向有关主体调查取证但有关主体不予配合时，检察机关有权采取冻结、扣押等强制措施对所掌握的相关证据进行保全；有关主体故意销毁证据构成犯罪时，检察机关有权依法移送。[47] 再次，明确反垄断公益诉讼费用的承担规则。对反垄断公益诉讼被告来说，倘若其败诉承担诉讼费用是合情合理的。对反垄断公益诉讼原告来说，应当将费用承担责任转移较为合适。检察机关是代表国家和社会公共利益提起诉讼，胜诉的利益并不归于检察机关而是归于因垄断行为受害的不特定多数人。因此败诉的风险也不应由检察机关承担。建议设立公益诉讼基金或者公益诉讼费用保险制度支付原告败诉的费用，这亦可激励诉讼。最后，建议设立惩罚性损害赔偿制度，采取三倍赔偿加计算判决前利息制度，且分成受害人赔偿金和反垄断公益基金两部分，分别用于赔偿损失和诉讼奖励等用途，以防止滥诉和彰显公益性质。

（四）提高监管水准

监管部门要正确、全面、深入地认识监管对象，[48]“放下”身段主动研究平台经济垄断问题，找准反垄断的具体点位，并寻求与平台企业的合作规制，[49]

47　胡卫列、王菁：《关于增强公益诉讼调查核实刚性的几点思考》，载《检察日报》2020 年 12 月 24 日 07 版。

48　周辉：《网络平台治理的理想类型与善治——以政府与平台企业间关系为视角》，载《法学杂志》2020 年第 9 期。

49　刘绍宇：《论互联网分享经济的合作规制模式》，载《华东政法大学学报》2018 年第 3 期。

在制定法律、出台政策以及采取措施前需要多方调研了解经营模式、听取行业协会和企业代表意见。对遭遇缺少法律依据的问题应立足平台经济发展规律和特点而非行为表象特征，运用反垄断基础理论进行分析，对影响较大、模式较新的案件可采用公开听证方式，践行正当理由抗辩理念，给予抗辩的机会和空间，[50]最大限度地包容审慎监管。比如在对阿里巴巴行政处罚后要求进行全面整改并再次约谈，就是"刚柔相济"的善治表现。在监管方式上，应更加重视对平台企业竞争过程及行为的分析，不断研发升级针对平台经济垄断及不正当行为的技术系统，使监管部门有更多更优的监管"利器"。2021年2月浙江省市场监督管理局发布的平台经济数字化监管系统，可利用大数据、云计算、人工智能等技术，对重点平台、重点行为、重点风险等实施广覆盖、全天候、多方位的监测、感知、分析和预警，实现对平台反垄断全方位动态实时监测。[51]但由于它是地方性平台，不能满足其他区域的需求，故建议国家市场监督管理总局总结经验并研发形成全国统一标准、分类别的数字化智能识别模型，建立全国平台经济交易监测平台系统以及第三方数据比对系统，重点对"纵向垄断协议""进入市场障碍""数据霸权和算法共谋""违法实施经营者集中""低于成本价销售"等行为进行监管，并运用区块链技术对收集的大数据证据进行在线实时存证固证，必要时还可要求平台企业经营系统强制内嵌在监测系统里，以解决传统监管模式的信息不对称和滞后问题，确保问题线索证据真实性、实时性、可追溯性和可证明性。

要培养监管队伍，增强监管人员综合素养。构建反垄断监管的中央事权体系，建议地市级以上监管部门应当设立专门的平台经济反垄断派出机构，相对发达的可设立在区县一级。人员应涵盖法学、计算机、互联网等不同专业知识背景，日常既要加强对监管人员的政策培训，熟练掌握个案分析原则和审慎原则，在面对不同对象时才能实行差别化监管、精准施策，又要注重对数据、算法等核心技术的培训，熟悉算法数学模型和新型监管系统，运用计算机技术、大数据、经济学和法学知识对电子商务、社交平台、搜索引擎等进行专项调查和分析判断。监管部门之间要形成共治合力。行业主管部门要加强与市场监督管理部门的信息交流和共享，必要时一道研判专业性强、行业特征明显的"市场支配地位"等监管问题，[52]共同按照《反垄断法》第9条之规定完成相关市场的竞争评估报告、制定反垄断合规评价体系和激励机制，避免因监管领域的

---

50 殷继国：《大数据经营者滥用市场支配地位的法律规制》，载《法商研究》2020年第4期。

51 陆健：《浙江发布平台经济数字化监管系统》，载《光明日报》2021年3月1日04版。

52 陈兵：《合力行业与市场监管 规范平台经济健康发展》，载《第一财经日报》2021年3月24日A11版。

转变导致信息的遗漏或不全面使用，实现事前、事中和事后的全链条监管。共同引导平台企业开展企业合规、数据合规和算法合规等合规工作，在保证数据价值挖掘的效用需求的同时，通过构建数据合规科技的动态规制体系，确保数据安全合规。[53]注重行政与司法的协作，完善纵向垄断协议认定原则，从法律层面根本解决行政执法和司法审判差异的问题。

结语

《指南》等加强监管措施的出台预示着反垄断监管时代的到来，平台经济可能会面临短期转型阵痛，但放眼长远，我们更要看到促使平台经济进入良性发展轨道的最终目的。只有在法治轨道上完善垄断认定、算法公开透明、数据收集使用管理以及明确法律责任等法律规制，才能提升其核心竞争力，深化供给侧结构性改革，增强国内大循环促进国内国际双循环，让平台经济真正成为推动我国经济高质量发展的创新引擎。

53 唐林垚：《数据合规科技的风险规制及法理构建》，载《东方法学》2022 年第 1 期。

企业数据合规问题研究

梁　晨*

【内容提要】企业数据合规是企业合规的重要组成部分，对企业避免因数据违法处理而产生的法律责任，以及保护数据安全具有重要意义。从企业合规的缘起和发展来看，企业数据合规包含企业行为规范、企业风险防控以及激励机制三个层面的内涵。企业数据合规对个人信息保护、国家安全维护、企业长远发展和减轻政府监管压力具有重要的意义。当前企业数据合规主要需要解决数据违法收集、数据违法使用、数据泄露、数据违法出境四个重点问题。我国应进一步细化数据分级分类机制、明确用户"同意"的方式、设置专门的数据监管机构、确立合规行政监管和刑事激励机制，以完善企业数据合规的法治保障。

【关键词】企业合规　数据合规　数据分级分类　合规激励机制

"十四五"规划明确提出要激活数据要素潜能，推进网络强国建设，加快建设数字经济、数字社会、数字政府，以数字化转型整体驱动生产方式、生活方式和治理方式变革。在数字经济时代，数据已成为企业乃至国家竞争力的体现。在数据的收集和流动日益频繁的同时，数据安全问题也越发凸显。2021年8月30日，《个人信息保护法》由第十三届全国人民代表大会常务委员会第三十次会议通过，于2021年11月1日起施行。至此，《个人信息保护法》《数据安全法》《网络安全法》构筑起了我国数据安全领域的基础法律框架，数据处理者的义务逐步明确，企业数据合规也有了法律层面的清晰要求。在全球重视数据治理的趋势下，企业数据合规是保障企业行稳致远，维护国家数据安全与保护个

* 梁晨——广东外语外贸大学法学院讲师，主要研究领域：欧盟法、数据法。

人信息安全的有效手段。企业数据合规成为企业以及国家关注的新议题。本文在阐释企业数据合规内涵的基础上，探讨企业数据合规的重点问题及解决方案，进一步研究如何在立法和执法层面保障企业数据合规。

一、企业数据合规的内涵界定

（一）合规的缘起与发展

20 世纪 60 年代，美国一些企业针对社会对企业不信任的情况，试图通过企业内部规范员工的行为来加强自我监督，督促员工依法依规行事。[1] 随着一系列企业垄断丑闻的出现，包括通用电气、西屋电气在内的十几家公司通过划分市场、操纵价格和控制招标等方式来确保其市场垄断地位，这些公司先后受到美国刑事反垄断部门的调查。[2] 监管部门对这些机构的处罚也促使美国众多企业开始制订反垄断合规计划。合规管理体系的建设在美国特定领域逐渐受到重视。在此过程中，监管部门会因企业建立了合规计划，并保证计划得到有效的执行，就据此认定企业不承担违法违规行为的法律责任。90 年代，美国加强了对海外贿赂行为的查处，大批跨国企业因商业贿赂被定罪。企业在需要承担刑事责任的同时，商业信誉也受到了严重损害，失去商业交易的机会甚至资格。为避免此类严重后果，美国企业开始重视内部的法律风险防范问题，逐步建立起企业合规机制。1991 年，美国制定《组织量刑指南》和《联邦量刑指南》，将合规作为不起诉的重要依据。如果企业建立了有效的合规风险防控机制，并得到了有效的贯彻执行，可以给企业宽缓的刑事处罚。2002 年，为应对 2000 年发生的大规模企业欺诈丑闻而带来的危机，美国通过了《萨班斯—奥克斯法案》，该法案督促公司建立内部控制体系，要求公司管理层承担其建立、运行、评估、披露内部控制体系的责任。基于该法案的影响，企业合规发展成为美国企业普遍的公司治理模式。通过梳理企业合规在美国的缘起和发展，可以总结出企业合规在美国经历了三个阶段：行为规范—行政监管和刑法激励机制—公司内部治理模式。

（二）企业合规与数据合规的内涵

从企业合规的缘起和发展来看，企业合规有三个层面的基本含义：第一个层面是从积极的角度来看，企业合规是指企业在经营过程中要遵守法律和遵循

1　陈瑞华著：《企业合规基本理论》（第二版），法律出版社 2021 年版，第 13 页。

2　陈瑞华著：《企业合规基本理论》（第二版），法律出版社 2021 年版，第 13 页。

规则，并督促员工、第三方及其他商业合作伙伴依法依规进行经营活动；第二个层面是从消极的角度来看，企业合规是指企业为避免或减轻因违法违规经营承担法律责任而采取的公司治理方式；第三个层面是从外部激励机制角度来看，企业合规可以作为国家宽大行政、刑事处罚的重要依据，又可以分为行政监管合规和刑事监管合规[3]。

近年来，为保护数据安全，许多国家和地区纷纷制定了规范数据收集、存储、传输、处理、使用等活动的法律法规。例如美国的《国家安全与个人数据保护法》《加州消费者保护法》，欧盟的《通用数据保护条例》，俄罗斯的《个人数据法》，印度的《个人数据保护法》，以及我国的《网络安全法》《数据安全法》《个人信息保护法》等。企业若在数据活动中违法违规，则可能面临严重的行政处罚，甚至构成刑事犯罪。2019年，谷歌公司就因违反《通用数据保护条例》而被处以5000万欧元的罚款。[4]2021年，美国亚马逊公司也因违反《通用数据保护条例》被卢森堡数据保护机构处以7.46亿欧元的天价罚款。[5]2021年7月，滴滴出行、运满满、货车帮、BOSS直聘因涉嫌数据处理活动违法违规，我国网信办决定对四家企业实施网络安全审查，[6]这些事件都给企业敲响了警钟，数据合规已成为企业合规不可忽视的部分，企业必须尽快建立完备的数据合规管理体系，保障企业合法合规地实现数据价值的挖掘和变现。数据合规属于企业合规中的专项合规，其内涵也应包括上述企业合规的三个层面。

二、企业数据合规的困境

结合上述现行立法对数据处理者的义务和法律责任的规定，以及实践中常见的企业违规行为，企业数据合规中突出的法律问题主要包括以下几个方面：

（一）数据违法收集问题

根据《民法典》《网络安全法》《个人信息保护法》，数据处理者收集个人

---

3 陈瑞华著：《企业合规基本理论》（第二版），法律出版社2021年版，第7页。

4 Chris Brook: Google Fined $57M by Data Protection Watchdog Over GDPR Violations，载Digital Guardian，https://digitalguardian.com/blog/google-fined-57m-data-protection-watchdog-over-gdpr-violations，最后访问于2022年6月14日。

5 Recent GDPR Fines Against Amazon and WhatsApp Set New Records，载EPIQ网站，https://www.epiqglobal.com/en-us/resource-center/articles/recent-gdpr-fines-against-amazon-and-whatsapp，最后访问于2022年6月14日。

6 《滴滴出行、BOSS直聘、货车帮、运满满“下架”！为数据安全敲警钟》，载腾讯网，https://new.qq.com/omn/20210707/20210707A01HRO00.html，最后访问于2022年6月14日。

信息需要遵循合法正当必要、公开透明原则以及目的限制原则。但部分企业为追求经济利益，常常突破数据收集原则的限制，未经授权收集、超范围收集甚至强制索取用户个人信息，如未经用户同意自动开启收集地理位置、身份证号、人脸、指纹、读取通讯录等功能。具体来说，违规收集主要包括两种情形：一是非法采集，指在未经数据主体明确同意的情况下收集其个人信息；从非法渠道获取个人信息。二是过度采集。数据收集需遵循最小必要性原则，仅收集与实现产品和服务的目的相关联的信息，但实践中不少企业为掌握更多的用户数据用于经营或者开发数据价值，收集的数据往往远超实际需求。针对实践中数据违规收集的乱象，国家互联网信息办公室、公安部、工业和信息化部及国家市场监督管理总局联合开展 APP 违法违规收集使用个人信息专项治理，陆续出台了《APP 违法违规收集使用个人信息行为认定方法》《常见类型移动互联网应用程序必要个人信息范围规定》等规范文件，给企业合规收集数据提供了进一步明确的指引，但实践中企业违规收集数据问题仍然严峻。

（二）数据违法使用问题

企业对个人信息的非法使用多表现为未经授权向第三方共享个人信息、非法出售个人信息，强制性对用户进行个性化推荐等情形。未经授权向第三方共享个人信息或是非法出售个人信息，不仅会侵犯用户的知情权、隐私权，还可能诱发网络诈骗，侵犯用户的财产权益。强制性对用户进行个性化推荐，例如在未向用户告知的情况下，将收集到的网页浏览记录、检索记录等个人信息用于数据分析，向用户进行推销，从而剥夺用户的选择权。此外，对个人信息进行不正当的算法分析，还可能危害国家安全或社会公共秩序。

（三）数据泄露问题

企业进行数据收集、存储、传输、处理、使用等数据活动之时，各个环节都可能发生用户数据泄露事件，其原因主要有二：一是技术漏洞，企业自身数据安全保护系统存在漏洞，企业关键信息基础设施容易被攻击、侵入、干扰和破坏，外部人员利用木马、病毒、爬虫等计算机网络技术措施对目标企业的数据系统发起攻击，窃取用户数据；二是人为因素，企业员工出于牟利目的故意泄露数据，或者因操作不当过失泄露数据。近几年来，数据泄露事件频频发生，如 2020 年中国电信超 2 亿条用户信息被兜售，[7] 圆通快递 40 多万条客户信息被

7　《中国电信超 2 亿条用户信息被卖》，载新浪科技网，https：//tech. sina. com. cn/t/2020 －01 －03/doc －iihnzhfz9993505. shtml，最后访问于 2022 年 6 月 14 日。

泄露，[8]智联招聘、前程无忧简历被泄露等。[9]企业数据泄露事件不仅侵犯了用户个人隐私，而且给企业带来了经济损失和负面影响，还可能导致企业责任人员承担刑事责任，用户数据泄露问题已经成为数据合规工作中的重点防控领域。

（四）数据违法出境问题

数据违法出境常见于两种情况：一是企业基于业务需要向境外第三方提供数据，而该数据提供行为未获取个人明确同意或是未经有关监管部门批准，如2018年华大科技未经许可将部分人类遗传资源信息传递出境事件；[10]二是企业在未通过我国网络安全审查的情况下在境外上市并向所在国家或地区的监管机构披露自身数据。以“滴滴出行”为例，“滴滴出行”在美上市很可能导致我国重要数据流向国外。美国2020年12月出台的《外国公司问责法案》（Holding Foreign Companies Accountable Act），要求所有在美全国性证券交易所或受美国证监会（Securies and Exchange Commission，SEC）监管的交易场所交易证券的外国发行人，必须确保美国公众公司会计监督委员会（Public Company Accounting Oversight Board，PCAOB）能够对为其出具审计报告的会计机构进行全面监督检查。如果某一年度PCAOB无法对出具审计报告的会计机构进行检查，该年度被称为“非检查年度”（Non-inspection year）。该公司根据法案需要提交审计底稿，并证明自己并非外国政府国有或控股。累计三个“非检查年度”，SEC可以禁止该公司股票的上市交易，如果发行人能够向SEC提供证明材料，证明其将聘请一家PCAOB监管下的注册会计师事务所提供服务，以满足SEC的监管要求，该禁令可被移除。前述禁令解除后，如果该发行人又被发现存在一个“非检查年度”，SEC将恢复禁令。可见，根据《外国公司问责法案》，PCAOB具有强大的信息索取权力，这就为美方通过证券监管渠道获取有关信息打开了方便之门。而如前文所述，滴滴掌握着关系国家安全的重要数据，一旦出境不仅会泄露个人信息，侵犯个人隐私，而且有可能威胁国家安全与公共利益。

---

8 黄莹：《圆通40万用户信息泄露背后》，载凤凰新闻，https：//ishare. ifeng. com/c/s/v006KeGHQyIcYwhz0pGvxuwr1hfuOykOTwQeERZTAev0YSg_ _ ? spss = np，最后访问于2022年6月14日。

9 《315曝光智联招聘、前程无忧、猎聘网泄露求职者简历》，载搜狐网，https：//www. sohu. com/a/455764190_ 118778，最后访问于2022年6月14日。

10 《华大基因被科技部处罚！违规将部分人类遗传资源信息传出境 》，载搜狐网，https：//www. sohu. com/a/271433358_ 161795？ _ f = index_ pagerecom_ 99，最后访问于2022年6月14日。

三、企业数据合规困境的破解方案

（一）数据分级分类管理

《网络安全法》规定，网络运营者应当采取数据分类、重要数据备份和加密等措施。《数据安全法》亦明确规定国家对数据采取分级分类保护。国家数据安全工作协调机制统筹协调有关部门制定重要数据目录，关系国家安全、国民经济命脉、重要民生、重大公共利益等数据属于国家核心数据，实行更加严格的管理制度。《个人信息保护法》区分了个人信息、敏感个人信息，对不同级别的个人信息处理行为规定了不同的要求。由此可见，我国现行数据安全与个人信息保护立法要求企业对数据进行分类分级处理，因此，企业数据合规的首要重点是建立数据分级分类管理机制。

数据按照其来源可以分为公共部门数据、社会组织数据和个人数据。按照数据一旦遭到破坏、篡改或者非法利用后可能对国家安全、公共利益或者个人合法权益造成的危害程度，对各类数据进一步进行分级。非个人数据可以划分为一般数据、重要数据和国家核心数据。个人数据可以划分为一般数据、敏感数据和高度敏感数据。企业应当按照数据的不同类型和级别分别制定数据合规制度。

（二）完善用户授权管理机制

《个人信息保护法》立足个人信息处理的全生命周期，明确规定个人信息的处理包括个人信息的收集、存储、使用、加工、传输、提供、公开、删除等。处理者在进行上述处理活动前，应当显著地、清晰易懂地向个人告知相关事项，并在个人充分知情的前提下取得其自愿、明确作出的同意。在个人信息后续处理的各环节，《个人信息保护法》针对不同情形建立了如下同意机制：（1）首次收集、处理同意机制，处理者收集、处理个人信息的，应当取得个人的明确同意。（2）重新同意机制，个人信息的处理目的、处理方式和处理的个人信息种类发生变更的，应当重新取得个人同意。当处理者因合并、分立、解散、被宣告破产等原因而转移个人信息，或向他人提供其处理的个人信息时前述事项发生变更的，也应重新取得个人同意。（3）撤回同意机制，基于个人同意而进行的个人信息处理活动，个人有权撤回其同意。可见，我国现行立法采取了以“知情—同意”为核心的个人信息保护路径。企业数据合规需要解决的首要问题是用户授权问题。企业应当针对不同类别的数据实施不同的用户授权管理机制，避免一揽子授权、默认授权等违规操作。在与用户间的《用户协议》与《隐私政策》中明确数据使用的范围，如企业改变或者超出约定范围使用个人信息时，应及时告知用户并另行征得用户新的授权同意。

（三）建立风险评估与应急响应机制

企业建立数据合规制度，需要建立风险评估制度。《网络安全法》要求关键信息基础设施的运营者应当自行或者委托网络安全服务机构对其网络的安全性和可能存在的风险每年至少进行一次监测评估，并将检测评估情况和改进措施报送相关负责关键信息基础设施安全保护工作的部门。《数据安全法》规定，重要数据的处理者应自行对数据处理活动定期开展风险评估，并报送主管部门，《个人信息保护法》规定，处理者在特定活动中需自行进行事前个人信息保护影响评估，特定活动包括处理敏感个人信息，利用个人信息进行自动化决策，委托处理个人信息、向他人提供个人信息、公开个人信息，向境外提供个人信息和其他对个人权益有重大影响的处理活动，个人信息保护影响评估报告和处理情况记录应当至少保存三年。可见，建立风险评估机制，是企业应当履行的法律义务，但更是企业实现风险防控的重要之举。企业应当将数据安全风险防范贯穿于企业数据活动的整个流程，主动识别风险并进行防控。在建立风险评估机制的同时，企业还应当建立数据安全事件应急响应机制。《网络安全法》规定，在发生或者可能发生个人信息泄露、毁损、丢失的情况时，应当立即采取补救措施，按照规定及时通知用户并向有关主管部门报告。《个人信息保护法》沿袭了这一制度，并对个人信息“泄露、篡改、丢失”情形的处理措施进行了细化，规定处理者能够采取措施避免信息泄露造成损害的可以不通知个人，以减轻处理者的负担。如果说风险评估的目的是预防数据风险，那么应急响应机制则是及时止损的必要。建立应急响应机制，定期开展安全事件应急演练，能够帮助企业在数据安全事件发生时及时进行反应，避免因发生不及时报告，未采取有效措施等疏漏而导致损失扩大进而加重自身的违规责任。

（四）分情形制定数据出境规则

《网络安全法》要求关键信息基础设施的运营者在中华人民共和国境内运营中收集和产生的个人信息和重要数据应当在境内存储，因业务需要，确需向境外提供的，应当按照国家网信部门会同国务院有关部门制定的办法进行安全评估。《数据安全法》规定，在中华人民共和国境内运营中收集和产生的重要数据的出境安全管理办法，由国家网信部门会同国务院有关部门制定。《个人信息保护法》进一步明确了个人信息跨境提供的规则，个人信息在满足以下四个条件之一时可以出境：（1）通过国家网信部门组织的安全评估；（2）按国家网信部门规定经专业机构进行个人信息保护认证；（3）按国家网信部门制定的标准合同与境外接收方订立合同；（4）法律、行政法规或者国家网信部门规定的其他条件。此外，《个人信息保护法》还规定关键信息基础设施运营者或者处理个人信息达到国家网信部门规定数量的处理者应当将在中华人民共和国境内收集和产生的个人信息存储在境内。确需向境外提供的，应当通过国家网信部门组织的安全评估。从上述立法可以看出，近年来我国对数据出境的监管日渐严苛，企业应首先判断自身是否属于“关键信息基础设施运营者”或者“处理个人信息达到国家网信部门规定数量的处理者”，以及所处理的数据是否属于“重要数据”，如不属于这些情形，则应当依法开展数据出境安全评估，或者按照《个人信息保护法》灵活通过“认证”“标准合同”等渠道出境。对于个人信息出境的，企业需向个人告知境外接收方相关信息及个人权利行使方式等事项，并取得个人的单独同意，向外国司法或者执法机构提供存储于境内个人信息的，必须经过我国主管机关批准。

四、企业数据合规困境破解的法治保障

（一）企业数据合规的现行法律框架

1. 数据保护立法体系

数据保护领域的立法体系分为三个方面：一是非专门立法，在《网络安全法》出台前，我国没有一部针对数据安全或个人信息保护的专门立法，相关立法规定散见于各类规范性法律文件之中。二是《网络安全法》《数据安全法》《个人信息保护法》，这些法律构建的关键数据基础设施的重点保护制度、数据分级分类保护制度、数据安全审查制度和国家安全审查制度以及个人信息保护等制度框架。《数据安全法》明确了对数据的收集、存储、使用、加工、传输、提供、公开等各个环节进行数据安全风险的监测、评估和防护要求，有关单位和个人收集、存储、使用、加工、传输、提供、公开数据资源，都应当依法建立健全数据安全管理制度，采取相应技术措施保障数据安全。《个人信息保护法》对“个人信息处理规则”“个人信息主体权利”“个人信息处理者义务”“跨境传输”等问题提出了具体要求。《网络安全法》第42条也规定，网络运营者不得泄露、篡改、毁损其收集的个人信息；未经被收集者同意，不得向他人提供个人信息。但是，经过处理无法识别特定个人且不能复原的除外。《个人信息保护法》《数据安全法》《网络安全法》并驾齐驱，互相衔接，共同构成我国网络安全与数据合规领域三部最重要的基础性法律，三部法律从不同角度与纬度，护航我国网络空间的有序发展，对数据安全和个人信息予以保护。三是为

保障数据专门立法的实施而出台的行政法规，包括《网络安全审查办法》《关键信息基础设施安全保护条例》《网络安全等级保护条例（征求意见稿）》《个人信息出境安全评估办法（征求意见稿）》《APP 违法违规收集使用个人信息行为认定办法》《常见类型移动互联网应用程序必要个人信息范围规定》等。

2. 数据安全监管体系

《数据安全法》第 5 条、第 6 条规定，中央国家安全领导机构负责统筹协调国家数据安全的重大事项和重要工作，建立国家数据安全工作协调机制。各地区、各部门对本地区、本部门工作中收集和产生的数据及数据安全负责。工业、电信、交通、金融、自然资源、卫生健康、教育、科技等主管部门承担本行业、本领域数据安全监管职责。公安机关、国家安全机关等依照本法和有关法律、行政法规的规定，在各自职责范围内承担数据安全监管职责。国家网信部门依照本法和有关法律、行政法规的规定，负责统筹协调网络数据安全和相关监管工作。根据《个人信息保护法》第 60 条的规定，个人信息监管机构分三类，第一类是国家网信部门，负责统筹协调个人信息保护工作和相关监督管理工作；第二类是国务院有关部门，在各自职责范围内负责个人信息保护和监督管理工作；第三类是县级以上地方人民政府有关部门，这一类监管机构的个人信息保护和监督管理职责，按照国家有关规定确定。可以看出，我国当前的数据安全监管呈现多头监管的特色，这次针对滴滴出行的网络安全审查，即由国家网信办、公安部、国家安全部、自然资源部、交通运输部、税务总局、国家市场监督管理总局等部门联合开展。

（二）企业数据合规法治保障的完善建议

1. 细化数据分级分类机制

《数据安全法》规定国家对数据实行分类分级保护，并进一步明确提出了“数据分类分级保护制度”的建立及重要数据目录的制定。但具体到实践中，如何对数据进行分级分类，《数据安全法》没有给出指引，这就使企业难以做到数据分类分级管理。数据保护的难点在于自由流动与安全保护的平衡，而对数据的分类分级管理即是尽可能平衡两者的有效措施，因此，我国需要进一步完善立法，细化数据分级分类机制。当前，行业和地方已经开展数据分级分类的探索和实践。例如，行业层面出台的有《工业数据分类分级指南（试行）》《证券期货业数据分类分级指引》《金融数据安全数据安全分级指南》等，地方层面出台的有《贵州省政府数据分类分级指南（试行）》《浙江省数字化改革公共数据分类分级指南》等，这些行业和地方的尝试为国家标准提供了经验，但不同行业、不同地区的标准差异容易造成规则冲突，因此，我国需要建立数据分类分级标准规范的顶层协调机制，保证各地区各行业数据分类分级既有各地区各行业的特色，又能保持方法和思路的统一。

2. 进一步明确用户“同意”的方式

《个人信息保护法》将“知情—同意”作为信息处理者合法处理数据的前提之一，并且区分不同场景作出了“同意”“单独同意”与“书面同意”的不同情形，但条文中仅解释了“同意”是指在数据主体充分知情的前提下作出的自愿、明确的表示，但并未进一步解释说明什么是“单独同意”“书面同意”，以及相关个人信息处理者该如何获取用户“单独同意”及“书面同意”的机制。根据以往的实践，“单独同意”有可能理解为区分于一般性的概括同意，应当针对数据的具体场景，获得用户单独的同意。但在互联网经济下，企业数据分享及合作无时无刻不在发生，如果每个场景都需要企业单独告知用户并获得同意，可能会造成企业运营效率降低，用户也会不堪其扰。因此，需要后续出台相关规定或指引对这些概念作出更明确的解释，指引企业涉及兼顾效率和保护的同意机制。

3. 设置专门的数据监管机构

《网络安全法》《数据安全法》《个人信息保护法》明确了数据安全领域采取“三阶层”的监管架构，国家网信部门负责统筹协调、国务院有关部门各司其职、县级以上地方人民政府按照国家有关规定履行数据保护和监管的职责。可见数据监管呈现出多头监管的特点。此种监管模式存在的问题是，数据本身具有极强的流动性和共享性，因此数据的安全监管需要统一、协调的制度与管理，若各行业、各地区各自承担本行业、本地区的安全监管责任，则会出现政策不协调、管理效率低下、管理真空等问题。因此，作为顶层设计的重要组成部分，应当建立专门、独立、权责明确的数据监管机关，负责数据规范的具体落实、数据安全的风险评估和跨境数据流动治理等活动。[11]

从域外实践来看，欧盟《通用数据保护条例》（GDPR）要求欧盟成员国中每个国家都应当设置相应的数据监管机构，以对本国内部的个人数据处理活动进行有效监管，并与其他成员国之间的数据处理活动进行协调。并且 GDPR 明确了各成员国设置监管机构应当在立法中明晰的问题：首先，每个成员国必须以法律的形式确认数据监管机构的设立，同时明确数据监管机构设立的程序、具体个数及管辖区域的划分等；其次，成员国在立法中还应当明确数据监管机构内部的组成成员的考核标准。此外，在数据监管机构拟选定的成员符合该国

11 陈家宁、张建文：《跨境数据流动治理的中国方案——以〈数据安全法（草案）〉为视角》，载《长春理工大学学报（社会科学版）》2021 年第 2 期。

法律规定的标准后，成员国法律还应当就该国数据监管机构任命其内部成员所应当遵循的程序及规则予以明示，确保数据监管机构人员组成的公开透明，提高数据监管机构监管行为的公信力。在欧盟层面，欧盟设置了欧洲数据委员会（the European Data Protection Board，EDPB），负责领导整体数据监管机构的工作，保障GDPR的有效实施。

4. 确立合规行政监管和刑事激励机制

合规管理在我国处于起步阶段，实施成本较高，许多企业缺乏管理经验和能力，企业自身开展数据合规的动力不足，合规管理体系难以建立和落实。我国可以借鉴国外制度与实践经验，引入合规激励机制，激发企业合规管理动力，使企业主动建立并完善数据合规管理体系。所谓合规激励机制，是指企业积极建立或者改进合规计划，在企业发生违法违规行为后，以合规计划的制订或者完善而得到政府部门宽大处理的机制。[12] 合规激励可分为行政监管激励和刑法激励两大类。

（1）行政监管激励机制

行政监管激励是指行政监管机构对建立了合规机制的企业可以从宽处罚。企业也通过与监管机构达成和解协议，承诺在考验期内建立合规机制，并缴纳罚款，监管部门也可以对其免除或者减轻处罚。[13] 我国最早在证券监管领域开始行政监管激励机制的探索。2017年中国证监会发布的《证券公司和证券投资基金管理公司合规管理办法》确立了强制合规制度，并明确规定了如果证券基金经营机构存在“有效的合规管理，主动发现违法违规行为或合规风险隐患，积极妥善处理，落实责任追究，完善内部控制制度和业务流程并及时向中国证监会或其派出机构报告”的情形，可以“依法从轻、减轻处理”。2015年，中国证监会发布了《行政和解试点实施办法》，在证券期货监管领域试点行政和解制度，规定行政相对人违反相关法律规定的，中国证监会可以根据相对人的申请与其进行协商，并达成和解协议，进而终止调查执法程序。从以上定义和实践来看，合规的行政监管激励机制包括两种模式：一是作为从轻减轻行政处罚依据的合规；二是作为与监管部门达成和解条件的合规。

第一，作为从轻减轻行政处罚依据的合规。我国立法尚未将合规作为从轻减轻行政处罚的情形。但我国2021年颁布实施的《行政处罚法》对涉嫌行政违法的相对人确立了若干项从轻、减轻或者免除行政处罚的情节，其中“初次违

12 陈瑞华著：《企业合规基本理论》（第二版），法律出版社2021年版，第85页。

13 陈瑞华著：《企业合规基本理论》（第二版），法律出版社2021年版，第85页。

法且后果轻微并及时改正”的行为，具有一定合规整改因素[14]。若企业初次违法，后果轻微，并及时建立和完善了合规计划，应当符合此类情形，从轻、减轻或者免除行政处罚。传统的以“罚”为主的行政处罚手段已经不能适应新时期社会的发展，不能有效提升企业合法经营的意识和能力，无法有效预防企业再次违法，不能实现行政监管综合社会治理功能。我国应当在行政处罚中明确引入合规激励机制，将制订合规计划、构建合规管理体系作为从轻减轻行政处罚的依据。

第二，作为与监管部门达成和解条件的合规。行政和解协议是指行政机关在进行行政制裁的过程中，与主动配合调查并建立合规制度的涉案企业达成对其进行从宽处罚的协议。[15]行政和解是通过对话协商解决纠纷，体现了现代行政法倡导的公众参与行政，以构建服务型政府的理念。一方面能够激励企业自主构建和完善合规体系，完善公司治理结构；另一方面也减少了行政监管的压力，节省行政调查和处罚的资源，是一种双赢的结果。我国在20世纪90年代就已经规定了行政和解制度，但仅适用于行政复议和行政诉讼程序，在行政执法调查环节的适用尚待立法完善。在执法环节引入行政和解制度，应当引入企业合规机制。首先，企业建立合规制度应当作为行政和解的前提。其次，在行政和解协议中，监管部门应与企业订立专门的合规条款或者合规协议，要求企业按照监管部门的要求，全面改进专门的合规计划。再次，监管部门应当在和解协议中规定考验期，考验期内对企业实施合规计划的进展情况进行持续不断的监督和审查。最后，监督部门在考验期结束后，对企业建立或者完善合规计划的情况进行综合审查核实，对于建立合格合规机制的企业可以终止行政执法程序，对于未达标的企业可以恢复行政执法程序。[16]

（2）刑法激励机制

刑法激励是指检察机关可以已经建立合规机制为依据，对涉嫌违法的企业作出刑事不起诉决定，或者向法院申请减轻刑事处罚。检察机关也可以通过协议要求企业在考验期内完善合规机制，并责令企业缴纳罚款，派驻合规监察官，在考验期结束后可以撤销起诉。[17]以美国的刑事合规激励机制为例，刑事合规激励机制主要包括三个方面：一是检察机关以合规为根据作出不起诉决定；二是企业以企业已经建立合规机制作为无罪抗辩事由；三是法院以企业建立合规机

---

14 陈瑞华：《论企业合规在行政监管机制中的地位》，载《上海政法学院学报（法治论丛）》2021年8月。

15 陈瑞华著：《企业合规基本理论》（第二版），法律出版社2021年版，第194页。

16 陈瑞华著：《企业合规基本理论》（第二版），法律出版社2021年版，第210页。

17 陈瑞华著：《企业合规基本理论》（第二版），法律出版社2021年版，第85页。

制作为从轻减轻量刑情节。目前，我国的合规刑事激励机制仍在探索阶段，2021年6月，经过一年的试点，最高人民检察院联合司法部、财政部、生态环境部等国家相关部委制定并颁布了《关于建立涉案企业合规第三方监督评估机制的指导意见（试行)》，把涉嫌犯罪的企业的合规建设交给第三方评估监督考察，并将考察结果及涉案企业的合规计划及书面报告作为批准或不批准逮捕、起诉或不起诉以及是否变更强制措施，提出量刑建议或者检察建议、检察意见的重要参考，从而赋予了企业合规机制建设以刑事出罪的法定功能，初步确立了我国的企业合规刑事激励机制。目前，实现刑法合规激励机制的最大困境是缺乏刑事程序法的规定，要完善刑事合规激励机制，我国还需要进一步完善附条件不起诉制度，对于自愿认罪、愿意缴纳罚金并与检察机关达成完善合规体系的企业，可以适用附条件不起诉。

结语

在数字经济时代，数据已经成为重要的生产要素，企业在数据处理过程中的违法行为层出不穷。为避免因数据违法处理行为引发的行政、刑事处罚，保护个人信息、维护国家安全，企业应当承担其相应的社会责任，积极主动建立、完善并落实企业数据合规体系。国家也应针对企业建立、落实数据合规体系的困境，进一步完善数据保护法律体系，积极探索数据合规激励机制，促进企业将合规要求内化，推动企业建立并落实数据合规，防范法律风险，实现健康持续发展。

涉外法治

国际贸易争端解决机制的最新发展与我国的应对探究

——以 WTO 争端解决机制为视角

林胜鸿*

【内容提要】 WTO 争端解决机制以其独特的公正性、可预见性以及强制管辖等特征，在以 WTO 规则为核心的多边贸易体系中发挥了和平解决成员国之间贸易争端的重要作用，被称为“WTO 皇冠上的明珠”。但是当前 WTO 争端解决机制却在美国的刻意挑战下陷入空前危机，此次危机具有深刻而复杂的国际背景及现实根源，但从中国参与国际贸易的角度来看，此次危机既是挑战也是机遇，只要中国能够顶住压力，应对得当，也不失为一次向世界展现中国实力与担当的机会。

【关键词】 WTO　争端解决机制　危机

WTO 是一个以规则为基础的国际组织，其争端解决机制更是一个规则导向的机制，《关于争端解决规则与程序的谅解》（DSU）自 1994 年生效以来，为成员国提供了较为公平、公正、公开的纠纷解决方式、谈判场所以及法律框架，其公正性、可预见性以及强制管辖等特点，让 WTO 争端解决机制逐渐成为解决国家间贸易争端的主要法律途径，对和平解决争端、促进世界经济繁荣起到重要作用。

---

* 林胜鸿——对外经济贸易大学法学院 WTO 法律研究中心研究人员，国际法学博士生，中国欧美同学会法比分会副秘书长，主要研究领域：国际贸易、公共政策。

一、WTO争端解决机制在多边贸易体系中的独特地位和功能

DSU是从《关税与贸易总协定》（GATT）第22条、第23条发展而来的纠纷解决程序规定，其主要目的在于：以成员国通过多边谈判共同缔结的WTO涵盖协定（covered agreement）为法律依据，以DSU制度性与可操作性的规定为程序依据，维护成员国在WTO涵盖协定下享有的权利，并保障成员国之间的贸易争端能够以和平的方式得到积极有效的解决。

WTO争端解决机制能够帮助成员国和平解决国际贸易争端的关键在于DSU确定的反向协商一致原则，该原则规定WTO争端解决机构（DSB）应该通过专家组或上诉机构作出的报告，除非WTO全体成员国组成的委员会一致决定不通过该报告，即在WTO争端解决机制内不能因为部分成员国的反对而阻却报告效力的产生。可见，区别于GATT时期的国家势力导向型争端解决机制，在反向协商一致原则下WTO争端解决机制实现了向规则导向的华丽转型，有效地保障了政治、经济实力较为弱小的成员国在机制内的发言权，为公平解决各国之间的贸易争端提供了制度可能性。

另外，不同于其他国际争端解决方式，DSU赋予WTO争端解决机制准司法的强制性质，这种强制性表现在争端受理以及建议或裁决的执行两个方面。首先，就争端受理而言，对因适用WTO涵盖协议而发生的争端，成员国有义务将该争端提交至DSB，而且一旦申诉国成功提起争端解决程序，被申诉国就别无选择的余地，不得不接受WTO争端解决机制的管辖权。[1]其次，如果被申诉国未能在合理期限内执行通过争端解决机制磋商达成的协议、专家组或上诉机构作出的生效建议或裁决，那么任何成员国可以随时向DSB会议提出关于建议或裁决执行情况的议题，该议题将一直保留在DSB的会议议程上，除非相关问题被有效解决，这一给予被申诉国公共压力的方式是DSU保障建议或裁决执行的一种重要手段；另外，报复作为胜诉申诉国的终极救济手段，可以在经过DSB的授权之后合法地中止或减损WTO涵盖协定下的义务，这一给予被申诉国交互压力的方式是DSU保障建议或裁决执行的另一种重要手段，在公共压力和交互压力的共同作用之下，DSB切实履行了保障建议或裁决执行效力的使命。

DSU第3条第7款确定了DSB撤销成员国不适格法律、制度等措施的权限，结合WTO透明度原则、司法审查原则，成员国不仅需要将所有与贸易有关的法律、制度予以公开、登记备查，而且当相关法律、制度或措施被认为与WTO涵盖协定规定不一致时，还可能被WTO争端解决机制以建议或裁决的形式撤销。

1　辛宪章：《国际投资争端解决机制研究》，东北财经大学2013年博士学位论文，第57页。

如前文所述，DSB 通过的建议或裁决具有强制执行的准司法性质，所以这一规则通过监督和约束各成员国与贸易有关的法律、制度的制定、修改、废除甚至解释，对各成员国的贸易政策和法律都产生了深远影响，一定程度上导致各国国内贸易法律制度不断向 WTO 规则靠拢；同时，专家组或上诉机构在依据 WTO 涵盖协定及 DSU 程序规定解决争端的过程中，对协定含义的统一解释也促进各国对有关问题产生公理性认识，各国国内贸易法治进一步向 WTO 规则靠拢，甚至出现所谓的法律全球化现象。

二、WTO 争端解决机制面临的重大危机

近年来，世界范围内贸易保护主义不断蔓延，在维系多边贸易体系之中发挥了重要功能的 WTO 争端解决机制却面临着空前的危机。此次危机首先是上诉机构不能及时补足成员，2019 年 12 月 11 日后上诉机构仅剩余 1 名中国籍成员赵宏，DSB 因低于上诉案件审理的最低人数限制而基本停摆。2020 年 11 月 30 日，上诉机构最后一位成员赵宏四年任期届满离任，上诉机构正式停摆。其次是 DSU 自身制度设计问题，美国虽然是 WTO 的主要缔造国，但是美国从一开始就因争端解决机制的司法独立性对其国家主权的限制而存有顾虑，甚至在全国范围内展开了著名的主权大辩论，虽就 WTO 争端解决机制改革展开了专门的多哈回合谈判，各成员国也提出了各种改革意见，但是美国均以未能解决其关心的系统性问题为由，对各国提出的改革方案一律持反对态度，改革最终无疾而终。最后是单边主义、保护主义以及区域贸易协定对 DSU 现有体制机制的挑战与冲击，其中最突出的是在特朗普任期内的美国政府，未经 DSB 审理与授权擅自对钢铝等进入美国市场的产品加征关税，这一行为严重挑战了 WTO 最惠国待遇基本原则及关税减让义务的规定，又先后同加拿大、墨西哥达成《美墨加协定》，同韩国签订《美韩自由贸易协定》，同日本签订《美日新贸易协定》，此一系列行为充分显示出美国以高标准区域贸易协定冲击甚至取代 WTO 贸易规则及其争端解决机制的野心。

此次危机具有深刻而复杂的国际背景与现实渊源，从 DSU 制度内部来看，首先，WTO 正向协商一致的议事原则下各国利益分歧严重是此次危机的根本原因，WTO 作为成绩显著的多边机制拥有众多成员国，各国在政治体制、经济发展水平以及文化背景等诸多问题上都各具特色，所以虽然各国都认为争端解决机制存在问题并需要改革，但是对于如何改革却分歧巨大，难以达成一致。其次，程序设计交错往复是危机的直接原因，根据 DSU 相关规定，当成员国将争端诉诸 WTO 争端解决机制并获得生效的建议或裁决之后，仍可以就案件的执行结果“提起诉讼”或者要求仲裁，也就是说，只要败诉的一方对 DSB 作出的建

议或裁决不满意，就可以通过争端解决机制不断地纠缠下去，这一程序设计问题使得WTO争端解决机制解决争端的实际效率大打折扣，美国和欧盟之间的大飞机案就是最典型的例证：截至2020年3月1日，大飞机案已经经过3次专家组程序、2次上诉程序以及1次仲裁程序，但是欧盟于2019年12月6日仍表示要对争端提起上诉。[2]另外，争端解决机制效率低下是危机的现实原因，国家间贸易争端往往在事实与程序问题上都十分复杂，而作为常设机构的上诉机构仅有7名兼职成员，资源不足衍生的效率低下问题使得DSU规定的争端解决时限形同虚设，还是以大飞机案为例，DSB先后以“程序与实体问题复杂”为由9次延长审理期限，从2004年8月美国要求通过WTO争端解决机制与欧盟展开磋商开始，如今大飞机案的最终走向仍然成谜。

从外部环境来看，此次危机的直接原因表现为美国对DSB司法越权、超越审理时限、司法造法（DSB成员遵循先例的做法被美国认为具有司法造法的性质）等问题的不满，美国一直主张针对前述问题对WTO争端解决机制进行改革，但是其他成员国对美国的改革主张反响平平，所以美国自奥巴马政府时期就开始利用DSU协商一致原则阻碍上诉机构大法官的遴选，特朗普政府延续了这一做法，并且变本加厉地拒绝通过2020年至2021年WTO争端解决机制预算，这一系列做法直接导致WTO争端解决机制事实上陷入瘫痪。更深层的原因则是世界贸易自由主义与贸易保护主义之间的博弈，当下世界经济增长缓慢，美国等老牌发达国家国内实体经济日益萎缩，贫富差距增大，经济失衡现象严重，但是印度、巴西、中国等新兴发展中国家则在WTO体制内异军突起，两相对比之下再次引发了发达国家中下阶层对全球经济、自由贸易、多边主义的质疑，贸易保护主义、单边主义趁机起势，与WTO建立的多边贸易体制针锋相对，美国前总统特朗普甚至将WTO多边贸易体制作为美国目前社会经济困境的罪魁祸首，认为WTO的规则设计损害了美国利益，争端解决机制侵犯了美国主权。[3]发达国家维护多边贸易体制的热情与实力双双下降，自然将目光转向更容易掌控的区域贸易协定与双边贸易协定，企图在其结构性权力仍然能够主导的集团内制定规则并对集团外的新兴大国以及WTO形成倒逼机制，借助其剩余的结构性权力迫使新兴大国接受依然由美国主导的国际贸易机制，以此维护其既得利益。[4]

---

2 《美国与欧盟大飞机案》，载WTO官网，https://www.wto.org/english/tratop_e/dispu_e/cases_e/ds316_e.htm，最后访问于2021年12月20日。

3 张玉环：《WTO争端解决机制危机：美国立场与改革前景》，载《中国国际战略评论》2019年第2期。

4 屠新泉、苏骁、姚远：《从结构性权力视角看美国霸权衰落与多哈回合困境》，载《现代国际关系》2015年第8期。

三、WTO 争端解决机制危机对中国的影响

WTO 争端解决机制的危机状态，必然损害成员国对 WTO 体制的信赖，在贸易保护主义甚嚣尘上的当今世界，贸易限制、关税壁垒等单边主义日益泛滥，国家间贸易争端难以通过和平方式获得解决，往往容易从贸易摩擦升级为没有胜利者的贸易战争。中国作为世界第一制造业大国，工业品出口和对外投资都对国际市场有严重的依赖性，而且以如今中国相对完整的产业结构、制造业体量、贸易规模和国际竞争力来看，WTO 体制内的多边机制是维护和拓展中国全球利益的最佳平台，所以 WTO 争端解决机制危机影响下的中国，开拓国际市场的难度及成本必将受到影响。例如，美国贸易代表办公室（USTR）于 2018 年 7 月 6 日对原产于中国的产品加征关税，在美国恶意破坏 WTO 争端解决机制之后，中国失去掣肘美国的有效手段，这一歧视中国产品的单边制裁手段必将对中国出口造成难以估量的负面影响。

DSB 上诉机构的瘫痪必将导致中国赖以解决贸易争端的主要法律途径丧失，应对国际贸易争端成本上涨，贸易摩擦风险升级上升。上诉机构停摆后，提交 WTO 争端解决机制的纠纷都可以通过有关成员国提起上诉的方式轻松将专家组发布的报告置于死地，也就是说，美国通过阻碍上诉机构成员的遴选已经事实上扼住了 WTO 争端解决机制的咽喉。如果今后中国与其他国家产生贸易争端，将只能通过外交磋商，或诉诸双边协议（如有）、区域协定（如有）解决纠纷，而这一纠纷解决方式往往旷日持久，需要国家投入大量的人力成本、时间成本，且纠纷解决的结果容易受交涉进程中各种主客观因素的影响，具有高度不确定性和不可预见性，甚至最终争端可能升级导致贸易战的发生，而“贸易战”代价高昂，其损害性后果，包括对双边贸易和关系的影响，甚至远超争端本身。[5]中国与欧盟先后发生的紧固件争端与光伏争端就是最好的例证，欧盟于 2009 年与 2012 年先后对中国的紧固件与光伏产品开展反倾销措施，其中光伏争端在 2012 年欧盟开展反倾销调查期间就由中国官方出面进行价格谈判。虽然最终光伏争端以 2013 年欧盟接受中国的价格及数量承诺而告终，但不可否认的是，争端解决过程中一度有发生贸易战的潜在风险，而且欧盟对中国光伏产品的怀疑态度最终也并未能打消，一波三折的谈判及磋商仅起到解除我国出口企业燃眉之急的作用。这种以外交磋商为主的贸易纠纷解决方式的负面效应很快体现出来，紧随欧盟之后，美国、澳大利亚、土耳其和印度相继于 2014 年、2016 年和

5　杨国华：《论 WTO 争端解决机制的作用——以中欧紧固件争端和光伏争端为例》，载《北方法学法专论》2018 年第 12 期。

2021年对中国光伏产品发起反倾销反补贴调查，光伏“贸易战”全球打响，最后的结果是应诉方的中国政府和产业与申诉方的国外政府和产业均付出了相当大的行政成本和产业经济利益。相比光伏争端的“贸易战”解决方式，紧固件争端中国历经7年时间通过WTO争端解决机制得到了根本性解决，2016年1月18日，WTO公布了中国诉欧盟对中国紧固件反倾销措施争端案执行之诉的上诉机构报告，案件以欧盟最终取消紧固件反倾销措施而宣告终结。[6]值得重点关注的是，中欧紧固件争端中方在WTO争端解决机制的胜诉，意义不仅在于从个案的角度欧盟取消对华产品的反倾销措施，更重要的意义在于从国际规则层面撼动了欧盟对华反倾销调查中替代国制度的法律基础，同时对欧盟以外的其他WTO成员方对华反倾销调查产生了震慑作用，从2009年到2019年长达10年时间内没有WTO成员方再对中国紧固件产品发起反倾销调查。

四、中国应对WTO争端解决机制危机的建议

在以争端解决机制为支柱的WTO多边主义陷入空前危机的当下，维护争端解决机制和多边贸易体制的权威性和有效性符合所有WTO成员的共同利益，更是所有成员的共同责任。[7]如何应对危机将会对中国的国际贸易发展和国际贸易治理话语权产生重大影响，如果能顶住风浪，逆流而上，便能降低此次危机对中国造成的负面影响，为中国乃至世界经济创造良好的发展环境。

一方面，中国应在WTO争端解决机制面临危机的时候主动承担责任，在经费支出等问题上作出关键性贡献，作为领导者或富有建设性的参与者与欧盟等其他WTO成员方开展合作，继续对美国施加压力，以尽快重新开启上诉机构成员遴选，在恢复WTO争端解决机制的问题上发挥关键作用。

另一方面，中国应积极参与WTO体制改革，推动多哈回合谈判获得实质性进展。多哈回合谈判停滞不前是导致成员方对WTO争端解决机制信任消耗的重要原因之一，如果此时中国能够挺身而出，在关税减让、市场开放等领域作出一定的让步，吸引并带领成员国完成多哈回合谈判，填补美国影响力相对衰弱以及美国总统任性妄为导致的WTO体制内出现的领导力赤字，挽救WTO争端解决机制于危难之中，从而展现大国的实力与担当，获得世界各国的尊重与认可，提高中国在WTO体制内的领导力与话语权。

---

6 徐昕、张磊：《中欧紧固件案执行争端获胜助推中国市场经济地位认可进程》，载《WTO经济导刊》2016年第2期。

7 石静霞、白芳艳：《应对WTO上诉机构危机：基于仲裁解决贸易争端的角度》，载《国际贸易问题》2019年第4期。

在促进WTO体制改革的过程中，中国应该对环境产品、数字产品以及服务产品等涉及市场准入的新贸易议题保持开放心态。各成员国利益诉求及发展战略上的差异甚至对立是WTO体制下新贸易议题推进缓慢的根本原因，中国作为拥有庞大经济体量和相对完善的工业结构的发展中国家，其利益诉求当然不同于欧美等老牌发达国家，也不同于不丹、海地等最不发达国家，但是国际协议的谈判本就是一个相互妥协让利的过程，如果各方都只关注眼前的既得利益，那么谈判终将只能是自欺欺人。事实上，中国于2013年已经启动了与欧盟的双边投资协定谈判，这表明中国对未来扩大服务市场开放水平持积极的推进态度，也有应对国内服务等市场进一步开放的能力，所以，在新贸易议题这个问题上，未来中国甚至可以尝试主动以有吸引力的出价来改变其他国家的态度，以经济发展的大旗将各国重新召回贸易全球化的正轨之中。

但是，应当明确的是WTO多边协定并不是中国拓展全球利益的唯一方式，WTO争端解决机制也不是中国解决国际贸易争端的唯一途径，在WTO争端解决机制陷入严重危机的当下，中国还应该积极地、有针对性地开展自由贸易区战略，以周边国家为立足点，以“一带一路”沿线国家为杠杆，将撬动未来世界范围内的国际贸易规则作为我国参与世界经济的终极目标。

结语

WTO争端解决机制危机对中国而言既是挑战也是机遇，正如习近平总书记所强调的，全球治理体系正处于调整变革的关键时期，我们要积极参与国际规则制定，做全球治理变革进程的参与者、推动者、引领者。[8]如果应对得当，危机之后中国能够成为新时代国际贸易规则的重要影响因素甚至是主导者也未可知。

8 习近平：《加强党对全面依法治国的领导》，载《求是》2019年第4期。

论中国自由贸易港类区域的丰富实践与法治贡献

周　阳*

【内容提要】 中国拥有非常悠久的对外贸易历史，在改革开放后开始对自由贸易港类区域制度的探索，根据对象与实施内容等不同，中国设置了不同的海关特殊监管区域制度，为海南自由贸易港的成功设立奠定了坚实基础。更为重要的是，中国是自由贸易港的一个后发国家，验证了"先行先试"经验模式的可行性。自由贸易港作为一个重要的法治贡献，不仅在《海南自由贸易港法》后续立法创新实施过程中将继续发挥积极作用，也为世界其他国家发展自由贸易港提供一种有价值的成功模式。

【关键词】 自由贸易港　类区域　法治贡献

引言

中国拥有非常悠久的对外贸易历史。中国商朝的坟墓里出土了来自马来半岛或南部海岸的贝壳和龟壳以及当地无法生产的盐、绿宝石、翡翠和锡等物品。[1] 齐国丝绸运往中亚，很可能因有此类出口品，印度才认识丝绸之国。[2] 秦始皇统一中国后，加强与周围世界的联系，中国具有现代意义的直接对外贸易

* 周阳——广东外语外贸大学法学院教授，云山杰出学者，主要研究领域：国际经济法、美国海洋法。本文为广东普通高校创新团队项目（人文社会科学）"涉外经贸法律和规则体系完善研究"（2019WCXTD003）的阶段性成果。

1 ［美］菲利普·D. 柯丁著：《世界历史上的跨文化贸易》，鲍晨译，山东画报出版社 2009 年版，第 88 页。

2 ［法］谢和耐著：《中国社会史》，黄建华等译，江苏人民出版社 2010 年版，第 108 页。

从此开始。[3]中国与海外频繁的商贸联系早已众所周知。唐开元年间设置市舶使一职，与之相关的市舶管理制度，经宋代修改与补充，元代达到完善阶段。[4]

鸦片战争后开埠通商，西方列强将中国纳入其主导的世界贸易网络。围绕进出口贸易，旧中国产生了保税的类似需求。由此诞生了保税关栈制度，并形成了包括“普通货物关栈”“危险品专用关栈”与“特种加工关栈”的保税关栈制度体系，保税贸易在进口贸易中的地位得到较为显著的提高，但由于近代中国在国际贸易中商品销售地与原料市场的地位未得到根本改观，口岸城市与保税贸易联系紧密的加工行业也没有得到真正发展，因而不能过高评价保税关栈的意义。[5]而后香港、大连、青岛自由港的设立，属于一种被强行植入的经济制度，是近代中国对外贸易阶段性发展的表现。[6]它既推动旧中国加速过渡到半殖民地半封建状态，也是缺乏独立性的落后民族经济的真实观照。

2017 年 11 月 10 日，汪洋在《人民日报》撰文《推动形成全面开放新格局》并指出，“自由港是设在一国（地区）境内关外、货物资金人员进出自由、绝大多数商品免征关税的特定区域，是全球开放水平最高的特殊经济功能区”。[7]它在很大程度上代表着中国官方对自由港概念的正式看法。2021 年 6 月 10 日，《海南自由贸易港法》获得表决通过并公布实施，中国特色自由贸易港法治建设迎来大时代！海南自由贸易港的设立以及法律的颁布实施，势必将会引发又一轮的研究高潮，这主要归功于中国已经是世界第一货物贸易大国、第二大经济体的体量，中国的任何一个重大改革都将引起全社会的高度关注。

在此之前，中国一直没有放弃在自由贸易港方面的探索，设立了包括经济特区、经济技术开发区、国家级新区、保税区、自由贸易试验区等形式的特殊经济功能区。[8]它们为自由贸易港形态在中国的再次重现铺垫了厚实的实践基础。其中，保税区、出口加工区、保税物流园区、跨境工业区、保税港区以及

3 沈光耀著：《中国古代对外贸易史》，广东人民出版社 1985 年版，第 3 页。

4 张耀华：《论元代〈市舶则法〉在古代海关法中的历史地位》，载《海关与经贸研究》2014 年第 3 期。

5 杨敬敏：《近代中国保税关栈制度的历史演进及其运行效果初探》，载《海关与经贸研究》2021 年第 4 期。

6 张欣羽：《德占时期的青岛自由港》，青岛大学 2020 年硕士学位论文，第 50 页。

7 汪洋：《推动形成全面开放新格局》，载《人民日报》2017 年 11 月 10 日。

8 邓敏、李娟、姚星等编著：《新中国对外贸易制度变迁》，西南财经大学出版社 2020 年版，第 482 页。

综合保税区等在法律性质上属于海关特殊监管区域。[9] 尽管它们不构成严格意义上的自由贸易港，但无论是区域内容、区域空间还是区域自由度等均不同领域、不同程度、不同功能地体现出自由贸易港的鲜明特征，本文将其命名为自由贸易港类区域来指代这些曾经并仍然在发挥着巨大作用的海关特殊监管区域。经济学家冀朝鼎提出，人类谱写历史，不仅是借助历史流传下来的某些背景知识，某些程度上还重新阐述着过去的历史。历史必须不断重写，以满足每个特定时期的人类需要。历史重写，是人类努力驾驭历史力量的一部分，这一任务在历史进程的每个转折点都显得特别迫切。[10] 因此，有必要归纳出中国自由贸易港类区域的实践，总结其法治贡献，从而为海南自由贸易港的法治建设提供可资借鉴的经验。

一、中国自由贸易港类区域的丰富实践

改革开放，万物复苏。1985 年，国务院下发《关于厦门经济特区实施方案的批复》，明确“厦门经济特区扩大到全岛，逐步实行自由港的某些政策，是为了发展我国东南地区的经济，加强对台工作，完成祖国统一大业作出的重要部署”。1986 年 8 月，习近平同志到厦门工作后，组织 100 多位专家学者和一线工作人员共同努力，历时一年多，围绕“加强对台的联系、促进祖国统一”和“逐步实施自由港政策、建设自由港型的经济特区”这两个战略进行研究，提出了“设立保税区、把保税区升级为自由贸易区、建设有限度在全岛放开的自由港”三步走的发展战略，提出建设“自由港型的经济特区”的目标。习近平同志当初主持谋划的自由港型的经济特区的功能定位，发展方向、发展目标和实施步骤与厦门经济特区建设实践非常契合，体现了习近平同志对发展趋势的准确判断和科学预见。[11] 当时也有人提出，发展自由港有以下缺陷：第一，过分依赖国际垄断资本和国际市场，受贸易保护主义和经济危机的冲击严重。第二，一

---

9 海关特殊监管区域的提法虽然在《海关法》第 34 条中有提及，即“经国务院批准在中华人民共和国境内设立的保税区等海关特殊监管区域，由海关按照国家有关规定实施监管”。但是，对于什么是海关监管区域并未解释。第 100 条中解释的是“海关监管区”，即设立海关的港口、车站、机场、国界孔道、国际邮件互换局（交换站）和其他有海关监管业务的场所，以及虽未设立海关，但是经国务院批准的进出境地点。2006 年 1 月 1 日生效的《海关对保税物流园区的管理办法》第 55 条规定：“海关特殊监管区域，是指经国务院批准设立的保税区、出口加工区、园区、保税港区及其他特殊监管区域”。截至 2021 年 3 月底，全国 31 个省、自治区、直辖市共设立海关特殊监管区域 163 个，综合保税区 150 个，保税区 9 个，保税港区 2 个，出口加工区 1 个，珠澳跨境工业区（珠海园区）1 个，总规划面积约 448 平方公里。

10 冀朝鼎著：《中国历史上的基本经济区》，岳玉庆译，浙江人民出版社 2016 年版，第 2 页。

11 李友华：《加快建设自由港型经济特区》，载《厦门日报》2020 年 10 月 26 日。

些发达资本主义国家把耗能高、污染严重、技术落后的工业向发展中国家转移。第三，引进技术限制过多，且发展中国家工业基础薄弱，难以吸收消化和创新。发达资本主义国家摄吸大量利润的同时，占有技术优势。第四，经济特区向技术密集型产业过渡，不少特区开始“滑坡”，面临被淘汰的危险。[12]

1988 年 6 月 3 日，邓小平同志接见“90 年代的中国和世界研讨会”代表时，明确表示“对香港的政策不变”，进而提出“现在有一个香港，我们在内地还要再造几个‘香港’”。[13] 邓小平同志南方谈话后，有很多呼声建议厦门不要错失良机。厦门应大胆充分运用中央早就给出的实施自由港的某些政策，其中，早日启用管理线是加速自由港建设的前提，开拓金融是加速自由港建设的突破口，实行特殊的领导体制是加速自由港建设的关键。[14] 面对游离长江沿岸地区和珠江三角洲地区两个经济片区之间的闽粤赣湘四省地市的广袤地区，厦门积极倡导发展以沿海中心城市为龙头的区域合作经济。在地理位置上分析，四省地市形成“雁形”，雁头在厦门，江西与广东的汕头、梅州和湖南的衡阳、郴州是两翼，厦门是台湾地区与大陆交往的最近地点，具有深水良港与国际航空港的地理区位。为利于内陆地区借助厦门口岸走向世界，建立厦门经济的大腹地，厦门通过组织经济代表团主动访问内地省份，采取梯级推进的办法，先加强与闽南、闽西的经济协作，再加强与赣南、湘南和粤北的横向联合，向其他的内陆省份发展，形成全国性的腹地，使厦门真正做到“背靠神州，面向世界”。[15]

然而，厦门自由港仍停留在规划阶段。一方面，当时厦门设立自由港的主要因素是推动我国台湾地区当局接受“三通”的切实步骤。[16] 我国台湾地区的形势变化直接牵涉到厦门自由港的设立与否。另一方面，虽然改革开放已经多年，当时思想观念仍然相对滞后。1991 年，在天津港设立保税区的时候，还有人提出疑问，这与旧中国的租界和殖民地有什么区别？会不会损害国家的主权？[17] 但这不妨碍先行者在改革春风下的探索。与此同时，2002 年，上海市科技发展软

12　林强：《自由港与厦门经济特区》，载《亚太经济》1986 年第 6 期。

13　《历史选择了邓小平》，载人民网，http：//cpc. people. com. cn/n1/2018/0809/c69113 - 30219154. html。

14　张亦春、吉卫民：《加速建设厦门自由港若干对策探析》，载《厦门大学学报（哲学社会科学版）》1993 年第 1 期。

15　王国庆：《厦门实施自由港政策：迈向海洋经济时代国际性大都市的举措》，载《延边大学学报（社会科学版）》1995 年第 4 期。

16　厦门大学经济学院《自由港研究》课题组：《关于厦门经济特区逐步实行自由港某些政策的构想》，载《中国经济问题》1987 年第 5 期。

17　夏林、邵泉：《扩大开放的新举措——记我国大陆最先招商的天津港保税区》，载《瞭望周刊》1991 年第 46 期。

科学重点项目《关于设立洋山自贸港的研究》就有了自由贸易港的初步设想。[18] 2013年，上海在国际航运会议上首次公开宣布要把洋山港建成自由港，并提出建设自由港的十项主张。深圳也在2013年7月谨慎地提出，要把深圳盐田保税区转型为自由港。[19] 这都充分反映出有关沿海地方政府对于自由贸易港的客观需求与现实探索。

1988年，天津着手在新港港区创办国内第一家中外合资商业性保税仓库，以从港口实际商务活动中探索“保税区”的经验，为1991年10月11日天津港保税区的正式设立提供条件。[20] 保税区融合当时国际社会早已有的保税仓储与出口加工区的实践，并在结合国情的基础上形成新型的经济开放区域。[21] 1990年6月，国务院批准第一个海关特殊监管区域——上海外高桥保税区正式设立。“保税区”本身是中国创造的一个名词，国家给了外高桥保税区贸易自由、货币自由和货物进出口自由，得到了许多在当时看来几乎不可思议的特别待遇。[22] 周汉民等将其归纳为人员出入自由、货款进出自由、外汇资金、利润汇兑自由。[23] 第一家外商独资贸易企业，保税区第一家中外合资出口加工企业以及第一家中外合资物流企业都在外高桥保税区诞生，成为国内经济规模最大的海关特殊监管区域。[24] 截至2020年底，外高桥保税区累计落地跨国公司地区总部110余家，占浦东新区1/3，上海市1/6；保税区实现经营总收入19720亿元，成为稳定区域经济发展和产业链安全的“压舱石”。[25]

2000年，中国在江苏、辽宁、天津、上海、浙江、北京、山东、广东等省（市）批准设立了首批15个出口加工区，按照优化存量、控制增量、规范管理、提高水平的方针，逐步实现对加工贸易企业集中规范管理。出口加工区主要功

---

18 龚柏华：《“一带一路”背景下上海自由贸易港构建的法治思维》，载《上海对外经贸大学学报》2018年第2期。

19 杨生华、岳仿嶙：《上海、深圳、厦门谋建自由港》，载《中国水运报》2003年12月19日。

20 夏林、邵泉：《扩大开放的新举措——记我国大陆最先招商的天津港保税区》，载《瞭望周刊》1991年第46期。

21 林康、尤崧涛、陈琼秀：《论世界自由贸易区与我国保税区的功能和作用》，载《国际贸易问题》2000年第3期。

22 阮延华口述，任姝玮整理：《追逐“自由”的保税区》，载《浦东时报》2012年12月27日A8版。

23 周汉民、田曦：《外高桥保税区的法律结构——自由港制度的形成》，载《国际商务研究》1992年第3期。

24 舒榕斌、简大年口述，潘阿虎整理：《构建开放型经济新体制的“试验田”——从上海外高桥保税区到中国（上海）自由贸易试验区》，载《文汇报》2018年9月18日。

25 何秀芳、吴文斌：《从全国第一个保税区到全国第一个自贸试验区——专访上海外高桥集团股份有限公司党委书记、董事长刘宏》，载《中国贸易报》2021年7月20日10版。

能有保税加工，保税物流，研发、检测、维修等。同年10月，江苏昆山出口加工区成为中国第一个封关运作的出口加工区。2003年前后，离境退税政策无法满足国内加工贸易，深加工结转和保税物流发展的需要，中国在上海批准设立第一家保税物流园区，发挥保税区政策优势和港口区位优势，促进现代国际物流业的发展。保税物流园区以仓储货物为主要功能，具体可开展存储进出口货物及其他未办结海关手续货物，对所存货物开展流通性简单加工和增值服务，国际转口贸易，国际采购、分销和配送，国际中转，检测、维修，商品展示等业务，不得开展商业零售、加工制造、翻新、拆解及其他与园区无关的业务。保税物流园区主要税收政策与出口加工区基本相同。

中国属于海关特殊监管区域性质的跨境工业区即珠澳跨境工业区珠海园区。为加强内地与澳门的经济合作，2003年国务院批准设立珠澳跨境工业区。珠澳跨境工业区设在珠海拱北茂盛围与澳门西北区的青州之间，分为珠海、澳门两个园区，其中珠海园区面积0.29平方公里。珠澳跨境工业区以发展工业为主，兼顾物流、中转贸易、产品展销等功能。珠海园区作为珠海保税区的延伸区，实行“保税区+出口加工区出口退税政策+24小时通关专用口岸”管理模式。珠澳跨境工业区珠海园区的税收政策与出口加工区相同。

2005年6月，为实施国家建设东北亚枢纽港和国际航运中心的战略，上海洋山保税港区正式经国务院批准设立，成为中国第一个保税港区。除港口的功能外，保税港区还整合了原来保税区、保税物流园区、出口加工区等功能，具体包括仓储物流、对外贸易、国际采购、分销和配送、国际中转、检测和售后服务维修、商品展示、研发、加工、制造、港口作业等功能。保税港区享受保税区、出口加工区相关的税收政策。

2008年3月，国务院下发《关于天津滨海新区综合配套改革试验总体方案的批复》（国函〔2008〕26号），提出了自由贸易区的转型设想。2012年10月《国务院关于促进海关特殊监管区域科学发展的指导意见》（国发〔2012〕58号）正式下发，目的是解决海关特殊监管区域中“存在种类过多、功能单一、重申请设立轻建设发展”等问题，它被认为是对当前和今后一段时期内海关特殊监管区域建设与发展的一项长期战略部署和要求。2013年1月17日正式发布的《浙江舟山群岛新区发展规划》中，我们又一次看到了“不断创新体制机制，探索建立自由贸易园区”的表述。同年9月29日，上海自贸试验区的正式设立宣告自由贸易园区建设工作的开始。

根据《国务院办公厅关于印发加快海关特殊监管区域整合优化方案的通知》（国办发〔2015〕66号），不同类型的海关特殊监管区域将整合优化为综合保税区，未来新设立的海关特殊监管区域统一命名为综合保税区。2019年，《国务院关于促进综合保税区高水平开放高质量发展的若干意见》（国发〔2019〕3号）进一步明确，加快综合保税区创新升级，推动综合保税区发展成为具有全球影响力和竞争力的加工制造中心、研发设计中心、物流分拨中心、检测维修中心、销售服务中心，综合保税区将成为我国开放程度最高、政策最优、功能最全的特殊监管区域。综合保税区内可发展保税加工、保税物流、保税服务等业务，主要税收政策与出口加工区相同。综合保税区内企业生产、加工并销往境内区外的货物，可选择按其对应的进口料件或按实际报验状态征收关税，进口环节增值税、消费税照章征收。2020年5月16日，洋山特殊综合保税区（一期）正式封关运作，成为中国唯一的特殊综合保税区。洋山特殊综合保税区作为对标国际公认、竞争力最强自由贸易园区的重要载体，将承担“在更深层次、更宽领域，以更大力度推进全方位高水平开放”的重要使命。

二、中国自由贸易港类区域“先行先试”的法治贡献

中国在自由贸易港领域是一个后发国家。改革开放后，国家发展经济的迫切热望，又一次考虑起自由贸易港这种已经被验证为充分有效的贸易形态。厦门自由港的规划设想虽然最终未能落地，但说明在最高决策层已将自由港纳入可以采用的政策工具箱，这就很好地解释了为什么随后自由贸易港类区域有如此多的丰富实践与成功范例，并最终为海南自由贸易港的设立奠定基础。因此，中国对自由贸易港类区域的贡献是实实在在的，也是多方面的。从国际贸易层面看，它进一步消除国际贸易障碍，有力地推动国际社会自由贸易的发展。从国际法治角度看，作为世界第一货物贸易大国、第二大经济体，中国这么大体量的国家能够融入、推动自由贸易港国际法治，证明了国际社会规则导向理念的进步。从法治贡献角度看，它探索出一条不同于惯常自由贸易港法治建设的道路，闯出了一条从“先行先试”经验模式转向立法创新发展模式的有效路径。

“先行先试”是在某些事项上地方先行一步，进行各种立法尝试和制度试验，为其他地方提供创新的范本，并为全国范围内的深层次改革摸索、积累经验，进而推动整个国家的改革开放进程。它的积极意义在于：特定地方通过各自不同的区域定位和改革重点进行相关制度创新，为全国下一步的经济与政治体制改革探路。[26]先行先试理念反映在立法模式上是一种具有淘汰性和反思性的法律运行机制，能够统合立法过程中的主观因素和客观因素，及时反映社会需求、整合立法资源，最大限度地发挥立法在社会改革进程中的指引作用，实现强制性的制度变迁，同时又能够借助法律试行的评价和预测功能，实现诱致性

26 封丽霞：《地方“先行先试”的法治困境》，载《法律方法与法律思维》2010年。

的制度变迁。[27]它有两个特点："先行"要求通过"立法先行"的方法，发挥法律的指引功能，调整相应的社会关系，达到对社会某种秩序的追求。"立法先行"是主观判断的产物，其变量更多来自外部，是通过立法这项制度安排适应社会现实的变革性活动；"先试"则要求依赖"试错先行"的方式，发挥实践对理论的检验作用，通过在特定领域和时空背景下的试验获取一定的"地方性知识"，然后将其扩展，使其更具普适性。"试错先行"是客观性经验的获取，其变量更多地发端于实践自身，是通过检验立法的实效而进行的自治性活动。[28]

中国自由贸易港类区域法治建设正是"先行先试"立法模式的具体化。从1990年保税区设立运行到2021年《海南自由贸易港法》的发布，在立法问题上一直是在根据实际情况的需要，通过各种形式对类区域进行规范。下面便以海关规章为例作一说明。1990年外高桥保税区开始运营，同年9月9日海关总署发布《对进出上海外高桥保税区货物、运输工具和个人携带物品的管理办法》（已失效）予以规范。1997年6月10日，《保税区海关监管办法》发布施行。这就意味着在1990年至1997年，其他保税区一样参照上海外高桥保税区管理办法进行管理。2000年5月24日，《海关对出口加工区监管的暂行办法》发布实施，出口加工区开始迎来大发展。例如，金桥出口加工区自成立以来，以标准化产品主导的产品结构转向新产品与标准化产品并重的产品结构，初级加工制造企业逐渐被淘汰，高新技术企业、跨国公司总部和研发机构成为企业结构的主体。根据产品结构和企业结构构成特征的演变情况，总结出金桥出口加工区生命周期演化历经了加工导向期、制造导向期和创新导向期三个时期，不同时期金桥出口加工区产业功能的转型构成了生命周期演化的转折点，而且随着功能的改变，金桥出口加工区已经超出了世界出口加工区的功能界限，已不是严格意义上的出口加工区发展模式，这也体现了中国出口加工区的发展特色。[29]

2002年，中国召开两次全国性保税区会议。在总结经验、提出发展问题的同时，各保税区纷纷提出了向自由贸易区转型的主张，即"自由贸易区是保税区发展的必由之路"。[30]保税区的困境大致有四点：第一，"境内关内"的定性难以继续发挥开放优势；第二，"多头管理"的管理体制难以提高运作效率；第三，"名实不符"的功能定位难以适应产业发展要求；第四，"区港分离"的现

---

27 王彬：《"先行先试"立法模式的经济分析》，载《山东警察学院学报》2010年第1期。

28 吴汉东、汪锋、张忠民：《"先行先试"立法模式及其实践——以"武汉都市圈""两型"社会建设立法为中心》，载《法商研究》2009年第1期。

29 程进、曾刚、张云伟：《中国沿海大都市出口加工区生命周期研究——以上海金桥出口加工区为例》，载《地理科学》2012年第12期。

30 刘辉群：《中国保税区向自由贸易区转型的研究》，载《中国软科学》2005年第5期。

实难以实现发展目标。[31] 但这并不是全盘否定保税区。上海外高桥保税区外商独资国际贸易公司产业集群的形成，成为上海城市经济发展的重要推动因素。这说明了保税区在未来相当一段时期内仍有存在的必要性，保税区未来发展模式应多样化，如有的保税区可向自由贸易区方向发展，大力发展物流产业，有的保税区则可以建设成为出口加工区。[32] 2004 年 4 月 12 日，海关总署发布公告，宣布根据《国务院办公厅关于同意上海外高桥保税区与外高桥港区联动试点的复函》（国办函〔2003〕81 号），在外高桥港区设立外高桥保税区的物流园区，开展保税区与港区联动试点。某种意义上，保税物流园区的诞生正是为了解决保税区的痛点。在上海实践基础上，2006 年 1 月 1 日，《海关对保税物流园区的管理办法》（已失效）正式施行。2007 年 4 月 8 日，《海关珠澳跨境工业区珠海园区管理办法》开始施行。同年 10 月 3 日，《海关保税港区管理暂行办法》（已失效）正式生效。

2013 年 9 月 29 日，上海自贸试验区获批设立。最初，它起名为中国（上海）自由贸易园区，但考虑到“园区”无法真正表达中国将该类区域打造成“综合改革试验区”的意图，故后改用“试验”区，英文翻译中增加“试验（pilot）”一词（更贴切翻译是“先试先行”），后面仍沿用“zone”，即中国（上海）自由贸易试验区的英文翻译为 China（Shanghai）Pilot Free Trade Zone，简称 CPFTZ。[33] 它的地理范围是外高桥保税区、外高桥保税物流园区、洋山保税港区及浦东机场综合保税区等 28.78 平方公里的 4 个海关特殊监管区域。一年之后，上海自贸试验区扩区，老区、陆家嘴、金桥、张江和世博园这 5 个区域组合突破了纯粹海关特殊监管区域的范畴。其他地区自贸试验区同样遵循以海关特殊监管区域为核心区域的扩区逻辑。从这个角度说，中国自贸试验区本身并没有专门的海关部门规章，而是据组合区域的类型由相应的规章予以规范，但这并不妨碍地方政府围绕自贸试验区出台地方性法规、规章以及大量行政规范性文件。

党的十九大报告指出，“推动形成全面开放新格局……赋予自由贸易试验区更大改革自主权，探索建设自由贸易港”。2018 年 3 月，李克强总理在《政府工作报告》中指出，“全面复制推广自贸区经验，探索建设自由贸易港，打造改革开放新高地”。2018 年 4 月 13 日，习近平总书记在庆祝海南建省办经济特区 30

---

31 成思危主编：《从保税区到自由贸易区：中国保税区的改革与发展》，经济科学出版社 2004 年版，第 14 - 16 页。

32 任寿根：《新兴产业集群与制度分割——以上海外高桥保税区新兴产业集群为例》，载《管理世界》2004 年第 2 期。

33 龚柏华：《中国自贸试验区到自由贸易港法治理念的转变》，载《政法论丛》2019 年第 3 期。

周年大会上宣布，支持海南全岛建设自由贸易试验区，支持海南逐步探索、稳步推进中国特色自由贸易港建设。2018 年 4 月 14 日，国务院发布《关于支持海南全面深化改革开放的指导意见》，支持海南全岛建设自贸试验区，探索建设中国特色自由贸易港。2018 年 10 月 16 日，《中国（海南）自由贸易试验区总体方案》正式出台，赋予海南更大改革自主权，将海南建成高标准高质量自由贸易试验区，为逐步探索、稳步推进海南自由贸易港建设，分步骤、分阶段建立自由贸易港政策体系打好坚实基础。2020 年 6 月 1 日，《海南自由贸易港建设总体方案》正式印发，对海南自由贸易港的建设目标、制度设计、阶段性任务等进行了全面系统布局。随后，6 月 3 日，《海关对洋浦保税港区监管办法》正式生效，除禁止进出口和限制出口以及需要检验检疫的货物外，试行“一线放开、二线管住”的货物进出境管理制度。当前，海南自由贸易港法律保障不断充实，对外开放力度持续加大，外资市场主体数量快速增加，人才引进政策加快落实，海南自由贸易港建设“早期收获”取得阶段性成果。[34]

在此过程中，“先行先试”授权立法事项有了创新。全国人大及其常委会根据改革发展需要，决定就行政管理等领域的特定事项授权，在部分地方暂时调整或者暂时停止适用法律的部分规定，这也是源于 2013 年以来对中国自由贸易试验区出现的各种暂停法律适用做法的归纳总结。2020 年 4 月，全国人大常委会决定在中国（海南）自由贸易试验区暂时调整适用《土地管理法》《种子法》《海商法》，其适用的期限至 2024 年 12 月 31 日。同年 6 月 28 日，国务院决定在中国（海南）自由贸易试验区暂时调整实施《海关事务担保条例》《进出口关税条例》《国际海运条例》《船舶和海上设施检验条例》和《国内水路运输管理条例》等行政法规，其适用期限同样是到 2024 年 12 月 31 日。2021 年 6 月 10 日，《海南自由贸易港法》获得通过，中国特色自由贸易港国内基本法的空白从此填补。它本质上属于地方立法变通权，以通过地方改革试验来积累经验，是深化改革开放和自由贸易港建设的“试验田”。[35] 同时，2022 年 1 月 1 日，海关总署发布《海关综合保税区管理办法》，并自 4 月 1 日起施行。它将有力提升综

---

34 朱福林：《海南自由贸易港高质量发展：阶段性成果、瓶颈因素与突破路径》，载《经济学家》2021 年第 6 期。

35 王建学、张明：《海南自贸港法规的规范属性、基本功能与制度发展——以〈宪法〉和〈立法法〉为分析视角》，载《经贸法律评论》2021 年第 4 期。

合保税区管理的规范化、法治化水平，进一步优化综合保税区营商环境。[36]

何力教授认为，中国从保税区、出口加工区开始，一直到自贸试验区，再到自由贸易港建设，是一个由低到高的发展过程。[37] 如果参考类区域自由度的标准，似乎是对的，但严格意义来说，中国自由贸易港类区域的不同形态并不是简单的线性叠加，而是根据现实需要进行功能设定后的制度创新。中国自由贸易港类区域的海关规章发展历史充分印证了“先行先试”立法模式。它完全符合“先行先试”立法模式的特点：以海关规章或者海关行政规范性文件为立法形式，牵引实践的方向，再以发展成效与存在的突出问题，即通过试错来检验先前立法。毫无疑问，海关特殊监管区域的政策试点属于“强推动、强竞争”的争取模式，即在由“争取”引发的试点项目的启动过程中，中央政府的推动力度和地方政府间的竞争强度都较高。[38] 即便如此，既然试错，那必然有可能产生不好的结果。“先行先试”的核心就是试错权。[39] 上海外高桥保税区占到半壁江山，有的保税区发展得并不好，甚至是“门可罗雀”。对于前者就是试对，后者则是试错。一直到1991年还有学者主张浦东在较长一段时期内应缓建保税区。[40]

与此同时，由于中央的各项制度因效力及于全国又要兼顾各地差异，一旦发生偏差所引发的负面后果非常严重，因而不得不慎之又慎。这个基本客观现实的存在决定了“先行先试”是一段时期内最佳的选择。与其说中国自由贸易港基本法出台前，海南自由贸易港已经宣布启动建设，这种做法是出于改革开放试验的目的，倒不如说是为了留出足够的制度弹性以承载制度创新功能与回应商业行为创新。[41] 更深层次地说，《海南自由贸易港法》的施行既标志着中国自由贸易港类区域立法的成功转化，也代表了中国自由贸易港的法治建设从“先行先试”

---

36 该管理办法共六章四十七条，体现了继承创新等五个方面的特点：一是继承《海关保税港区管理暂行办法》核心内容；二是固化综合保税区的政策措施，集成近年来海关总署出台的多个规范性文件中的监管举措；三是体现机构改革后海关新职能，增加检验检疫相关规定要求；四是预留发展空间，适应综合保税区双循环发展实际需求；五是强调协同治理，海关在综合保税区依法实施监管不影响地方政府和其他部门依法履行其相应职责，http：//www. customs. gov. cn/customs/xwfb34/302425/4187992/index. html，最后访问于2022年3月11日。

37 何力：《中国海南自贸港建设的国际贸易法律探讨》，载《国际商务研究》2021年第2期。

38 周望：《如何“先试先行”？——央地互动视角下的政策试点启动机制》，载《北京行政学院学报》2013年第5期。

39 肖明：《“先行先试”应符合法治原则——从某些行政区域的“促进改革条例”说起》，载《法学》2009年第10期。

40 沈根荣：《关于上海浦东外高桥保税区开展转口贸易问题的探讨》，载《国际贸易》1991年第9期。

41 孙南翔：《建设中国特色自由贸易港的实施路径及法律保障》，载《贵州省党校学报》2019年第5期。

经验主义进化到立法创新的新阶段。这种不断循环和互动的过程正好体现出中国国家纵向治理模式的优越性。[42]

三、从“先行先试”到“立法创新”的《海南自由贸易港法》

《海南自由贸易港法》的实施打破了中国在自由贸易港类区域等采取的“先行先试”经验模式，走上了立法创新的路径，并融入了自由贸易港国际法治的惯常做法。它是关系重大改革举措的最前沿立法，反映出国家推进改革开放的最大魄力。[43]中国现行立法体制是中央统一领导和一定程度分权，多级并存、多类结合的立法权限划分体制。[44]地方要在中央统一领导下开展地方事务，各级政府的事权分配高度同构，而这种特征也在立法权的分配上得以体现。为此，朱福林提出，海南全岛若要达到与国际标准自由港一致的自由程度，必将超越国内任何一个经济特区和特殊经济功能区，在海南省现有行政级别上是很难做到的，可能难以把控高度贸易自由化进程中所需抉择的一些重大关键事项，也不能有效应对建设过程中一系列问题的快速、果断及合理解决，考虑将海南提升为中央直接管辖的直辖市级别，由海南全权代行中央经济管理权。[45]这种出于实操的建议比较理想化，但很可能涉及的问题绝非提高海南行政级别那么简单。

从立法的意图看，《海南自由贸易港法》本身仅限于为海南自由贸易港建设提供一种最基础的制度框架，将具体制度的塑造留给可以因地因时制宜的授权性法规，从而使立法活动能够始终与自由贸易港建设的实践需要同频共振。[46]事实上，对海南自由贸易港单独立法的初衷就是“授权立法”。[47]全国人大关于《海南自由贸易港法（草案）》的说明指出：“考虑到海南自由贸易港建设各方面工作还处于起步和探索阶段，法律条文可以概括一点、原则一些，构建起海南自由贸易港建设法治保障的‘四梁八柱’，为海南自由贸易港建设提供必要的

42　王建学：《海南自由贸易港法制定思路的学理阐释》，载《天津大学学报（社会科学版）》2021年第4期。

43　王建学：《海南自由贸易港法制定思路的学理阐释》，载《天津大学学报（社会科学版）》2021年第4期。

44　周旺生著：《立法学》，法律出版社2009年版，第149页。

45　朱福林：《海南自由贸易港高质量发展：阶段性成果、瓶颈因素与突破路径》，载《经济学家》2021年第6期。

46　王建学、张明：《海南自贸港法规的规范属性、基本功能与制度发展——以〈宪法〉和〈立法法〉为分析视角》，载《经贸法律评论》2021年第4期。

47　贺小勇：《〈海南自由贸易港法（草案）〉修改的七大建议》，载《上海对外经贸大学学报》2021年第2期。

制度供给，同时为改革发展预留空间。在保证国家法制统一的前提下赋予海南更大改革自主权。按照党中央要求‘赋予海南更大改革自主权’‘给予充分法律授权’的精神，授予海南更大的立法权限，由海南省人大及其常委会制定海南自由贸易港法规。这样，既确保党中央集中统一领导和国家法制统一，又有利于海南进行全面深化改革开放的探索。”[48]在这个意义上，《海南自由贸易港法》仍然属于“先行先试”。它可归于试验性立法，允许立法者在小规模基础上测试新规则，解决固有的不确定性和预测困难，并收集证据来支持或反对立法者的立法假设，是朝着更好的持久性立法所迈出的明智的一步。[49]

《海南自由贸易港法》第10条规定了海南自由贸易港法规制定权，是解锁自由贸易港法治难题的钥匙，是最为关键的制度设计。海南还拥有普通地方立法权和经济特区立法权，构成了三种立法权叠加共振的局面。它们按理说是推动海南自由贸易港法治发展的有力工具，但实践的表现并不乐观。对上位法进行变通规定是海南自由贸易港法律体系构建的重要路径，而“不抵触原则”限制了海南省级立法权的立法效果。[50]经济特区立法权按理可用来弥补海南自由贸易港发展中的法治空白。然而，经济特区立法权存在诸多争议，甚至建议将其直接废除[51]或纳入普通地方立法权[52]。

海南自由贸易港法规制定权可被看作经济特区立法权的“2.0版”，是在法律层面对一揽子立法权的集中“打包”授予，是授权立法的“职权化”，实际上也是中央“先立法、再立港”的典型体现。[53]海南自由贸易港法规制定权的立法事项虽在经济事项方面与经济特区法规存有交叉，但更多的是突破和改革创新，前者可以对《立法法》第8条规定的法律保留事项作出规定，即涉及贸易、投资及管理活动相关的基本制度层面的立法事项。[54]然而，海南自由贸易港还涉及金融、税收、财政等基本制度的改革创新，“相关管理活动”并不能当然

48 《关于〈中华人民共和国海南自由贸易港法（草案）〉的说明——2020年12月22日在第十三届全国人民代表大会常务委员会第二十四次会议上》，http：//www.npc.gov.cn/npc/c30834/202106/589f495e276f4adb9092d6b6d951af58.shtml，最后访问于2022年3月10日。

49 Ranchordás S，The whys and woes of experimental legislation，The Theory and Practice of Legislation，2013（3），p.415－440.

50 臧昊、梁亚荣：《论海南自由贸易港立法权的创设》，载《海南大学学报（人文社会科学版）》2021年第5期。

51 庞凌：《关于经济特区授权立法变通权规定的思考》，载《学习与探索》2015年第1期。

52 徐平主编：《人大职权研究》，法律出版社2017年版，第54页。

53 谭波：《海南自由贸易港法规的体系定位与衔接分析》，载《重庆理工大学学报（社会科学版）》2021年第5期。

54 王建学、张明：《海南自贸港法规的规范属性、基本功能与制度发展——以〈宪法〉和〈立法法〉为分析视角》，载《经贸法律评论》2021年第4期。

推导出其他未被包含的事项，这实际上限制了海南自由贸易港立法权的行使。[55]《立法法》能否适应自由贸易港高度开放的需要，本身就值得讨论。因此，海南自由贸易港法规制定权需要进一步厘清，否则会导致自由贸易港法律法规零敲碎打地不断调整和碎片化地小修小补，与运用《海南自由贸易港法》对自由贸易港建设进行顶层设计、系统谋划、统筹推进的意图相悖。[56]

表 1　法规制定权概览

项目	立法权主体	立法事项	法律依据
地方性法规制定权	海南省人民代表大会及常委会；设区的市的人民代表大会及常委会	设区的市的人民代表大会及其常务委员会针对“城乡建设与管理、环境保护、历史文化保护等方面的事项”	《宪法》第 100 条：“省、直辖市的人民代表大会和它们的常务委员会，在不同宪法、法律、行政法规相抵触的前提下，可以制定地方性法规，报全国人民代表大会常务委员会备案。设区的市的人民代表大会和它们的常务委员会，在不同宪法、法律、行政法规和本省、自治区的地方性法规相抵触的前提下，可以依照法律规定制定地方性法规，报本省、自治区人民代表大会常务委员会批准后施行。”
经济特区法规制定权	海南省人民代表大会及常委会	一般经济制度，无法规定法律保留事项的基本经济制度，也就更无权限对法律保留事项作出变通规定	《全国人民代表大会关于建立海南经济特区的决议》：“授权海南省人民代表大会及其常务委员会，根据海南经济特区的具体情况和实际需要，遵循国家有关法律、全国人民代表大会及其常务委员会有关决定和国务院有关行政法规的原则制定法规，在海南经济特区实施，并报全国人民代表大会常务委员会和国务院备案。” 《立法法》第 74 条：“经济特区所在地的省、市的人民代表大会及其常务委员会根据全国人民代表大会的授权决定，制定法规，在经济特区范围内实施。”

55　臧昊、梁亚荣：《论海南自由贸易港立法权的创设》，载《海南大学学报（人文社会科学版）》2021 年第 5 期。

56　韩龙、戚红梅：《〈海南自由贸易港法（草案）〉的三维透视与修改建议》，载《海南大学学报（人文社会科学版）》2021 年第 2 期。

续表

项目	立法权主体	立法事项	法律依据
海南自由贸易港法规制定权	海南省人民代表大会及常委会	贸易、投资及相关管理活动，可对《立法法》第8条规定的部分法律保留事项作出规定	《海南自由贸易港法》第 10 条："海南省人民代表大会及其常务委员会可以根据本法，结合海南自由贸易港建设的具体情况和实际需要，遵循宪法规定和法律、行政法规的基本原则，就贸易、投资及相关管理活动制定法规（以下称海南自由贸易港法规），在海南自由贸易港范围内实施。海南自由贸易港法规应当报送全国人民代表大会常务委员会和国务院备案；对法律或者行政法规的规定作变通规定的，应当说明变通的情况和理由。海南自由贸易港法规涉及依法应当由全国人民代表大会及其常务委员会制定法律或者由国务院制定行政法规事项的，应当分别报全国人民代表大会常务委员会或者国务院批准后生效。"

结语

中国拥有悠久的对外贸易历史，但与古希腊城邦等其他文明相类似的，均没有发育出现代意义的自由贸易港。不仅如此，半殖民地半封建社会时期的中国，被西方列强强行植入了香港、大连、青岛等自由港制度的背后是一段屈辱的历史，也说明一个统一强大的政权与稳定的时局对于自由贸易港建设是不可或缺的要素。1949 年以后，特别是改革开放拉开了自由贸易港建设的序幕，从厦门自由港的设想规划，到保税区、出口加工区、保税物流园区、跨境工业区、保税港区以及综合保税区等属于海关特殊监管区域的设置，为海南自由贸易港的最终创制提供了丰富的实践。众所周知，各国自由贸易港的惯例是"先立法、后设港"。与之不同的是，中国自由贸易港类区域的法治贡献是探索了一条不同于惯常自由贸易港法治建设的道路，闯出了一条从"先行先试"经验模式向立法创新发展模式的有效路径。它不仅为后续海南自由港法的实施继续提供智力上的支撑，还为世界其他国家发展自由贸易港开拓思路与参考样板。

完善中国 WTO 裁决执行机制建议研究

孟　琪*

【内容提要】 争端解决机制被誉为 WTO“皇冠上的明珠”，是 WTO 制度下最核心、最独特的部分，在当前单边主义兴起、经济全球化遭遇逆流的国际大背景下，WTO 争端解决机制面临生存危机，其改革势在必行且已基本达成共识。作为和平解决国家间贸易争端的法律制度，WTO 争端解决机制设立了一套三位一体的裁决执行体系。随着中国贸易实力的增强和经济优势的提升，WTO 中的涉华诉讼越来越复杂，执行过程中也遇到了困难和问题，本文通过对 WTO 裁决执行现状的统计分析，以美国和欧盟在 WTO 裁决执行机制方面有较为成熟的制度和丰富的执行经验为基础，提出完善中国 WTO 裁决执行机制的若干建议。

【关键词】 WTO 裁决　裁决执行　裁决执行机制

当前，以世界贸易组织（WTO）体制为代表的国际经贸法治正遭遇前所未有的挑战，甚至引发了因 WTO 上诉机构停摆而面临的生存危机。对于 WTO 发展进程中的危机，需要通过法治的思维和方法来寻找解决和治理的“药方”，用中国经验和智慧促进国际法治和全球经济的发展。

WTO 争端解决机制是和平解决国家间贸易争端的法律制度，其旨在保护 WTO 成员内各行各业的合法权利，维护 WTO 的稳定和可预见性。截至 2022 年 10 月 31 日，WTO 争端解决机构（DSB）已经受理 614 起案件[1]，从数量上一方

---

*　孟琪——上海第二工业大学教授，复旦大学法学博士，华东政法大学博士后，主要研究领域：WTO 争端解决机制。本文系 2019 年国家社会科学基金年度项目“逆全球化背景下的世界贸易组织争端解决机制中国改革方案研究”（项目批准号：19BFX202）的阶段性成果。

1　本文所有统计数字均来源于 WTO 官网，最后访问于 2022 年 10 月 31 日。

面可以理解为全球贸易摩擦加剧，另一方面更能体现全球经济联系的紧密，各成员对 WTO 争端解决机制的信心。

WTO 专家组和上诉机构作出并经全体成员组成的争端解决机构通过的建议和裁决（the recommendations and rulings），即“WTO 裁决”是 WTO 争端解决机制的核心。任何争端解决机制，裁判是中心，执行是命脉。及时有效地执行 WTO 裁决是 WTO 法律体系可靠性和可预见性的具体表现，是衡量 WTO 争端解决机制有效运作的重要指标。WTO 裁决能否得到执行直接影响着多边贸易体制的稳定和发展。

WTO 争端解决机制设立了一套三位一体的裁决执行体系。该体系由三项机制组成：一是司法机制，由专家组、上诉机构和仲裁庭对 WTO 裁决执行的合理期限、裁决执行过程中产生的争议以及经授权报复的水平作出司法裁定；二是监督机制，对 WTO 裁决执行的全过程进行多边监督（包括通报监督等）；三是救济机制，在败诉方不执行 WTO 裁决时，允许胜诉方进行补偿谈判或申请授权报复。这三项机制相辅相成，分阶段按程序进行，充分发挥了裁定、监督和救济的多重作用，为 WTO 裁决的执行提供了制度上的保障。[2]

一、问题的提出

截至 2022 年 10 月 31 日，WTO 争端解决机构共受理成员方提起的争端案件 606 件，作出了 347 项裁决。在诉诸争端解决机制的案件中，有超过 90% 的案件最终被裁定违反了 WTO 规则，在几乎所有作出裁决的案件中，败诉方均声明愿意执行裁决，但现实情况是，在 WTO 争端解决机制的第一个十年里，WTO 裁决的执行率从第一个五年的 69% 下降到第二个五年的 54%，[3] 近些年，大量拖延案件（指执行期限被持续延长的案件）和执行争议案件（指充分执行受到质疑的案件）引起了执行率的进一步下降，[4] 因此，执行问题被认为是“争端解决机制中最棘手的问题之一”。[5] WTO 裁决执行问题直接引发了人们对 WTO 争端解决机制功能和权威的质疑，WTO 裁决得不到及时有效的执行，使得胜诉方的既得利益处于持续受损的状态，同时也减损了多边贸易体制的可预见性，降低了成员方对多边贸易体制的信心和期望。

---

2 赵宏：《世贸组织争端解决机制 25 年：辉煌、困境与出路》，载《国际贸易》2021 年第 12 期。

3 张磊、卢毅聪：《世界贸易组织改革与中国主张》，载《世界经济研究》2021 年第 10 期。

4 Won – Mog Choi. To Comply or Not to Comply? Non-implementation Problems in the WTO Dispute Settlement System. Journal of World Trade, 2007, 41 (5): 1043.

5 John Jackson. Dispute Settlement and the WTO: Background Note for Conference on Developing Countries and the New Round Multilateral of Trade Negotiations. New York : Harvard University Press , 1999: 58.

由于 WTO 协定并未明确执行一项不利裁决的法律标准是什么，因此在实践中要将“执行 WTO 裁决”简化为一个可度量的标准仍存在困难。例如，在“出版物和音像制品案”（DS363）中，中国首次未能及时执行 WTO 裁决，与美国签署一项备忘录以结束争端；为执行“金融信息服务案”（DS373）的裁决，中国制定了两项新的法规，但仍有一项可用来限制外国公司的法规还未生效。[6]但是，由于“金融信息服务案”还未进入专家组阶段就已通过双方满意的方法解决，在不存在专家组或上诉机构裁决的情况下，将其作为“纸面上执行”的例子明显不当。[7]因此，关于执行 WTO 不利裁决的标准，并不存在一个清晰的制度边界，这就使一些国家和媒体得以借用各种理由来诘难中国在执行 WTO 不利裁决方面的表现。

二、WTO 裁决执行现状

美国、欧盟很明显是最主要的 WTO 争端解决机制的参与方，且处于遥遥领先的位置。中国作为较晚加入 WTO 组织的成员，“后来者居上”，成为 WTO 成员涉案数量的第 3 名。[8]（见表 1）

表 1　主要 WTO 成员涉案情况对比表

序号	成员	案件合计（件）	申诉数量（件）	被诉数量（件）	第三方数量（件）
1	美国	280	124	156	172
2	欧盟	201	110	91	216
3	中国	71	22	47	192
4	加拿大	63	40	23	170
5	印度	56	24	32	177

据统计，在 DSB 已经作出的 347 项裁决中，仅有 6 起案件还没有执行裁决，9 起案件正在申请报复授权，6 起案件已经授权报复[9]。因此，到目前为止，WTO 裁决的执行率高达 94%，WTO 裁决的执行实践印证了路易斯・亨金的判

6　See Timothy Webster，supra note〔8〕：574.

7　See Guang Ma，Li Jiang. A Legalization Theory Based Response to Timothy Webster's Paper Compliance of China in WTO Dispute Settlement. 10 Asian J. WTO & Internaitonl Health L & Pol'y，2015，541：575 .

8　因此本文主要以美国、欧盟和中国三个主要 WTO 成员的执行实践为研究对象。

9　包括“美国 FSC 案”（WT/DS108）、“美国《1916 年反倾销法》案”（WT/DS136、WT/DS162）、“美国《版权法》第 110（5）节案”（WT/DS160）、“欧共体香蕉案”（WT/DS27）、“欧盟荷尔蒙案”（WT/DS26、WT/DS48）和巴西和加拿大之间的“飞机出口补贴案”。

断:“绝大多数情况下,绝大多数国家遵守绝大多数国际法规则与义务。”[10]

(一)欧美WTO裁决执行概况

美国和欧盟都是WTO的主要成员方,也是WTO争端解决机制的重要参与者。美国和欧盟不仅是主要的申诉方,更是主要的被诉方。截至2022年10月31日,在DSB受理的争端案件中,美国申诉124次,被诉156次;欧盟申诉110次,被诉91次(不包括欧盟成员国被诉的案件)。[11]其中就申诉、被诉及以第三方身份参与的案件数量统计,美国和欧盟以绝对的优势领先于其他成员。因此,美国和欧盟执行WTO裁决的实践为观察WTO裁决执行现状提供了一个很好的视角。

表2 美国及欧盟参与WTO争端解决机制案件数量/比例一览表

	美国	欧盟
申诉案件数量(件)及其所占比例(%)	124(20.2%)	110(17.9%)
被诉案件数量(件)及其所占比例(%)	156(25.4%)	91(14.8%)
第三方参与案件数量(件)	172	216
申诉及被诉总计数量(件)及其所占比例(%)	280(45.6%)	201(32.7%)

虽然WTO裁决的执行情况总体良好,但在个别案件中,也出现了拖延执行,如从申诉方提起磋商请求开始计算到案件结束的时间阶段均在5年左右,例如,“欧盟诉美国《版权法》第110(5)节案”(DS160)、“日本、欧盟诉美国1916年反倾销协议案”(DS162、DS163合并)、“欧盟、日本等11国诉美国‘伯德修正案’”(DS217、DS234合并),更有甚者时间阶段长达数十年,如欧盟、日本对“美国的归零法及日落复审制度案”(DS294、DS322、DS350),仍有不执行甚至是变相拒绝执行的情况,如“美国博彩案”(DS285)、“欧共体香蕉案”(DS27)等,而使得这一问题成为“争端解决机制中最棘手的问题之一”。WTO虽然成功地裁决了很多案件,一些没有被执行的案件经过报复授权或实施了报复措施以后,最后仍然遭遇“不执行”这道高墙。[12]

10 Louis Henkin, How Nation Behave: Law and Foreign Policy, 2d. ed. New York: Columbia University Press, 1979: 47.

11 除非另有说明,案件数量以WTO争端解决编号计算。

12 Joost Pauwelyn. Enforcement and Countermeasures in the WTO: Rules are Rules, Toward a More Collective Approach. The American Journal of International Law, 2000, 94 (2): 335.

（二）中国 WTO 裁决执行现状

截至2022 年10 月31 日，中国共参与了71 起贸易争端，作为起诉方的有22 起，占争端解决案件总数的3.6%；作为被诉方的有49 起，占争端解决案件总数的8%。其中33 起案件已经结案（7 起案件通过和解结案，7 起案件通过磋商结案，19 起案件中国政府执行了 WTO 不利裁决，其中有2 起案件提起 DSU21.5 执行复审诉讼），其中，中美“白羽肉鸡双反措施案”（DS427）被 DSB 执行专家组裁决未完全执行该 WTO 裁决，中加“纤维素纸浆反倾销措施案”（DS483），由于对中国执行本案裁决的情况不满意，加拿大已于2018 年9 月11 日提起 DSU 第21.5 条执行之诉。从总体上来说，中国政府都认真、努力地践行承诺并执行了 WTO 裁决，几乎全部在合理执行期限内执行了对己不利的 WTO 裁决，[13] 这一执行现状既表明了中国对争端解决规则的理解和运用日渐成熟，也表明了中国较强的执行意愿。

在中国执行的 WTO 裁决案件中，其中的典型代表案例包括：（1）“汽车零部件案”（DS339、DS340、DS342）是中国在 WTO 争端解决机制中进入执行程序的第一案。本案中，DSB 裁决中国的汽车零部件进口政策违反了 WTO 协定，中国表示愿意执行 WTO 裁决，但需要合理期限，中国同该案的三个原告（美国、欧共体和加拿大）协商确定执行截止期限为2009 年9 月1 日。2009 年8 月31 日，中国通知 DSB：2009 年8 月15 日，工业和信息化部、发展改革委员会就《汽车产业发展政策》中的“进口管理”部分进行修改，停止执行汽车产业发展政策中影响汽车零部件进口的相关规定；8 月28 日，国家海关部署和相关部门联合发文撤销部分有关汽车零部件进口管理的“第125 号令”，上述文件将在9 月1 日生效。因此，中国的相关措施已与 WTO 裁决完全一致，相关成员对中国的执行没有异议。（2）在“知识产权案”（DS362）中，DSB 裁决中国海关对没收侵犯知识产权货物处置的有关规定和《著作权法》的有关规定与 WTO 协定的规定不符，中国表示愿意执行 WTO 裁决，但需要合理期限，中国和美国通过协商确定执行截止期限为2010 年3 月20 日。2010 年2 月，全国人大常委会通过《关于修改〈中华人民共和国著作权法〉的决定》，对《著作权法》中的相关规定进行了调整，2010 年3 月，国务院通过了修订的《知识产权海关保护条例》，对相关措施进行了修改。2010 年3 月19 日，中国通知 DSB 其已完成执行

13 除了“中国影响部分出版物和音像娱乐产品的贸易权利和销售服务措施案”，由于执行难度过大，比 DSB 裁定的合理执行期限晚了13 个月执行裁决。本案应于2011 年3 月19 日到期，事实上于2012 年4 月15 日签订《中美电影协议》而结案。

WTO裁决所需的必要国内立法措施。[14]美国并没有立即认同中国主张其已执行了WTO裁决的观点，而是提醒DSB中国执行WTO裁决的最后期限是3月20日，并且要求中国提供所修改法律的官方文本。4月8日，中美两国通知DSB，已就DSU第21条和第22条项下之程序达成谅解。

三、美国和欧盟WTO裁决执行制度概述

鉴于美国和欧盟在WTO中的法律地位和执行实践的现实情况，借鉴美欧WTO裁决执行制度的经验来完善中国的相关制度是非常必要的。因为一方面，它们国内均具有相对完善的WTO裁决执行制度；另一方面，目前WTO裁决执行实践中的拖延执行和执行争议案件，甚至最终诉诸报复制度解决争端的案件主要集中在美国和欧盟。美国和欧盟国内的WTO裁决执行制度以及实践中的典型执行案例都有非常重大的参考和借鉴意义，值得研究。

美国作为WTO成员中被诉次数最多的成员方（合计156起），在WTO裁决执行规则和实践方面都比较成熟，其不仅建立了一套较为完整的WTO裁决执行法律体系，而且具有丰富的实践经验。美国国会制定了《乌拉圭回合协定法》（Uruguay Round Agreements Act，URAA）专门用来处理WTO协定以及争端解决结果在美国国内法的效力问题，是美国执行WTO裁决的主要根据。美国贸易代表办公室（USTR）主管对外贸易政策与事务，是负责WTO裁决的美国国内执行机构。根据URAA的规定，WTO裁决在美国国内不具有直接法律效力，美国国内法的效力优先于WTO裁决，URAA禁止依据WTO协议或者WTO裁决的私人诉讼。由此可见，美国通过制定国内法的方式大大限制了WTO裁决在美国国内的执行效力。

欧盟是仅次于美国的WTO争端解决机制的活跃参与方，91件被诉案件使得欧盟如何具体执行WTO裁决的问题有了充分的实践基础和理论研究的必要性。欧盟极具特殊性的成员方地位也使得争端解决和裁决执行更具复杂性。欧盟没有专门立法来应对WTO裁决执行问题，我们只能通过个案分析的方式来确定欧盟执行WTO裁决的立场与态度：（1）“基本执行或有效执行”是欧盟执行WTO裁决的基本立场和态度。（2）执行WTO裁决涉及敏感或核心问题时，欧盟采取“拒绝执行或变相不执行”的强硬立场。如在DS26/DS48（“美国/加拿大诉欧盟影响肉及肉制品措施”——“荷尔蒙案”）中，欧盟以WTO裁决干涉其为了保护公民身体健康而采取动植物检验检疫措施的权利为由，强烈反对执行WTO

---

14 石静霞：《“变动中的国际经济秩序及国际法应对”国际学术研讨会观点撷萃》，载《经贸法律评论》2019年第5期。

裁决，美国用尽各种方法和手段促使欧盟执行裁决，最终获得授权报复，甚至威胁使用“301 条款”，也未能迫使欧盟执行裁决。（3）欧盟普遍采用“拖延”策略执行 WTO 裁决，在执行时间上，拖延策略的有效手段之一就是提出上诉，所需时间平均为25.7 个月，执行合理期限的案件的平均时间为10.6 个月，并且出现多次延长合理期限的情况[15]，执行复审和授权报复争端案件中，“合理执行期限至最终解决案件所需时间”至少 2 年，最长的达到 10 年之久[16]。由此可见，欧盟将“拖延”策略在执行时间上运用得淋漓尽致。（4）欧盟充分利用执行方式自主权，以“变相执行”策略维护自身利益。欧盟在大部分案件的执行过程中，只是象征性地修改违规措施，并不急于迅速有效地执行 WTO 裁决，与此同时，向胜诉方提出就具体争端问题进行磋商，采取各个击破、息事宁人的策略。

四、完善中国 WTO 裁决执行机制的几点建议

中国执行 WTO 裁决的过程中经常要面临的两个主要难题是执行范围所涉领域广和执行难度普遍较大。中国应立足于本国国情，借鉴美国和欧盟的执行经验和实践，以获得国家利益最大化的效果。

（一）继续保持良好的 WTO 裁决执行记录

中国始终重视维护自己在国际舞台上负责任大国的形象，因此有必要及时有效地执行 WTO 裁决，维护自身尊重 WTO 规则和执行 WTO 裁决的守法“模范”形象。无论任何国内原因，从中国执行 WTO 裁决的实践情况来看，中国始终保持了良好的 WTO 裁决执行记录。截至目前，中国被诉案件 49 起，已经有 33 起案件作出裁决，中国均在一定程度上败诉。其中，7 起案件通过和解结案，7 起案件通过磋商结案，19 起案件中国政府执行了 WTO 不利裁决，几乎执行了所有对中国不利的 WTO 裁决。在 19 起执行 WTO 裁决案件中，中国通过撤销或修改违反 WTO 规则的相关法律法规和政策、措施等，较好地执行了 WTO 裁决。如在“汽车零部件案”和“电子支付服务案”中，中国通过撤销争议措施完全执行了 WTO 裁决；在“知识产权案”中，中国通过修改《著作权法》第4 条和《知识产权海关保护条例》第 27 条完全执行了 WTO 裁决；在“文化产品案”中，中国通过修改某些争议措施部分执行了 WTO 裁决，针对与院线电影有关的 WTO 裁决，中国与美国达成了和解协议；在“原材料出口限制案”中，中国停

15 例如美国诉欧共体生物产品的批准和销售案（DS291）。

16 例如美国诉欧盟影响民用大飞机贸易措施案（DS316）、美国等诉欧盟香蕉案（DS27）。

止了针对争议原材料的出口税和出口配额，完全执行了 WTO 裁决；在“取向电工双反案”中，中国在合理期限届满前发布了执行 WTO 裁决的反倾销裁定。

（二）继续坚持国家利益至上的基本原则

国际法并不能令国家在违背其利益的情况下去遵守，国际法所能实现的可能性结果受限于国家的利益结构和权力分配。[17] 在 WTO 多边贸易体制中美国扮演的角色始终取决于其国家利益，这也决定了美国对待 GATT/WTO 的态度始终是以自身利益和价值判断为出发点。[18] 对此，欧盟亦是如此。中国在执行 WTO 裁决的过程中，事实上也坚持了国家利益至上的基本原则。

从成员方执行 WTO 裁决的总体情况以及 WTO 裁决执行的实践来看，完全执行 WTO 裁决不是必需，只是可供选择的道路之一。WTO 从 GATT 继承了“协商一致”的原则，即只要在场的成员没有明确反对就可以达成共识。WTO 规则中能被绝大多数成员接受的只能是理论性、原则性的条款。[19] 因此，在具体执行 WTO 裁决时，应当结合具体案情，作出使中国国家利益最大化的选择。三条道路的选择都应以国家实际利益为重，只要有符合 WTO 制度的根据且能自圆其说即可。

（三）立足中国特殊的国情制定执行 WTO 裁决的策略

WTO 各成员方实力不平衡的因素必然影响 WTO 裁决的执行问题，“强国与强国之间，外交就是实力；强国与弱国之间，实力就是外交”，彻底消除执行 WTO 裁决上的不公平是不可能的。目前国际社会中的一些成员已经将中国地位等同于发达国家甚至将中国单独对待。[20] 中国应该认真分析和研究 WTO、联合国及世界银行等国际组织对于“发展中国家”的定义和标准，积极证实自己“发展中国家”的身份。[21]

事实上，中国具有出口大国和进口大国的双重身份，在对待不同的胜诉方时中国政府应该谨慎处理，因为进口大国的贸易保护措施和报复措施比出口大国更具威慑力，所以尽量实现增加出口利益、减少进口利益的目标。

---

17 屠新泉、石晓婧：《国家主权与国际规则：美国对世界贸易组织争端解决机制的态度变迁》，载《太平洋学报》2020 年第 6 期。

18 张乃根：《关于 WTO 未来的若干国际法问题》，载《国际法研究》2020 年第 5 期。

19 胡加祥：《从 WTO 规则看中美经贸关系的走向》，载《国际商务研究》2022 年第 1 期。

20 何力：《我国国际经济法学定位的重新审视——告别发展中国家国际经济法学》，载《复旦学报（社会科学版）》2017 年第 2 期。

21 刘敬东：《国际贸易法治的危机及克服路径》，载《法学杂志》2020 年第 1 期。

（四）中国应对WTO裁决作综合评估后再予以执行

约翰·杰克森教授曾指出，DSB报告确定了败诉方执行WTO裁决的国际法义务。[22]但美国和欧盟对于WTO裁决均持有怀疑立场。欧盟基础条约并未涉及WTO裁决的国内效力问题，而是交由欧盟法院在实践中予以解决。美国法明确排除了WTO裁决对美国法的影响，也未将WTO裁决纳入国内法律体系。[23]总体上拒绝赋予WTO裁决以直接效力和优先效力是WTO成员的习惯性做法。

中国到目前为止，全国人大仍未对国际条约和国内法的关系作出统一明确的规定。根据最高人民法院2002年《关于审理国际贸易行政案件若干问题的规定》第7条至第9条的规定，在国际贸易行政案件中，最高人民法院拒绝了WTO协定的直接效力，即公民不能直接援引WTO协定向人民法院提起诉讼，法院在裁判文书中亦不能直接将WTO协定作为裁判依据。如果在国内法律法规的解释不明确时，该规定要求选择与WTO协定相一致的解释，这已经赋予了WTO协定很强的间接效力，但是没有明确提及WTO裁决的国内效力问题。

中国在WTO裁决的执行问题上应借鉴美国和欧盟的做法，理论上排除WTO裁决的直接效力和优先效力并规定例外情况。虽然WTO法作为“模范国际法”在推动国内法治改革中发挥了重要作用，但在WTO裁决执行问题上，中国必须综合考虑实际的WTO裁决对中国改革方向的影响以及WTO裁决是否适应中国现阶段发展等因素，经过综合评估并结合具体情况后，作出既符合中国国家利益最大化，同时又不明显违反WTO规则的策略选择。[24]中国也可以考虑其他成员方的经验，在执行WTO裁决的过程中为了调整争议措施赢得时间而提起上诉，与此同时，也应针对其他成员的无理指责予以反驳并利用执行复审程序据理力争。

（五）继续加深对WTO裁决及其执行制度的理解和运用

败诉方根据关于争端解决规则与程序的谅解（DSU）的规定可自主选择使违反措施变成相符措施的具体方式，即便专家组或上诉机构在一些案件中提出了执行WTO裁决的具体建议，但这些建议对败诉方仅供选择而已，不具有任何约束力。这种做法为WTO裁决的国内执行提供了自由裁量的空间。但是中国在除了达成执行和解协议外的其他败诉案执行实践中，全都采取了直接撤销或修

22　John Jackson, International Law Status of WTO Dispute Settlement Reports: Obligation to Comply or Option to “Buyout”, American Journal of International Law, 2004, 98 (1): 123.

23　贺小勇、陈瑶：《“求同存异”：WTO改革方案评析与中国对策建议》，载《上海对外经贸大学学报》2019年第2期。

24　于鹏：《WTO争端解决机制危机：原因、进展及前景》，载《国际贸易》2019年第5期。

改争议措施的执行方法。[25] 这充分说明中国未能很好地利用自由裁量的空间。因此，中国应继续加深对 WTO 规则的理解和运用，通过创造性地诠释 WTO 规则来更灵活地执行 WTO 裁决。

（六）国内法院以司法克制的态度处理 WTO 裁决

由于 DSU 条文中不仅没有明确 WTO 裁决报告在败诉方国内产生的直接效力和优先效力，而且执行 WTO 裁决报告缺乏与败诉方国内法院沟通的渠道，因此各成员方法院在执行 WTO 裁决上具有较大的自由裁量权。欧盟的做法在承担对 WTO 及其协定解释的具体问题上似乎更有借鉴意义。欧盟司法法院在处理具体案件的同时还展示了其司法角色和司法在推动欧盟经济和法律一体化中不可替代的作用。中国加入 WTO 后，最高人民法院发布了《关于审理反倾销行政案件应用法律若干问题的规定》等，但从制度层面上讲，中国还未明确承担这一重任的具体国家机构。因为根据《宪法》赋予最高人民法院的职能中并没有涉及对国际条约适用的解释权。因此，中国法院目前应该以司法克制的态度处理 WTO 裁决。

国内法院处理关于 WTO 裁决时，首先要解决的就是 WTO 及其附属协定的效力问题，但是全国人大一直没有对国际条约与国内法的关系作出统一明确的规定。结合中国立法的有关规定，中国既非纯“一元论”国家，也非纯“二元论”国家。[26] 2002 年 8 月最高人民法院公布《关于审理国际贸易行政案件若干问题的规定》。该规定虽然没有明确规定 WTO 及其附属协定或者 WTO 规则的效力问题，但根据该规定的第 7 条和第 8 条事实上否定了 WTO 及其附属协定的直接效力。[27]

同大多数其他国际经济条约的规定相类似，WTO 不强制规定败诉方在国内法律层面执行 WTO 裁决的具体方式，只是 DSU 第 164 条要求“每一成员方应当保证法律法规和行政规定与所附各协定对其规定的义务相一致”。因此，大多的败诉方在 WTO 裁决的执行问题上通过国内立法将承担的国际义务纳入本国法律体系；大多 WTO 成员借鉴美国和欧盟的做法，采取消极的态度对待 WTO 及其附属协议的国内法效力问题，反对国内法院在审理国际贸易案件时直接援引 WTO 规则或者 WTO 裁决报告。承认 WTO 规则或者 WTO 裁决报告的直接效力

25 徐昕：《美国——丁香烟案执行争端问题评析》，载《武大国际法评论（第十七卷）》2020 年第 2 期。

26 张玉环：《WTO 争端解决机制危机：美国立场与改革前景》，载《中国国际战略评论》2019 年第 2 期。

27 杨国华：《为什么 WTO 是模范国际法》，载《国际商务研究》2016 年第 6 期。

意味着增强了司法机关对立法权的控制，这种做法与中国现行法律体制不符。因此，适宜中国当前司法体制的选择是总体上排除 WTO 报告的直接效力和优先效力并制定例外情况。[28] 最高人民法院可以自行拟定规则，处理私人根据 WTO 裁决主张赔偿的案件。可以借鉴欧盟司法法院的做法（《阿姆斯特丹条约》第 3402 条赋予的欧盟成员国私人起诉的权利）认定原告资格，即只有中国公民或者法人有权在国内法院起诉，从而排除其他成员方私人的诉讼案件。一旦私人提起相关诉讼，应当根据国内法进行处理，可以针对案件所特有的情况制定更为详细的规则。

WTO 败诉方根据“保证成员国国内法与《WTO 协议》相一致”的原则通过相关部门，秉承“善意履行”的原则来实现 WTO 的目标和享受成员方的权益。现有 WTO 成员方（以美国、欧盟、加拿大和日本为代表）的国内法院总体上拒绝赋予 WTO 规则、WTO 裁决直接效力和优先效力是目前的习惯做法。外国司法机关通常采取谨慎和节制的态度对与《WTO 协议》有关的国内机构的决定或者对其行为行使司法审查。

（七）完善 WTO 裁决执行机制的相关制度

美国和欧盟都建立了比较完备的 WTO 裁决执行国内机制。2013 年 7 月 29 日，中国政府为了执行“美国诉中国取向电工钢案”WTO 裁决，商务部公布了仅有 8 个条款的《执行世界贸易组织贸易救济争端裁决暂行规则》，明确了商务部有权采取的措施范围和需要遵守的程序等问题，为商务部执行 WTO 贸易救济裁决提供了国内法律根据。但是由于该暂行规则效力等级较低，直接导致其具有一定的“自我授权”性质，且无法有效规范中国执行 WTO 贸易救济裁决可能涉及的其他政府部门和行政措施，而存在诸多待修改和完善的内容。因此，应该通过立法来进一步提升该暂行规则的效力等级和完善其内容。目前没有任何法律法规规定涉及其他类型政府措施的 WTO 裁决的国内执行程序，致使在实践中存在一些问题。因此，中国亟待出台规范的 WTO 裁决国内执行机制。[29]

中国应参照美国和欧盟相关立法和实践，创设符合本国体制的执行各类 WTO 裁决的国内机制。[30] 这将规范化和制度化 WTO 裁决的执行行为，也可以为中国执行 WTO 裁决提供缓冲机制。中国建立 WTO 裁决执行国内机制意义重大，不仅有利于规范 WTO 裁决执行的相关行为，而且有利于维护我国的良好守

---

28 廖凡：《世界贸易组织改革：全球方案与中国立场》，载《国际经济评论》2019 年第 2 期。

29 孔庆江：《试论中美贸易摩擦持续情况下的中国对策》，载《国际贸易》2019 年第 1 期。

30 何力：《逆全球化下中美贸易战与国际经济法的走向》，载《政法论丛》2019 年第 5 期。

法形象和国际示范。

1. 建立沟通协调机制

借鉴美国贸易代表署设立的协调机制的做法，建议在商务部内部设置一个负责沟通协调的机构，可以选择一位副部长级的官员担任沟通协调机构的负责人，负责全方位的沟通和协调工作。

其主要职责包括：

（1）监管职责

负责对中国作为申诉方和被诉方的 WTO 争端案件按七类标准进行统计，动态监管。具体分类标准可以参照欧盟的做法，第一种是案件解决结果符合中国利益但是尚未完全结束诉讼的争端；第二种是中国在核心问题上胜诉的争端；第三种是中国在核心问题上不占优势甚至可能败诉的争端；第四种是处于磋商阶段的争端；第五种是处于 DSB 专家组审查阶段的争端；第六种是处于 DSB 上诉审查阶段的争端；第七种是其他案件。

（2）执行决策职责

当 WTO 裁决认定中国败诉时，协调机构首先应当组织专家委员会讨论案情和裁决结果，然后与国内相关部门进行磋商，制定执行决策，提出具体执行 WTO 裁决的建议，如制定新的行政规章、措施或者修改、撤销原有的行政规章、措施等。如果案情复杂、严重，甚至涉及立法活动，则协调机构首先应在商务部内部展开充分的讨论，确有必要时，可上报国务院，最后与全国人大（常委会）协商，提出启动立法或修改法律的具体程序。如果需要调整或修改的行政行为、措施涉及多个部门或多个省份，则由协调机构牵头组织进行讨论。[31]

（3）实施报复措施的职责

关于败诉方认为自己已经根据 WTO 裁决修改、调整或撤销了违规的法律法规、政策、措施或者解释，而胜诉方终止 DSB 授权实施报复的程序没有明确。争端方时常会对是否一定要再发起新的 WTO 程序来决定是否或何时取消报复措施产生疑问，“欧盟荷尔蒙案”（DS48）就是一个典型的例证。[32] 协调机构负有实施报复措施的职责，将会同海关定期修订应当予以报复的进口产品清单，将不严格执行 WTO 裁决的败诉方的有关出口产品列入名单，并提交给中国驻 WTO 谈判代表，除非协调机构发现败诉方即将实施有关 WTO 及其附属协议下的义务或者协调机构认为这种修订是不必要的。

---

31 刘敬东：《全面开放新格局的国际法治内涵与路径》，载《经贸法律评论》2019 年第 1 期。

32 张乃根：《关于 WTO 未来的若干国际法问题》，载《国际法研究》2020 年第 5 期。

2. 设立专家委员会

协调机构的设立主要起到上传达下指示的作用，负责各部门、各环节的沟通和协商，但在作出具体执行 WTO 裁决的决策时需要参考专家的意见，因此，建议在商务部内部设一个由协调机构、熟悉行政法和国际贸易的法律专家以及富有国际贸易诉讼经验的律师团队组成的专家委员会，作为常设机构负责咨询或者审议行政机关制定的法律法规和措施、政策以及国内执行 WTO 裁决的决策和进度。[33] 目前我国商务部在处理 WTO 争端解决案件时以及遇到诉讼或者执行中棘手的问题时也经常会召开内部的临时专家会议，但这项机制并非长效和稳定，有时由于时间紧、强度大，导致专家会议讨论的相关问题并不深入、透彻。

当执行 WTO 裁决时，由协调机构工作人员和专家委员会的部分成员（不一定是全部成员，具体人数由协调机构与商务部或者其他部门共同决定）召开会议进行讨论，讨论的内容主要包括：第一，WTO 裁决的内容是否超出了其职权范围、是否在 WTO 框架下增加了中国的义务或者减少了中国的权利、在核心问题上是否裁定中国败诉、执行 WTO 裁决对中国经济利益和产业发展有何影响等；第二，在作出 WTO 裁决的过程中，专家组或者上诉机构是否存在随意或者任性、处理不当或明显脱离 WTO 规则下的审查程序类的行为和措施，在反倾销、反补贴及其他贸易救济案件的审理过程中是否脱离了应适用的审查标准；第三，WTO 裁决是否与中国在《入世议定书》或者其他条约、协定下对 WTO 规则的理解保持一致；第四，中国执行 WTO 裁决的具体措施，修改、撤销还是调整有关法律、条例、措施或政策，并向 WTO 部长级会议和总理事会提交意见。专家委员会将形成一份执行报告，会议记录要长期保存，提供给商务部、国务院乃至全国人大（常委会）审阅。

3. 建立国内贸易报复机制

从实践效果来看，美国和欧盟的报复措施或报复威胁对于促使败诉方执行 WTO 裁决发挥了重要作用，同时，其他胜诉方的报复措施或报复威胁也对促使美国和欧盟执行 WTO 的裁决或者提供补偿产生不错的效果。为了增强贸易报复或报复威胁的可信性和威慑力以及便利 DSB 授权的贸易报复措施在国内实施，建议中国建立国内贸易报复实施机制，目前，中国作为起诉方的主要对象是美国和欧盟，而它们作为败诉方的执行 WTO 裁决的记录并不良好，极有可能需要中国动用贸易报复措施推动它们执行 WTO 裁决。[34] 鉴于欧盟没有完全执行“紧

---

33 胡加祥：《美国贸易保护主义国内法源流评析——兼评 232 条款和 301 条款》，载《经贸法律评论》2019 年第 1 期。

34 屠新泉、石晓婧：《国家主权与国际规则：美国对世界贸易组织争端解决机制的态度变迁》，载《太平洋学报》2020 年第 6 期。

固件案”的 WTO 裁决，中国于 2013 年 10 月 30 日第一次正式启动了 DSU 第 21.5 条执行之诉。[35] 如执行专家组或上诉机构裁定欧盟没有执行 WTO 裁决，中国就可以请求 DSB 授权报复。另在中国诉美国“某些产品双反案”中，中国也认为美国没有完全执行 WTO 裁决，保留了提起 DSU 第 21.5 条执行之诉和实施贸易报复措施的权利。为此，中国应借鉴欧美的做法，建立促使执行 WTO 裁决的国内贸易报复机制。

（八）用尽救济手段和争端解决技巧拖延执行时间

美国和欧盟作为利用 WTO 争端解决机制最有经验的两大成员方，不断更新执行 WTO 裁决的方法和技巧，创造许多 WTO 制度没有涉及或者容忍下的“自保手段”，为国内产业保护和维护国家利益作出了巨大的贡献，中国应该向它们学习，借鉴成熟的经验和做法，为调整国家政策和法律法规以及企业享受的政府补贴或者优惠政策争取尽可能长的时间。

其一，争取尽可能长时间的执行“合理期限”。DSU 第 21.3 条并没有明确规定执行的“合理期限”的确切时间，更没有确定的统一标准。因此，中国在执行 WTO 不利裁决的过程中，应争取尽可能长的合理执行期限，为调整国内产业政策和立法措施争取尽可能长的过渡期。

其二，特定情况下部分执行 WTO 裁决。在特定情况下选择部分执行 WTO 裁决可能是最优的，一方面，表明中国具有执行的主观意愿且已经部分执行了裁决，如通过不断调整执行措施；另一方面，可以利用执行 WTO 裁决的时间为下一步措施的决策赢得更多的考虑时间，要么选择继续执行 WTO 裁决换取更大的利益，要么选择拖延执行，等得到部分贸易竞争力后再决定是否继续执行及具体执行方案。如果执行 WTO 裁决的过程能够进入“修改—质疑—再修改—再质疑”的往复循环，就可以为国家和相关产业赢得 3 年到 5 年或者更长的时间，通过这段时间可以扶持中国的相关产业或者对相关产业进行优化调整。

其三，采取灵活的技术性手段拖延裁决的执行。在遇到一些触及国家核心利益或敏感问题的案件裁决执行过程中，中国可采取灵活的技术性拖延手段。例如，在执行 WTO 裁决时可能引发某些新的争端，迫使胜诉方启动 DSU 第 21.5 条项下的“执行复审”程序，这在事实上能够延长合理执行期限。[36] 在某些特殊情况下，案情复杂，执行困难时，中国认为确有必要，还可以利用 WTO

---

35 杨国华：《论 WTO 争端解决机制的作用——以中欧紧固件争端和光伏争端为例》，载《北方法学》2018 年第 12 期。

36 Allan Rosas, Implementation and Enforcement of WTO Dispute Settlement Findings: An EU Perspective, Journal of International Economic Law, 2001 (31): 134.

制度中的规则缺陷来拖延执行时间，如利用 DSU 条文本身的冲突，即 DSU 第 21.5 条和第 22 条之间的顺序冲突。就是先判断是否有效执行，还是先施行报复之间的顺序问题，冲突的解决现在形成了一个惯例，即由争端双方自觉先达成协议，这就为国内应对裁决执行增加了缓冲的时间。[37]

结语

在当前国际形势发生深刻复杂变化的大背景下，WTO 争端解决机制改革面临的挑战和机遇都是前所未有的，化解危机和接受挑战需要中国智慧，中国应立足更全面的视野来积极寻求 WTO 争端解决机制改革方案的同时深入思考综合应对措施。中国作为 WTO 的重要成员方，既要运用 WTO 争端解决机制处理与其他成员方的贸易争端，又要面临执行 WTO 裁决的决策问题。随着中国贸易实力的增强和经济优势的提升，WTO 中的涉华诉讼将越来越复杂，处理 WTO 争端解决的能力将面临严峻考验，中国要学会在国际交往中争取主动权，尽快适应国际交往的潜规则，提高处理高发国际争端的能力已经迫在眉睫。中国展示在世界舞台上遵守规则的意愿和能力的同时，应当学会成为 WTO 体制中更熟练的参与者，通过运用灵活性的策略来提高履行国际义务的能力，以更好地维护国家声誉和最大化自身利益。因此，建议中国采取国家现实主义的态度，借鉴美国、欧盟等 WTO 其他成员方的制度和经验，构建一套有“中国特色”的 WTO 裁决执行制度，尽最大可能维护国家利益、保护国内产业。

37 Robert Hudec, Broadening the Scope of Remedies in WTO Dispute Settlement, in Friedl Weiss: Improving WTO Dispute Settlement Procedures: Issues and Lessons from the Practices of Other International Counts and Tribunals . London: Cameron May, 2000: 378.

我国国际商事法庭管辖研究

陈　巍　孟洪宇*

【内容提要】 我国国际商事法庭在管辖方面属于混合模式，实行一审终审。结合我国国际商事法庭的定位以及域外经验，未来适宜采用合意模式，以当事人意思自治为基本理念，扩大协议管辖范围容纳离岸案件，促进制度规则的创新，形成国际商事诉讼、仲裁、调解三位一体的纠纷解决产业集群。未来我国可以建立二审终审的国际商事法庭体系，增加管辖案件的数量，以更好发挥我国国际商事法庭完善实体商事法律体系，推动我国民事司法制度改革以及促进我国商事仲裁与商事调解机制发展的预期功能。

【关键词】 国际商事法庭　协议管辖　国际商事仲裁

一、全球视野下的国际商事法庭潮流

（一）伦敦商事法庭

伦敦商事法庭（LCC）是现代国际商事法庭的制度原型。LCC 成立于 1895 年，当时伦敦商业界和金融界强烈要求由具有专业知识与商业经验的法官审理商事纠纷，他们可以迅速深入地了解此类纠纷，避免以往烦琐漫长而昂贵的审判程序并由那些不熟悉商业惯例的法官或陪审团作出判决。LCC 从一开始就努力引入更灵活的程序规则以便有效地处理商事纠纷，这也成为英国诉讼程序改革的先锋，是 1998 年英国民事诉讼改革创新规则的重要渊源。[1]

---

* 陈巍——北京航空航天大学法学院副教授，主要研究领域：民事诉讼法、纠纷解决；孟洪宇——北京航空航天大学法学院硕士研究生，主要研究领域：民事诉讼法、纠纷解决。

1 《英国民事诉讼规则》第 58 条规定了商事法庭的特殊诉讼程序，《海事法庭和商事法庭操作指南》详细说明了海事和商事法庭具体如何进行诉讼。该指南定期更新，2017 年 9 月发布了第 10 版。

伦敦商事法庭隶属于“商业和财产法庭”[2]。LCC虽然是英国的法庭，但吸引了大量的国际商事诉讼，包括许多当事人和纠纷事项与英国没有任何实质或重大联系的情况。[3]这些案件完全是双方当事人自愿选择的结果。LCC的成功，表明法院可以凭借其制度优势“吸引”和“招揽”与法院所在地无实际联系的外国纠纷当事人主动来诉讼，这与传统司法权对当事人特别是民事被告的强制管辖（包括属人管辖原则和属地管辖原则）存在很大差异，使得法院成为一种具有商业属性的国际性新兴产业，由此催生了司法“购物广场”（Shopping Forum）现象。

在伦敦，以商事法庭为中心聚集了全球顶尖的国际仲裁、调解机构，人才资源极为丰富，形成了一个国际化的商事纠纷解决产业集群，特别是LCC所在的罗斯大厦集中了英国最专业的民商事法庭，伦敦泰晤士河边的一条不长的舰队街（Fleet Street），更是国际顶尖律师事务所、仲裁机构、调解机构、法律智库云集之地。法律服务市场除了政治与法律方面的话语权和影响力之外，还带来极为可观的经济效益。

（二）亚洲国际商事法庭概览

近年来，许多国家和地区为提升国际影响力和竞争力，纷纷借鉴伦敦商事法庭的经验成立各具特色的国际商事法庭，努力扩大在国际商事争端解决中的话语权，提升本国法律制度对商业活动的影响力，为国内外企业提供更稳定可预期的法律环境并吸引外国投资者。在过去十多年中，亚洲至少有五个地区出现了具有创新性的国际商事法庭，2006年，迪拜国际金融中心（DIFC）法院[4]开始启动；2009年，卡塔尔国际法院和争端解决中心（QICDRC）[5]成立；2015年，新加坡国际商事法庭（SICC）[6]成立；同年，哈萨克斯坦和阿布扎比也相继立法，分别建立了阿斯塔纳国际金融中心（AIFC）法院[7]和阿布扎比全球市场

---

2 赵蕾：《百年匠心 厚载未来——英格兰及威尔士商事与财产法院宣布成立》，载《人民法院报》2017年5月12日A8版。

3 Chief Justice Marilyn Warren and Justice Clyde Croft, An International Commercial Court for Australia: Looking beyond the New York Convention (Paper presented at the Commercial CPD Seminar Series, Melbourne, 13 April 2016) 16 – 17.

4 法院介绍详见DIFC Courts官网，https://www.difccourts.ae/，最后访问于2022年3月2日。

5 法院介绍详见QICDRC官网，https://www.qicdrc.com.qa/about-us，最后访问于2022年3月2日。

6 法院介绍详见SICC官网，https://www.sicc.gov.sg/，最后访问于2022年3月2日。

7 法院介绍详见AIFC Court官网，http://aifc-court.kz/，最后访问于2022年3月2日。

(ADGM)法院[8]。

亚洲国家国际商事法庭中影响力最大的是SICC。[9]新加坡建立SICC的核心理由是提升其作为全球高端法律服务市场的领先地位，成为“亚洲争议解决中心”，满足日益旺盛的与亚洲联系的国际争端的纠纷解决需求。[10]ADGM是阿联酋的贸易和金融特区，其内部设立国际商事法院的目的是建立一个具有普通法系特征的法庭，解决与特区相关的民事与商事纠纷。例如DIFC占地面积约110英亩，位于迪拜市中心的一个自由贸易区内（迪拜有多个自由贸易区），但与其他自贸区的不同之处在于它拥有自己的民事和财政管理权、独立的法律体系和法院，法律制度基本上以普通法为蓝本，特区内的国际商事法院也基本上直接移植了LCC的程序规则，阿联酋是大陆法系国家，而特区法律与法院则具有鲜明的普通法特征，这属于一种法律领域的“一国两制”现象。“世界级的国际金融中心”需要一个独立的金融中心法院，每个金融中心法院都可以被描述为在“民法海洋”中的一座“普通法岛屿”。[11]哈萨克斯坦和卡塔尔在其金融中心设立的商事法院也是此种情形。

（三）欧陆国际商事法庭概览

英国脱欧后，伦敦商事法庭在欧盟司法区域内的诸多便利可能不再享有，可以预见会有部分诉讼案件将不再首选在伦敦起诉，如原告在英国首先起诉后，可能无法保证被告不会在欧盟成员国另行起诉，这可能会鼓励一些权利人在欧盟成员国提出诉讼，以减轻重复诉讼的风险。[12]为争夺这一潜在客户群，瓜分伦敦商事纠纷解决的市场份额，欧盟主要国家纷纷开始建立本国的国际商事法庭。

荷兰议会于2017年7月18日通过了《荷兰国际商事法庭法案》（The Netherlands Commercial Court Act），该法案于2018年1月1日正式生效，包含对荷兰民事诉讼法典的修正案，允许在阿姆斯特丹地区法院和上诉法院分别设立国际商事法庭，使用英文作为工作语言。荷兰国际商事法庭（NCC）目前包括三个法庭，其中NCC地区法庭是阿姆斯特丹地区法院的一个分庭；NCC简易程序法

---

8 法院介绍详见ADGM Courts官网，https://www.adgm.com/doing-business/adgm-courts/home/，最后访问于2022年3月2日。

9 王欣：《新加坡国际商业法庭的司法制度及启示》，载《湖北社会科学》2015年第6期。

10 Michael Hwang, Commercial Courts and International Arbitration-Competitors or Partners?, 31 Arbitration International 193, 196 (2015).

11 法院介绍详见DIFC Courts官网，https://www.difccourts.ae/，最后访问于2022年3月2日。

12 Richard H. Kreindler, Paul Gilbert, et al., Impact of Brexit on UK Competition Litigation and Arbitration, Journal of International Arbitration, (© Kluwer Law International; Kluwer Law International 2016, Volume 33 Issue 7), p. 527-528.

庭（CSP）是阿姆斯特丹地区法院的另一个分庭，处理某些诸如临时措施的需要加快程序和决定的事项；NCC 上诉法庭是阿姆斯特丹上诉法院的一个分庭，NCC 上诉法院的判决还可以向最高法院提出上诉。[13]

在法国，巴黎商事法院于 1995 年成立了国际法法庭，2015 年与欧盟法法庭（1999 年成立）合并成国际法庭。2018 年 2 月法国在巴黎上诉法院新设立了一个国际商事法庭，根据新发布的诉讼规则，2018 年 3 月 1 日之后，当事人可以在巴黎商事法院国际法庭和巴黎上诉法院国际法庭使用英语进行诉讼，当事人可以提交外语文件而无需官方翻译，庭审也可以用英语进行，但法庭将同时进行口头辩论的翻译，法院将以法语作出裁判并附有英文版本。法庭可以适用英国法或任何其他合同相关的实体法，还将邀请普通法专家来确保正确的法律适用。[14]

在德国，北莱茵—威斯特伐利亚州和汉堡州于 2009 年在汉堡和科隆初审法院试点设立国际商事分庭专门审理国际商事案件。在英国脱欧的背景下，2017 年 3 月 30 日，黑森州司法部部长组织了一次会议，会上提出了“法兰克福司法倡议”（Frankfurt Justice Initiative），提出借鉴专利诉讼和国际商事仲裁中的做法设立专门的国际商事法庭。2018 年法兰克福中级法院成立了商事法庭，目前德国关于国际商事法庭的立法草案强调可以使用英语审理案件，但坚持使用本国法官和审判员，也坚持德国民事诉讼法的适用以及德国司法审判的优势。[15]

荷兰、法国、德国是否会成功吸引跨国公司主动选择欧洲大陆而非伦敦提起诉讼？有论者指出，欧洲不同国家的商事法庭差异很大，到目前为止已采取或正在筹划的大多数措施，特别是德国和法国的创新举措还远远不够，他们或许过度关注英语作为法庭语言的优势，忽略了其他有助于伦敦成为国际纠纷解决中心的因素。该论者进而提出设立欧洲商事法院，不受本国司法制度和传统的限制，可以更好地满足跨境交易当事人的需要，不仅能丰富欧洲的跨境纠纷解决机制，还会为欧洲之外的国际商事诉讼当事人提供可选择的场所。[16]但欧盟国家的英语商事法庭属于新生事物，本身存在较大争议，也缺乏足够的运行经验，这一构想注定困难重重。

---

13 法庭介绍详见 NCC 官网，https：//netherlands - commercial - court. com/，最后访问于 2022 年 3 月 2 日。

14 关于巴黎国际商事法庭的改革措施详见 Shearman 网站，https：//www. shearman. com/perspectives/2018/04/paris - courts - and - their - innovative - rules - of - procedure，最后访问于 2022 年 3 月 2 日。

15 毛晓飞：《独特的德国国际商事法庭模式——解析〈联邦德国引入国际商事法庭立案草案〉》，载《国际法研究》2018 年第 6 期。

16 GIESELA RUEHL：“Towards a European Commercial Court?”，载 Conflict of Laws 网站，http：//conflictoflaws. net/2018/towards - a - european - commercial - court/，最后访问于 2022 年 3 月 2 日。

（四）中国国际商事法庭

2018年6月27日，我国最高人民法院发布了《关于设立国际商事法庭若干问题的规定》（以下简称《规定》）。2018年6月29日，最高人民法院分别在深圳和西安设立的国际商事法庭（以下合称CICC）正式成立。2018年11月最高人民法院发布了《国际商事法庭程序规则（试行）》（以下简称《程序规则》）。CICC是在我国“一带一路”倡议深入推进过程中的一项重要司法改革举措，有诸多制度创新之处，获得学界和实务界的很高评价。[17]

2020年11月29日，经最高人民法院批复，苏州国际商事法庭正式启用，这是首家在地方法院设立的国际商事法庭。根据相关规定，苏州国际商事法庭主要管辖苏州市辖区诉讼标的额不满人民币50亿元的第一审涉外民商事案件（苏州工业园区辖区诉讼标的额不满人民币1000万元的第一审涉外民商事案件由苏州工业园区人民法院管辖）；当事人不服苏州工业园区人民法院作出的涉外民商事案件判决、裁定提起上诉的案件；应由苏州市中级人民法院受理的其他具有涉外因素或与开放型经济相关的案件，包括一方当事人为外商独资企业的民商事案件、信用证及保函纠纷案件、民商事司法协助案件、仲裁司法审查案件等。[18]

如雨后春笋般涌现的各国国际商事法庭面临着共通性的挑战，需要解决的问题和面临的困难相似，包括如何获取资源并控制成本、如何与本国既有司法体系协调、如何适应快速的商业和技术变革以更好应对日趋复杂的纠纷，以及如何更好地为诉讼当事人提供公平审判机会、赢得广泛赞誉与信赖。虽然迄今为止，国际商事法庭显示出一些共同特征，但不同法院之间存在明显差异，并没有统一标准模式。

二、国际商事法庭的管辖权模式

（一）国际商事法庭管辖的复合模式与合意模式

从案件管辖权的角度看，各国国际商事法庭大体可以分为两类，第一种类型是在经济特区内设立的以服务区域经济发展为主的商事法院，例如DIFC法院、ADGM法院等。特区法院审理特定区域内发生的民商事纠纷，既可以依据属人管辖或属地管辖原则，依法强制性获得案件管辖权而无需双方当事人一致

17 杜涛、叶珊珊：《国际商事法庭：一个新型的国际商事纠纷解决机构》，载《人民法院报》2018年7月10日A2版。

18 苏雁、吴秋阳：《苏州国际商事法庭敲响第一槌》，载《光明日报》2020年12月13日03版。

同意，也可以管辖双方当事人依据管辖协议起诉的案件，可以称为强制与合意管辖并存的"复合模式"。比如DIFC法院不仅对金融中心内发生的民商事纠纷以及与在金融中心注册的机构、公司有关的民商事纠纷具有专属管辖权，还可以基于双方当事人管辖协议受理其他地方的非注册当事人的"国际性"商事案件。[19] 伦敦商事法庭属于典型的复合模式。

第二种类型是作为本国司法体系内设立的适用特殊程序规则的专门法庭，如SICC与法国、荷兰、比利时的国际商事法庭。作为特别法庭，通常需要当事人合意才能取得管辖权，可以称为"合意模式"。合意选择的形式，既可以表现为当事人签订有效的书面管辖协议的"直接合意"，也可以表现为一方当事人向非国际商事法庭的法院起诉，法院主动征求当事人意见，在一方当事人并不明确反对的情况下将案件移交至国际商事法庭审理的"间接合意"。间接合意管辖对于初创的国际商事法庭意义重大，如果单纯受理有管辖协议的案件，很可能因为当事人不了解或者不信任新设法庭而使得法庭长期缺乏案源，难以积累其口碑和经验，而间接合意则可以让法院有机会向当事人介绍新设法庭的优势，增加合适的案源，促使新设法庭尽快步入正轨。

关于当事人合意选择的法院是否必须与案件有直接联系，目前各国国际商事法庭普遍受理没有直接联系的"离岸案件"。离岸案件是当事人自主选择法院诉讼的体现，是司法"购物广场"理论与实践的产物，也是一国司法管辖权基于当事人自由意志的扩张。例如，SICC的管辖权来源是：（1）各方当事人之间的管辖权协议，将其争议提交给SICC。（2）在新加坡高等法院起诉的案件，高等法院可以裁定在没有管辖权协议的情况下移送SICC管辖。在后一种情况下，高等法院可以下令将案件移交给SICC，但必须事先与当事人协商。如果当事人管辖协议并没有指定SICC而只是约定由高等法院管辖，高等法院移送SICC之前应当指示各方当事人修改管辖协议，将选择法院改为SICC。[20] 如果一方当事人明确反对移交SICC审理，高等法院没有理由强制该案进入SICC审理，这事实上是一种间接的合意选择。NCC以及德国国际商事法庭立法草案也有类似规定。NCC管辖的案件标准包括：（1）阿姆斯特丹地区法院或阿姆斯特丹上诉法院有管辖权；（2）双方已明确书面同意将在NCC并以英文进行审理；（3）双方有处分权的民事或商事纠纷；（4）具有涉外因素。

以上分类仅涉及普通商事案件的管辖，并不包括涉及国际仲裁的特殊案件。国际商事法庭通常是审理涉及国际仲裁案件的专门管辖法院，如伦敦商事法庭

---

19 单文华：《国际商事法庭建设域外经验与中国贡献》，载《中国审判》2018年第15期。

20 Rules of Court (Singapore, cap 322, 2014 rev ed) O 110 r 13A (2).

是伦敦多家国际仲裁机构的主要司法监督机构，负责处理仲裁财产保全申请和其他救济措施、仲裁裁决撤销以及仲裁裁决的执行等案件。2018 年 1 月 9 日，新加坡议会修改法律赋予 SICC 审理与传统上提交新加坡高等法院裁决的涉外仲裁裁决的执行或撤销等类型案件的管辖权，这进一步巩固了 SICC 与仲裁的紧密关联。这种案件从管辖权的角度更接近于专属管辖，当事人并不能合意选择管辖法院。

（二）CICC 的管辖模式及问题

关于 CICC 的管辖规则，《规定》第 2 条规定："国际商事法庭受理下列案件：（一）当事人依照民事诉讼法第三十四条的规定协议选择最高人民法院管辖且标的额为人民币 3 亿元以上的第一审国际商事案件；（二）高级人民法院对其所管辖的第一审国际商事案件，认为需要由最高人民法院审理并获准许的；（三）在全国有重大影响的第一审国际商事案件；（四）依照本规定第十四条申请仲裁保全、申请撤销或者执行国际商事仲裁裁决的；（五）最高人民法院认为应当由国际商事法庭审理的其他国际商事案件。"此条表明 CICC 的案件管辖适用强制与合意管辖并存的"复合模式"。根据我国《民事诉讼法》第 272 条，与我国有实际联系的涉外商事纠纷，无论被告在我国有无住所，也无论被告是否同意，最高人民法院都可能因原告的起诉而获得管辖权。在《规定》第 2 条第 2 项、第 3 项、第 5 项情形中，最高人民法院对其依法受理的没有管辖协议的一审涉外商事案件，有权不征求当事人意见而直接交由 CICC 审理，这属于 CICC 的强制性管辖。《规定》第 2 条第 1 项情形是 CICC 核心管辖规则，它对我国民事诉讼管辖制度有明显突破，增加了最高人民法院受理一审涉外商事案件的标的额，同时扩大了协议管辖的适用范围，将部分之前由高级人民法院管辖的涉外商事案件，通过当事人管辖协议由最高人民法院一审管辖，但是此种协议管辖的案件并不包括离岸案件。[21]

我国法院每年受理数万件涉外民商事案件，如 2015 年法院审结一审民商事案件 9575152 件，其中涉外民商事案件（不含港澳台）15348 件，占比 1.6%，通常适用涉外民事诉讼程序规则。[22] CICC 仅审理极少部分重大涉外商事案件，依据《规定》《程序规则》等适用与涉外民事诉讼不同的程序性规则（以下简

21　我国《民事诉讼法》第 35 条规定："合同或者其他财产权益纠纷的当事人可以书面协议选择被告住所地、合同履行地、合同签订地、原告住所地、标的物所在地等与争议有实际联系的地点的人民法院管辖，但不得违反本法对级别管辖和专属管辖的规定。"

22　参见《2015 年全国法院司法统计公报》，载最高人民法院公报网，http://gongbao.court.gov.cn/Details/27e1cd92304feeeffd132e8244441a.html，最后访问于 2022 年 6 月 15 日。

称 CICC 创新规则）。即便在最高人民法院内部，CICC 并不包揽所有由最高人民法院审理的一审涉外商事案件。我国最高人民法院民事审判第四庭主要负责最高人民法院审理的第一、二审涉外、涉港澳台民商事案件和海事、海商案件。CICC 创新规则与最高院民四庭适用的涉外民事诉讼规则存在差异，对于并非因协议管辖而由最高人民法院一审管辖的涉外商事案件，哪些由 CICC 审理，哪些仍由民四庭审理，似乎没有具体规定。理论上，最高人民法院可以把所有一审管辖的涉外商事案件交由 CICC 审理，这一做法存在可能性，因为司法实践中，最高人民法院审理的一审案件数量较少，而通过管辖权移转获得一审管辖权的主动权在最高人民法院手里，因此案件数量总体是可控的，不会造成 CICC 案件负担过重的问题。但是，这种做法有可能违背当事人的意愿和程序选择权，并不一定合理。

CICC 仅审理很少部分高额国际商事案件，如果有许多双方当事人愿意适用 CICC 创新规则诉讼但又不符合目前 CICC 案件管辖标准的案件，当事人只能望洋兴叹。其中既包括没有我国协议管辖中连结点的“离岸案件”，也包括虽有实际联系但诉讼标的额少于 3 亿元的案件。作为创新试点，CICC 的某些新规则可以通过立法修订成为民事诉讼的一般规则或者涉外民事诉讼的一般规则，从而满足更多当事人的司法需求，但这种修订只能适用于少数规则，且法律修订程序较为复杂漫长，很难满足当事人对 CICC 创新规则的需求。如果把 CICC 创新规则视为一种对商事诉讼当事人的“福利”，规定 3 亿元人民币的级别管辖标准似乎与诉讼制度作为一种满足广大民众纠纷解决需求的公共服务的定位不尽一致。目前各国的国际商事法庭并非一审终审，都存在上诉审机制。当然，我国 CICC 尚处于起步阶段，很多创新规则尚需时日检验和完善，保持谨慎是合理且必要的，但从长远看，随着 CICC 规则的持续创新和成熟，有必要扩大适用范围，让更多涉外商事案件通过 CICC 程序规则获得更为公正高效的司法服务。

三、我国国际商事法庭管辖的意思自治原则

（一）完善 CICC 的合意管辖模式

《程序规则》第 2 条规定，国际商事法庭依法尊重当事人意思自治，充分尊重当事人解决纠纷方式的选择。从理论上说，一方当事人有可能不愿意适用 CICC 创新规则，而希望最高人民法院民商事审判法庭依照涉外民事诉讼规则审理。尽管 CICC 程序规则具有诸多优势，但毕竟是我国涉外民事诉讼规则的例外和特殊规定，在法律没有规定哪些涉外商事案件必须适用 CICC 创新规则的情况下，如果最高人民法院强制交由 CICC 审理，似乎有剥夺当事人程序选择权的嫌

疑，尽管移交的出发点是更加公正高效地审理案件。目前看来这一担忧似乎是多余的，但未来随着 CICC 创新规则的进一步发展，或许会出现一些争议较大的新规则，当事人如果无法避免在中国的法院诉讼，可能会以合理理由刻意回避 CICC 创新规则而希望适用一般的涉外民事诉讼规则。

从 CICC 成立的背景看，并非 DIFC 法院、ADGM 法院等专门服务于经济特区的专门法院没有对特定区域内的民商事纠纷的专属管辖权。我国成立 CICC 的初衷是提升我国司法解决“一带一路”建设过程中涉外商事纠纷的能力，增强我国在国际政治、经济、文化领域规则制定与实施的话语权与影响力，建立并巩固与世界第二大经济体地位相称的司法制度。这与 SICC、NCC、布鲁塞尔国际商事法庭（BIBC）等法庭的目标定位非常接近，因此 CICC 更希望通过制度规则创新吸引当事人自愿来诉讼，而不是在现有体系下分流部分涉外商事案件。

笔者收集了 2020 年裁判文书网上国际商事法庭审理的案件，绝大部分是依据“最高人民法院认为应当由国际商事法庭审理的其他国际商事案件”获得管辖权。[23] 笔者建议，对于最高人民法院一审受理的没有管辖协议的国际商事案件，需要征求当事人意见并在当事人不明确反对的情况下指定 CICC 管辖，或者最高人民法院在决定本院管辖前先征求当事人意见，双方同意的才通过行使管辖权移转职权交由 CICC 审理。SICC 规则中，有当事人管辖协议仅选择新加坡高等法院而非 SICC 的情形及处理规则，目前我国并无类似问题，因为《规定》颁布之前我国对最高人民法院一审受理的涉外商事案件标的额并无明确规定，案件无论标的额多高，当事人并无协议选择最高人民法院管辖的空间，[24] 因此《规定》中选定最高人民法院的管辖协议仅适用于 CICC 管辖案件，不宜理解为选定民四庭或其他普通法庭审理，《程序规则》第 8 条对此进行了确认。但如果我国成立更多类似苏州国际商事法庭的低级别法庭，则可能出现当事人合意选择 CICC 所在的法院但非国际商事法庭的情形。

关于协议管辖的案件范围，从尊重当事人意志的角度，有必要扩大协议管辖的适用范围，允许与法院地无实际联系的当事人协议选择 CICC 诉讼。有学者认为，我国应该承认当事人管辖权的协议自由，不应将联系因素作为管辖协议

---

23 参见（2019）最高法商初 1 号、（2019）最高法商初2 号、（2019）最高法民特 1 号、（2019）最高法民特 2 号、（2019）最高法民特 3 号、（2019）最高法民辖 27 号、（2018）最高法民辖 190 号、（2018）最高法民辖 189 号、（2018）最高法民辖 188 号案件，载中国裁判文书网，https：//wenshu. court. gov. cn/，最后访问于 2022 年 3 月 2 日。

24 最高人民法院于 2017 年颁布的《关于明确第一审涉外民商事案件级别管辖标准以及归口办理有关问题的通知》规定，争议标的额为 2 亿元以上的涉外案件系由高级法院管辖，并未规定最高人民法院一审管辖案件的争议标的额。

的有效要件，同时法院可以公共利益为由（是否会对社会公共利益造成重大不利影响）有限度地适用不方便法院原则，对当事人的法院选择进行审查。[25] 事实上，各国国际商事法庭受理离岸案件的数量，在一定程度上显示了该国司法制度的国际影响力、吸引力和竞争力，这也是各国国际商事法庭普遍受理和鼓励离岸案件的原因。[26] 特别是“一带一路”沿线国家的当事人出于信任而协议选择 CICC，也是我国成立 CICC 的初衷，不宜因为缺乏实际联系而拒绝管辖。

（二）意思自治原则对 CICC 的指导意义

正如仲裁制度以意思自治原则为出发点和指导思想，并以仲裁协议为载体保障仲裁案件管辖的当事人合意，如果 CICC 坚持当事人合意选择的管辖模式，那么意味着 CICC 较为彻底地奉行当事人意思自治原则，而这将对 CICC 未来发展发挥根本性、方向性指引作用，成为 CICC 诸多制度和规则创新的原点，也是解决诸多理论与实践争议的最有力武器。综观各国国际商事法庭，诸多创新规则皆是对传统国家司法主权原则的明显突破，如使用非本国官方语言文字审判、允许选择适用本国诉讼规则、允许外籍人士担任法官、允许外籍人士担任代理律师等做法，新加坡、哈萨克斯坦等国家还通过修订本国宪法扫除制度创新的法律障碍。对于强制管辖案件，司法充分体现“国家意志”与“主权”具有正当性，但对于当事人自愿选择以管辖为原则的国际商事法庭，在“购物市场”理念下，法庭与当事人形成一种“商家”与“客户”的关系，国家设立此种商事法庭，无论是基于提升政治影响力、法律规则话语权考虑，还是追求商业繁荣与就业、税收增长，都有理由也有动力最大限度满足当事人的纠纷解决需求，通过规则创新和优质服务尽力吸引乃至“招徕”客户自愿接受法庭管辖。

向普通法系司法制度靠拢是当前各国国际商事法庭的普遍趋势，包括使用英语审判、选聘普通法背景法官、适用普通法实体法、适用普通法程序规则和证据规则等。囿于传统司法主权原理以及中国的大陆法系传统，很难想象中国的法院会出现外籍法官适用普通法系诉讼程序并全程使用英语审判案件。但如果从当事人意思自治原理出发，把国际商事法庭的制度和规则创新作为一种与国际仲裁原理相通的司法服务新举措，视为国家司法体系的例外和补充，那么以上创新措施并非不可接受。

《规定》第 11 条将调解、仲裁和诉讼三种最为典型的纠纷解决机制通过

---

25 刘晓红、周祺：《协议管辖制度中的实际联系原则与不方便法院原则——兼及我国协议管辖制度之检视》，载《法学》2014 年第 12 期。

26 吴永辉：《论国际商事法庭的管辖权——兼评中国国际商事法庭的管辖权配置》，载《法商研究》2019 年第 1 期。

CICC紧密联系起来，形成“一站式”的纠纷解决平台。国际商事法庭对于仲裁和调解有其他法庭所不具备的紧密关联，实质就在于国际商事法庭以当事人意思自治为原则，这与仲裁和调解具有共通性与同质性，本质上都是对当事人纠纷解决需求的满足。基本理念共通决定了三种机制可以共生、共存、共进，可以互相借鉴、模仿和影响。

很多学者观察到，新兴的国际商事法庭事实上是一种“司法仲裁化”现象，是司法的制度优势与仲裁制度优势的结合，也是司法对仲裁制度固有缺陷的弥补。[27] 国际商事法庭可以利用其国内法院的优势（例如判决公开、上诉权和广泛的诉讼合并），同时还吸纳某些仲裁制度优势，这可以使国际商事法庭对那些对国内法院诉讼和国际仲裁都不满意的当事人产生吸引力。[28] 国际商事法庭通常不作为国际商事仲裁的替代或真正威胁；相反，它们通常被描述为仲裁的“同伴”，而不是仲裁的“竞争者”，因为它们增加了参与国际商务的各方当事人可选择的范围。[29] CICC一方面可以借鉴国际仲裁的成熟经验，另一方面通过与国际仲裁相关的个案裁判积累，可以逐步完善我国涉外仲裁规则体系，为我国国际商事仲裁提供坚实有力的后盾，形成具有中国特色的务实高效的商事仲裁制度，提升中国仲裁机构在国际商事争端解决领域的公信力和影响力。而涉外仲裁制度又能对国内仲裁发展产生积极影响，总体提升我国仲裁制度的现代化水平，对此已有实例。[30]

CICC与商事调解紧密联系，将对我国商事调解制度产生积极影响。现代商事调解与人民调解、行政调解等在我国源远流长的传统调解不同，特别是专业性、独立性与市场化方面，作为一项有盈利能力的新兴产业，与传统调解区别很大。相对于发达国家，我国商事调解尚属于起步阶段，这也是我国调解制度

---

27 关于国际商事仲裁的缺陷，参见沈伟：《国际商事法庭的趋势、逻辑和功能——以仲裁、金融和司法为研究维度》，载《国际法研究》2018年第5期。

28 Richard H. Kreindler, Paul Gilbert, et al., Impact of Brexit on UK Competition Litigation and Arbitration, Journal of International Arbitration, (© Kluwer Law International; Kluwer Law International 2016, Volume 33 Issue 7), p. 527 – 528.

29 T F Bathurst, Benefits of Courts such as the Singapore International Commercial Court (SICC) (Speech delivered at Sydney Arbitration Week, Sydney, 21 November 2016) [6].

30 最高人民法院于1995年8月28日发布的《关于人民法院处理与涉外仲裁及外国仲裁事项有关问题的通知》（法发〔1995〕18号），就拒绝承认和执行外国仲裁裁决案件等建立了报告制度，通过该项制度，严格监督各级法院拒绝承认和执行外国仲裁裁决的情形，尽可能减少拒绝承认和执行外国仲裁裁决的案例。经过20多年的司法实践，该报告制度得到国际商事仲裁界的广泛赞誉。2017年12月26日，最高人民法院发布了《关于仲裁司法审查案件报核问题的有关规定》（法释〔2017〕21号），将该项报告制度上升为司法解释，并扩大适用于国内商事仲裁领域，同时明确了报核的具体要求。

体系的短板。现代国际商事纠纷解决体系中，商事调解是不可或缺的环节，并且扮演越来越重要的角色，特别是新加坡公约的制定[31]，商事调解如虎添翼，未来将大有发展空间。CICC 从一开始就通过诉调结合等制度创新，积极引入高水平商事调解组织与之合作。2018 年 11 月 13 日，最高人民法院宣布的首批获选的 CICC 合作仲裁与调解机构都是中国非诉讼纠纷解决程序的机构，作为首批合作机构选择中国最有实力的仲裁与调解机构是合理的。CICC 将对列入其合作清单的商事调解机构提出独立化、专业化、职业化和国际化的较高要求，这就从顶层推动和引导我国商事调解组织加快整合既有优质资源，加强内部能力和规范化建设，尽快形成与国际接轨的调解理念与制度规则。最高司法机关与这些国内商事调解的领跑者紧密合作，客观上也为它们走向国际舞台提供平台支持和信用背书，实现我国涉外商事调解的弯道超车。而涉外商事调解的快速发展，又能激发国内商事调解的活力，为国内民商事纠纷的调解提供制度参考，整体上推动我国商事调解的发展，为我国调解制度体系补齐短板。当然，CICC 的合作仲裁与调解机构并不限于国内机构，未来有必要逐步引入域外一流的商事争议解决专业机构。2018 年 7 月 11 日，国务院批准的《深化改革推进北京市服务业扩大开放综合试点方案》规定"支持国际知名商事争议解决机构在符合京津冀协同发展战略总体要求的前提下，在北京设立代表机构"。这意味着未来可以吸引更多的外国仲裁机构或调解组织、外籍仲裁员或调解员、国际知名法律专家的加盟 SICC，充分体现 SICC 的国际化与专业性。

借鉴伦敦舰队街的经验，我国未来可以建立具有国际水准的法律服务机构区域集群。在特定区域，形成以国际商事法庭为核心，以若干仲裁、商事调解机构为主干，涵盖律师事务所、翻译公司、IT 公司、司法鉴定中心、公证处以及法律咨询研究机构等法律服务机构，配以一流的网络软硬件设施，从地理位置和信息技术方面实现国际商事纠纷解决一站式服务。

四、我国国际商事法庭的预期功能与审级扩张

（一）CICC 的预期功能

CICC 的主要功能是审理涉外商事案件，统一涉外法律体系的适用。这既包括我国商事法律体系的完备，也有助于世界商事法律体系的统一与协调。相对于仲裁，国际商事法院为统一实体商事法律原则与商事诉讼程序提供了更大契

31 《联合国关于调解所产生的际和协议公约》的中文版本，载联合国网站，https：//undocs. org/zh/A/RES/73/198，最后访问于 2022 年 3 月 2 日。

机。[32] 专门审理国际商事纠纷的法院“特别适合制定统一的国际商法法律体系”。[33] 在全球或区域范围内存在不同的法律制度，意味着当事人必须获得所有相关地方法律的信息并相应地设计其交易结构；他们还必须考虑在发生争议时实施跨境合同所带来的额外风险。[34] 而实体性商事法律的协调统一降低了跨境商业活动的交易成本，鼓励了对外贸易和投资。“我们甚至可以设想在未来，商事法庭通过大量司法裁判形成了一个内在协调的判例法资料库，它可以被视为商事法律体系的渊源。国际商事法庭将为跨国企业提供切实可行的纠纷解决方案，这些企业需要可靠、中立和合法的争议解决机制，从而将对不熟悉商事法律的焦虑转化为法律与商业之间进一步整合的机会。法律一直是国际贸易基础设施的一部分，但通过一些法律职业人士与法律机构的前瞻性思维，它也可能成为现代上层建筑的一部分。各国商事法庭用来解决国际商事纠纷的程序与方法的协调，有助于增加信任并减少争议解决程序的不确定性。”[35]

除了统一商事实体法律体系，CICC 发展还具有更为深远的拓展性和辐射性功能。我国涉外民商事诉讼实践仍不同程度存在涉外文书送达周期长、跨境调查取证难、域外证据公证认证程序烦琐、部分法官专业能力不足、裁判尺度不统一等问题，域外法律的查明与适用也是长期困扰涉外民事诉讼的难题。这些都是 CICC 需要通过规则创新解决的问题。CICC 的经验可以成为涉外民事诉讼的一般性规则。国际商事法庭具有国际性、开放性与前沿性特征，特别是对于在当今世界商事纠纷解决领域占据主导地位的普通法系司法体系，有比较强烈的融合与借鉴需求。国际商事纠纷与国内民商事纠纷的共通性明显，因此，一开始仅适用国际商事法庭的制度规则，将有可能扩大适用于国内民商事案件，从而推动我国民事司法制度走向现代化。如《规定》第 5 条允许将少数意见载入 CICC 的判决中，第 13 条规定，法庭可以基于当事人的要求，根据调解协议制发判决书，未来都可能上升为一般性程序规则。国际商事法庭也是我国司法改革的一块宝贵试验田。

值得强调的是，我国国际商事法庭的规则创新，并非一味模仿或者追随西方发达国家特别是普通法系国家的诉讼机制。CICC 至少在如下方面可能实现制

32 Chief Justice T F Bathurst, The Importance of Developing Convergent Commercial Law Systems, Procedurally and Substantively (Speech delivered at the Conference of Chief Justices of Asia and the Pacific , Singapore, 28 – 30 October 2013) [4].

33 Sundaresh Menon, The Somewhat Uncommon Law of Commerce, 26 Singapore Academy of Law Journal 23, 48 (2014).

34 Sundaresh Menon, The Somewhat Uncommon Law of Commerce, 26 Singapore Academy of Law Journal 23, 48 (2014).

35 Sundaresh Menon, Transnational Commercial Law: Realities, Challenges and a Call for Meaningful Convergence, 13 Singapore Journal of Legal Studies 231, 249 (2013).

度创新：第一，对信息技术与人工智能技术的充分应用。5G时代，有可能彻底打破地域限制，实现全程网络审理和裁判，域外当事人足不出户打官司，成为全球共享、24小时在线的法院。人工智能与法律的结合也是现代司法的趋势，我国作为人工智能科技发展最快的国家之一，可以将最新技术成果应用于CICC，探索AI时代的法院。第二，多元化纠纷解决的融合互动机制。诉讼与ADR的深度融合是所有国际商事法庭的共识，而如何融合则各有特色，创新空间很大。对此CICC可以结合中国悠久的调解传统以及深厚的文化底蕴探索出多元机制融合的新规则。第三，政治、行政、外交与司法的紧密联系。我国司法机关的政治地位与西方国家的政治架构有根本性差异，但这一差异本质上是中国特色社会主义发展道路在司法领域的具体表现，中国的政治制度优势完全可以转化为司法制度优势。司法判决的执行是国际商事法庭的改革重点，纽约公约、海牙公约与新加坡公约作为仲裁、诉讼与调解机制的域外执行规则，有很大的不确定性和制度创新空间。CICC对外可以通过高层次政治对话合作推动"一带一路"沿线国家司法协助快速发展，对内推动国内立法修订，避免西方国家立法、行政与司法的相互掣肘，完善国际条约的适用机制，在涉外司法裁判的承认与执行方面形成具有国际影响力的理论、实务规则和标准。

（二）CICC的审级扩张

中国国际商事法庭未来一定大有可为，但是，如果CICC受理案件的数量非常有限，法庭还需要耗费大量时间和精力用于我国涉外商事实体法律规则的宏观指导协调，有影响力的司法裁判数量上积淀不够，那么以上功能很难得到充分发挥。此外，最高人民法院作为中国最高司法机关的地位决定了其程序规则创新势必会受到严格约束，从长远看，仅有的两家隶属最高人民法院的CICC难以支撑宏大的发展目标。因此，可以考虑设立多省级的国际商事法庭，形成CICC法院体系，让更多涉外商事案件有机会适用CICC创新规则。[36]这些省级国际商事法庭，可以拥有一定的程序规则创新权限，发挥各自区域优势，彼此可以适度竞争，增强创新的积极性与创造力，更有可能形成高质量的创新规则，同时也能大大提升案件管辖能力，通过司法裁判量的积累促进商事实体法律体系完善。大多数国家的国际商事法庭设立了两级法院，[37]高级别法院既审理一审案件，也审理上诉案件，以此实现国际商事诉讼程序的完整性以及扩大受理

36 何其生课题组：《论中国国际商事法庭的构建》，载《武大国际法评论》2018年第3期。

37 蔡伟：《国际商事法庭：制度比较、规则冲突与构建路径》，载《环球法律评论》2018年第5期。

案件范围。

笔者建议，可以在涉外商事案件较多的经济发达地区成立国际商事法庭，作为各省、自治区高级人民法院的特别法庭，与最高人民法院 CICC 一道构成我国国际商事法庭体系。新设的苏州国际商事法庭级别上属于中级人民法院，上诉法院是高级人民法院，尚不能直接进入 CICC 进行二审。之所以作为高级人民法院的派出法庭，是为了与我国级别管辖与审级制度协调，避免与现行四级法院两审终审体系相冲突。此外，鉴于未来国际商事仲裁中申请仲裁保全、申请撤销或者执行仲裁裁决的案件数量可能较多，为避免最高人民法院 CICC 变成专司仲裁事务的法庭，可以将大部分此类案件由初审法院管辖，最高人民法院 CICC 更多发挥指导和协调功能。

结语

创新是 CICC 的生命力源泉。从立法路径看，可以由全国人大常委会授权最高人民法院制定国际商事法庭的特殊规则（如引入外籍法官或人民陪审员，允许外籍律师、当事人选择适用程序规则等）。国际商事法庭的管辖案件数量总体有限，这种突破不会对现有民事司法体系造成冲击。

相对于伦敦商事法庭这家百年老店，CICC 更像一家初创企业，但未来 CICC 通过制度和规则创新，扩大案件管辖范围，不仅可能对“一带一路”沿线国家和地区产生积极影响，也有可能为世界范围内的司法改革提供经验和范本。从这个角度看，CICC 也是全球民事司法制度改革的一块试验田，是一个向世界展示中国司法制度独特智慧与魅力，让每一个域外当事人感受到中国司法公平、正义与高效的大舞台。

“一带一路”税收争议解决：机制构建与改革路向

褚睿刚[*]

【内容提要】相互协商程序是一种建立在磋商机制之上的国际税收协调机制，独特的软约束和软解决属性契合“一带一路”的建设理念和国际税收争议解决的实践需求，是“一带一路”税收争议解决的核心手段。当前，传统的相互协商程序机制尚存在争议解决低效性、纳税人参与度低、严重受制于国内法等税制局限，制约税收争议解决效率，掣肘“一带一路”倡议推进进程。为此，我国应尽快落实税基侵蚀与利润转移（BEPS）一揽子成果中相关国家承诺，遵照最低标准方案中的改革要求，适度参考最佳实践方案中的部分建议措施，改革与“一带一路”沿线国家签订的双边税收协定中的相互协商程序条款，完善与国际法规则相适应的国内征管机制，以满足“一带一路”倡议在精耕细作阶段对国际税收争议解决的需求。

【关键词】一带一路　相互协商程序　税收协定　BEPS

引言

“一带一路”倡议推进取得举世瞩目的成果，但国际经贸合作不总是一帆风顺，常常伴随经贸摩擦和争端。跨境税收争议即为典型。跨境税收争议标的金额巨大，关涉东道国与投资国税收主权以及纳税人税权三方，若不能及时、妥善解决，极易引发国家间税收主权争端，侵害“走出去”企业税收权益，掣肘

---

* 褚睿刚——首都经济贸易大学法学院讲师、硕士生导师，主要研究领域：经济法、财税法。本文获得首都经济贸易大学北京市属高校基本科研业务费专项资金“新中国成立70年增值税法制度演变和趋势”（批准号：XRZ2021020）的资助。本文获第三十三届全国副省级城市法治论坛征文二等奖。

"一带一路"倡议推进。传统解决国际税收争议的国际法机制，是世界各国普遍通过双边税收协定建立的相互协商程序（Mutual Agreement Procedure，MAP）。[1]时至今日，全球治理环境已发生极大变化，国际争端解决机制越发多元化，传统MAP机制能否继续承担"一带一路"税收争议解决核心手段的历史重任，抑或是否需要引入某种新的解决方式？值得审慎思考。同时，又应如何处理与诉讼、仲裁等其他争议解决方式之间的关系？总体的完善方向为何？又应如何在具体立法中落实？本文即围绕此一系列难题展开，不仅有助于观测"一带一路"争议解决机制的宏观发展趋向，更为重要的是聚焦我国相互协商程序完善的具体举措，为建立及时、有效又为沿线各国接受的国际税收争议解决机制提供一种更为详尽、明确的立法指引，助力"一带一路"建设。

一、相互协商："一带一路"税收争议解决的核心机制

2018年《关于建立"一带一路"争端解决机制和机构的意见》（以下简称《争端解决意见》），提出建立"一带一路"争端解决机制和机构提升为国家下一阶段改革创新的重大举措，"依法妥善化解'一带一路'商贸和投资争端，平等保护中外当事人合法权益"。"一带一路"税收争议是一种发生于外国纳税人与东道国之间的投资争端，争议主体之间具有非平等性，同时兼具国际税收争议自身的特殊属性，其解决机制既难以遵照商贸争端解决方式充分尊重当事人意思自治原则，也有别于其他投资争端解决机制。

（一）MAP机制满足"一带一路"税收争议解决的实践需求

从争议的性质来看，"一带一路"税收争议属于一种特殊的投资争端，国际税收争议隶属于投资争端序列，争议不仅发生在外国投资者与东道国之间，更将面对投资者私权与东道国国家规制权甚至是投资母国国家规制权之间的博弈与平衡。[2]相比于其他投资争端中的经济利益，税收之于国家有着更为深刻的主权意义，国家税收主权已成为国家的基本权力（利），自产生至今一直表现出极强的绝对性。至今具有较强法律约束力的一般国际税法仍呈现缺失状态即为明证。

由此观之，"一带一路"税收争议解决机制"不能用国际贸易法律制度或国际投资法律制度去衡量国际税法法律制度，或对国际税收行为进行规范"[3]，而

1 廖益新主编：《国际税法学》，高等教育出版社2008年版，第352－355页。

2 王贵国：《"一带一路"争端解决制度研究》，载《中国法学》2017年第6期。

3 刘永伟：《税收主权与税收专约的解释依据》，载《中国社会科学》2013年第6期。

应建构一种极为特殊的争议解决方法，努力在纳税人税权与国家税收主权间寻求适度平衡，在维护投资者税收利益的同时又不会过分触及东道国税收主权，为“一带一路”沿线国家所接受。现代社会国家间用于解决条约争议的方式通常包括诉讼、仲裁和磋商。诉讼对国家税收主权干预最强，极少有国家愿意采用国际诉讼手段，因为任何国家都不愿轻易承担本国征税权的损害风险[4]。仲裁对国家税收主权的干预程度虽然弱于诉讼，但第三方裁决机制依然无法得到许多国家的信任。即便是较早引入仲裁的欧洲和美国，仲裁案件也是寥寥无几。[5]相比之下，相互协商程序是一种建立在税务机关磋商机制之上的跨境税收解决机制。这种双方税务机关非外交式的直接接触，能够灵活处理争议，最大限度地尊重双方的税收主权意志。时至今日，MAP 机制已经由《经济合作与发展组织税收协定范本》和《联合国税收协定范本》第 25 条固定下来，并在国际税收争议解决领域发挥极为重要的作用。

需要进一步思索的是，自 MAP 机制诞生至今，国际税收环境发生了不小的变化，传统的 MAP 机制是否依然能够满足“一带一路”商贸关系中税收争议解决的需求？伴随国家主权相对性理论勃兴和全球治理体系的发展，不少国家意识到不应在本国的税收主权绝对性中故步自封，以经济合作与发展组织（OECD）和 G20 成员国为代表的诸国迫于世界治理格局变化和跨境反避税需要，就让渡部分税收主权、加强全球税收合作达成共识并积极实践。应当看到，全球税收新秩序理念为下一阶段国际税收改革指明了方向，推动各方携手共建国际税收新秩序。然而，这并不意味着此种让渡可以一蹴而就，它是建立在各方协同合作基础上的缓慢尝试，主权国家对于诉讼和仲裁运用于国际税收领域的态度仍然极为保守，在短时间内扭转各国对于诉讼和仲裁机制的成见具有相当难度。各国就国际税收争议问题逐渐形成的共识是，通过国际税收协调，形成各国利益的“最大公约数”和本国利益的“最大相对值”。国际税收协调不仅可以在理论上避免各国税制差异带来的负面影响，也在“一带一路”倡议的实践中，助益沿线国家的贸易和投资合作，形成互利共赢的良好局面。[6]相互协商程序是国际税收协调的重要方式之一，将其作为“一带一路”税收争议解决机制的核心手段，不仅必要而且可行。

---

4 阎愚：《国际税收争议的税收仲裁机制选择》，载《西南民族大学学报（人文社会科学版）》2016 年第 12 期。

5 21 世纪政策研究所：《BEPS Q&A：新しい国際課税の潮流と企業に求められる対応》，日本経团連出版社平成二十八年第 1 版，第 234 页。

6 刘付永、孙斌：《加强国际税收协调，推进“一带一路”建设》，载《中国税务报》2019 年 2 月 12 日。

（二）MAP机制契合“一带一路”倡议的建设理念

1. 契合“一带一路”的合作共赢理念

“一带一路”倡议自提出以来就遵循了“和平发展、合作共赢”的时代理念，开创国际合作新模式。它没有依赖国际协议、区域或国际机制等形式，不以约束性强的合作机制为依托，而主要以双边或多边合作协议等形式体系，推动各国政府及其机构、企业、社会民间团体开展形式多样的互利合作。[7]这种新型合作模式的前提之一也是重要保障国家之间的政策沟通。“一带一路”既是一项与沿线国家谋求互利合作、共同发展的实践性规划，更是中国提出的“共商共建共享”的全球治理理念的具体体现，[8]合作共赢理念的实现不仅仰赖于宏观上的政策沟通，提升包括政府在内的全方位、多层次的对话协商、沟通互联，同时重视标准的兼容性，以其软约束力消除沿线国家的多方顾虑，增加沿线国家的政治互信和政策可接受性。

建立在磋商机制之上的MAP与之极为契合。一方面，MAP依赖于缔约国双方税务主管部门的直接接触，在就某一或某些国际税收争议沟通协商的同时相互传递财税理念和政策态度，一定程度上提升了国家间的财税政策沟通；另一方面，相互协商程序对各国敏感的国家税收主权干预程度较低，最终达成的协商结果也是各国政府依照本国意愿自主作出的选择和博弈，具有明显的软约束和软解决属性，易为沿线诸国接受和认同。当然，“一带一路”倡导的合作共赢理念并不是一味地忽视争端解决机制的刚性，相反，多数争议解决机制只有不断强化争议解决的确定性和约束力，方能为纳税人营造出稳定、公平、透明的营商环境，这也正是建立“一带一路”争端解决机制意义之所在。MAP机制与“一带一路”合作理念的耦合性归根结底在于国际税收争议的特殊属性。

2. 贯彻“一带一路”争端解决机制“现有”“多元”理念

“通过MAP解决税收争端仍是主流的方法，但单一、局限的税收争端解决方式并不足以应对复杂、变化的现实税收争议。”[9]相互协商程序是MAP机制运行的核心手段但不是唯一手段，解决“一带一路”税收争议应综合多种方式，妥善处理相互协商程序与诉讼、仲裁等法律争端处理方式的关系。通过司法方式解决国际争端的国际诉讼机制是一种国际发展趋势，即使在当前国际税收争端解决中无法通畅运行，这种通过国际法规则主导争议带来的明确性和高效性，

---

7 王亚军：《“一带一路”倡议的理论创新与典范价值》，载《世界经济与政治》2017年第3期。

8 李伟建：《“一带一路”视角下构建合作共赢的国际话语体系》，载《西亚非洲》2016年第5期。

9 徐妍：《“一带一路”税收争端解决机制法律问题研究》，载《社会科学战线》2018年第8期。

对完善“一带一路”税收争端解决机制具有重大借鉴意义。[10] 国内诉讼救济和行政救济程序虽为绝大多数国家所允许，但它们独立于 MAP 机制，是作为纳税人最后的兜底救济方式存在的。[11] 2008 年修订版的 OECD 协定范本增加了第 25 条第 5 款，引入了仲裁程序，但仲裁程序并不是协定提供的一种可选择的新的救济手段，而是 MAP 机制必要的组成部分，对其他 MAP 机制的适用和运行起到补充作用。[12] 概言之，MAP 机制实质上是一种以“相互协商程序为核心 + 仲裁机制为补充 + 国际司法程序为借鉴 + 国内法救济机制兜底”用于解决“一带一路”税收争议的复合机制。

《争端解决意见》勾画出了“一带一路”争端解决机制体系的建构图纸，这不仅是对党的十九大提出的推进国家治理能力现代化和建立全面开放发展新格局的重要保障，也是对新时代构建人类命运共同体、促进全球治理体系变革的具体实践。研读该意见可以发现，建立“一带一路”争端解决机制的关键词为“现有”“多元”，即依托我国现有的争端解决方式，建立多种方式有效衔接的多元化纠纷解决机制。MAP 机制与该意见精神极为契合，能够较好融入“一带一路”争端解决机制体系。一方面，将相互协商程序作为解决国际税收争议的核心手段，无需引入或建构全新的争端解决机制，既能够最小化制度建构成本和改革阻力，易获得“一带一路”沿线国家的赞同和配合，又能利用既有的成熟经验，提升争议解决效率；另一方面，MAP 机制的复合性不仅提升了税收争议解决方式的多元性，同时也为机制本身的不断完善提供了经验借鉴和优化空间。

（三）MAP 在争议解决中暴露的不足

MAP 的软约束和软解决属性具有双刃性，使得它仅在少数国家之间有效运行。[13] 这种局限性妨碍了纳税人诉诸这一国际法层面的救济机制寻求纠正违反税收协定规定的征税行为，影响通过这种机制解决国际税收争议的效率，不能满足广大纳税人对及时有效解决国际税收争议的期望，难以适应“一带一路”发展需要。归纳而言，主要表现出三个方面的局限性。

---

10 徐妍：《“一带一路”税收争端解决机制法律问题研究》，载《社会科学战线》2018 年第 8 期。

11 张富强：《论强国战略下“一带一路”国际税收争议解决机制的完善》，载《法学杂志》2018 年第 8 期。

12 Hugh Ault，Jacques Sasseville，2008 OECD Model：The New Arbitration Provision［J］，Bulletin for International Taxation，May/June 2009.

13 Matthew Herrington，Cym H. Lowell，The Evolving World of Global Tax Planning：Part II，International TP Journal［J］，March/April 2017.

首先，MAP 处理国际税收争议的极为低效性。一方面，MAP 机制无法确保纳税人提出的违反协定的征税问题经由 MAP 一定获得解决，主管机关只需尽最大努力设法同缔约国对方主管当局相互协商解决问题，而不必形成切实有效的处理结果。[14] 另一方面，由于相互协商程序未对双方相互协商的进展提出时间上的限制要求，加上协商谈判困难带来协商进程拖延，导致争议问题久拖未决，争议解决的时间效率低下。其次，因排除纳税人而导致的封闭性。现行 MAP 机制排除了经常是国际税收争议当事人一方的纳税人参与，争议解决机制缺乏公开性和透明性，同时赋予了主管当局极大的自由裁量权，双方主管当局可能为了彼此税收利益的平衡而牺牲个案正义。最后，争议解决受到国内征管机制的制约。MAP 程序虽然是缔约国相互间在双边税收条约中构建的国际法层面的争议解决机制，但所达成的 MAP 协议只是缔约国双方行政主管当局间的一种行政协议，并不等同于缔约国双方谈判签订并经由国内法定程序生效的双边税收协定。若不经国内立法程序的认可，各国司法机关依然可以选择拒绝认可和执行双方达成的协议内容。[15]

二、改革趋向：BEPS 行动计划对 MAP 提出的新要求

2015 年 10 月，OECD 发布了税基侵蚀与利润转移（BEPS）一揽子报告，核心意图在于完善国际税收规则以应对国际重复征税和重复不征税问题，[16] 其中有两项行动计划的重点落在 MAP 机制的改进和完善上。可以认为，上述两项行动计划中提出的改革措施和内容，反映了未来 MAP 机制改革和发展的趋势，为我国国际税收争议解决机制的完善划定了基准线。

（一）BEPS 第 14 项行动计划催生 MAP 规则变革

BEPS 第 14 项行动计划围绕着确保有关税收协定的争议能够获得及时有效的解决这一改革 MAP 机制的总体目的，提出最低标准方案和最佳实践方案两套方案。前者需要成员国予以落实，后者是作为前者的补充，参与国可根据本国国情和 MAP 执行现状予以选择性落实。具体包括下述目标。

首先，提升 MAP 机制的运行效率。本项行动计划是通过提升 MAP 在申请

14 Rudolf Sinx, Linda ten Broeke, Transfer Pricing Litigation: a Comparison [J], International Bureau of Fiscal Documentation, Jan/Feb 2002.

15 John F. Avery Jones, The "One True Meaning" of a Tax Treaty [J], International Bureau of Fiscal Documentation, June 2001.

16 OECD, Explanatory Statement, BEPS (Fourth Revised Version), p4, http: //www. oecd. org/ctp/beps - explanatory - statement - 2015. pdf.

启动、启动和协商阶段的通畅度来提升该机制的运行效率的。例如在申请启动阶段，各参与国应当选择采用最低标准方案第 3.1 项中要求缔约国双方主管当局均能够知悉纳税人提出的 MAP 申请事由，并能够对该申请是否应予受理或拒绝提出意见。通过增加纳税人申请启动 MAP 环节的透明度和双方主管当局的沟通间接提升运行效率，防止收到纳税人 MAP 申请的缔约国一方主管当局单方面不合理地拒绝启动 MAP，从而损害纳税人通过 MAP 获得救济的合法权益。其次，确保国内程序和规则与之相匹配。缔约国国内税收征管程序和行政惯例是否适当，对缔约国税务主管当局及其下属税务机关能否全面有效地履行其税收征管职能，并以公平一致的方式对每个纳税人的具体个案情况适用协定条款，具有重要的影响。为此，最低标准方案第 3.1 项要求各国就 MAP 程序按照统一标准制定的 MAP 国家文档，并对各国在其主管 MAP 职责事务的机构和人员管理提出的最低要求，对保证各国负责 MAP 的主管机关和人员能够独立适用协定规则解决争议问题，提高处理 MAP 案件的工作质量和效率，具有重要的意义。再次，提升纳税人的参与度。例如，最低标准方案第2.1 项和第2.2 项要求各国在国内法层面保证适用 MAP 机制的透明度，以便纳税人能够清楚知悉如何启动；第 1.7 项增加了各参与国对 MAP 仲裁机制国家立场的透明度，便于纳税人知悉能否在投资国和东道国采用仲裁解决争议。最后，还有其他完善举措，例如第 2.7 项双边预约定价安排（APA）时效性改革、第 3.2 项要求告知纳税人在提交申请时应随同附送的各种信息材料、第 3.3 项确保协商协议的执行不受缔约国国内法任何时效的限制等其他最低标准和部分最佳实践方案。

（二）多边公约中 MAP 的修订与强制仲裁的选择性引入

双边税收协定是国家之间划分税收收益权和实现国际税务合作的主流方式，各国之间已签订的总数已经超过3000 个[17]，在全球范围内构筑出复杂交错的双边关系网。双边税收协定虽然在应对国际税收争端中发挥了极强的工具价值，但“欠缺灵活性使得它在应对新型国际税务问题时显得笨拙无力”[18]。一个国家的税收协定网络的重新谈判和修改往往“牵一发而动全身”，不仅牵涉多个国家之间的经济利益，更需要耗费大量的行政资源和时间。为落实第 14 项行动计划中的最低标准方案，国际税收规则将面临全球协定网络的全面更新，各国需要承担的改革成本之巨可见一斑。

---

17 Caroline Silberztein，Jean - Baptiste Tristram，OECD：Multilateral Instrument To Implement BEPS［J］，International TP Journal Sep/Oct 2016.

18 R. J. Vann，A Model Tax Treaty for the Asia-Pacific Region? ［J］，45 Bull. Intl. Fiscal Doc.（Mar. 1991），p. 99 - 111，（Apr. 1991）.

为帮助各国实施在 BEPS 行动计划并修订双边税收协定，OECD 在 BEPS 第 15 项行动计划《开发用于修订双边税收协定的多边工具》中倡导运用多边工具。多边工具实质上是一种整合和应用了 MAP 机制、混合错配安排、第三国 PE 认定等双边协定中与 BEPS 相关条款的多边协议。值得一提的是，2017 年 6 月 7 日，包括中国在内的 68 个国家和地区在 OECD 总部正式签署了《实施税收协定相关措施以防止税基侵蚀和利润转移（BEPS）的多边公约》（以下简称《多边公约》）。《多边公约》作为多边工具的具体实施方式，它的签订和应用并不会打乱或终止已经构建的双边协定网。根据后约优于先约的国际法原则，后缔结的多边协定在同一事务上优先于之前缔结的双边协定。《多边公约》仅需要通过兼容性条款修订双边协定中的部分规定，而不必修改任一双边协定，未涉及的双边协定中的其他条款仍继续有效。[19] 同时，《多边公约》在引入 MAP 仲裁程序中表现出的另一个优势是其承诺水平的弹性机制。如协定缔约国尚未准备在 MAP 中引入强制仲裁条款，各国可根据本国国情作出不选择适用的决定，以保留、弃权、限制等方式全部或部分排除或修订强制仲裁条款的法律效力，也可以在相应的替代条款之中作出选择。

概括来说，BEPS 第 14 项行动计划偏重 MAP 内容的完善，在提升 MAP 机制有效性的同时，减少 BEPS 其他项目带给税收协定适用的短期不确定性，第 15 项行动计划则通过制定《多边公约》不仅可提升落实 MAP 措施和修订双边税收协定的可行性，也可确保消除双重征税的国际共识框架的可持续发展，共同勾画出 MAP 机制改革和完善的路线图。应当注意的是，BEPS 一揽子成果作为国际税收治理中软法治理蓬勃发展的产物，依赖于“协同效力”和“功能约束力”推动全球税收治理，并不具有正式的“规范约束力”。[20] 为落实各国革新 MAP 机制的政治承诺，必须积极转化 OECD、UN 等国际组织推出的软法（Soft Law）技术，赋予其执行刚性。[21] MAP 机制能否得以完善并发挥相应的税制功能，最终是由各国签订的双边税收协定与国内法相关规定决定的。为确保“一带一路”税收争议解决机制能够良好运转，一方面，MAP 机制发源于双边税收协定，我国应首先参照上述改革建议积极与“一带一路”沿线国家协商沟通，

---

19 OECD 认为，多边工具中对税收协定的影响用“修订”比“修改”更为恰当，即多边工具无需对现存双边税收协定进行正式“修改”，相反，这些协定将被多边协议自动“修订”。OECD/G20 BEPS Project, Developing a Multilateral Instrument to Modify Bilateral Tax Treaties, Action 15: Final Report, Axxex A Para. 15, p. 31.

20 崔晓静：《全球税收治理中的软法治理》，载《中外法学》2015 年第 5 期。

21 Carlos Palao Taboada, New Spanish Regulation on the Mutual Agreement Procedure [J], Bulletin for International Taxation, July 2009, p. 273.

将相关改革措施纳入双边税收协定中的MAP规则中；另一方面，必须重视BEPS国际软法规则向国内硬法的转化，修改、完善国内法规则，为“一带一路”企业提供与MAP国际规则相匹配的国内征管机制。

三、按图索骥：“一带一路”国家税收协定的修改举措

从20世纪80年代初开始，中国为了营造有利于吸引外资发展国际经贸合作的税制环境，已先后与107个国家签订了双边税收协定，其中包括“一带一路”沿线65个国家中的55个国家。这些双边税收协定中的MAP条款内容基本是参照OECD范本或UN范本中的相应条款内容缔结的，在解决国际税收争议中发挥了积极作用的同时，不可避免地存在相同的缺陷，距离BEPS一揽子成果提出的最低标准方案仍有一定差距。为适应后BEPS时代及时有效解决国际税收争议的形式发展，中国应加快与尚未签订双边协定的“一带一路”国家谈签税收协定的步伐，更为紧要的是遵照BEPS一揽子计划中提出的改革要求，修订和完善已经签订的税收协定中的MAP条款。

（一）遵照最低标准方案，统一税收协定中的MAP规则

就我国已经与“一带一路”国家签订的55个双边税收协定来看，有50个双边税收协定完全采用了OECD范本第25条第1款至第3款的规定，仅有5个税收协定中的MAP条款与OECD范本第25条第1款至第3款的表述内容有所不同，主要分为以下两种情况：（1）中国与土耳其签订的税收协定中规定纳税人就违反协定的征税提出启动MAP申请的时间期限为1年，明显短于OECD范本第25条第1款规定的3年期限，对纳税人行使启动MAP救济的申请权的期限限制更为严苛，这与最低标准方案第1.1项的要求不符，与MAP机制保护纳税人合法权益的初衷不符。（2）中国与马来西亚、印度尼西亚、泰国、菲律宾签订的税收协定中没有纳入OECD范本第25条第2款第2句，即双方主管当局经相互协商达成的任何协议应予执行，而不受各缔约国国内法的任何时效限制。换言之，缔约双方没有承诺有义务执行双边主管当局经MAP程序达成的相互协议，缔约国国内法的时效限制规定可能影响达成的MAP协议的执行。这与最低标准方案第1.1项和第3.3项的要求不符，可能影响MAP机制解决争议的有效性，应当参照相关标准进行修改完善。

此外，鉴于“一带一路”合作的开放性，我们也应关注与第三方国家签订的双边协定中相关条款的其他差异问题。例如，中国与比利时、澳大利亚、意大利、墨西哥签订的税收协定中未纳入OECD范本第25条第3款第2句的内容，即缔约国双方主管当局也可以对本协定未作规定的消除双重征税问题进行协商，

由此限制了这些协定的MAP机制的功能作用范围，不适用于解决协定未规定的国际重复征税问题，与最低标准方案第1.1项的要求存在差距。此种问题同样应随着有关缔约国双方在双边税收协定中落实对应改革措施中加以改进。

一般来说，各国国内税法对于税款的征缴、重新调整、退税等事项，往往会设置税收时效加以限制，逾期不得再进行征收、纳税调整或退税。[22] 基于这种国内法上这类税收时效规定，一些国家在税收协定的MAP条款中未采纳OECD范本第25条第2款第2句，即达成的协商协议不应受缔约国国内法任何时效的限制。在这种情形下，双方主管当局通过相互协商达成的协议，如果因为与国内税法上的时效规定相抵触而无法执行，则争议问题最终无法经由MAP机制解决，而且同时又耗用了双方主管当局宝贵的行政资源。为此，最低标准方案第3.3项要求各国应在其税收协定中纳入OECD范本第25条第2款第2句，或采用替代措施，排除缔约国国内法中有关税收时效限制对达成的MAP协议的执行构成的法律障碍。前文提及，我国对外签订的绝大多数税收协定均采纳了OECD范本第25条第2款第2句，仅中马、中泰、中菲、中印尼以及中国—瑞士、中国—加拿大、中意、中巴协定中未纳入上述第2句规定。考虑到此种情况以及采用替代条款的可执行度，我国选择以第一种方式落实最低标准方案第3.3项。目前上述缔约国中，仅有印度尼西亚、意大利两国签署了《多边公约》且未对本项目提出保留。因此，建议我国尽快与印度尼西亚和意大利两国协商修改双边税收协定中MAP对应条款，便于缔约国双方纳税人尽快知悉相应变化并在争议解决实践中予以运用。

（二）疏通纳税人申请启动MAP的通道

我国目前对外签订的双边税收协定的MAP条款，基本是参照2008年以前的OECD范本第25条的模式缔结的，均规定纳税人只能向其居住国一方主管当局提出启动MAP申请，并未规定在居住国一方主管当局认为纳税人的异议不合理而拒绝启动MAP程序的情形下，应通过一种双边通知或磋商程序告知缔约国对方主管当局。为落实此项最低标准方案，我国选择对《多边公约》第16条第5款第a项予以保留，亦即并未采用最低标准方案第3.1项中的第一种允许纳税人可以向任一一方主管当局提起MAP的途径，而是选择第二种途径，如果我国主管当局认为纳税人所提异议不合理，拒绝向缔约对方提起MAP启动程序时，将通知缔约对方。相比于第一种途径，我们认为第二种途径更便于缔约双方主

22 我国《税收征收管理法》第52条对于未缴或少缴的税款、滞纳金设置了时间期限规定即为此类税收时效的限制。

管机关就纳税人提起的MAP启动申请是否合理彼此事先进行沟通，避免双方主管机关因案情信息不透明而可能产生的误解，有利于维护双方的条约合作关系。当然，最低标准方案第3.1项中能否最终实现“确保符合条件的纳税人可申请启动MAP”的目标，关键点是下一步在国内法层面予以落实，相关内容将在本文第五部分具体论述。

（三）明确是否引入仲裁机制的国家立场

最低标准方案第1.7项要求各国应表明其对MAP仲裁的国家立场，但仅是为了增加各参与国对在MAP中采用仲裁方式解决国际税收争议问题的国家立场的透明度，并不意味着各国承诺要在双边税收协定中的MAP中纳入仲裁机制。传统的国际税收仲裁大多数为自愿性仲裁程序，即仲裁启动主体是主管当局，且前提需要双方的主管当局就个案达成提交仲裁的一致协议。[23]而MAP中的仲裁程序主要的启动人并非作为仲裁当事人的缔约国双方政府主管机关，而是作为第三方的跨国纳税人，同时也将仲裁裁决是否生效的决定权赋予跨国纳税人，它实质上已经演化为一种具有强制约束力的国际税收仲裁程序。因此，纳税人对MAP中引入的仲裁程序表现出极大的兴趣和期待，希望借此提升争议案件解决的确定性和效率性。[24]然而，在MAP条款中引入强制性仲裁程序同时也涉及国家税收主权和政府对本国税收利益的保护，OECD和G20成员国并未就是否采用仲裁机制以确保MAP案件得到解决达成一致意见。例如，相比于发达国家和地区，东盟国家在仲裁方面几乎没有任何经验，其他发展中国家也因为资源和财力的局限等因素对仲裁程序保持观望态度。[25]

我国对仲裁机制一贯采取保守态度，并未在任何一个对外签订的双边税收协定的MAP中纳入该机制。在已签署加入的《多边公约》中，我国仍然坚持对采用仲裁方式解决国际税收争议问题的一贯立场，未选择适用其中第六章规定的仲裁条款，并不承诺在被涵盖税收协定的MAP机制中引入强制性仲裁程序。然而，我们认为，考虑到BEPS各项行动计划的推进，更多国家承诺采纳并实施具有强制约束力的仲裁机制，特别是伴随“一带一路”的推进，国际税收争议

---

23 廖益新：《OECD国际税收仲裁机制评析》，载《厦门大学学报（哲学社会科学版）》2012年第5期。

24 Annet Wanyana Oguttu , Resolving Treaty Disputes：The Challenges of Mutual Agreement Procedures with a Special Focus on Issues for Developing Countries in Africa［J］，Bulletin for International Taxation Dec 2016.

25 Zaleha Adam，Mutual Agreement Procedure Arbitration in Developing Countries - The ASEAN Experience［J］，Bulletin for International Taxation，2016（Volume 70），No. 4.

数量不断增多，我国对待仲裁程序的态度显得保守，仲裁程序作为MAP的后续性补充，应当考虑在双边税收协定的MAP条款中将其纳入，进一步提升国际税收争议解决的公平和效率。[26]

四、双管齐下：国内法征管机制的协同配套

为配合双边税收协定中相互协商程序的执行，国家税务总局于2013年9月24日发布《税收协定相互协商程序实施办法》（以下简称《实施办法》）。《实施办法》对于MAP的规定具体全面，是目前国内法层面实施MAP机制的主要政策依据。除此一般性规定，《特别纳税调整实施办法（试行）》（国税发〔2009〕2号）、《一般反避税管理办法（试行）》（国家税务总局令第32号）和《特别纳税调查调整及相互协商程序管理办法》（国税公告〔2017〕6号）等税务规章中，也有关于MAP适用的特殊规定，明确将MAP适用的争议案件范围扩大到包括一般反避税和转让定价等特别纳税调整争议。通过上述规范性文件和税务规章建立的国内税收征管程序制度，能够基本满足执行双边协定中的MAP争议解决机制的需要，但与BEPS第14项计划提出的最低标准方案要求相比，仍有一定的差距，而要适应未来后BEPS时代及时有效解决国际税收争议的形势发展，更需要花大力气进一步健全完善。

（一）确保主管当局善意履行MAP规则

就国内MAP规则而言，《实施办法》分别就中国居民（国民）申请启动、缔约国对方主管当局请求启动和我国主管当局主动向对方主管当局请求启动MAP等一般事项作了具体规定。详细研究发现，我国现行国内法层面的制度规定，基本符合“报告”第1.1项和第1.2项最低标准方案的要求，且未在《多边公约》中纳入第14项计划的最佳实践。虽然《特别纳税调整实施办法（试行）》允许企业可就转让定价对应调整问题申请启动MAP，但我国目前有相当数量的双边税收协定没有载入类似第9条第2款的条款。[27]由此而致的问题是，如果缔约国另一方不配合进行这种对应调整，缔约国一方的初次调整往往给纳税人造成新的国际重复征税。出现这样的结果有悖于税收协定消除国际重复征

[26] 关于OECD国际税收仲裁机制的评析以及我国应当引入仲裁机制的详细原因，具体可参见廖益新：《OECD国际税收仲裁机制评析》，载《厦门大学学报（哲学社会科学版）》2012年第5期。

[27] 在中国目前已缔结的102个双边税收协定中，有18个双边协定未纳入OECD范本第9条第2款规定，分别是中国与日本、巴西、韩国、保加利亚、意大利、比利时、马来西亚、加拿大、挪威、泰国、波兰、波黑、瑞士、西班牙、罗马尼亚、奥地利、匈牙利和斯洛文尼亚之间的双边协定。参见http：//www.chinatax.gov.cn/n810341/n810770/index.html，最后访问于2021年12月6日。

税的基本宗旨，也妨碍了通过双边协商确定合理的转让定价调整。随着当前和今后各国进一步加强在转让定价交易方面的反避税力度，由于不能实现国际对应调整而导致的新的国际重复征税问题也应予重视解决。因此我们认为，即便当前该最佳实践无法通过《多边公约》等方式得以实施，包括中国在内的有关国家在各自的转让定价税制立法过程中，应尽可能地朝 OECD 制定的《跨国公司与税务当局转让定价指南》或联合国《发展中国家转让定价实践手册》中建议的国际准则和标准看齐，避免过多地体现本国的国情特色。只有在缔约国双方各自的转让定价税制上具有更大程度的共同性，并且在实施转让定价规则实践中保持基本的一致性，才能为未来各国在双边协定中达成彼此同意作出对应调整的义务承诺留下制度空间。

就参与国相互监督机制而言，我们认为对于促进各国及时在双边协定和国内法层面落实执行有关最低标准方案，全面善意履行有关 MAP 的协定义务，同时提升其履行 MAP 义务情况的透明度，方便纳税人申请利用 MAP 救济机制，具有必要性和重要作用。实际上我国作为经合组织的“合作伙伴经济体”，这些年来已经参加了 FTA 下设的 MAP 论坛，并于 2013 年开始按经合组织有关 MAP 统计网页格式和标准的要求，报送 MAP 国家文档信息和有关 MAP 统计数据。因此，我国应该积极响应配合，同时积极参与目前经合组织正在组织进行的制定评估标准和评估方法的活动，提升规则制定过程中的国家参与度，争取形成一套科学合理的评估指标和实际可行的评估方法，以实现对各国落实最低标准方案和履行 MAP 义务情况的公正客观评估和监督。

（二）提升国内法与国际法规则间的匹配度

目前我国国内法中 MAP 运作机制基本符合最低标准方案第 2.1—2.6 项要求，但相比于那些在 MAP 领域有着丰富实践经验的国家仍有不小差距和不足。首先，《实施办法》在一些关系到纳税人申请启动 MAP 权利的重要事项上还缺乏足够明确的规定指引，可能难以满足最低标准方案第 2.1 项中要求的“表述清晰”的条件。例如《实施办法》未注意正确区分不受理纳税人的 MAP 申请和拒绝应纳税人请求启动 MAP 这两个不同的法律概念；第 17 条中对主管当局拒绝应纳税人请求向对方当局启动 MAP 的理由规定得过于含糊宽泛，不利于提高启动 MAP 条件的透明度。其次，国内现行有关 MAP 征管程序制度文件中未明确税务机关中具体负责 MAP 职能的工作机构、地位和工作人员的权限及其资源配置要求，与最低标准方案第 2.3 项至第 2.5 项有明显差距。最后，我国现行《税收征收管理法》中税务复议与诉讼作为国内法争议解决机制，与 MAP 的关系、MAP 协议与国内判决之间的效力关系等诸多问题未有明确的国内法律规定，与最低标准方案第2.6项要求不符。

对于上述问题，我国应参照OECD有关指导建议和域外经验，借助《税收征收管理法》修订的契机，在“争议处理”专章中引入关于MAP救济机制的原则性条款。同时，国家税务主管当局应参照MAP论坛统一要求的模式，抓紧编制内容更为全面、指引更加清晰的MAP指南，以提升MAP征管程序制度及其实际运作的透明度。MAP与国内争议解决机制衔接问题上，我们认为可确立二者之间的并行关系，有权申请MAP的纳税人同时也有权根据我国国内相关法律规定，就MAP案件争议问题诉诸税务行政复议或税务行政诉讼等国内救济程序。这是保障纳税人有充分的争议救济机制选择权的必要。如果纳税人选择同时申请启动MAP和国内法救济程序，从节约税收争议解决资源，避免出现两种不同的救济程序同时运行产生的争议处理结果不一致的问题，相关立法应规定争议受理机关只能选择运行其中一种救济程序，暂时中止另一种救济程序的运行，但相关争议受理机关应当就选择何种程序的信息及先选择MAP程序或国内法救济程序对适用另一种救济程序的可能影响结果，对纳税人履行相应的告知义务，以便纳税人能够根据案件实际情况和适用两类不同救济机制的利弊得失做出明智的判断选择，并承担相应选择的结果。

（三）疏通纳税人启动MAP的税制通道

我国在签署《多边公约》时选择采用最低标准方案第3.1项第二种途径，但《实施办法》中的相关规定并未完全达到上述要求。例如，因具有《实施办法》第16条规定的情形时，省级税务机关最终拒绝受理MAP案件时仅会以书面形式告知申请人，不必上报国家税务总局，更不必说通过双边通知或磋商程序告知对方主管当局；无独有偶，在满足《实施办法》第17条第2款的情形时，国家税务总局可以不启动MAP程序，只需要通过书面形式告知受理申请的省级税务机关，再由省级税务机关告知纳税人，不存在告知对方主管当局的规定。因此，我们认为，即便我国已在《多边公约》中明确对第16条第5款a)项进行保留，仍应在国内法层面进行立法修订和确认。例如，可在《实施办法》第16条中明确，省税务机关拒绝受理时在书面告知申请人的同时，将申请材料、意见和依据上报国家税务总局，若申请人未提出异议申请，则与缔约国另一方主管当局执行双边通知或协商程序。

最低标准方案第3.2项要求各国在其发布的MAP指南中明确列示纳税人在提交申请时应随同附送的各种信息材料，只要纳税人已按指南规定提交了各项信息材料，主管当局不得以信息不全或不充分为由拒绝MAP申请。虽然《实施办法》中已经列明纳税人需要提交的具体信息和文件，但在有关MAP启动条件的规定中并未以“应当”等强制性规定的形式予以强调和明确，并且有关MAP启动条件的规定存在形式条件和实质条件的混淆，影响受理MAP申请和启动MAP的效率。根据《实施办法》中的相关规定，MAP程序启动阶段涉及的行政主体为省税务机关和国家税务总局两级，省级税务机关应当是MAP启动申请的接受机关，拥有是否启动MAP决定权的是国家税务总局。考虑到行政工作中的人员配置、专业水平等行政能力以及行政效率，省级税务机关更应当承担MAP受理的形式审查，国家税务总局承担MAP启动的实质审查。《实施办法》第14条罗列的省级税务机关受理纳税人申请应当同时满足的五个条件中，前两个为形式条件，后三个为实质条件，增加了接受申请的省级税务机关审查决定是否受理的负担，影响受理申请工作的效率。我们认为，该条仅应设置接受申请的三个形式条件，即除原文前两个身份条件和时间条件外，额外增加纳税人在按照指南规定提交各项信息材料的材料条件，并且将原文后三个实质条件与MAP的启动条件进行适当合并。

实务研究

法治评估的回应型模式

——以广州法治示范街镇创建实践为例

广州市委依法治市办课题组*

【内容提要】 法治建设评估指标的设计主要可以分为内部评估与外部评估两种模式，但存在指标体系开放性不足、评估过程缺乏互动性和评估结果与法治建设之间缺乏连通机制等问题。回应型治理的核心内容在于开放性、整体性和实质性，是与社会需求相同步的治理模式。广州的法治示范街镇创建过程中，通过以评促建、内外结合和上下联合的方式，实现了回应社会需求的法治评估模式，形成了回应型治理法治评估模式。

【关键词】 法治评估　回应型治理　法治示范街镇创建

自2014年中共中央颁布《关于全面推进依法治国若干重大问题的决定》以来，“全面依法治省”“全面依法治市”“全面依法治区（县）”等提法不断出现，地方开展了各式各样的法治创建活动，并设计了一系列法治考评指标。在此之前，各个地区就探索设计了各种法治评估指标。如2007年杭州市余杭区《“法治余杭”量化考核评估体系》[1]、2010年《湖北省法治政府建设指标体系（试行）》、2011年《法治昆明综合评价指标体系》，等等。地级市、区（县）的法治评估建设始于2008年全国普法办的《关于开展法治城市、法治县（市、

---

* 广州市委依法治市办课题组，主持人：高秦伟——中山大学法学院教授、博士生导师，主要研究领域：宪法、行政法；执笔人：屈志强——中央财经大学法学院博士研究生，主要研究领域：行政法。课题组成员还有广东广信君达律师事务所运筹团队管理合伙人蒋利律师、陈小英律师以及刘雅菲律师、孟令君律师。

1 《我国内地首个“法治指数”在浙江出炉》，载中国政府网，http：//www.gov.cn/zmyw200806b/content_1017384.htm。

区）创建活动的意见》，在2009年《关于开展首批“全国法治县（市、区）创建活动先进单位”评选表彰工作的通知》中进一步落实，2013年《关于深化法治城市、法治县（市、区）创建活动的意见》将这项活动推向高潮。目前为止，国内大多地区都已经建立了相对成熟完善的法治评估指标体系，指标得分成为衡量省、市、区（县）法治建设水平的重要指南。

党的十八届四中全会指出，全面推进依法治国，基础在基层，工作重点在基层。基层治理的法治化水平决定了全面依法治国的水平，街镇与群众直接面对面，其法治水平直接影响群众的幸福感、获得感。因此，全面推进基层法治建设，重点就在于街镇的法治化。在推进基层法治建设过程中，一些地区作出了许多有益的探索，如“街乡吹哨、部门报到”的北京什刹海模式[2]、“1+4”的寿光实践[3]等。然而，这些探索还存在一些不足：纵向上，街镇一级法治政府建设进展较慢，相对滞后于市、区两级法治政府建设；横向上，当前街镇的法治建设主要集中在依法行政层面，在党的领导、制度建设、支持司法、全民守法等方面的探索不足。着眼于此，“以评促建”“评建结合”的广州法治街镇建设指标体系建设便有了基本方向，从而形成了开放、整体与注重实质的法治街镇建设的回应型模式。

一、法治建设的评估模式及基本面向

我国的法治评估起步较晚，在21世纪之后才逐渐开展。中国社会科学院2004年开始，每年发布《中国法治发展报告》，并在2010年成立国家法治指数研究中心。“余杭指数”是我国首个地方法治指数，在此基础上各个地区发展出了许多的评估指标。[4]此外，还有许多专项性的法治评估，如立法评估、法治政府评估、司法评估等。[5]

《中共中央关于全面深化改革若干重大问题的决定》提出，要“建立科学的法治建设指标体系和考核标准”，而《中共中央关于全面推进依法治国若干重大问题的决定》提出要“把法治建设成效作为衡量各级领导班子和领导干部工作实绩重要内容，纳入政绩考核指标体系”。法治建设评估的量化，逐渐成为各个

---

2 参见海峰、张士强：《街道吹哨 部门报到——北京市西城区什刹海街道综合执法实体化平台建设探索》，载《前线》2018年第3期。

3 参见赵绪春：《简论基层市域社会治理现代化》，载《民主与法制时报》2020年10月25日02版。

4 陈东升、王春：《毛新利：“余杭法治指数”来龙去脉》，载《法制日报》（现为《法治日报》）2012年11月7日04版。

5 李昌庚：《中国法治评估的困惑与出路》，载《学海》2018年第1期。

地区的重点内容，既要“经济 GDP”又要“法治 GDP”逐渐成为常态。[6]

（一）法治建设的评估模式及其存在的问题

对于法治建设的评估模式，有着各种各样的分类。在指标设计上，有“既有评价”与“目标设置”、“定性要求”与“定量评价”的区别。[7] 在方法上，有“体制性进路”和“价值型进路”之分。[8] 事实上，对于评估模式的具体争论，根源上都是对于“法治”的理解不同，无论是单一式的形式法治主义还是开放式的实质法治路径，都不能完全直接消弭目前的法治评估体系的争论。根据评估主体的不同，可以将法治建设的评估模式分为内部评估与外部评估两种类型。

1. 内部评估

内部评估，即党政机关、司法机关等内部组织的考核评估，其中在法治政府评估中，主要指由党委、政府机构或部门组织实施的评估模式。实践中的内部评估能够与政府主导型的法治框架相适应。政府主导作用主要体现在评估标准指数的制定、组织和实施主体以及参与评估主体三个方面。

首先，内部评估标准指数制定机关大多是党委或政府。党委或政府设定基本的指标体系，作为考核地方的指标。这主要有两种表现形式，一是党委与政府联合制定。如 2008 年深圳市制定的《深圳市法治政府建设指标体系（试行）》，2010 年湖北省制定的《湖北省法治政府建设指标体系（试行）》，2011 年辽宁省印发的《辽宁省法治政府建设指标体系》等。二是由政府单独制定。如 2011 年的《苏州市法治政府建设指标体系》《青岛市市南区法治政府建设指标体系》，2013 年的《广东省法治政府建设指标体系（试行）》等。可以说内部评估中的地方党委、政府主导了标准的制定过程，这种主导性体现在指标体系的起草、标准的确定等方面。

其次，内部评估的指标参数组织和实施主体一般是政府内部机构、单位。典型的表述，有法治政府建设领导小组，如《深圳市法治政府建设指标体系（试行）》；县区政府、市政府各部门、直属机构及有关单位，如《马鞍山市建设法治政府定性定量指标（2009—2013 年）》；县区政府及市政府直属各单位，

---

6 参见周佑勇：《既要“经济 GDP”又要“法治 GDP”》，载《新华日报》2017 年 7 月 19 日 15 版；马怀德：《“法治 GDP”比“经济 GDP”更重要》，载《法制日报》（现为《法治日报》）2011 年 8 月 31 日 09 版。

7 参见钱弘道等：《法治评估及其中国应用》，载《中国社会科学》2012 年第 4 期。

8 参见戴耀庭：《香港的法治指数》，载《环球法律评论》2007 年第 6 期；陈柳裕：《法治政府建设指标体系的“袁氏模式”：样态、异化及其反思》，载《浙江社会科学》2013 年第 12 期。

如《温州市法治政府建设指标体系（试行）》；各级政府及其部门，如《吉林省法治政府建设指标体系》等。由此，从指标体系的组织实施主体来看，一般大多为政府内部组织和实施。

最后，从评估的参与主体来看，同样具有闭合性。一般这种评估的参与主体，表述无非是“政府系统内部评估与外部公众评估相结合”“政府评议为主，外部评估为辅”等，尽管有时表述“内部评估”与“外部评估”相结合，但是从指标设计上看，大量指标的评定仍然是政府评估占据主导地位。

因此，从这三个方面来看，内部评估模式具有内部闭合特征，因此容易产生人民对于法治的实际感受与政府评估结果之间的疏离，进而损害政府的公信力。

2. 外部评估

政府主导型的内部评估，往往容易陷入“自说自话”的困境，其公正性难免受人质疑。因此，以外部评估（第三方评估）来保证评估结果的公正性的做法逐渐受到重视，外部评估的考核结果对政府法治水平形成了一种倒逼机制。目前中国的外部评估方式可以分为以下三种类型：首先是“完全独立”型，这是指没有委托方、不需要委托方资金的评估模式；其次是“准独立”型，这是指受政府或司法机关的委托、使用委托方资金开展评估的模式；最后是“合作”型，这是指政府或司法机关与第三方合作完成评估。[9]“完全独立”型如“世界治理指标”、世界正义工程等，但这种模式在我国发展并不充分。即便是一些非政府组织实施的评估，但“资助方更感兴趣的是法治给营商环境或秩序稳定的持续贡献。除了主导法治的官方力量之外，很少有人为地方法治部署的落实与否去‘买单’。”[10]“准独立”型与“合作”型之间并没有本质差别，不过是在介入的程度上有所区别。但无论是“准独立”型，还是“合作”型，都未跳出政府主导型的法治框架。

政府主导型与形式法治相互交叠，使得第三方的评估仍然受到政府的约束。法治政府的指标设计很大程度上仍然有形式法治色彩，但同时由于有第三方的参与也使得这种评估具有一定的开放性特征。因此，内部评估与外部评估相结合，“既能有效地获得数据、使得评估结果能够得到重视与运用，也要保证其评估的中立性与客观性，增强评估结果的可信性与公信力”[11]。

9　参见钱弘道：《中国法治评估的兴起和未来走向》，载《中国法律评论》2017年第4期。

10　李朝：《法治评估的类型构造与中国应用——一种功能主义的视角》，载《法制与社会发展》2016年第5期。

11　汪全胜：《法治评估主体的模式探析》，载《法治研究》2015年第2期。

（二）传统法治建设评估模式的问题

由于法治建设评估的政府主导型法治框架为法治评估套上了“金箍”，使得法治建设的评估总体上呈现形式理性主导的情况。尽管引入第三方机构进行评估，但是仍然未跳出政府主导的框架。当然，绝对的形式法治主义固然脱离了法治的内涵，但绝然的实质法治所涵括的价值判断过多，同样影响评估结果的客观性。

首先，指标体系开放性不足。国内的法治建设考核存在许多不同指标体系版本，有学者将目前的考核数据获取基本方式归为三种，即“官方数据”“民调数据”和“网络数据”。[12]同时，考核评估体系设计相对简单，一般采用多项变量等值加权后的数值，这种数值一般使用定性数据。这就造成了“定性数据更容易受考核机关工作人员的主观感知或者情绪波动影响。而评估中采用过多的定性数据必然会影响评估的公正性。”[13]

其次，评估过程互动性不足。就内部评估而言，其是由政府内部组织实施的方式，中立性和公正性容易受人质疑。“由政府发起的法治评估往往因评估主体与评估对象的混同而被视为缺乏中立性和客观性，容易遭到信度质疑。”[14]就外部评估而言，“某些官方委托的第三方评估，例如武汉市政府委托麦肯锡进行的政府绩效评估，虽然技术操作由第三方完成，但第三方只是作为工具性身份参与，各种实质权力依法仍保留于相关政府机关，因此实质上的评估主体仍然是政府。”[15]在公众参与方面，公众作为法治政府的最终服务主体，有权对政府工作进行评估打分。然而，随机抽选一些公众对法治政府指标进行评估，公众参与度不足且分值比重往往偏低。

最后，评估结果与法治建设之间缺乏连通机制。地方法治评估指数的设计，从价值上看，大多仍是工具性思维，“最终目的是彰显或论证地区的经济发展水平和综合竞争力。”[16]如果法治指数结果的高低无相关保障机制，就可能使指数“越来越高”，导致法治评估整体沦为“自说自话”，最终损害党和政府的公信力。

二、回应型治理的核心内容与制度

法律的模式可以分为压制型法、自治型法和回应型法三种理想模式。压制

---

12 钱弘道：《中国法治评估的兴起和未来走向》，载《中国法律评论》2017 年第 4 期。

13 刘艺：《论我国法治政府评估指标体系的建构》，载《现代法学》2016 年第 4 期。

14 张德淼、李朝：《中国法治评估进路之选择》，载《法商研究》2014 年第 4 期。

15 钱弘道：《法治评估模式辨异》，载《法学研究》2015 年第 6 期。

16 陈林林：《法治指数中的认真与戏谑》，载《浙江社会科学》2013 年第 6 期。

型法以管理论为基础，强调公民服从，这种服从并不一定是立基于民主，因此容易产生政治合法性危机。由此产生了自治型法，这种模式强调法治的内部严密性，将法律视为逻辑自洽的系统，因而难以迅速有效地对法律进行回应。因此，为回应型法的产生提供了社会基础，这种法律模式强调公民意识，持一种多元主义法律观。[17]对我国而言，“经济社会的发展也同时出现了多样性的特征，因此需要同时去关注自治型法与回应型法的社会需求，更需要关注作为外部的社会力量及其对法治的作用”。[18]此外，受回应型法理论影响出现了回应型行政，“回应型行政承认并尊重公众的主体地位，在行政执法过程中扩大公众的有序参与，吸收专家学者作为政府与公众的理性中介，以文明、柔性的非强制行政手段为主，注重行政机关与行政相对人之间的协商、沟通与合作，以求行政能够积极能动地回应公众的多元化利益诉求和社会发展的多重需求，最终实现善治。”[19]

习近平总书记指出，“群众拥护不拥护是我们检验工作的重要标准”[20]，这与回应型治理中更强调公民个人的主体性理念不谋而合。总而言之，回应型治理逐渐从幕后走向台前，并成为法律分析的一套理论工具。将其运用到法治建设评估中来，通过设置开放性、整体性的法治评估指标，实现“以评促建”“评建结合”，最终建成人民满意的法治国家、法治政府和法治社会。

（一）从封闭走向开放

开放是回应型治理的基本特征，主要包括三个方面：首先是政府对公众的信息公开；其次是政府对公众诉求的反应和回复过程的回应制度；最后是公众对政府回应的评价反馈，以及政府对公众评价的回馈反应。[21]因此，回应型治理的基本特征便是全流程的开放。具体到法治建设评估中，这种开放性主要体现在评估过程的公众参与方面，包括事前、事中和事后的参与。

事前的公众参与，主要指的是评估指标参数的设计要回应公众的关切，要体现公民的意志。具体而言又有两个层面的要求，一是指标参数的确定应当由

17　参见［美］诺内特、［美］塞尔兹尼克著：《转变中的法律与社会：迈向回应型法》，张志铭译，中国政法大学出版社2002年版。

18　高秦伟：《社会自我规制与行政法的任务》，载《中国法学》2015年第5期。

19　杨峰、徐继敏：《论回应型行政的法治维度及其实现路径》，载《安徽大学学报（哲学社会科学版）》2017年第5期。

20　《习近平考察贵州：政策好不好　要看乡亲们是哭还是笑》，载人民网，http：//jhsjk. people. cn/article/27166707。

21　崔卓兰、张继红：《从压制型到回应型：行政法治理模式的转换——群体性事件的行政法反思》，载《社会科学辑刊》2014年第6期。

第三方主体进行，政府仅关注宏观政治方向等方面的控制，而不应当干涉具体指标参数的确定，以保证指标指数的客观中立性；二是独立的第三方往往是专业性较强的专家、专业机构等主体，这些专家组织在确定指标参数时，也应当有征求公众意见的程序或机制，以防止专家擅断，保证指标参数始终体现人民意志。

事中的公众参与，主要指的是法治建设评估过程中的公众意志输入过程。一方面，在法治建设评估的指标参数中需要确立一定比重的公众参与数值，例如行政决策中的公众参与、行政立法中的公众参与等，以保证行政过程中的群众意志对政府行政过程的监督。另一方面，法治建设评估过程中同时需要保证公众的实质参与，即不能仅仅局限于“公众是否满意”等宽泛的指标，而应有更为具体翔实和具体的程序机制，例如通过组织网上的座谈会、听证会等形式多样的公众参与机制，保证公众参与落到实处。

事后的公众参与，主要指的是评估指数结果公布后，公众对评估结果信任度的再追踪、再反馈、再评价。根据公众的反馈意见，及时修正法治建设评估的指标参数设置，进一步扩充或者缩减相应指标、分值、比重等，以保证结果的客观性与公众感知的大体一致。

总而言之，“法治指标体系具有‘嵌入性’的特质，其既是评价法治的机制和方法，同时又嵌入到法治进程当中，构成法治建设的一部分。而法治本身会根据社会情境的变化而产生动态和连续的细微变化，如果法治评估长期保持静态，就可能会出现不适应法治发展需求的后果，也可能会因无法兼顾时间维度差异而产生新问题、新情况。”[22] 只有保持法治建设评估的动态开放，才能真正回应民众诉求，实现真正意义上的法治。

（二）从孤立走向整体

顺应行政法治的转型，避免法治评估的孤立与片面，需要以一种动态和整体性视角考察。首先，一项行政决定的最终作出，具体的某一项行政行为的生效，势必在内部经过一定的过程。例如，国务院出台的《重大行政决策程序暂行条例》就明确规定了一项重大行政决策作出时所应当遵循的基本程序；再如，《行政法规制定程序条例》同样明确规定了制定一项行政法规所应当遵循的程序。只有经过审慎的程序才能使行政结果的作出不至于恣意擅断，也能保证结果的科学性。

其次，强调在行政行为结果作出之前的行政过程中提高行政管理工作的透

22 张德淼：《法治评估的实践反思与理论建构——以中国法治评估指标体系的本土化建设为进路》，载《法学评论》2016 年第 1 期。

明度和公开度，也是保障公民程序性权利的应有之义。我国是人民民主国家，这种民主性必须通过相应的法律制度予以保障。通过在宪法法律中规定公民的程序性和实体性权利，在行政管理过程中保障公民的参与权利是宪法基本权利的延伸，是人民主权原则在制度中的具体展现。

最后，以往的法治政府建设过程的评估多是作为一种专项评估的形式存在，往往与司法、立法等其他法治要素之间粘连性偏弱，甚至有损法治的统一性。只有将法治建设评估放置于整体性的视角下，分析立法、执法、司法以及守法之间的关系，而不仅仅局限于法治政府领域，才能最终实现良法善治，也才是法治国家、法治政府、法治社会最终的落脚点。

（三）从形式走向实质

现代法治所面临的问题其实就是形式法治可能造成的缺陷，即使实质法治能够在某些方面弥补形式法治的弊端，但形式法治仍然应当作为社会治理的主要形式。[23]

探求法律的目的，寻求政策规范中的内在价值原则是回应型法理论的立论基础。因此，法律不再是一种机械性的、教条式的文本上的法，而是一种面向生活的“活法”。“在某种程度上说，目的性便利于详尽阐述法律的任务，因为它要求探究实质性结果以及为有效履行各种机构责任所实际需要的东西。换言之，目的型法是以结果为指向的，因此，它明显不符合那种无视结果的传统的正义形象。”[24]走向实质法治，是回应型治理的基本特征。

从实证方面来说，法治建设评估面向的是充满不确定性的社会现实，在客观性与不确定性之间存在一定张力，实质正义要求客观评估应当适时而变，要体现人民意志。

三、法治街镇建设评估的广州实践

自2004年国务院《全面推进依法行政实施纲要》颁行以来，各地逐步展开法治评估的实践。地方的法治政府建设评估的实践促进了法治政府建设，提高了地区的法治化水平。但目前各地的法治评估实践存在至少三个方面问题，第一，法治建设主体单一，即仍然只是将政府作为法治建设的主体，而忽视市场、社会乃至个人在法治建设中的主体地位，只将正式制度纳入法治评估的视野，

23　参见高鸿钧著：《现代法治的出路》，清华大学出版社2003年版，第75页。

24　［美］诺内特、塞尔兹尼克著：《转变中的法律与社会：迈向回应型法》，张志铭译，中国政法大学出版社2002年版，第93页。

而忽视非正式制度的法治建构功能。第二，国家主义色彩，遵从国家和政府的顶层设计，法治评估只是追随和细化相关指导文件的内容，无法充分体现出“评价”本身所蕴含的反思功能。第三，目标完成型任务分摊，将法治建设简单化为对政府日常工作行为的测量，既不能有效应对非目标性因素的风险，也不能辨识、发现潜在的促进或阻碍法治建设的要素。[25] 在广州的法治街镇建设评估中，在吸取各地实践的基础上试图发展出开放式的指标体系，在目前以形式法治为主的情况下，建构开放式、反思型的基层治理背景下法治建设评估指标体系。

（一）以评促建，法治街镇建设评估的首要目的

“法治建设重点在基层，难点也在基层。”[26] 目前的法治政府建设评估，大多集中于区县、地级市以及省级层面，直接面向街镇的评估指标等较少，而街镇作为直接面向人民群众的一线，迫切需要一套能够直接指引街镇法治建设的具体路径、框架等指导。评比考核的重点在于，通过客观的评估，得出相应的指标参数，寻找法治建设中的短板不足，进一步推进法治街镇建设。

一方面，“以评促建”手段在“评”，即通过评估的手段和方式确定地方法治建设水平，并以此作为诊断或问责的依据。以法治评估作为抓手，一则能够明确地方法治建设的基本情况，了解当前法治建设的问题；二则通过评估结果，能够对相关街镇进行表扬或者问责，是一种街镇法治化治理的激励措施。另一方面，“以评促建”核心是“建”，即通过评估得出的参数结果，以此指引街镇进行法治化建设。根据建设指标结果，能够了解各个街镇的法治建设短板，并以此为基础指引街镇的法治化建设进程。同时，出台的具体指标体系能够为基层量身打造一套具有针对性的法治建设路径，成为衡量法治建设质量高低的一种指标。

（二）内外结合，法治街镇建设评估的基本特征

与以往的法治建设评估欠缺外部开放性特质相比，广州的法治街镇建设评估形成了内外结合的工作特征，这主要体现在三个方面：

首先，广州的法治示范街镇建设评估通过借助专家、专业机构外脑，尽可能地客观中立反映街镇法治建设评估的基本情况，并对建设情况进行较为公正的评分。其次，广州法治街镇建设评估通过多种渠道征求民众意见，听取民众

25　参见王浩：《论我国法治评估的多元化》，载《法制与社会发展》2017 年第 5 期。

26　唐一军：《奋力开创法治中国建设新局面》，载《人民日报》2020 年 10 月 22 日 09 版。

意见，反映民意民声，能够最终实现民情民意对法治建设的输入过程。最后，广州法治街镇建设同样是一种回应改革需求的过程，将法治评估与改革发展方向相互结合，最终实现以改革促法治、以法治保障改革的格局。广州的法治街镇建设评估，尽可能地“注意法治政府建设评估标准与法律法规规定的政府履职程序要求和党中央有关重大改革决策指向（如行政审批改革、行政权力责任清单、‘放管服’改革等）的衔接，防止出现评估标准与法律和改革决策‘两张皮’的现象。”[27]

（三）上下联动，法治街镇建设评估的基本方法

就具体的工作方法来说，在广州法治街镇建设评估中，形成了上下联动的基本工作方法，形成了“三上三下”的典型做法。

“一上”即在广州法治街镇建设评估的指标参数设计上，首先通过对各个区选拔的法治建设底子较好、有突出成果的街镇进行考察调研，听取街镇意见和建议，并在此基础上形成初步指标。“一下”，即将初步设计的指标参数回到街镇，进一步听取街镇对指标参数的意见建议和对“全面依法治街（镇）”的一些看法。

“二上”即在前期征求的街镇意见和看法基础上，对街镇的意见和建议进行归类分析，并在此基础上进一步完善相应指标。“二下”即将完善的指标体系扩展到所有街镇，听取所有街镇的意见和建议，吸收街镇的看法经验以及有益做法。

“三上”即在前期吸收的所有街镇意见建议的基础上，再进一步打磨法治街镇建设评估的指标，并形成最终的指标体系。“三下”即将最终形成的指标体系下放到各个街镇，由各个街镇进行创建，并通过这种方式提升街镇法治化建设的能力。

四、迈向回应型治理：法治街镇建设的广州模式

问责、学习与赋能是法治评估的三种功能。[28] 首先，广州的法治街镇建设评估的结果成为法治街镇成效的好坏标准，并以此成为奖惩依据；其次，通过评估的过程能够明确街镇进行法治化的基本方向，因此也是街镇自我学习的过程；最后，广州的法治街镇建设最终应当回应人民群众的需求，即应当听取利益相关者的意见建议。总之，从封闭走向开放、从孤立走向整体、从形式走向

27 方军：《我国法治政府建设评估机制的构建与完善》，载《中国法律评论》2017 年第 4 期。

28 王浩：《论我国法治评估功能的类型化》，载《河北法学》2018 年第 12 期。

实质，是回应型治理的核心内容，也是广州在法治街镇建设评估过程中所应用的指导原则，可以说这种回应型治理的基本思想贯穿于广州法治街镇建设的全过程。具体而言，在广州创建法治示范街镇过程中，通过以评促建、内外联合和上下联动的方式，使得法治街镇建设真正走向回应型治理框架，这也就是法治街镇建设的广州模式。

论反不正当竞争法对消费者权益的保护

陈贤凯*

【内容提要】 我国反不正当竞争法应摆脱竞争关系的桎梏、超越知识产权的定位，摒弃整体保护的偏见，为消费者权益提供直接保护。反不正当竞争法调整的侵害消费者权益的不正当商业行为可分为损害消费决策信息基础的行为、不当影响交易决定过程的行为及侵害私人领域的行为。这三类行为可进一步类型化、具体化。可采用专门政府机关实施、消费者个人或集团诉讼及消费者协会诉讼三种模式实现反不正当竞争法对消费者权益的保护。

【关键词】 不正当商业行为　消费者权益　误导性商业行为　侵略性商业行为

一、问题的提出

各国早期的反不正当竞争法及《巴黎公约》的早期版本均以保护诚实经营者为唯一目的，消费者保护是维护经营者利益、制止不正当竞争行为的附带效果。20世纪六七十年代兴起的消费者运动对反不正当竞争法产生了深刻影响，各国相继建立保护消费者权益的制度，打击不正当竞争行为。《巴黎公约》1958年文本增加了误导宣传条款，引入消费者保护元素。2005年欧盟《不正当商业行为指令》（以下简称《指令》）的颁行更具有分水岭意义，博德维希教授评价道："反不正当竞争法保护最初仅仅关注竞争者（消费者只是一种'反射'），而《指令》则完全相反：它现在只关注所谓的'B2C关系'中的消费者保护

* 陈贤凯——暨南大学法学院/知识产权学院院长助理、副教授、知识产权系主任，主要研究领域：知识产权法、反不正当竞争法。本文受广东省哲学社会科学"十三五"规划学科共建项目（项目编号：GD18XFX09）、教育部人文社会科学研究青年基金项目（项目编号：20YJC820008）资助。

问题（对竞争者的保护最多只是一种‘反射’）。”[1] 总而言之，引入消费者保护已成为反不正当竞争法现代化的重要标志。[2]

我国1993年颁行的《反不正当竞争法》从一开始就将“保护消费者的合法权益”作为其立法目的，2017年进一步在第2条中将“损害消费者的合法权益”作为认定不正当竞争行为的标准，立法上十分重视吸纳反不正当竞争法的现代化元素。然而，除了虚假宣传与不当有奖销售外，现行法对其他直接侵害消费者权益的不正当竞争行为未作规定。同时，现行法也未设置消费者或其协会的诉权，因此，即使对已有明文规定的虚假宣传和不当有奖销售行为，消费者也只能获得经营者的“反射保护”或行政机关的执法保护。鉴于行政机关无法根据一般条款查处不正当竞争行为，[3] 对市场上其他门类繁多、花样翻新的侵犯消费者权益的竞争行为，消费者亦无法获得行政执法的有效保护。

我国反不正当竞争法是否应当规制侵害消费者权益的不正当竞争行为？具体应当规制哪些？反不正当竞争法中消费者权益的实施机制应当如何完善？本文拟对此展开思考。

二、反不正当竞争法应当直接保护消费者权益

经营者侵害消费者权益的不正当商业行为已成为“消费者易受伤害性”（consumer vulnerability）的主要原因，制止不正当商业行为对维护良好的市场环境、保护消费者权益的重要性不言而喻。[4] 这些行为作为经营者在商业活动中的不正当竞争手段，理应受到反不正当竞争法调整。然而，在我国，通过该法为消费者权益提供直接保护面临着三方面的理论障碍，通说认为：第一，该法仅调整具有竞争关系的经营者之间的不正当商业行为；第二，该法本质上是知识产权法，与消费者保护无关；第三，该法对消费者的保护是整体性、间接的保护。

考虑到制止侵害消费者权益的不正当竞争行为的重要性，以及世界反不正

1 Reto Hilty, Frauke Henning - Bodewig, ed., Law Against Unfair Competition: Towards a New Paradigm in Europe?, Springer 2007, Preface.

2 孔祥俊：《论反不正当竞争法的现代化》，载《比较法研究》2017年第3期。

3 “由于本法没有针对违反‘一般条款’设定相应处罚，按照《行政处罚法》第三条中‘没有法定依据或者不遵守法定程序的，行政处罚无效’的规定，行政机关不能适用‘一般条款’查处不正当竞争行为。”（王瑞贺主编：《中华人民共和国反不正当竞争法释义》，法律出版社2018年版，第6-7页。）

4 European Commission, Consumer Vulnerability across Key Markets in the European Union (final report), 2016, p. 168.

当竞争法的发展趋势，本文认为，我国反不正当竞争法应当超越“竞争关系”，超越“知识产权”，超越“整体保护”，通过规定禁止侵害消费者权益的不正当商业行为的一般条款与示例条款，为消费者提供直接、具体的保护。

（一）超越“竞争关系”

一种典型的观点认为，不正当竞争行为认定的前置标准是“竞争关系”，只有发生在竞争对手之间并直接或间接损害了竞争对手利益，进而损害了竞争秩序的行为，才宜被认定为不正当竞争行为。[5]由于消费者与经营者之间不存在竞争关系，经营者侵犯消费者权益的不正当商业行为就不属于该法调整的范畴。这一观点在司法实践中得到普遍贯彻。[6]

然而，自20世纪中期以来，各国反不正当竞争法大多表现出“竞争关系的宽解释与弃置”的趋势。[7]对于《巴黎公约》第10条之二所规定的“不正当竞争行为”，新近的解释认为，不正当竞争的构成并不要求当事人之间存在竞争关系，而只要求该行为与贸易有关。换言之，巴黎公约成员国可以自由给予制止不正当商业行为的保护，即使当事人相互之间不具有竞争关系；其唯一的要求是，不正当商业行为违反了“工商业领域的诚实习惯”。[8]《反不正当竞争示范条款》同样不再要求行为人与受损害人之间具有竞争关系。[9]大多数国家，如德国、比利时、捷克、丹麦、荷兰等，均已不将竞争关系作为确定不正当竞争行为的要件。我国也有学者认识到：对不正当竞争行为的认定，不仅不需要限定行为人的资格，也不需要限定受害人的资格，即不必限定受害者必须是经营者；[10]从保护消费者的目的出发，是否涉及竞争关系显得无关紧要。[11]

理论上，我国《反不正当竞争法》并未将调整对象局限于竞争对手之间的

---

5 焦海涛：《不正当竞争行为认定中的实用主义批判》，载《中国法学》2017年第1期。这种观点亦得到司法实践支持，参见北京市第一中级人民法院（2012）一中民初字第6959号民事判决书，安徽省合肥市中级人民法院（2007）合民三初字第39号民事判决书等。

6 上海市高级人民法院（2005）沪高民三（知）终字第36号民事判决书。另参见广东省高级人民法院（2004）粤高法民三终字第7号民事判决书。

7 孔祥俊：《论反不正当竞争法的现代化》，载《比较法研究》2017年第3期。

8 Rogier W. de Very, Towards a European Unfair Competition Law: A Clash between Legal Families, Martinus Nijhoff Publishers 2006, p. 13.

9 International Bureau of WIPO, Model Provisions on Protection against Unfair Competition (Articles and Notes), 1996, p. 10.

10 王先林：《论反不正当竞争法调整范围的扩展——我国〈反不正当竞争法〉第2条的完善》，载《中国社会科学院研究生院学报》2010年第6期。

11 谢晓尧著：《竞争秩序的道德解读——反不正当竞争法研究》，法律出版社2005年版，第85页。

不正当商业行为。1993年立法时特将草案第1条“保护经营者的合法权益”修改为“保护经营者和消费者的合法权益”，可见保护消费者利益是立法者特意强调的立法目的。[12] 2017年修订的《反不正当竞争法》第2条新增“损害消费者的合法权益”作为认定不正当竞争的判断标准，然而，立法者却强调“对于经营者实施的损害消费者的合法权益但不涉及竞争关系、竞争秩序的行为，不属于本法规定的不正当竞争行为。”[13] 那么，是否能由此推出本法完全不调整经营者损害消费者权益的不正当商业行为呢？答案应该是否定的：只要这类行为足以“影响竞争秩序”，仍应属本法的调整对象。现行法保留禁止虚假宣传和不当有奖销售的条款就是明证：经营者从事虚假宣传和不当有奖销售行为，其直接伤害的对象是消费者；禁止该两类行为，最直接的效果是保护消费者权益，其对不特定竞争者的保护反而是一种“反射”；这两种行为就是典型的“经营者实施的损害消费者合法权益的不正当竞争行为”。

（二）超越“知识产权”

另一种观点认为，反不正当竞争法属于“单纯的保护智力活动成果的法律”，因此“与消费者的保护没有直接关系”。[14] 我国司法将知识产权与不正当竞争案件放在同一类案由中，由同一审判庭审理，在某种程度上是这种观点的反映。[15] 学界通常也将反不正当竞争法作为知识产权法的一部分。[16]

然而，这一判断与反不正当竞争法的历史不符。首先，在各国反不正当竞争法规范中存在大量与知识产权无关的内容，例如比较广告、不正当价格和附赠行为等。学者直言：传统上，反不正当竞争法被认为是与知识产权法不同的独立的法律领域。[17] 其次，反不正当竞争条款被纳入保护工业产权的《巴黎公约》，更多的是实用主义驱动的结果，并非由该法的本质或逻辑所决定。缔约国为了保障其工业与国际贸易中的权利，有选择性地将与工业产权有密切关系的不正当竞争条款写入公约，而不考虑反不正当竞争法中与工业产权关系不大的

---

12 薛驹：《关于对修改经济合同法的决定（草案）和反不正当竞争法（草案修改稿）修改意见的汇报》（1993年9月1日在第八届全国人民代表大会常务委员会第三次会议上）。

13 王瑞贺主编：《中华人民共和国反不正当竞争法释义》，法律出版社2018年版，第4页。

14 李明德：《关于反不正当竞争法的几点思考》，载《知识产权》2015年第10期。

15 《最高人民法院关于修改〈民事案件案由规定〉的决定》（法〔2011〕41号）第五部分“知识产权与竞争纠纷”。

16 例如，刘春田主编：《知识产权法》（第五版），高等教育出版社2015年版；吴汉东主编：《知识产权法》（第五版），法律出版社2014年版。

17 Reto Hilty, Frauke Henning - Bodewig, ed., Law Against Unfair Competition: Towards a New Paradigm in Europe?, Springer 2007, p. 141.

部分。1925年荷兰修订会议期间，英国政府指示其谈判代表应特别注意不要在不正当竞争条款中加入与工业产权无关的内容，即是典型的例证。[18] 最后，即便《巴黎公约》将反不正当竞争纳入工业产权范围，对于该条款的性质始终存在争议。欧盟法院就明确表示，反不正当竞争并非属于知识产权的范围。[19]

在早期的贸易活动中，仿冒、诋毁等侵犯工业产权的行为是主要的不正当竞争形式，反不正当竞争法因此与工业产权结缘，成为保护工业产权的补充。然而，随着自由贸易的深入发展，新形式的不正当竞争层出不穷，反不正当竞争法中引入的新内容与工业产权渐行渐远。相反，反不正当竞争与消费者保护却始终存在紧密联系，竞争秩序的维护与消费者权益的保护一直被视为“一币之两面”。[20] 澳大利亚反不正当竞争法提供了一个典型范例：其现行《消费者法》是其《竞争与消费者法》的重要组成部分；有趣的是，该国反不正当竞争法是从消费者法的适用过程中发展而来的：在立法之初，《消费者法》的前身——1974年《商业行为法》——仅为受不正当商业行为损害的消费者提供救济，在该法生效不久后，法院才依据该法接受经营者提出的制止不正当竞争行为的禁令申请。[21]

所以，反不正当竞争法与知识产权法是相互独立的法律分支，只有部分内容与知识产权有关，并没有什么本质上的因素决定它必然属于知识产权法。相反，竞争秩序的维护与消费者保护之间存在天然的逻辑联系，市场经济发展的现实也要求反不正当竞争法对侵害消费者权益的不正当商业行为加以规范。反不正当竞争法不应被狭隘地理解为知识产权法，而对消费者保护的实际需求视而不见。

（三）超越“整体保护”

一种被广为接受的观点认为，尽管消费者保护是反不正当竞争法的立法目的之一，但该法为消费者提供的是一种间接、抽象的保护，而非直接、具体的保护；[22] 其保护对象是消费者整体福利，而非单个消费者的具体权利。[23] 单个消费者具体权益的维护，应当交由其他法律，如消费者法等来完成。一方面，

---

18 Christopher Wadlow, The Law of Passing-off: Unfair Competition by Misrepresentation, Sweet & Maxwell 2011, p. 85.

19 ECJ, June 17, 1981 Case C－113/80, 1981 ECR 1－01625.

20 谢晓尧：《论竞争法与消费者权益保护法的关系》，载《广东社会科学》2002年第5期。

21 Frauke Henning－Bodewig, International Handbook on Unfair Competition, C. H. Beck etc., 2013, p. 85.

22 孔祥俊著：《反不正当竞争法新论》，人民法院出版社2001年版，第56－72页；孟雁北：《论反不正当竞争法保护消费者权益目标的实现》，载《中国市场监管研究》2017年第12期。

23 孙颖：《论竞争法对消费者的保护》，载《中国政法大学学报》2008年第4期。

消费者法等专门立法比反不正当竞争法更适宜完成这一任务，因为，公平交易法作为市场竞争的基本法律，应该兼顾所有市场参与者的利益，而不应特别偏袒其中的特定团体；相反，消费者法则旨在为消费者提供倾斜保护。[24]另一方面，当存在消费者保护、产品责任、食品安全等专门立法的情况下，反不正当竞争法再规定消费者保护的内容，可能导致不同法律部门之间的冲突，造成该法对其他法域的侵蚀，不符合法律发展细化和整合的趋势。[25]我国立法者也采取这一立场。[26]

随着政府市场监管技术的发达，立法确实表现出日益精细化的趋势。然而，保护消费者的法律体系应该是立体、多元的，至少涉及产品责任、食品安全、消费合同、广告、其他消费信息等诸多问题，需要通过产品责任法、食品安全法、合同法、广告法及其他保障消费信息透明的法律来规范。其中，经营者实施的针对消费者的不正当营销行为，是侵害消费者权益的主要面向。而反不正当竞争法正是制止不正当商业行为的主要法律手段。正如《指令》第3条所指出的，本指令适用于“经营者与消费者之间与产品有关的商业交易之前、之中及之后的不正当商业行为”。这里的“商业行为”，指的是“经营者向消费者作出的与产品促销、销售或供应直接相关的任何作为、遗漏、代理行为、商业通信（包括广告和营销）行为。”[27]可见，反不正当竞争法在保护消费者权益方面，有其独立的调整领域，旨在规范经营者在商业交易中对消费者作出的误导性行为（misleading practice）和侵略性行为（aggressive practice）。该法调整的领域和法律关系，与消费者保护的其他法律部门并不重叠。

各国的实践表明，专门立法的发达并不必然排斥一般性的反不正当竞争法。以欧盟为例，为保护消费者权益，欧盟已经制定了与消费者权利、消费合同、广告、服务、数据保护等方面的指令，而《指令》与上述立法并行不悖。《指令》前言第10段及第3条第4款指出，当欧盟特别法与《指令》有关条款相重叠时，则特别法优先适用。但这种“优先适用”并不是指特别法的存在断然排斥《指令》的适用；相反，即便存在特别法，但该法中对特定不正当行为未作规定时，《指令》仍可适用。由此，《指令》发挥着“‘安全网’的作用，以保证在所有领域中都能达到反不正当商业行为及消费者保护的较高水平，包括补

24 刘孔中著：《公平交易法》，元照出版有限公司2003年版，第7页。

25 焦海涛：《不正当竞争行为认定中的实用主义批判》，载《中国法学》2017年第1期。

26 王瑞贺：《中华人民共和国反不正当竞争法释义》，法律出版社2018年版，第4页；刘敏学：《关于〈中华人民共和国反不正当竞争法（草案）〉的说明》（1993年6月22日在第八届全国人民代表大会常务委员会第二次会议上）。

27 Unfair Commercial Practices Directive, Article 3 (1), Article 2 (b).

充和填补其他欧盟法的空白”[28]。

综上所述，市场交易中经营者的不正当商业行为是损害消费者利益、扰乱市场竞争秩序的主要因素，需要法律加以规制。现代反不正当竞争法不应局限于保护具有竞争关系的竞争者的利益，更不应局限于知识产权保护的狭隘定位，而应为个体消费者的具体权益提供保护，制止经营者侵害消费者权益的不正当竞争行为。

三、侵害消费者权益的不正当竞争行为类型

衡诸各国经验，反不正当竞争法应重点规制三类侵害消费者权益的不正当商业行为：第一，损害消费者决策信息基础的行为；第二，不当影响消费者交易决定过程的行为；第三，侵害消费者私人领域的行为。

（一）损害消费者决策信息基础的行为

消费者能否购得符合需求、使自身福利最大化的商品，在很大程度上取决于其能否获得商品的充分信息。营销活动是消费者获得商品信息的重要渠道，经营者提供的信息不仅是消费者作出选择的信息基础，更是激发消费动机的重要诱因：我们被以广告、商店和产品形式出现的营销刺激所包围，广告告诉我们应当如何行为，并提供给我们商品的安全承诺与真实信息，在很多方面，我们是受营销者“摆布”的。[29]因此，营销信息的透明度、真实性、可靠性，决定了消费活动的质量与市场运行的健康程度。各国通过反不正当竞争法制止对相关信息的不实陈述，尤其是对产品特征、地理来源、商业来源、成分、价格等信息的不实陈述；制止虽然陈述本身真实，但其呈现的方式可能误导和欺骗消费者的行为；同时也制止对重要信息的误导性遗漏（misleading omissions）。误导行为形式多样，各国不仅对误导性作为（misleading actions）和误导性遗漏作出一般性的禁止，同时总结司法和行政执法经验，将误导进行进一步类型化。

1. 利用消费者对权威组织的信任的促销行为。为维持商品的质量和水准，国家机关、行业组织、非营利性机构、学术团体等组织可能对特定领域、商品制定行为准则，对达标的商品提供认证、授权等。这些行为准则和品质认证构成有效的信任体系，通过多方力量实现商品质量的保障。一些经营者希望利用

---

28 European Commission, Guidance on the Implementation/Application of Directive 2005/29/EC on Unfair Commercial Practice, COM (2016) 320 final , p. 14.

29 ［美］迈克尔·所罗门、南希·拉波尔特著：《消费心理学：无所不在的时尚》（第二版），王广新等译，中国人民大学出版社2014年版，第21-22页。

消费者对权威组织及其构建的信任系统的信任，获取不正当竞争优势。为制止这类不正当竞争行为，《指令》规定，如果经营者声称其商业行为受相关行为准则约束，且该准则不只是表达一种期望，而是可以落实和被证实的规则，那么，当该商业行为未服从行为准则时，则构成误导性作为。[30]《指令》还将谎称经营者是相关行为准则的签署者，[31] 谎称行为准则获得公共机关或其他组织的批准、认可，[32] 未经许可使用信任标志或质量标志等，[33] 谎称经营者或其商业行为或产品获得公私机构的批准、认可或授权等[34] 四种行为明确规定为自身禁止（per-se prohibition）[35] 的不正当商业行为。

2. 诱购促销行为。注意力是一种稀缺资源，经营者如能吸引消费者光顾，就可能将这种光顾转化成现实的购买活动。因此，诱购促销成为经营者经常使用的虚假宣传手段：宣称其正以优惠价格销售消费者欲购的商品，而当消费者真正光顾时，才告知相关商品已售罄，或实际销售价格已上涨，或推销其他类似商品。在此情况下，消费者可能出于节约交易成本的考虑，接受经营者的购买邀请。诱购促销通过欺骗消费者获得交易机会，严重损害了市场信息的可信性，因此是应当禁止的不正当商业行为。[36]

3. 利用信息不对称的促销行为。基于构造性无知与收集、分析信息的认知成本，消费者通常只能依赖经营者提供的信息对市场环境作出评估。一些经营者通过提供错误信息使消费者对市场环境产生误判，从而作出对经营者有利的交易决定。例如，经营者谎称产品或优惠的合同条件只能在非常有限的时间内获得，诱导消费者立即作出决定，剥夺其作出知情决策所需要的充分时间。[37] 经营者还可能传达不准确的市场信息，引诱消费者以比正常市场条件更差的条件从经营者处获得产品。[38] 或者利用消费者不谙熟法定消费者权利的不利境地扭曲消费者的经济行为：一方面，仅以含糊的方式告知消费者享有的权利；[39]

---

30 Unfair Commercial Practice Directive, Article 6 (2) (b).

31 Unfair Commercial Practice Directive, Annex I, No. 1.

32 Unfair Commercial Practice Directive, Annex I, No. 3.

33 Unfair Commercial Practice Directive, Annex I, No. 2.

34 Unfair Commercial Practice Directive, Annex I, No. 4.

35 《指令》第 5 条是禁止不正当商业行为的一般条款，第 6 条到第 9 条是禁止误导性商业行为和侵略性商业行为的“小一般条款”。在适用上述条款评估商业行为合法性时，应根据个案情形具体评估。同时，附件 1 列举了 31 种具体不正当行为，这些行为被认为自身违法，不再需要根据个案情形具体评估行为合法性。因此，附件 1 也被称为“黑名单”（blacklist）。

36 Unfair Commercial Practice Directive, Annex I, No. 5, 6.

37 Unfair Commercial Practice Directive, Annex I, No. 7.

38 Unfair Commercial Practice Directive, Annex I, No. 18.

39 Unfair Commercial Practice Directive, Article 7 (2).

另一方面，在促销活动中将消费者的法定权利作为“优惠”吸引顾客。[40]这些行为均应明确禁止。

4. 隐藏商业意图的促销行为。在成熟的市场经济中，消费者已养成对商业宣传的警惕态度，会对其中的夸张、不实宣传采取适当防范。因此，一些经营者将商业行为伪装成新闻报道、中立机构和消费者的陈述，以获取消费者信任。这类行为亦属侵害消费者权益的不正当商业行为。[41]

5. 环保与伦理促销行为。随着物质生活水平的提高及公众环保意识、人权意识的提升，消费者在购物时不仅考虑商品的客观质量，还考虑经营者是否承担必要的社会责任、商品是否环保。在商品质量相当时，消费者愿意选择更负社会责任、更注重环保的企业的商品。为适应这一新潮流，经营者常在营销中创造其商品及生产经营活动符合关于童工、一般工作条件、自然保护、动物福利、慈善捐助等与企业社会责任有关的公认标准的印象。为了规范此类行为，各国在专门立法中对环保和伦理陈述的正当使用方式作出规定，[42]并通过专门法与反不正当竞争法的配合实现有效规制。

（二）不当影响消费者交易决定过程的行为

另一类常见的不正当商业行为，是通过某些营销技巧影响消费者作出交易决定的过程。一定意义上说，所有营销技巧都旨在影响消费者作出交易决定的过程，但当经营者运用骚扰、强制和施加不当影响（undue influence）限制消费者的选择和行为自由，从而实质性地扭曲消费者的经济行为时，则应为法律所禁止。在欧盟，此类行为被规定为“侵略性商业行为”（aggressive commercial practice）；在美国，此类行为也构成“不正当行为”（unfairness）；其具体表现形式可以细化为若干不同类型。

1. 高压营销。高压营销是经营者制约消费者选择和行动自由的最直接的方式，经营者所施加的压力既可以表现为赤裸裸的强力或使用强力的威胁，也可以是施加心理上的压力。这两种情况都应当禁止。例如，《指令》禁止经营者制

---

40 Unfair Commercial Practice Directive, Annex I, No. 10.

41 Unfair Commercial Practice Directive, Article 7（2）, Annex I, No. 11, 22.

42 例如，与营销中可使用的环保陈述有关的欧盟立法包括：《能源效率指令》（Directive 2012/27/EU）、《建筑能源绩效指令》（Directive 2010/31/EU）、《与油耗效率和其他重要参数有关的轮胎标签条例》［Regulation（EC）No 1222/2009］、《与用电有关的内部市场共同规则》（Directive 2009/72/EC）、《建立为能源产品设定生态设计要求的框架指令》（Directive 2009/125/EC）及《有机产品及有机产品标签条例》（Regulation 834/2007）。

造“消费者不签合同就不能离开”的印象；[43]也禁止经营者声称如果消费者不购买产品，其个人及其家属的安全就可能存在某些风险；[44]禁止经营者声称将对消费者采取某些措施，而这些措施实际上是法律所不允许的。[45]

2. 同情心营销。与直接施加压力相比，利用消费者的同情心营销是更为隐蔽的营销手段。这种行为通常被视为对消费者施加了不当影响的侵略性商业行为。一方面，同情心是一种稀缺资源，不应被滥用；另一方面，这种行为以伦理道德绑架消费者，使不愿被认为“缺乏同情心”的消费者受到巨大的心理压力，不得不作出违心的交易决定。《指令》禁止经营者向消费者表示，如果其不购买产品和服务，经营者的工作或生计将难以为继；[46]同时也禁止经营者谎称即将歇业。[47]

3. 制造不便。经营者通过制造不便，利用“多一事不如少一事”的心理，引导消费者作出有利于经营者的交易决定。例如，当消费者希望行使合同权利或转换交易对象时，经营者若施加繁重或不成比例的非合同义务妨碍消费者，即构成侵略性商业行为。[48]另一种制造不便的典型方式是“惰性销售”（inertia selling），即向消费者寄送其并未要求购买的产品，然后要求消费者支付货款或者返还或保管该产品。这种销售方式使消费者产生必须保管、返还产品或支付价款的心理负担。为了避免保管和返还产品的麻烦，一些消费者选择直接缴款。许多国家都对“惰性销售”作出禁止性规定。[49]

4. 针对弱势消费者的营销。市场上存在一些极容易受经营者营销行为左右的“易受伤害的消费者”（vulnerable consumer），欧洲委员会将其定义为：“因社会人口学特征、行为特征、个人境况或市场环境而（1）存在经历消极市场后果的更高风险，（2）使自身福利最大化的能力有限，（3）获取或吸收信息存在困难，（4）缺乏购买、选择或接触合适的产品的能力，（5）更容易受某些市场行为影响的消费者。”[50]为保障弱势消费者权益，《指令》规定，对于因心理或生理疾病、年龄或轻信而特别容易受商业行为或产品伤害的消费者，有权机关

43 Unfair Commercial Practice Directive, Annex I, No. 24

44 Unfair Commercial Practice Directive, Annex I, No. 12.

45 Unfair Commercial Practice Directive, Article 9 (e).

46 Unfair Commercial Practice Directive, Annex I, No. 30.

47 Unfair Commercial Practice Directive, Annex I, No. 15.

48 Unfair Commercial Practice Directive, Annex I, No. 27.

49 Unfair Commercial Practice Directive, Annex I, No. 29. 再如法国《消费者法典》第 R 122－1 条等。

50 European Commission, Consumer Vulnerability across Key Markets in the European Union (Final Report), 2016, p. 47.

在评价相关商业行为的正当性时，应从该群体的视角出发。[51] 同时，禁止经营者谎称其产品能够治愈疾病、机能失调或畸形；[52] 禁止在广告中直接规劝儿童购买或规劝其说服家长或其他成人为其购买广告产品。[53]

（三）侵害消费者私人领域的行为

另一些营销行为由于实施的时间、场合或方式问题，可能侵犯消费者的私人领域。这类行为构成《指令》中所指的骚扰行为，或者德国《反不正当竞争法》上的“不可接受的烦扰”（Unzumutbare Belästigungen）。此外，一些经营者不当搜集、使用消费者个人信息及消费偏好数据，也构成对私人领域的侵犯。

1. 不当利用通信工具促销。现代通信网络已成为经营者直接触及消费者，低成本、大范围推销产品的营销利器。当大量经营者通过这种方式促销时，原本作为私人沟通工具的通信网络受到严重侵扰。有时消费者不得不关闭通信设备来避免滋扰，这意味着消费者因不当营销行为而无法享受基本的通信自由。为此，欧盟《电子隐私指令》规定，只有经过消费者的事前同意，经营者才能使用自动电话、传真或电子邮件直接向用户推销产品。[54]《指令》规定，未经消费者同意，持续不断地以电话、传真、电子邮件或其他远程媒体招徕消费者，构成侵略性商业行为。[55] 许多国家禁止未经用户许可发送广告邮件，并建立“谢绝来电登记”制度，经营者不得向登记在册的消费者开展电话营销。[56]

2. 不当上门推销。住宅属于私人领域，其安全和安宁不应随意被侵扰。上门推销会不同程度地干扰正常的家庭生活。此外，社会习惯要求人们应当热情好客，人们对到访的客人通常必须表现出礼貌、友好的态度，而上门推销行为不当利用了社会习惯对消费者施加的微妙影响和心理压力，使消费者不好意思拒绝本不需要的商品。[57] 因此，《指令》规定，当消费者要求营销人员离开住处并不要再访问时，如果营销人员坚持造访，则构成侵略性商业行为。[58] 丹麦和

51 Unfair Commercial Practice Directive, Article 5 (3).

52 Unfair Commercial Practice Directive, Annex I, No. 7.

53 Unfair Commercial Practice Directive, Annex I, No. 28.

54 E-Privacy Directive, Article 13.

55 Unfair Commercial Practice Directive, Annex I, No. 26.

56 例如美国《电话营销销售规则》（The Telemarketing Sales Rule, 16 CFR Part 310），澳大利亚《垃圾邮件法案》（The Spam Act 2003）及《谢绝来电登记法案》（Do Not Call Register Act 2006）等。

57 Geraint Howells, Hans Micklitz, Thomas Wilhelmsson, European Fair Trading Law: The Unfair Commercial Practice Directive, Ashgate Publishing Limited, 2006, p. 182.

58 Unfair Commercial Practice Directive, Annex I, No. 25.

卢森堡直接完全禁止上门促销的营销方式。[59]

3. 不当搜集和使用消费数据。随着大数据技术的发展，数据驱动型产业在互联网经济中日益扮演更为重要的角色，尤其是互联网平台，通常会分析、处理甚至销售用户的个人信息、偏好数据及用户生成内容（UGC）。数据分析及与之结合的互联网广告已成为互联网平台的主要收入来源。个人数据保护是公民的一项基本权利，[60]许多国家和地区已颁布专门法为个人数据提供保护。而互联网企业在搜集、使用数据过程中的不正当商业行为也落入反不正当竞争法的调整范围。例如，如果互联网经营者在提供服务时对用户数据进行搜集、加工、处理，对用户施加数据信息方面的义务而未告知消费者，则该行为构成误导性遗漏。[61]此外，个人数据、消费偏好和其他用户生成内容具有事实上的经济价值，可以作为“财产”销售给第三方。如果互联网经营者声称其服务免费，但实质上却要求消费者以提供个人数据、消费偏好数据或用户生成内容为对价，则违反了不得在需要支付成本的情况下声称产品“免费”的相关规定。[62]

四、反不正当竞争法中消费者权益的实施机制

法律的生命在于实施，无救济则无权利。反不正当竞争法中消费者权益保护的实施机制至为重要。各国对如何启动和适用制止不正当商业行为的相关条款设置了不同机制，大致可分为专门政府机关实施、消费者个人或集团诉讼以及消费者协会诉讼三种模式。

（一）专门政府机关实施

大多数国家通过专门政府机关实施制止不正当商业行为、保护消费者权益的法律法规。首先，侵害消费者权益的不正当商业行为无法通过市场竞争机制自动修正，市场失灵为政府干预提供了正当性。侵害消费者权益的不正当商业行为虽然也损害了经营者的利益，但一些经营者发现，与其保持高品质服务，苦苦维持竞争优势，还不如与不正当经营者形成“共谋”，共同降低商品质量。后者反而成为成本更低、对经营者更有利的营销策略。于是，损害消费者权益的不正当商业行为带来“劣币驱逐良币”、迫使经营者“向下竞争”的恶劣后

59 Geraint Howells, Hans Micklitz, Thomas Wilhelmsson, European Fair Trading Law: The Unfair Commercial Practice Directive, Ashgate Publishing Limited, 2006, p. 182.

60 EU Charter of Fundamental Rights, Article 8.

61 Unfair Commercial Practice Directive, Article 7 (2).

62 Unfair Commercial Practice Directive, Annex I, No. 20.

果，需要政府介入，维持市场竞争秩序，扭转竞争方向。其次，制止不正当商业行为的行动具有极大的正外部性。除因产品质量问题带来的人身、财产损害外，单个消费者因不正当商业行为（尤其是营销行为）受到的金钱或精神损害往往是有限的。与维权所须付出的成本相比，制止不正当商业行为的维权行动并不值当。[63]然而，此类行为侵害的消费者数量如此众多，以至于一旦有个别消费者成功制止这些行为，将使数以千计甚至更多的消费者同时受益；甚至可能改变产业竞争的方向，促使其朝质优价廉的正确方向发展。但是，如此巨大的收益却不可能为发动维权行动的个别消费者获得。由于正外部性无法被个别消费者内部化，个体便产生强大的“搭便车”倾向，缺乏发动维权行动的激励。因此，制止不正当商业行为成为类似于国防、治安、灯塔等需要由政府提供的公共物品。由政府提供救济，也更具有规模效益。[64]

许多国家规定由本国的竞争和消费者保护机关行使制止侵害消费者权益的不正当商业行为的行政执法权。例如，意大利竞争局在制止不正当竞争行为方面扮演着极其重要的角色。意大利《消费者法典》中关于制止不正当竞争行为的条款几乎完全是由竞争局实施的。在接到消费者或其协会的投诉后，竞争局可启动行政程序，采取保全措施、紧急措施，开展调查，并对违法行为颁发禁令、施以罚款。竞争局还可以依职权主动启动行政执法程序，且其不仅可以根据《消费者法典》的具体条款行使执法权，还享有依据一般条款执法的权力。调查显示，竞争局倾向于运用一般条款评估商业行为的正当性，从而为消费者提供范围更广与更加严格的保护。[65]对于影响范围较广、侵害消费者集体利益的不正当商业行为，加拿大竞争局局长、瑞典消费者巡查官、荷兰消费者和市场局、匈牙利竞争局、波兰竞争和市场保护局、立陶宛国家消费者权利保护局、巴西消费者保护与防护部等均享有类似的行政执法权。[66]

许多国家还规定，竞争和消费者保护机关可以代表消费者对从事不正当商业行为的经营者提起民事或刑事诉讼，以维护消费者的集体利益。例如，美国《联邦贸易委员会法》授权该委员会对州际商业活动中的不正当和欺骗性的行为与实践向联邦法院提起诉讼。加拿大竞争局、法国竞争政策、消费者事务及欺

---

63 Peter Maggs, Roger Schechter, Trademark and Unfair Competition Law: Cases and Comments 7 th ed., West Publishing, p. 874.

64 ［美］斯蒂文·沙维尔著：《法律经济分析的理论基础》，赵海怡等译，中国人民大学出版社2013年版，第106－108页。

65 Frauke Henning－Bodewig, International Handbook on Unfair Competition, C. H. Beck etc., 2013, p. 336－337, 339－340.

66 参见《全球反不正当竞争法指引》中对各国相关制度的报告。（Frauke Henning－Bodewig, International Handbook on Unfair Competition, C. H. Beck etc., 2013.）

诈控制总局、匈牙利竞争局、荷兰消费者局、英国公平交易局也履行类似的职权。[67]

（二）消费者个人或集团诉讼

传统反不正当竞争法通常未赋予个体消费者诉权，其假定经营者有充分的激励起诉不正当竞争行为，因此仅需赋予经营者诉权，由其充当消费者的“替代复仇者”（vicarious avengers），即可为消费者提供反射保护。而公共机关的执法则可以部分修正经营者“向下竞争”的问题。然而，人们很快发现，公共机关通常仅有有限的人力和经费，它们往往还有自己的政治议程，未必将维护消费者权益作为优先考虑，“委托—代理”问题及科层组织固有的缺点都使政府机关无法及时有效地制止不正当商业行为。而经营者起诉的目的主要在于保护自己的市场份额，他们的目标与消费者并不一致。[68]

消费者始终是不正当竞争行为的直接受害者，因此许多学者主张，应当在反不正当竞争法中赋予消费者个体诉权，通过扩大诉权主体的范围，最大限度地提升违法行为的发现概率，运用社会自发力量维护竞争秩序。例如，经济合作组织《竞争法的基本框架》鼓励竞争法应以私人诉讼的方式来实施，“这样的私人诉讼至少具有两个好处：它们补充或增强了竞争法领域中的政府执法；它们使竞争主管当局免于承担为民间当事人的利益寻求法律调整的责任”，因此竞争法规应当为此提供制度上的便利。[69]《反不正当竞争法示范规定》也提出，遭受不正当竞争行为损害的自然人或法人，包括消费者在内，都应有权得到相应补救。[70]虽然德国《反不正当竞争法》未授予消费者个体诉权，但在历次修法过程中，均有学者指出，既然立法者已经明确地将消费者确认为本法的保护主体，也就应该承认消费者个体的民事请求权；拒绝消费者个体的请求权，与政府一贯公开强调的强化消费者保护明显相矛盾；强化消费者保护的目标，只有在消费者个体能够自己拥有民事责任手段时才能实现；否则将消费者保护确认为本法独立的立法目标，多少显得有点“虚情假意”。[71]目前，美国、澳大利亚、巴西、印度、荷兰、南非、西班牙、瑞典、瑞士、土耳其等国都允许消费

---

67 参见《全球反不正当竞争法指引》中对各国相关制度的报告。（Frauke Henning - Bodewig, International Handbook on Unfair Competition, C. H. Beck etc., 2013.）

68 Peter Maggs, Roger Schechter, Trademark and Unfair Competition Law: Cases and Comments 7th ed., West Publishing, p. 875.

69 经济合作组织：《竞争法的基本框架》“九、组织上和实施上的问题”。

70 International Bureau of WIPO, Model Provisions on Protection against Unfair Competition (Articles and Notes), Article 1 (1) (b), 1996, p. 13.

71 范长军著：《德国反不正当竞争法研究》，法律出版社2010年版，第367页。

者个人向法院提起针对不正当商业行为的民事诉讼。[72]

不过，这些国家的实践均表明，个体消费者运用私人诉权制止不正当商业行为的情况是罕见的，因为昂贵的诉讼成本往往高于消费者个人遭受的损失。为此，部分国家将消费者集团诉讼作为替代的救济途径。集团诉讼的优点在于：第一，将众多类似的诉讼集合在一个案件中，有利于提升法律程序的效率，降低诉讼成本；第二，克服了小额赔偿不足以激励个人提起保护权利的诉讼的问题；第三，有力地迫使被告所属的利益集团改变行为模式；第四，避免不同法院对相同行为作出相互矛盾的判决。目前，美国、巴西、加拿大、印度等国均允许消费者向法院提起制止不正当商业行为、寻求损害赔偿的集团诉讼。[73]

（三）消费者协会诉讼

许多国家担心，如果授予消费者个体诉权，可能出现“过高保护”的问题：经营者即便严格遵守反不正当竞争法，也可能因为消费者认知的差异而面临未知的、为数众多的个体提起的诉讼，从而极大地增加经济界的负担，同时也增加法院诉累。[74] 作为一种替代，德国、奥地利、意大利、西班牙、瑞典、瑞士等国规定了消费者协会的诉权，当适格的消费者协会发现侵犯消费者权益的不正当竞争行为时，有权代表消费者提起诉讼。[75] 这一实施方式在一些国家取得较大成功，例如，奥地利学者指出，由消费者协会对新型不正当竞争行为提起诉讼，具有模范作用，有利于澄清相关行为的法律性质，对其他经营者发挥着有效引导作用。在制止侵害消费者权益的不正当竞争行为方面，消费者协会一直扮演着积极主动的角色。[76]

应当指出，许多国家采用了上述三种模式并行的法律实施方式。如前所述，每种实施方式各有其优缺点，允许不同主体启动法律实施程序，有利于最大限度地提高违法行为的发现概率，为消费者提供不同的救济渠道，使其可以根据成本/收益的考量选择最适合自己的救济方式。尽管学者担心设置消费者个人诉权可能带来诉讼洪潮，增大经济界的负担，但从允许私人诉权的国家的经验来

---

72 参见《全球反不正当竞争法指引》中对各国相关制度的报告。（Frauke Henning – Bodewig, International Handbook on Unfair Competition, C. H. Beck etc. , 2013. ）

73 参见《全球反不正当竞争法指引》中对各国相关制度的报告。（Frauke Henning – Bodewig, International Handbook on Unfair Competition, C. H. Beck etc. , 2013. ）

74 范长军著：《德国反不正当竞争法研究》，法律出版社 2010 年版，第 367 页。

75 参见《全球反不正当竞争法指引》中对各国相关制度的报告。（Frauke Henning – Bodewig, International Handbook on Unfair Competition, C. H. Beck etc. , 2013. ）

76 Frauke Henning – Bodewig, International Handbook on Unfair Competition, C. H. Beck etc. , 2013, p. 109.

看，个人诉权并没有被滥用，甚至并不常被使用。因此，消费者个体诉权的配置，其意义主要在于为消费者多提供一条救济途径：当作为代理者的行政机关、消费者协会以及作为“替代复仇者”的经营者怠于行动时，消费者至少可以运用自己的力量通过法律途径维护自己的权利。

结语

在现代市场经济环境下，消费者权益保护的重要性不言而喻。消费者在各经济体中扮演着至关重要的角色，当消费者能够掌握主动权时，他们可以通过驱动竞争和商业创新改善一国的经济绩效。然而，这要求各国建立有效的消费者政策与制度，保护消费者免受不正当市场行为的损害，使其处于能够作出充分知情决策的地位，并使经营者和消费者都清楚各自的权利和责任。[77]

市场上的各类不正当商业行为已成为侵害消费者权益的主要因素，反不正当竞争法应当放弃竞争关系的桎梏，对直接侵害消费者权益的不正当商业行为作出规制，对损害消费决策信息基础、不当影响交易决定过程和侵害私人领域的各类不正当竞争行为进行类型化规定，为净化市场环境、维护竞争秩序的执法和维权行动提供更明确依据。同时，应当扩大诉权配置，形成消费者个人与集团诉讼、消费者协会诉讼及行政执法相互配合、相互补充的法律实施体系，实现强化消费者权益行政保护，发挥消费者协会积极作用，健全消费者维权机制，营造安全放心的消费环境的政策目标。[78]

各国经验表明，消费者权益保护与竞争秩序的维护是有机统一的整体，制止侵害消费者权益的不正当商业行为，是制止不正当竞争、维护市场竞争秩序的重要方面，也是反不正当竞争法应当调整的核心内容。

---

77 OECD, Consumer Policy Toolkit, 2010, p. 9.

78 《中共中央 国务院关于完善促进消费体制机制 进一步激发居民消费潜力的若干意见》(2018 年 9 月 20 日)。

野生动物致害补偿的法治困境与化解

刘　凯*

【内容提要】我国野生动物致害补偿尚存在理论认识不足，立法不完善甚至空白的严重问题，同时缺少相关的监督保障机制。对此，在理论层面，应当以生态补偿理论为核心构建野生动物致害补偿的理论体系。在立法层面，应当制定野生动物致害补偿立法，从补偿范围、责任主体、补偿程序等方面入手完善已有的立法。此外，还应当构建修订、废止野生动物致害补偿立法的监督机制，以及启动立法程序的立法动议制度。

【关键词】野生动物　补偿　立法　监督机制　保障机制

2021年“两会”期间，曾有人大代表以四川省广元市为例说明了当前野生动物致害的现状：2013年至2020年，当地野生动物毁损农作物27.3万亩，危害家畜（禽）近3600头（只），还发生了25起伤人事件，其中有一人构成一级伤残[1]。在十三届全国人大常委会第二十六次会议上，国家林业和草原局负责人也在报告中提到了野生动物致害的问题，甚至部分地区将野生动物保护与种群调控相对立，未能维护好社会公众的利益[2]。申言之，当下严厉的野生动物保护政策与长期得不到解决的野生动物致害补偿问题并存的矛盾现状亟待改变。

＊　刘凯——山东政法学院讲师，山东国曜琴岛律师事务所律师，广东中策知识产权研究院特聘研究员，主要研究领域：刑法、行政法。

1　邹自景：《建议将野生动物致害致损纳入保险》，载人民网，http：//sc. people. com. cn/n2/2021/0310/c345167 - 34613159. html，最后访问于2021年5月21日。

2　李秀萍：《试点防控野生动物致害 综合施策完善损害补偿》，载中国农网，http：//www. farmer. com. cn/2021/03/02/99866116. htmll，最后访问于2021年5月21日。

一、野生动物致害补偿的立法现状

（一）基本概念的界定

谈及野生动物致害问题，首先需要明确“野生动物”的范围。在法学语境下，野生动物是一个含义极为丰富的概念，不仅包括陆生野生动物，还包括水生野生动物等。而且根据司法解释，人工驯养繁殖的野生动物也可划入“野生动物”的范围[3]。在非法学语境下，野生动物则主要指的是在野外环境自然生长繁殖的陆生野生动物。如果探讨野生动物致害的补偿问题，那么人工驯养繁殖的“野生动物”便不在考察范围之列——受害者完全可以通过提起民事诉讼等方式向饲主请求赔偿。而水生野生动物因生存环境、生活习性、体形等因素的限制，通常不会对人类造成损害。所以，真正值得关注的是在野外环境自然生长繁殖的陆生野生动物，其生存空间与人类生产、生活的空间相邻甚至重合，容易造成社会公众的人身及财产损害。

基于上述分析及已有研究，可将本文研究的野生动物致害现象定义为在野外环境自然生长繁殖的陆生野生动物直接或间接活动造成公民、法人或其他组织的人身和财产等合法利益损害，并且受害者不存在过错[4]。而根据立法规定，野生动物资源属于国家所有[5]，那么按照“野生动物伤人，国家买单”的原则，自然应由国家承担责任[6]。因而，本文所研究的野生动物致害补偿也即国家因野生动物致害而对受害者作出的补偿等活动。

（二）野生动物致害补偿的立法体系

我国未制定专门的野生动物致害补偿法律，但在野生动物保护的立法中存在相关规定，并形成了以《野生动物保护法》及《陆生野生动物保护实施条例》等法律、行政法规为核心，以各省、自治区、直辖市等制定的《野生动物保护法》实施办法、条例、补偿办法等地方性法规、政府规章为辅助的野生动物致害补偿法制体系。以下对之做简要梳理：

《野生动物保护法》是野生动物保护立法体系的核心，最初制定于 1988 年。

---

3 参见《最高人民法院关于审理破坏野生动物资源刑事案件具体应用法律若干问题的解释》（法释〔2000〕37 号）第 1 条。

4 龙耀：《野生动物致损与经济补偿的诸多选项》，载《改革》2018 年第 2 期；郭会玲、张英豪：《我国重点保护野生动物致害救济的法理辨析——兼论野生动物资源生态补偿法律制度的构建》，载《林业经济》2011 年第 4 期。

5 参见《野生动物保护法》（2018 修正）第 3 条。

6 邱之岫：《野生动物侵权诉讼问题研究》，载《法学杂志》2010 年第 9 期。

彼时，其对野生动物致害补偿的规定见于第 14 条，地方政府对因保护国家和地方重点保护野生动物造成农作物或其他损失予以补偿。在 2016 年全面修订《野生动物保护法》时，将“国家和地方重点保护野生动物”调整为“本法规定保护的野生动物”，并将“人员伤亡”纳入了补偿范围。并且，此次修法还明确了野生动物致害补偿的经费来源，即由中央财政进行补助。《陆生野生动物保护实施条例》第 10 条进一步细化了《野生动物保护法》关于野生动物致害补偿的规定，明确受害者可向当地野生动物行政主管部门提出补偿要求。

在地方层面，各省、自治区、直辖市人大制定的地方性法规中通常对野生动物致害补偿作较为笼统的规定，而具体的补偿内容、补偿程序等见于政府专门制定的野生动物致害补偿规章。如 2020 年颁行生效的《北京市野生动物保护管理条例》第 21 条规定：“因保护列入名录的野生动物造成人身伤亡、农作物或者其他财产损失的，由区人民政府给予补偿。”与之相配合，北京市政府早前制定了《北京市重点保护陆生野生动物造成损失补偿办法》，详细规定了野生动物致害补偿的内容。

二、野生动物致害补偿的法治困境

我国野生动物致害补偿立法在整体上是值得肯定的，从 20 世纪 80 年代首次制定《野生动物保护法》时，便在其中规定了致害补偿的内容，体现了平衡野生动物保护与野生动物致害补偿的立法理念。尤其是在其之后制定的《陆生野生动物保护实施条例》等行政法规以及近年来修订的《野生动物保护法》，扩大了野生动物致害的补偿范围，确保了社会公众的合法利益能够得到保障。部分省、自治区及直辖市人大及政府制定的地方性法规和政府规章也能结合当地实际情况作出有针对性的规定，使得野生动物致害补偿在制度层面得到落实。但从整体上看，我国野生动物致害补偿的立法仍旧存在诸多问题，并非所有地方都制定了地方性法规和地方政府规章，存在立法空白现象。即使是已有立法者，在造成损害的野生动物范围、损失补偿标准、责任主体等方面也都存在种种问题。从司法实践来看，还存在野生动物致害补偿难以实现、刑事保护范围扩张而危及社会公众利益等问题。凡此种种，都制约了野生动物致害补偿的实效。

（一）地方立法存在空白

如前所述，《野生动物保护法》等立法中关于野生动物致害补偿的条文表述过于简单而不具有现实可操作性，诸如接收补偿申请的政府层级、可获得补偿的损失范围、损失的补偿标准等一系列细节问题都有待作出更为详尽具体的规定。虽然立法中授权各省、自治区、直辖市人民政府制定具体办法，但并非所有地方政府都制定了相应的立法。通过考察各地立法情况可知，仅有北京、安徽、贵州、云南、陕西、甘肃、吉林、青海及西藏等九地制定了专门的野生动物致害补偿办法，在其他省份（自治区、直辖市）缺少相关立法，其中重庆、河北、陕西地区仅在地方性法规中作出了一般性规定，而天津、上海、河南、湖南、广西、宁夏及新疆等七地则未作任何规定。

综上来看，目前我国野生动物致害补偿中最为突出的问题在于存在立法空白。这也进一步导致了在司法实践中受害者难以获得补偿，甚至有法院以此为由驳回受害者的诉讼请求。如发生在山东省的孟某龙诉龙口市政府行政赔偿案[7]，原告承包的农地被大雁破坏，因而依据《野生动物保护法》第19条提起行政诉讼，要求被告龙口市政府补偿其损失。法院最终未支持其诉求，理由之一便是山东省并未制定具体的补偿办法，原告的诉求于法无据。再如发生在四川省的李某清、陆某凤诉四川省人民政府行政补偿案[8]，法院也是以两原告的诉求缺乏相关立法依据，最终判决两原告败诉。

（二）获得补偿的条件有待优化

1. 对致害野生动物范围的规定不完善

在已有野生动物致害补偿立法中，存在的首要问题便是规定的致害野生动物范围不合理。我国野生动物分为不受立法保护的野生动物及受立法保护的野生动物两类。根据《野生动物保护法》的规定，受保护的野生动物可进一步分为三类：国家重点保护的珍贵、濒危野生动物，地方重点保护的野生动物以及有重要生态、科学、社会价值的野生动物（以下简称“三有”野生动物）。在1988年《野生动物保护法》最初规定野生动物致害补偿问题时，“三有”野生动物造成的损失不属于法定可补偿的范围，直至2016年修法时才将之纳入可补偿的范围。值得一提的是，目前已有地方立法大多制定于1998年至2011年之间。受《野生动物保护法》的影响，大多未将“三有”野生动物造成的损害纳入补偿范围[9]。如北京、云南、吉林、青海、陕西、西藏等六地立法明确将之排除在外，贵州则限于珍贵、濒危野生动物及“三有”野生动物，仅甘肃、安徽的立法与《野生动物保护法》保持了一致。换言之，当前地方立法大多与上位法之间存在矛盾，保护范围存在明显疏漏，这会直接导致受害者的利益无法得到保护。

7　参见山东省烟台市中级人民法院（2018）鲁06行赔初15号行政判决书。

8　参见四川省高级人民法院（2017）川行终964号行政判决书。

9　龙耀：《野生动物致损与经济补偿的诸多选项》，载《改革》2018年第2期。

司法实践中不乏“三有”野生动物致害未得到补偿的案例。如发生在安徽省的汪某生诉安徽省林业厅行政赔偿纠纷案[10]，原告被野猪伤害致残，但根据彼时当地立法规定，野猪不属于地方重点保护野生动物。因而法院认为，原告的诉求不属于行政赔偿诉讼受案范围，遂裁定对其起诉不予受理。

2. 野生动物致害的损失补偿范围有限

在当前的立法中，可获补偿的野生动物致害损失范围也存在不足。根据《野生动物保护法》第19条之规定，可获得补偿的野生动物致害范围包括“人员伤亡、农作物或者其他财产损失”。如果从广义上进行理解，凡是因保护野生动物造成的损失都可得到补偿；从狭义上看，也可将此处的“损失”理解为由一定范围的野生动物直接造成的、特定的损失。显然，如何理解并适用此规定还需要地方立法作进一步明确。而在地方立法中，大多对可获补偿的范围作出了详尽的规定，同时列举了不予补偿的情形。

当前的问题在于，各地对野生动物致害的理解存在较大的差异，对致害范围的规定相对谨慎、保守，个别立法甚至采用了封闭式的表述方式，导致可获补偿的野生动物致害范围较为有限。首先，从人员伤亡方面的规定来看，通常以“从事正常生产和生活”为前提，但部分立法中还设置了其他条件。如陕西省的规定，不仅将受害人存在过错的情形排除在补偿范围之外，而且还要求受害人采取“必要的防范措施或者依法履行保护野生动物义务”，变相提高了补偿门槛。其次，可获补偿的农作物损失通常限定在特定区域内，如云南、吉林、陕西、西藏等地规定“依法划定的生产经营范围”，再如青海、甘肃、安徽等地要求“依法划定区域”等。这意味着并不是存在农作物遭受野生动物损害受害者就有权获得补偿。但问题在于，应当如何界定这些区域，以及如何看待其与“自然保护区”“禁猎区”的关系？再次，关于家禽（畜）的损失，各地立法通常也存在特定的限制，如安徽、陕西等地要求须为“圈养”。这一规定显然不符合实际情况，忽视了部分家畜需要放牧的现实问题。最后，列举式的立法方式难以穷尽所有现实中野生动物致害的情形，如果缺少兜底条款规定，难免会造成保护范围的疏漏。如西藏的立法，明确规定了除立法列举的情形外，其他野生动物致害不予补偿[11]。

实践中也不乏相关争议案件。如发生在江苏省的吴某涛诉南通市林业局行政补偿案[12]，原告种植的农作物被鸟类啄食破坏，当地政府认为无法认定原告

10 参见安徽省高级人民法院（2010）皖行赔终字第00010号行政赔偿裁定书。

11 参见《西藏重点保护陆生野生动物造成公民人身伤害或财产损失补偿办法》第4条。

12 参见江苏省南通经济技术开发区人民法院（2019）苏0691行初1160号行政判决书。

农作物损失是由鸟类造成的，因而不予补偿。法院还认为，对于非自然保护区内的野生动物致害情形，居民应当负有容忍义务，同时原告还应当在野生动物致害前后采取预防及补救措施，所以无权得到政府补偿。再如前文提及的孟某龙诉龙口市政府行政赔偿案，法院认为在野生大雁经过原告种植的麦田时，原告采取了驱赶大雁的方式对麦田进行了保护。即便原告因野生大雁遭受了部分损失，该损失也不宜认定为因保护野生动物而遭受的损失。

3. 关于责任主体的规定不精确

根据《野生动物保护法》规定，野生动物致害补偿主体应为“当地人民政府”，《陆生野生动物保护实施条例》则进一步规定由野生动物行政主管部门受理补偿申请，之后由当地人民政府依法给予补偿，但未明确规定由哪一层级的政府承担责任。从各地的立法情况来看，大多规定由县（区）级林业、财政等部门履行相关职责，这实际上是将“当地人民政府”更换为“当地人民政府部门”[13]。如在已有立法的九地，通常都是由县（区）级林业部门决定是否补偿受害者损失，之后由其或财政部门支付补偿费用。

在部分缺少具体立法的地区，更容易出现各级政府相互推卸责任的情形[14]，司法实践中不乏相关案例。如发生在辽宁省的韩某义诉被告清原满族自治县人民政府、清原满族自治县南山城镇人民政府履行法定职责案[15]，原告养殖的家禽被野生动物捕食多只，向当地县政府申请赔偿未果，被作为信访案件转交至当地镇政府，后镇政府向其出具了“行政答复意见”，未解决任何实质问题。之后原告向县政府申请复议，但县政府以不属于行政复议范围而不予受理申请。法院也未支持原告的诉求，以其诉求不属于行政诉讼受案范围而驳回其起诉。此类案件的根源就在于立法中责任主体的规定模糊，留下了各行政主体推卸责任的空间。

4. 现有补偿程序不科学

各地立法中均规定了野生动物致害补偿相配套的程序，却大多存在补偿程序过于复杂且不合理的问题，同时还缺乏必要的监督机制。如以受理申请机构为例，虽行政法规中规定由野生动物行政主管部门受理，但各地立法中作出了“变通”规定，如县级林业部门、县级补偿机关、乡（镇）政府或街道办、乡（镇）林业工作站或自然保护区管理机构以及村（居）民委员会等。这就导致，一方面，受害者可能难以在法定的期限内及时、准确地提交申请并启动补偿程序——尤其是在偏远地区，发生野生动物致害事故的地点往往远离县区，空间

13 龙耀：《野生动物致损与经济补偿的诸多选项》，载《改革》2018 年第 2 期。

14 许迎春：《从野生动物侵农谈野生动物致人损害补偿制度的完善》，载《安徽农业科学》2006 年第 34 期。

15 参见辽宁省抚顺市中级人民法院（2020）辽 04 行初 26 号行政裁定书。

上的距离在客观上给受害者寻求补偿造成了极大的障碍。另一方面，如果受理申请的机构不予受理申请，那么受害者很难通过其他程序或途径进行监督，即使提起行政诉讼也很难实现目的。再就各地具体的补偿程序设计而言，其中都存在调查、认定、公示等多个环节。那么对于由非林业主管部门作出并公示的调查结果，应如何看待其性质，能否将之视为“内部行政行为”，立法同样没有明确，也缺少必要的监督制约机制。

（三）各地补偿力度有限且地域差异明显

当前立法中不能忽视的一个重要问题是野生动物致害的补偿力度有限。在《野生动物保护法》中，学界曾有较多研究对野生动物致害补偿性质展开过讨论，产生了行政补偿说[16]、行政赔偿说[17]、生态补偿说[18]、民事赔偿说[19]等诸多争议。实践中已有案例明确了野生动物致害补偿不具有民事赔偿的性质[20]，也有法院认为其具有为追求环境利益分配正义、实现环境代内公平、补偿因生态保护而利益受损的公民、法人或其他组织的生态补偿性质[21]，当然更多的案例中将之作为行政补偿对待[22]。本文关注的是其实际效果，故对其性质不作过多讨论，在此持司法实践的主流立场，即认为其属于行政补偿的范畴。当然，正因立法将之定性为“补偿”，故决定了其实际补偿力度有限。

根据各地立法来看，对人身伤害的补偿力度相对较高，除安徽、吉林外，其他地区立法规定政府承担全部医疗费用，并且安徽、西藏、青海等地对误工费的补偿不设上限。但对于野生动物造成丧失劳动能力或死亡的情况，各地的

---

16 王燕、曹健康：《野生动物致人损害的国家补偿责任探析》，载《山西高等学校社会科学学报》2017年第29期。

17 邱之岫：《野生动物侵权诉讼问题研究》，载《法学杂志》2010年第9期。

18 郭会玲等：《我国重点保护野生动物致害救济的法理辨析》，载《林业经济》2011年第4期。

19 杨立新：《〈侵权责任法草案〉应当重点研究的20个问题》，载《河北法学》2009年第2期。

20 见宋某刚与黑龙江省五大连池风景名胜区自然保护区管理委员会侵权责任纠纷案，黑龙江省五大连池市人民法院（2020）黑1182民初12号民事裁定书；王某凯与黑龙江省五大连池风景名胜区自然保护区管理委员会侵权责任纠纷案，黑龙江省五大连池市人民法院（2020）黑1182民初10号民事裁定书。

21 见吴某涛诉南通市林业局行政补偿案，江苏省南通经济技术开发区人民法院（2019）苏0691行初1160号行政判决书。

22 如林某双诉丹东市人民政府、丹东市边境经济合作区管理委员会、丹东市林业局行政补偿案，辽宁省丹东市中级人民法院（2018）辽06行初43号行政判决书；以及孟某龙诉龙口市政府行政赔偿案，山东省烟台市中级人民法院（2018）鲁06行赔初15号行政判决书。

救助力度差异较大，如安徽、云南等地补偿标准较低[23]，西藏、青海、甘肃、陕西补偿力度较高[24]。相比之下，各地对财产损失补偿的力度明显偏低。如农作物的损失，除甘肃补偿全部损失外，最高者为北京，补偿全部损失的60%至80%，甘肃、贵州等地仅补偿损失的50%。再如家禽（畜）的损失，野生动物致伤的情形大多补偿治疗费的20%，甚至西藏、云南等地不予补偿，而致死的情形大多补偿实际损失的50%至80%。除此之外，对于其他生产、生活设施的损失，除西藏、青海、甘肃补偿50%至70%外，其他地区或不予赔偿，或缺少规定。申言之，一旦野生动物造成社会公众的财产损失，即使当地存在补偿立法，在满足了诸多限制条件后受害者也难以获得充分的补偿。

（四）过于严厉的刑事保护间接导致了损失扩大

如上所述，野生动物致害在立法层面存在诸多问题。那么，面临野生动物致害风险的社会公众自行采取保护措施预防损失似乎是一个可能的选择。但是，我国过于严厉的野生动物刑事保护立法使得该路径难以实现。

我国《刑法》第341条围绕珍贵、濒危野生动物及其他野生动物资源设置了多个罪名，如果实施了非法猎捕行为，那么因被猎捕对象的差异而可能构成危害珍贵、濒危野生动物罪或非法狩猎罪。而且司法解释规定的入罪标准相对较低，任何捕杀珍贵、濒危野生动物的行为都会构成犯罪。同样，如果在禁猎区、禁猎期使用禁用的方法或工具捕杀其他野生动物，无论数量多少，都会构成非法狩猎罪。需要说明的是，构成两罪并不需要行为人存在特定的犯罪目的。司法实践中也贯彻了这一立场，法院在认定行为人是否构成犯罪时并不考察其是为了娱乐、食用、获利等“非法”目的还是为了预防野生动物致害的“合法”目的而实施相关危害行为，只关注行为造成了何种后果。只要行为人造成了野生动物死伤的后果，都会被认定为犯罪。如发生在湖北省的秦某兵非法狩猎案[25]，被告为防止自己种植的西瓜被鸟类啄食而在其西瓜地边架设丝网，造成4只鸟类死

23 如《安徽省陆生野生动物造成人身伤害和财产损失补偿办法》对于野生动物造成部分丧失劳动能力的，补偿最高额为所在地市、县上年度职工年平均工资的4倍，全部丧失劳动能力的，最高补偿8倍；造成死亡的，补偿额为10倍。《云南省重点保护陆生野生动物造成人身财产损害补偿办法》《贵州省陆生野生动物造成人身财产损害补偿办法》等规定的补偿标准与之相当。

24 这些地区的补偿力度相对较高，如《西藏自治区重点陆地野生动物造成公民人身伤害和财产损失补偿暂行办法》规定丧失劳动能力者最高补偿当地上一年度农牧民人均纯收入的15倍，全部丧失能力者最高补偿25倍，造成死亡者补偿30倍。其他省份如《青海省重点保护陆生野生动物造成人身财产损失补偿办法》《陕西省重点保护陆生野生动物造成人身财产损害补偿办法》等规定对于伤残情形最高也能达到上年度职工（农民）纯收入的20倍，死亡者至少补偿20倍。

25 见湖北省广水市人民法院（2020）鄂1381刑初153号刑事判决书。

亡、1 只被捕获，法院据此认定其构成非法狩猎罪。再如发生在河南省的程某某非法猎捕、杀害珍贵、濒危野生动物案[26]，被告为防止自家承包的苹果园内的果实被鸟类啃食，在自家苹果园内架设粘网，猎捕野生鸟类 3 只，其中包括 1 只国家二级重点保护野生动物，最终法院认定其构成非法猎捕、杀害珍贵、濒危野生动物罪。值得注意的是，两起案件所在地区都缺少野生动物致害补偿立法。

根据中国裁判文书网的数据显示，我国破坏野生动物资源犯罪案件数量相对较多的省份为江苏、河南、湖南、福建、广东、湖北、安徽及浙江。这也从侧面反映了这些省份野生动物资源丰富，当地社会公众受到野生动物损害的可能性更大。但从地方立法情况来看，除安徽以外的其他省份均缺少野生动物致害补偿的办法。申言之，当前立法不完善、门槛较高、规则复杂、补偿有限的野生动物补偿体系迫使社会公众不得不自行寻求野生动物致害的预防措施，而过于严厉的野生动物保护立法，使得预防措施被限制在极为有限的范围内，难以完全避免野生动物致害后果。囿于立法存在的种种问题，毗邻野生动物生活地域的社会公众既难以通过合法途径获取补偿，又难以采取有效措施预防损失，陷入了两难的困境。

三、我国野生动物致害补偿困境的原因透析

1. 人类中心主义与生态中心主义的基本立场

法学理论是司法实践的先导，理论研究是实践立法的支撑[27]。野生动物致害补偿立法存在的现实困境，与相关理论研究薄弱、匮乏不无关联。严格来说，野生动物致害补偿是野生动物保护中的衍生问题，属于动物保护理论的范畴。从更高的维度来看，则属于环境保护问题。然而，从过往关于环境保护的理论来看，无论是人类中心主义还是生态中心主义，都忽视了野生动物致害补偿这一“边缘”问题。

人类中心主义可追溯至古代的宇宙人类中心主义，经过中世纪的神学人类中心主义的洗礼，逐渐在 20 世纪形成了当代的生态人类中心主义[28]。此立场下，人类的利益在与自然互动过程中被置于首要地位，是处理人类与生态环境关系的尺度[29]。这也是人类中心主义饱受诟病之处，虽然生态人类中心主义放

---

26 见河南省洛宁县人民法院（2014）宁刑初字第 100 号刑事判决书。

27 罗施福：《论野生动物致害之法律救济》，载《学术论坛》2011 年第 5 期。

28 汪信砚：《人类中心主义与当代的生态环境问题——也为人类中心主义辩护》，载《自然辩证法研究》1996 年第 12 期。

29 向良云：《生态危机治理的理念与行动——人类中心主义、生态中心主义与生态马克思主义的比较研究》，载《理论月刊》2013 年第 9 期。

弃了古代及中世纪时期将人类视作宇宙中心的荒谬论点，也不再强调人类是万物的“目的”，但仍旧维护了人类凌驾于自然之上的地位，关注的是如何利用自然。即使强调环境保护，也是为了更好地满足人类自身的利益。

生态中心主义崛起于20世纪后期全球日益加剧的生态危机的时代背景下，彼时人类中心主义被认为是诸多环境问题的罪魁祸首[30]。与人类中心主义天然地将人类置于周遭一切之上的立论基础不同，生态中心主义认为人类无法脱离自然而独立生存，所以人类与自然之间应当是平等的关系[31]。在此立场下，学者们开始关注人类之外的其他生命体，认为动物，甚至植物、整个生态系统都应当享有一定的权利。如最初形成的动物解放与权利说，认为应当假定动物拥有值得尊重的价值，也拥有不遭受不应遭受的痛苦等权利，不应将之作为实现人类利益的工具对待[32]。生物中心说在追求人与自然平等关系的路径上走得更远，提出了自然界是一个自洽的系统，所有生物之间都是平等的，人类只是自然界的成员之一而并不比其他生物优越[33]。换言之，生态中心主义隐隐走向了与人类中心主义相反的另一极端，追求世间万物的平等关系。

2. 人类中心主义与生态中心主义都难以提供理论支持

综上来看，无论是人类中心主义还是生态中心主义，都难以为野生动物致害补偿提供理论支持。二者关注的是人类与自然之间一般的、整体的关系，从宏观上探索人与自然相处的模式，对微观层面具体问题的关注有限。至于人与动物的关系，二者都默认了人类凌驾于野生动物之上的地位，更重视人类对野生动物生存造成的威胁以及如何进行缓解、预防。但是，这些理论都忽视了野生动物保护的特殊性。相对于更具有被动性的植物甚至生态环境，野生动物具有主动性以及攻击性的特点，这些都是野生动物保护不同于环境保护的个性内容。尽管野生动物在整体上面临环境恶化、人类偷猎等生存问题，但野生动物同样能够造成人类的损失，而且这些个体层面的损失与整体维度的野生动物保护之间是不对称的。

申言之，在人类利用自然的过程中，野生动物成为环境恶化的受害者，而被野生动物损害的社会个体又成为野生动物保护政策的受害者。正如前述吴某

30　李旭萍：《走出对人类中心主义认识的误区——对当代生态环境问题的反思》，载《山西高等学校社会科学学报》2001年第12期。

31　陈伟华、杨曦：《世界观的转变：从人类中心主义到生态中心主义》，载《科学技术与辩证法》2001年第4期。

32　单桦：《从人类中心主义到生态中心主义的权利观转变》，载《理论前沿》2006年第9期。

33　罗亚玲、汤剑波：《对“非人类中心主义”环境伦理学的反思》，载《哲学研究》2000年第10期。

涛诉南通市林业局行政补偿案判决中法官所指出的那样，我国野生动物致害事件大多发生在设立野生动物自然保护区的西部边远地区或贫困山区，相对贫苦的弱势群体反而分担了更多的环境资源保护负担。当前的理论研究未能对这些现实问题作出足够的关注，难以为野生动物致害补偿立法提供足够的理论支持。

（二）现实难题进一步制约了立法进程

在制定野生动物致害补偿立法时，还需要考虑当地的社会、经济等现实条件。现阶段，野生动物致害补偿无论具体形式如何，实质上都是向受害者提供一定的经济补偿。换言之，各地政府获得的财政状况直接决定了实现补偿的可能性以及补偿的实际范围和程度。在 1988 年制定的《野生动物保护法》中，立法将承担补偿义务的主体规定为地方政府，由其自行承担相应的财政支出。该规定显然不合理，在 2016 年修法时改为由中央财政补助。但具体如何补助，至今没有统一明确的规定。通过进一步考察地方立法不难发现，相应的经费目前仍由各级政府负担，通常是省级政府与其他层级政府各承担 50%，但部分地区也规定由县（区）政府财政完全承担特定范围内的损失。如果地方政府财政状况不理想，那么自然无法再承担野生动物致害补偿的财政支出。尤其是野生动物致害多发生在山区、林区及周边，当地工业发展水平有限，政府财力不充裕，更难以协调多余经费用于野生动物致害的补偿活动。申言之，各地经济发展水平不均衡，地方政府财政紧张是制约野生动物致害补偿立法的重要原因之一。

如前文所述，江苏、广东等经济相对发达的地区也未制定野生动物致害补偿办法，显然这些地区并不是因为经济状况的制约而怠于立法。本文认为，这恐怕与野生动物致害现象较为少见有关。前文曾述，野生动物致害属于野生动物保护范畴，而野生动物保护是环境保护中的问题，与之并列的还有植物资源保护、水土资源保护、生态环境保护等一系列问题。相比之下，无论是破坏野生动物资源犯罪还是野生动物致害，其危害性、影响力都难与其他环境保护问题相比拟。尤其是在当前强调环境保护的政策取向下，加之野生动物“禁食”“禁猎”的政策及立法的出台，导致野生动物致害问题进一步被“边缘化”相关立法的迫切性就不突出了。

四、化解野生动物致害补偿困境的对策

（一）树立正确的理论认识

化解野生动物致害补偿的现实困境，首先需要扭转理论层面的偏见，准确

认识到野生动物致害补偿与保护同等重要，研究发展能够统领野生动物保护与补偿全局的理论体系[34]。时下较为有力的一种观点是将之划归生态补偿的范畴，并以相关理论指导构建野生动物致害补偿规则[35]。综合现有理论研究成果，生态补偿可理解为为了实现生态环境保护的代际公平及环境利益的分配正义，由受益的社会主体向受损的社会主体作出的补偿，是一种具有公法性质的国家生态补偿活动[36]。但该理论却难以满足当前的现实需求——一方面，传统生态补偿理论以生态中心主义为理论基底，难免侧重于对生态环境的保护，对社会公众的基本价值需求关注不足[37]；另一方面，尽管司法实践中偶见将致害补偿视作生态补偿，但主流的司法实践做法是将之作为国家补偿对待。此外，从早前国家发展和改革委员会发布的《生态补偿条例》草案以及苏州、无锡等地出台的地方性法规来看，立法者更重视通过财政转移支付等方式实现对自然资源的长远保护，而非对已发生的、个体的受害情况进行救助。

当然，这并不意味着生态补偿理论缺乏可取之处，因为其重要内容之一便是针对生物多样性保护的补偿[38]，甚至有研究将之等同于“生物多样性补偿”[39]。而保护野生动物的直接目的在于维护生物多样性和生态平衡——这也是《野生动物保护法》的立法目的之一，为实现这些目的而导致的被动、消极的经济利益损失与主动、积极放弃的经济发展机会及收益都值得获得补偿。进一步讲，野生动物致害补偿并不仅仅是对经济欠发达的自然保护区或边远地区社会公众的经济利益补偿[40]，而且对于平衡微观层面个体发展与生态环境保护、野生动物保护的矛盾，以及实现生物多样性等宏观层面的发展目标及立法目的都具有不可替代的重要意义。因而，还应当适当结合人类中心主义思想，在宏观上重视人类的生存与发展，在微观上重视个体利益的维护，完善生态补偿理论，并指导相关的立法及实践活动。

---

34 何謦成、吴兆：《我国野生动物肇事的现状及其管理研究进展》，载《四川动物》2010年第1期。

35 郭会玲、张英：《我国重点保护野生动物致害救济的法理辨析——兼论野生动物资源生态补偿法律制度的构建》，载《林业经济》2011年第4期。

36 郭会玲、张英：《我国重点保护野生动物致害救济的法理辨析——兼论野生动物资源生态补偿法律制度的构建》，载《林业经济》2011年第4期；刘国涛：《生态补偿概念和性质》，载《山东师范大学学报（人文社会科学版）》2010年第5期；张建伟：《生态补偿制度构建的若干法律问题研究》，载《甘肃政法学院学报》2006年第9期。

37 栗明等：《从生态中心主义回归现代人类中心主义——社区参与生态补偿法律制度构建的环境伦理观基础》，载《广西社会科学》2011年第11期。

38 吴萍：《生态补偿立法的思考》，载《江西社会科学》2011年第10期。

39 任世丹、杜群：《国外生态补偿制度的实践》，载《环境经济》2009年第11期。

40 王露爽、刘建：《野生动物致害补偿问题探析》，载《四川动物》2012年第5期。

（二）完善野生动物致害补偿地方立法

在立法层面，完善各地野生动物致害补偿立法是应然举措。虽然《野生动物保护法》等立法中未作期限要求，但各地政府应及时制定补偿办法。这是因为，立法赋予其制定补偿办法的权限不仅仅是一项“权利”，还是“义务”。各地省级政府制定补偿办法本质上是一种抽象行政行为，与具体行政行为同属行政行为的范畴。而实施行政行为是相关主体行使行政权的体现，行政权自身兼具权力与职责的双重属性，具有不可放弃性的特点[41]。这就要求享有一定权限的行政主体必须在合法的前提下及时、合理、全面地行使权力、履行职责，否则将有违立法赋予其相应权力的目的。具体到本文的主题，各省级政府应当依法及时制定、修改野生动物致害补偿办法，对此可从如下几个方面入手。

第一，及时制定野生动物致害补偿办法。缺少立法的各省级地方政府应当结合现行《野生动物保护法》等立法规定，及时制定相应的补偿办法。第二，已制定补偿办法者，应当及时修订、完善现有规定，确保与上位法规定相一致。尤其是关于致害动物的规定，至少应当保证与《野生动物保护法》相同，将所有受到立法保护的动物都纳入致害动物范围。第三，适度扩大损失补偿范围。目前部分立法中采用了封闭式的列举方式规定损失补偿范围，并且部分立法规定的补偿标准明显过低。当前各地立法中大多同时列举了补偿和排除补偿的情形，但仍旧存在受害人不存在过错但也不属于排除补偿的争议情形。在此，可以考虑采用“反向列举 + 兜底”的方式进行规定，即规定受害者不存在任何过错时产生的野生动物损害纳入补偿范围，同时设置疑难情形下由特定主体进行认定的兜底规定。同时，适当提高补偿力度，以上一年度当地城乡居民收入、物价等情况作为参照，设置相对浮动的补偿标准。第四，明确责任主体并优化补偿程序。本文认为，结合现行法律、行政法规的规定，比较合理的做法是由乡镇政府、街道办代为受理补偿申请并完成前期调查工作，之后统一提交至野生动物行政主管部门进行确认。如果其对调查结论存疑，那么可在一定时限内进行补充调查。待野生动物行政主管部门确认损失之后，转由财政部门进行支付。其中，补充调查的次数、补偿程序各环节的期限等应受到严格的限制，以免程序过于拖沓而损害社会公众的利益。第五，适当从宽处理出于合法目的而造成野生动物死伤的案件。不可否认的是，在缺少专门立法的省份，野生动物

41 王霄艳：《法治视角下的行政立法审查研究——兼对〈立法法〉相关规定的解释》，载《江汉学术》2017年第3期。

致害的受害者大多难以获得补偿。此时，尽管部分社会公众因采用了不当的措施防范野生动物而导致了犯罪后果，也不宜对之判处过于严重的刑罚。对此，可通过出台司法解释等方式作出专门规定，将此作为从轻或减轻的量刑情节，这既能避免不当处理因立法疏漏等客观原因间接导致的社会问题，又能满足罪责刑相均衡与刑法谦抑性的需要。

（三）构建补偿立法不完善的监管保障机制

野生动物致害补偿不仅仅需要具体制度予以落实，还需要配套的监督机制保证其运转良好。当然，根据各地立法情况来看，构建监督机制应有不同的侧重点。首先，对于已有立法的地区，应重点关注补偿制度的实际运转状况，确保受害的社会公众能够得到补偿，以及在立法与上位法及客观的社会、经济环境不协调甚至矛盾时能够及时修改或废止。对此，曾有研究提出可赋予社会公众行政、立法及司法等法律补偿途径[42]，这种观点具有一定的可行性。事实上，现有立法确实规定了部分情形下社会公众享有一定的补偿权利。根据《立法法》第 97 条之规定，国务院有权改变或撤销地方政府规章，地方人大常委会也有权撤销本级政府规章。而且，《规章制定程序条例》第 35 条也规定了公民认为规章同法律、行政法规相抵触或者违反其他上位法时有权向国务院、省级政府等主体提出审查建议。据此，当发生野生动物致害事件且当地补偿办法存在明显不当时，受害的社会公众可以依法向特定主体寻求补偿，申请修改或撤销相关的立法。当然，这也需要设置合理的配套程序，确保受害的社会公众能够提出申请。但现有立法并未赋予司法机关审查政府规章的权力，因而司法补偿途径难以满足对规章的监管需要。

其次，对于缺乏立法的地区，监督的重点在于推进补偿制度的制定及落地。如前所言，当前的监督机制主要针对的是已制定法的运行情况，也即侧重监督具体行政行为，对抽象行政行为的监督较为有限。换言之，我们亟须一种能够在缺少行政立法时启动立法程序的保障机制。在域外，这种机制体现为社会公众可作为独立主体参与的立法动议制度，即行政相对人有权向特定行政主体提出制定、修改或废除行政法规、规章的立法建议或议案，行政机关须依法审议并作出回应的制度[43]。从具体制度设计来看，立法通常直接赋予特定主体提起立法动议的权利，如澳门《行政程序法典》（第 57/99/M 号法令）第 106 条就

---

42 魏波、肖登辉：《论抽象行政不作为的法律救济——由中国首例公民状告政府行政“立法”不作为案引发的思考》，载《湖北社会科学》2004 年第 1 期。

43 冯英、张慧秋：《中国行政立法公众参与制度研究》，载《首都师范大学学报（社会科学版）》2008 年第 4 期。

规定了“利害关系人得向有权限之机关提出请求，要求制定、变更或废止规章”，美国、葡萄牙等国行政程序立法中也存在类似规定[44]。相较而言，立法动议制度在督促特定行政主体及时履行行政立法的职责、保障社会公众参与立法活动的民主性等方面具有相当的优势，能够更好地满足社会公众的立法需求。申言之，我们不妨借鉴域外立法经验，建立符合我国国情及社会公众需求的立法动议制度。具体来说，可以参照我国已有的行政立法异议程序，在相关法律、行政法规中增加相应条款，当符合特定条件时赋予行政相对人立法动议权。当收到社会公众提出的立法动议后，无论是否履行立法职责，相应行政主体都需在一定期限内作出回应，并详细说明理由及依据。

44 陈蕊：《相对人的行政立法动议权》，载《行政法学研究》2004 年第 4 期。

《民法典》视野下的新闻侵权豁免规则及其适用

张惠彬　侯仰瑶*

【内容提要】 新闻报道、舆论监督等行为与民事主体的人格权利益之间如何平衡，在《民法典》颁布之前一直存在争议。《民法典》中人格权独立成编，贯彻了我国坚持以人民为中心的法治理念。为缓和新闻报道与人格权的冲突，《民法典》人格权编第999条、第1020条、第1025条、第1036条对新闻报道行为的豁免规则作了一般规定和具体规定。在适用中，新闻媒体在使用人格利益时，应当满足为公共利益、使用方式合理的条件，并且须在特定的人格利益范围内使用。对于肖像、名誉、隐私等人格利益的使用，新闻媒体在开展新闻报道、舆论监督活动时则要采取更为审慎的态度，以满足《民法典》中特别规定的要求。

【关键词】 民法典　人格权　新闻报道　言论自由　新闻侵权豁免规则

随着互联网兴起，媒体蓬勃发展，然而，新闻报道行为所涉范围的扩张，却造成与其他权利的冲突，如新闻报道内容侵害他人的姓名权、肖像权或隐私权等人格权。主张人格权遭受侵害的当事人能否主张权利？抑或是新闻媒体得以在社会公益的保护下免于承担其言论责任？

新闻报道旨在提供对社会公众有知悉意义的事实，舆论监督则是公民言论

---

* 张惠彬——西南政法大学副教授、博士生导师，重庆知识产权协同创新中心研究员，研究领域：民商法学、知识产权法学；侯仰瑶——西南政法大学硕士研究生，研究方向：民商法学、知识产权法学。本文系重庆市教委人文社科重点项目“从WTO到CPTPP：中国参与知识产权全球治理的战略研究”（22SKGH007）、2021年西南政法大学科研创新项目“AI换脸技术背景下短视频版权秩序的挑战与应对研究”（项目批准号2021XZXS－154）阶段性成果。

自由的基本权利的体现和参与国家政治生活的形式。新闻报道保障言论自由具有制度效益，它作为公民表达的窗口，能够起到引导舆论、监督政府的作用。因而，新闻媒体被视为公共利益的代表。但任何自由都并非绝对，新闻报道要受到公权和私权两方面的限制，前者是指新闻报道必须遵守国家法律法规，后者是指其在保障社会公共利益的同时不得侵害公民的民事权利。人格权的客体是私人利益，私益同时也需要在为社会公共利益的情形下作出牺牲。因而在新闻侵权纠纷中，立法、司法所关注的即是代表社会公共利益的新闻报道与体现私人利益的人格权之间的平衡。由于我国没有专门的新闻法规范大众传播行为，新闻报道侵权与否的界限为何尚不明确。在《民法典》出台前，新闻报道、舆论监督侵权纠纷中新闻媒体仅能依据《最高人民法院关于审理名誉权案件若干问题的解释》（现已废止）第6条、第9条来进行抗辩，抗辩理由包括事实真实性、公正评论、特许权威消息等，然而这些抗辩事由在司法适用中存在着事实与评论难分辩、举证责任分配不明等问题。《民法典》的出台为厘清新闻报道与人格权保护的界限提供了法律依据，[1]《民法典》人格权编第999条的新闻侵权一般豁免规则，以及人格权编各章中对于新闻侵权豁免的具体规定是解决新闻报道与人格权之间冲突现状的方案，本文将从新闻报道侵权豁免规则之豁免对象、豁免情形、豁免例外探讨此规则在实践中的适用问题，为新闻媒体顺利开展新闻报道、舆论监督活动提供规范指引。

一、新闻侵权豁免规则的由来与功能

（一）新闻报道与人格权的价值体现

新闻报道具有帮助公民表达言论、创造舆论[2]的工具性价值，能够保障公民“论”的权利。新闻报道得以合理使用个人人格利益的理论基础为何存在诸多论述，其中包括：（1）监督政府说。新闻媒体能够发挥舆论监督功能而成为监督政府的利器，新闻媒体不管是传统的线下新闻机构还是依托网络环境而产生的新媒体都具有面向社会公众传播的基础，政府的违法行政行为一旦被媒体所披露便会迅速传至大街小巷从而广遭社会群众评论，舆论督促政府廉政为公、促成服务型政府的形成。[3]（2）健全民主程序说。民主决策作为民主制度的重要内容，其首要的条件便是信息公开和言论自由。信息公开使得社会公众对于政

1 《民法典》第999条：“为公共利益实施新闻报道、舆论监督等行为的，可以合理使用民事主体的姓名、名称、肖像、个人信息等；使用不合理侵害民事主体人格权的，应当依法承担民事责任。”

2 徐宝璜著：《新闻学》，中国传媒大学出版社2016年版，第3页。

3 余杰新：《论新闻舆论监督行为法律规制的基本立场》，载《新闻界》2016年第19期。

治、经济、文化生活有充分的了解，形成决策基础；言论自由使得社会公众得以依据社会事实开展广泛的讨论、促成意见交流碰撞，[4]从而引导最有利于社会公共利益的政府决策的形成。新闻媒体为社会公众提供新近发生的事实以保障信息公开，同时其作为舆论窗口保障言论自由，在健全民主的过程中功不可没，是实现民主权利的有效形式。[5]（3）追求真理说。新闻媒体所开放的社会窗口使得社会公众得以自由发表意见，促成观点多元化和丰富意见市场，促进真知灼见与谬论邪说之间的自由碰撞，进而帮助人们判断真理和预见真理。[6]（4）表现自我说。新闻报道作为实现言论自由的利器有助于个人自由表达意见，对于个人展现和发展自我人格特征起着不可替代的作用。可以说，新闻报道因其特有的社会功能而具有了正当性基础，而不管是监督政府、健全民主制度，还是追求真理、表现自我，各类学说的立论基础在于新闻报道具有帮助实现言论自由的工具性价值，因此新闻报道得以在人格权纠纷中获得其他主体所不能享有的侵权豁免适用。

人格权为《宪法》所规定的基本权利，并由《民法典》加以具体化。2004年修改宪法时，我国首次在《宪法》中加入人权条款，[7]对国家课以尊重人权的消极义务和保障人权的积极义务，人格权因而具备了宪法基础。人格尊严作为人格权价值的凝聚、[8]人格自由作为人格权的重要内容，受到宪法关怀，《宪法》第37条、第38条明确规定公民的人格自由、人格尊严不受侵犯。但是，《宪法》中关于人格权保护的相关条款仅作为基本原则，发挥着指导功能却不能在人格权侵权诉讼中直接作为依据，人格权保护的具体适用规则制定由民法加以实现。我国《民法典》于2020年5月28日出台，此部法典共七编，人格权独占一编，其中第995条确立的人格权请求权制度、第997条规定的侵害人格权的诉前禁令制度以及人格权编第二章到第六章关于具体人格权的规定，都是宪法保护人格权意旨的具体化。人格权单列成编彰显了我国法治的人本主义价值，人格权包括一般人格权和具体人格权，一般人格权保护的是人格独立、人格自由、人格尊严，以及目前尚未被法律赋予权利外衣、尚不具备社会典型公开性的其他需要保护的人格利益要素，[9]

---

4 史安斌、王沛楠：《多元语境中的价值共识：东西比较视野下的建设性新闻》，载《新闻与传播研究》2019年第26期。

5 最高人民法院民法典贯彻实施工作领导小组主编：《中华人民共和国民法典人格权编理解与适用》，人民法院出版社2020年版，第107页。

6 耿思嘉，高徽等著：《新闻传播与广告创意》，吉林人民出版社2019年版，第46页。

7 《宪法》第33条第3款："国家尊重和保障人权。"

8 王利明：《论人格权的定义》，载《华中科技大学学报（社会科学版）》2020年第34期。

9 杨立新主编：《中华人民共和国民法典释义与案例评注（人格权编）》，中国法制出版社2020年版，第4页。

是人格权所保护的法益的抽象概括。具体人格权是以目前能够确定的、具备社会典型公开性的人格利益要素作为保护对象的权利，如以生命、健康、肖像、隐私等目前已被社会所公认的人格利益为保护对象，对应的具体人格权则为生命权、健康权、肖像权、隐私权等。具体人格权还可以细分为物质性人格权和精神性人格权，前者保护物质性人格利益如生命、身体等，后者保护精神性人格利益如隐私、名誉等。

（二）新闻报道与人格权的冲突及其传统解决路径

人格权为特定的民事主体生而享有，客观存在而不受任何人的意志左右，而新闻报道则作为实现社会公众的知情权和言论自由的工具，具有特殊的社会价值。然而，有权利则必有冲突，新闻报道与人格权之冲突时有发生，在涉及公众人物的新闻报道中十分常见。在中国裁判文书网上检索人格权侵权纠纷相关案例，并通过"网络""传播""传媒""广播""电视台""报"等词汇限定新闻媒体当事人，获得新闻侵权案例宏观数据如下表：

表1　新闻报道侵犯人格权案例数量

检索词＼年份	2013	2014	2015	2016	2017	2018	2019
网络	65	192	263	552	1025	1925	1701
传播	2	40	43	80	150	265	227
传媒	14	95	131	199	405	581	461
广播	17	79	82	188	212	206	197
电视台	8	61	63	120	147	148	125
报	32	112	160	220	325	343	224
总数	138	549	742	1359	2264	3468	2935

2013年至2018年的新闻侵权案例总数每年增长近1倍，每年有一半以上的新闻侵权当事人为网络媒体，新闻报道与人格权的冲突日益凸显。网络环境下新闻媒体更为多元化、新闻侵权方式也日益复杂多变，代表着社会公共利益的新闻报道特权的最大界限为何才不至于危及人格权所保护的法益，实为一亟待明确之事。权利冲突问题的解决包括三个传统路径：（1）权利位阶原则。该原则认为权利之间存在等级之分，在权利发生冲突时，处于高位阶的权利获得优先保护。权利位阶原则优势在于，一旦各权利位阶清晰，权利冲突问题便十分容易解决。不足之处在于，该原则可能有违权利平等原则，对于各项权利的等

级划分也并非易事，其更多地体现为一种理论上的假设。（2）利益平衡原则。是指在权利发生冲突时，对各方权利所保护的法益进行衡量，进而判断哪一种权利得以获得优先保护，衡量标准一般包括价值判断和效益判断。价值判断是对事物的主观评价和态度；效益判断则是对事物成本、收益等的客观判断，一般是指该权利能否使社会效益最大化。（3）权利限制原则。法谚云："权利止于他人鼻尖"，该原则就是为了防止可能发生的权利冲突，并且为法官裁判提供衡量标准，由立法机关对权利的行使或者权利的范围进行界定，从根源上减少、避免权利冲突的发生。我国立法对权利的保护采相对保护主义，即对权利的保护不是绝对的，权利要受到一定的限制。[10] 人权是相对的，其行使不能超出特定的权利界限，[11] 任何基本权利都不应当具备优先于其他权利的地位。[12]《宪法》第51条[13]对各项基本权利作了概括性的限制，即权利的行使不得损害他人的利益，也不得损害社会公共利益。新闻报道的社会功能决定了其代表着公共利益，人格权因其属性则代表着个人利益，二者之间存在着必然的冲突，[14] 这种冲突主要是新闻报道与精神性人格权的冲突。物质性人格权受到侵害往往表现为身体受到直接的侵犯，而新闻报道往往难以对身体形成直接的伤害，其时常造成对权利主体精神利益的侵害，新闻报道对隐私权、肖像权、名誉权的侵害屡见不鲜。新闻报道与精神性人格权之间的冲突难以解决的原因之一在于精神性人格权所保护的人格利益不像物质性人格利益那般容易为外界所感知，因而精神性人格权是否受到损害也难以认定。

《民法典》出台前，我国司法实践中认定新闻报道是否侵权依据的是《侵权责任法》中传统侵权的认定模式，即分析被告是否同时满足以下四个要件：（1）行为人主观上具有过错，包括故意、过失；（2）行为人客观上实施了加害行为；（3）客观上造成了损害事实；（4）加害行为与损害事实之间具有因果关系。各新闻侵权案例的争议焦点往往在于新闻报道主体是否存在主观过错以及新闻报道主体是否造成了损害事实，且裁判理由阐述主要围绕前者展开。2015年至2019年大部分名誉权纠纷案例对于新闻报道主体是否具有主观过错的判断分析往往在于认定其所报道事实是否失实，或者新闻报道提供事实和舆论监督的功能而直接认定新闻媒体不具有过错。如2012年吴某强与浙江某报社、蔡某

---

10 莫于川、胡锦光著：《基本权利及其公法保障》，法律出版社2013年版，第45页。

11 白桂梅主编：《人权法学（第二版）》，北京大学出版社2015年版，第27页。

12 张翔：《民法人格权规范的宪法意涵》，载《法制与社会发展》2020年第4期。

13 《宪法》第51条："中华人民共和国公民在行使自由和权利的时候，不得损害国家的、社会的、集体的利益和其他公民的合法的自由和权利。"

14 靳华瑞、夏渡培：《论新闻传播和新闻侵权》，载《传播力研究》2019年第20期。

鸣名誉权纠纷一案，[15]以及2019年某米公司与某报社等名誉权纠纷一案中，法院认为被告不存在报道失实的过错因而不构成侵权；2015年昆明某职业学院、段某兴诉云南某报社名誉权纠纷一案[16]中，被告报道失实内容，未尽核实义务，有主观上的过失，因而被认定为侵权；2018年潮州市湘桥区张某餐饮店与深圳市某迅文化传播有限公司名誉权纠纷案[17]中，法院认为媒体评论能够帮助实现舆论监督，因而被告不具有主观过错。部分名誉权案例中新闻侵权认定主要关注新闻报道是否构成"公正评论"，如2015年歌星张某颖与北京某杂志社、北京某报社等名誉权纠纷一案、2015年歌星汪某与北京某浪互联信息服务有限公司名誉权纠纷一案、2016年香港某开发投资有限公司与湖北某商报社等名誉权纠纷一案。[18]这些案例中，法院总结出新闻报道构成公正评论的要件包括：（1）评论基于已经公开的事实或者可以信以为真的未公开的事实；（2）评论没有侮辱、诽谤等有损人格尊严的言辞；（3）新闻报道主体主观没有过错，其必须是出于为社会公共利益的目的。[19]而"公正评论"判断的焦点仍然在于新闻报道主体主观没有过错，是否具有过错依案件事实而异，2015年歌星张某颖与北京某杂志社、北京某报社等名誉权纠纷一案中，法院认为媒体评论缺乏事实依据，其作为公共利益代表未尽一般注意义务，具有过失，因而新闻媒体被判定为侵权；前述汪某案中法院则认为媒体的评论是其行使舆论监督的方式，因而媒体不具有过错。在姓名权纠纷中，依媒体所具有的保障公众知情权、舆论监督的社会价值而判定媒体不具有过错的案例也有许多，如2017年蒋某鑫与宜兴市某电视台姓名权纠纷一案、2020年华某尘与广州某报社姓名权纠纷一案[20]等。《民法典》适用前，新闻报道侵犯肖像权的认定与其他主体无异，即依据原《民法通则》第100条判定新闻媒体的使用行为是否是为营利目的，裁判中往往也因新闻报道所具备的报道事实、舆论监督功能而认定新闻媒体不构成侵权，如宋某照、曹某芬与山东某电视台肖像权、名誉权、隐私权、住宅权纠纷一案，王某胜与平遥县某电视台肖像权、名誉权纠纷一案[21]等。

---

15 （2012）金义民初字第3048号民事判决书、（2019）粤0192民初24381号民事判决书。

16 （2015）西法民初字第3383号民事判决书。

17 （2018）粤5102民初147号民事判决书。

18 （2015）朝民初字第35676号民事判决书、（2015）朝民初字第21871号民事判决书、（2016）京0105民初4913号民事判决书。

19 最高人民法院民法典贯彻实施工作领导小组主编：《中华人民共和国民法典人格权编理解与适用》，人民法院出版社2020年版，第111、112页。

20 （2017）苏0213民初7918号民事判决书、2020）粤01民终2336号民事判决书。

21 （2018）鲁1625民初3024号民事判决书、（2017）晋0728民初1550号民事判决书。

二、《民法典》中新闻侵权的豁免内容

《外国常驻新闻机构和外国记者采访条例》《新闻单位驻地方机构管理办法》《关于人民法院接受新闻媒体舆论监督的若干规定》等行政法规、规章、司法解释明确了规范的约束主体如“新闻机构”“新闻单位”“新闻媒体”“新闻记者”“新闻媒体记者”。不同于这些有关新闻的规范性文件，《民法典》人格权编中的新闻侵权豁免规则并未直接界定规范对象，而是仅仅规定了“新闻报道、舆论监督”行为何以免受侵权责难，并未直接界定豁免的主体范围，为日新月异的新闻报道形态预留了充分空间。[22]依照《民法典》第999条对人格利益进行合理使用必须以实施了新闻报道、舆论监督行为为前提。[23]

（一）新闻报道

广义的新闻报道的含义强调新闻媒体面向社会公众公开传播的性质，其不仅包括对事实的发布、对现象的评论，还包括两者的结合。《民法典》将广义的新闻报道中的事实和价值判断区分开来，分为新闻报道和舆论监督，以使相关主体在不同情形下更为准确地适用新闻侵权豁免规则。《民法典》中的新闻报道是指新闻媒体对有关政治、经济、军事、外交等的社会公共事务以及社会突发事件的报道，也可以将其理解为新闻媒体对新近发生的有关社会公益的单纯事实消息的报道。在内容上有三个特征：（1）报道的是事实。即新闻报道必须是真实的，这是新闻媒体保障社会公众知情权的本质要求。但由于新闻报道的时效性和新闻媒体证伪能力的有限性，新闻报道的真实性并不要求所报道内容客观真实，新闻媒体只要尽到该行业所要求的一般注意义务后认为相关内容真实，即可认定报道的内容为事实。（2）报道的是新近发生的事实。新闻报道的市场价值便在于“新”，它能帮助社会公众了解现阶段周遭事物的发展状况，从而调节自身行为，使自身得以适应社会生活。（3）报道的是与社会公共利益密切相关的事实。“新闻为阅者注意之最近事实”，[24]社会公众所关注的事实无非与社会生活相关的事务。同时，由于新闻报道所具备的社会功能，新闻媒体传播的对象虽不为所有个人但必定是不特定的个人，因而新闻报道的事实自然应当与社会公共利益密切相关。新闻媒体进行新闻报道正是其实现公众知情权的体现。

---

22 魏永征：《〈民法典〉中“新闻报道”行为的主体》，载《青年记者》2020年第7期。

23 王利明、程啸等著：《中华人民共和国民法典人格权编释义》，中国法制出版社2020年版，第144页。

24 徐宝璜著：《新闻学》，中国传媒大学出版社2016年版，第10页。

（二）舆论监督

舆论监督是指新闻媒体对有关政治、经济、军事、外交等的社会公共事务以及社会突发事件的评论。“舆”指大众，舆论即指大众的评论，它并非参与社会的个人的所有评论的机械综合或者简单相加，而是各方意见交流碰撞后所得出的最大公约数。从行为主体来看，舆论监督由社会公众实现，其通过对周遭事实进行评论、评价并反馈给新闻媒体，新闻媒体进而作为舆情窗口对代表性的观点和意见进行公开，引起社会更为广泛的注意、达到监督作用。但社会公众作为一个抽象的群体概念，在新闻侵权纠纷发生时不可能作为民事诉讼的主体，更无法被确定为民事责任的承担者，因而法律意义上的舆论监督主体只能是代表社会公众利益的新闻媒体。[25]从行为客体来看，新闻媒体作为社会公共利益的代言人，其监督的是一切与社会公共利益相关的现象和事务，包括国家决策、国家立法、国家机关及其工作人员的工作、社会公众人物的活动、社会事务相关行业主体活动、食品和药品安全、经济发展状况等。新闻媒体的舆论监督行为是社会公众知情权价值的实现，因而能够作为新闻侵权豁免规则的豁免内容。

三、《民法典》中新闻侵权的豁免情形

（一）一般规定

《民法典》第999条规定了新闻报道侵权豁免的一般规则，从行为目的、行为方式和行为范围三个方面进行了限定。

第一，为公共利益的行为目的。《民法典》第999条对于新闻报道、舆论监督使用或者影响人格利益的侵权豁免作了一般规定，相较2019年5月21日发布的《民法典（草案）》，增加了“为公共利益”这一限定。

新技术背景下新闻报道主体依托先进的传播技术容易达到现象级的传播效果，在自身营利的同时也肩负着保障社会公众“知”和“论”的权利之社会责任，因而新闻报道主体豁免之特权首先要以“为公共利益”为前提，公共利益作为一种抗辩事由能够阻却违法。[26]公共利益是指能为广大民众所能享受的利益，[27]是不特定的多数人共同利益的总和，是社会上所有人利益的最大公约数。

25 王强华、魏永征主编：《舆论监督与新闻纠纷》，复旦大学出版社2000年版，第25页。

26 杨立新主编：《中国媒体侵权责任案件法律适用指引》，人民法院出版社2013年版，第22页。

27 李昌麒著：《经济法学》，法律出版社2016年版，第56页。

新闻报道本身需要通过营利来维持，因而"为公共利益"并不排除新闻报道主体营利，但是新闻报道必须同时为社会福祉努力，否则便不能适用第999条的豁免规则。例如，以明星素颜照等为噱头博人眼球获取流量利润的娱乐新闻并非社会公共事务，并非为公共利益服务，因此其对他人人格利益的影响或者利用当然不能被豁免。

第二，合理的行为方式。合理意味着真实客观、全面准确；不合理则包括违反逻辑使用、违反新闻职业操守、违反职业准则和营私牟利等。[28] 对于人格利益的使用应当在合理的范围内进行，遵照比例原则，避免对人格权构成不当妨碍，否则，人格权合理使用的正当性也将不复存在。[29]《民法典》第999条之一般规定并未对何为合理作具体规定，但在《民法典》人格权编第四章、第五章、第六章关于具体人格权的规定中对新闻报道何为合理、何为不合理进行了界定。如对肖像权，不可避免地制作、使用、公开肖像权人的肖像即为合理；对名誉权，新闻报道捏造、歪曲事实不构成合理等。

第三，"姓名、名称、肖像、个人信息等"的行为范围。首先，对于人格利益的合理使用不包含物质性人格利益。虽《民法典》第999条并未直接列举所有的人格权，但其所列举的人格利益范围仅限于精神性人格利益，对于生命权、健康权、身体权所保护的物质性人格利益并无提及，原因在于新闻报道很难对个人的物质性人格利益造成损害。同时，生命权、健康权、身体权相较精神性人格权具有更为重要的意义，物质性人格利益关系生命身体完整和身体各项功能正常运行，没有物质性人格利益就无从谈及精神性人格利益，物质性人格利益不可贬损。其次，虽《民法典》第999条并未列举所有精神性人格权，但法条的列举并非限定式的，而是通过"等"字预留了空间，《民法典》在名誉权和荣誉权一章中规定了名誉权的合理使用规定，因此新闻侵权豁免的范围理应包括对名誉利用，甚至包含未来可能为立法所明确的其他精神性人格利益。对于隐私权是否也能够适用新闻侵权豁免规则，学界曾存在争议，在民法典编纂过程中立法者也有过不同的考量，但最终在第1033条[30] 将法律另有规定的情形

28　中国审判理论研究会民事审判理论专业委员会主编：《民法典人格权编条文理解与司法适用》，法律出版社2020年版，第80页。

29　王利明，程啸等著：《中华人民共和国民法典人格权编释义》，中国法制出版社2020年版，第146页。

30　《民法典》第1033条："除法律另有规定或者权利人明确同意外，任何组织或者个人不得实施下列行为：（一）以电话、短信、即时通讯工具、电子邮件、传单等方式侵扰他人的私人生活安宁；（二）进入、拍摄、窥视他人的住宅、宾馆房间等私密空间；（三）拍摄、窥视、窃听、公开他人的私密活动；（四）拍摄、窥视他人身体的私密部位；（五）处理他人的私密信息；（六）以其他方式侵害他人的隐私权。"

列入豁免之列，肯认了豁免的一般规则在隐私权领域的适用，因而隐私权也在豁免范围之内。

（二）具体适用

1. 姓名权、名称权

《民法典》对姓名权、名称权进行定义，扩大了姓名权、名称权的保护范围，不仅包括自然人的姓名、法人以及非法人组织的名称，还包括艺名、笔名，甚至包括姓名的简称。但艺名、笔名或者姓名的简称如果要参照姓名权和名称权保护，需满足两个条件：第一，具有一定社会知名度，即为相关公众所普遍知悉；第二，被他人使用容易造成公众混淆，即使公众认为此人之姓名、名称为彼人之姓名、名称。对于新闻报道使用他人姓名不构成侵权之豁免，在姓名权和名称权一章中并无专门规定，因而适用第999条的一般规定，新闻报道主体使用他人的姓名、名称必须是为公共利益的合理使用，否则便构成侵权，需要承担相应的民事责任。在《民法典》适用前，这一规则虽未通过立法明确，但相关裁判要旨的价值取向却与《民法典》第999条无异。如蒋某鑫与宜兴市某电视台姓名权纠纷一案[31]中，被告宜昌市某电视台披露了原告蒋某鑫以承办“谁是舞王”节目的名义到宜昌市某酒店消费而后拒付的事实，原告蒋某鑫遂提起诉讼主张宜昌市广播电视台侵犯其名誉权、姓名权、肖像权并要求其承担民事责任。该案一审法院认为，宜昌市广播电视台使用蒋某鑫姓名的行为是出于报道新闻的真实内容的需要，被告的行为不是为商业宣传和谋取经济利益，而是担负着反映社会问题和进行舆论监督的社会责任，因而宜昌市某电视台不构成侵权。从法院裁判理由中不难看出，新闻报道获得侵权豁免的原因有两点且都与《民法典》第999条意旨相符，一是其是为公共利益而非私利；二是其对于姓名的使用是出于报道事实的需要，其报道行为在合理范围内。

2. 肖像权

《民法典》首次对肖像进行界定。肖像包括三个要素：（1）肖像是固定在一定载体上的外部形象。肖像不一定是照片，其可以是动漫形象、雕塑、绘画、影像等可以展现特定自然人形象的载体。（2）肖像是反映特定自然人的外部形象。肖像并不要求是面部形象，人体局部的外在形象（如侧脸、鼻子、眼睛等）只要能够使他人将其与特定自然人相联系，便可以作为肖像。（3）肖像可以被识别。即使他人使用权利人的肖像并非直接采用权利人的照片而是通过漫画、素描、雕塑等方式，或者是其他部位外在形象的照片，但只要能够被他人判断

31　（2017）苏0213民初7918号民事判决书。

识别，并与特定的自然人相联系，他人非法的使用行为便构成侵权。以李某峰与北京某置业有限公司肖像权纠纷案为例，[32]法院认定涉案漫画肖像图片均能清晰再现李某峰的面部形象特征，因此涉案漫画肖像为李某峰肖像，李某峰享有肖像权。因此，新闻报道主体在进行新闻报道和舆论监督时，对于与特定自然人相关联的自然人局部形象、反映自然人特征的载体应当谨慎使用，不得超出侵权豁免范围。

《民法典》第1020条[33]第2项规定了新闻报道中肖像权的侵权豁免规则，承袭第999条的一般规定，对于肖像的使用同样需要满足合理的条件。何为合理？依据第1020条，不可避免地制作、使用、公开肖像权人的肖像即构成合理。在行为目的上，第1020条并无“为公共利益”的限定，但实际上，“不可避免”相较“为公共利益”更为具体严苛，[34]不可避免是指是指该肖像是新闻报道中不可缺少、不可替代的部分，除却该部分，新闻报道将不完整、不明晰、不真实、不客观、难以构成完整叙事。[35]姓名权、肖像权同为标表性人格权，自然人同名同姓者不计其数，而肖像相似者凤毛麟角，肖像相对于姓名而言标表性更强，更容易使人们识别出特定人物，因而肖像权所保护的人格利益更易受到利用和影响。《民法典》强化了肖像权保护，如关于侵犯肖像权民事责任的构成便不再要求以营利为目的，同时如前所述也扩大了肖像权的保护范围，因此对于新闻侵权豁免规则在肖像权方面的适用更为严格也不无道理。在刘某诉某品报社等侵害肖像权案[36]中，某品报社于2004年10月出版千期专刊，在专刊封面中央载有运动员刘某在第28届运动会跨栏动作肖像，千期专刊封面还在其下刊登了宣传中友公司第6届购物节的广告，同时约定由某友公司连续在《某购物指南》刊物上发布广告。法院依据原《民法通则》第100条，围绕某品报社的行为是否是为营利目的进行分析，进而认定某品报社侵犯肖像权。《民法典》生效后，判定被告某品报社的行为是否构成侵权不再是以被告是否是为营利目的为判断标准，而需要判断被告的使用行为是否满足第1020条规定的侵权豁免规则。本案中，刘某的肖像与其他广告产生了关联，误导消费者认为刘某为相关广告代言人，虽某品报社为《民法典》第1020条的豁免主体，但其行为

---

32 （2018）京0105民初87634号民事判决书。

33 《民法典》第1020条：“合理实施下列行为的，可以不经肖像权人同意：……（二）为实施新闻报道，不可避免地制作、使用、公开肖像权人的肖像……”

34 崔尧、刘徐州：《责权边界重构：民法典对新闻工作的影响探究》，载《中国记者》2020年第8期。

35 中国审判理论研究会民事审判理论专业委员会主编：《民法典人格权编条文理解与司法适用》，法律出版社2020年版，第206页。

36 （2005）一中民终字第8144号民事判决书。

并不构成新闻报道，也并非不可避免地使用肖像，因而其行为无法被豁免。另外，需要注意的是，对于肖像的合理使用的前提条件是，该肖像权人的肖像应当是在公众场合中活动的肖像，在非公众场合中的肖像具有一定的隐私性质，对于具有隐私性质的肖像的使用则必须经权利人同意。[37]在民法典视野下，新闻报道主体在实施新闻报道、舆论监督行为时也需要适当提高注意标准，在保障公众“知”和“论”的权利的同时，给予个人人格利益关怀，减少个人人格利益无意义的牺牲。

3. 名誉权

新闻报道中名誉权侵权豁免规则规定在第 1025 条[38]，在行为目的上仍然有为公共利益之限定，在行为方式上仍然要求使用合理。需要注意的是，依照《民法典》的规定，在名誉权语境下，使用合理还要求新闻报道对他人名誉利益造成的后果只能是“影响”。影响不同于侵害，影响仅仅轻微触及他人名誉权权利边界而未纳入其中，侵害则已经介入权利人权利范围而不能为《民法典》豁免。以杨某萍与贵州某电视台名誉权纠纷案[39]为例，该案中贵州某电视台报道了杨某萍经营的广州某鑫服装有限公司与其加盟商发生的商业纠纷，原告主张贵州某电视台侵犯其名誉权。一审法院、二审法院认为，贵州某电视台发挥着反映社会问题和舆论监督的作用，且基于新闻报道的时效性和调查手段的局限性，要求其报道的内容与客观事实完全相符不符合常理，因此驳回原告诉讼请求。此案中，法院认为此则新闻报道发挥着反映社会问题和舆论监督的作用，实际上对新闻报道为公共利益的目的进行了认定。同时贵州广播电视台意在呼吁诚信经营行为而非故意损坏杨某萍的个人名誉，“其正文评论没有敏感、激烈的负面语言”，该新闻报道行为仅对杨某萍名誉构成“影响”，得以谓之合理。可以看出，法院在名誉权纠纷中对新闻媒体适用侵权豁免规则需要判断新闻报道行为是否是为公共利益、是否在合理范围，以及是否仅对权利人的名誉构成影响而非损害，只有上述条件达成，新闻媒体才不会被认定为侵犯名誉权。

4. 隐私权和个人信息

《民法典》第 1033 条规定了侵犯隐私权的行为，并将法律另有规定和权利人明确同意的情形排除在外。民法典起草过程中对于在豁免情形中是否增加法

---

37 最高人民法院民法典贯彻实施工作领导小组主编：《中华人民共和国民法典人格权编理解与适用》，人民法院出版社 2020 年版，第 113 页。

38 《民法典》第 1025 条：“行为人为公共利益实施新闻报道、舆论监督等行为，影响他人名誉的，不承担民事责任，但是有下列情形之一的除外：（一）捏造、歪曲事实；（二）对他人提供的严重失实内容未尽到合理核实义务；（三）使用侮辱性言辞等贬损他人名誉。”

39 （2020）黔 26 民终 4290 号民事判决书。

律另有规定的情形有过斟酌，见下表：

隐私权侵权条款中，“法律另有规定”的情形对于新闻媒体来说是指《民法典》第999条规定的新闻侵权豁免一般规则。在人格权编第六章关于隐私权的规定中并无新闻侵权豁免的特别条款，因而如立法将法律另有规定的情形排除在豁免之外即意味着新闻媒体未经权利人同意的使用行为即使是为公共利益且方式合理，也无法排除侵权责难。然而代表个人利益的隐私权并非不受任何限制，其与代表社会公益的新闻报道冲突时仍然存在二者的平衡问题。司法判例和学界对于新闻媒体侵犯公众人物隐私权的认定采取更为宽容的态度，足见隐私权领域的新闻侵权豁免之合理性。在2002年范某毅诉某体育日报一案中我国首次关注公众人物私权与新闻报道价值的利益平衡问题。该案中，某体育日报发布原中国足球队员范某毅涉嫌赌球的事实，此事虽涉范某毅个人私生活，但法院认为新闻媒体发挥其保障知情权和进行舆论监督的功能时造成对公众人物权利的轻微损害并不构成侵权。学者张新宝教授更是指出，公众人物隐私权受到限制的正当性基础在于新闻报道所具有保障社会公众知情权和言论自由的价值，同时其能够满足社会公众的合理兴趣，[40]这一理论被称为公众人物规则。民法典编纂过程中，立法者曾将“法律另有规定”的情形排除在新闻侵权豁免之外，试图防止新闻媒体利用第999条的一般规定得到侵权豁免，其意图在于给予隐私权更为严格的保护，但却忽略了新闻报道所具备的宪法价值，并未提供平衡二者价值的解决办法。所幸《民法典》将“法律另有规定”的情形加入豁免之列，使得新闻媒体在隐私权侵权诉讼中得以援引新闻侵权豁免一般规定作为抗辩理由，在发挥其社会功能的过程中规避侵权风险。

《民法典》区分了隐私和个人信息，权利人得以将个人信息侵权作为一种民事案由向法院提起民事诉讼。个人信息分为私密信息和非私密信息，前者如财产状况，后者如姓名、性别、声音、容貌等。个人信息中私密信息的保护适用隐私权的规定，因此新闻侵权豁免规则仅对于个人信息中的非私密信息适用。个人信息的侵权豁免规则规定在《民法典》第1036条，对于为维护公共利益或者该自然人合法权益而合理实施的行为，行为人不承担民事责任。表面上新闻报道也可以因维护自然人之合法权益而受到豁免，但第1036条作为特殊规定，其豁免范围只能比第999条的一般性规定所界定的豁免范围小，因此新闻报道对个人信息中非私密信息的使用仍然仅能在为公共利益的前提下才能受到侵权豁免。个人信息中的私密信息适用隐私权的规定，如前所述，依据第1033条，法律另有规定的情形下，新闻媒体可以合理使用个人信息中的私密信息

---

40 张新宝著：《隐私权的法律保护》，群众出版社2004年版，第99页。

而不构成侵权，即第999条规定的新闻侵权豁免一般规则可以作为新闻侵权的抗辩理由。[41]

四、《民法典》中新闻侵权的豁免例外

如前所述，为公共利益的新闻报道行为如果在合理范围内且仅对他人名誉权构成影响便不会被认定为侵权，虽“影响”也有重大、中度、轻度和轻微之分，《民法典》之规定应当是轻度或者轻微之义，[42]若超出此范围则不再受新闻侵权豁免规则的庇护。《民法典》直接将侮辱、诽谤行为以及未尽合理核实义务的严重失实内容排除在名誉权侵权豁免之外，究其原因在于这几类行为不仅构成对他人名誉的影响，而且对他人的名誉造成了现实损害或者损害可能。诽谤是指捏造、歪曲事实，捏造是指无中生有，歪曲是指扭曲真相。无论是侮辱还是捏造、歪曲事实，行为人都具有侵权的主观故意，即明知会造成他人名誉受损的后果而仍希望这种后果发生。对严重失实内容未尽合理核实义务主观上则为过失。《民法典》强调新闻报道主体的合理核实义务，同时民事主体有权利更正有误的新闻，也对新闻报道主体强化真实性审核义务提出明确要求[43]。“访员不仅采集新闻时，须审传闻之确否也；即编辑时，亦须谨慎据实直书”。[44]新闻传播已然成为侵权的风险来源之一，因而对新闻报道、舆论监督行为人课以合理核实义务的根源便在于防范侵权风险和回避法律责任。[45]当然，第1025条合

---

41 《民法典》第999条：“为公共利益实施新闻报道、舆论监督等行为的，可以合理使用民事主体的姓名、名称、肖像、个人信息等；使用不合理侵害民事主体人格权的，应当依法承担民事责任。”第1033条：“除法律另有规定或者权利人明确同意外，任何组织或者个人不得实施下列行为：（一）以电话、短信、即时通讯工具、电子邮件、传单等方式侵扰他人的私人生活安宁；（二）进入、拍摄、窥视他人的住宅、宾馆房间等私密空间；（三）拍摄、窥视、窃听、公开他人的私密活动；（四）拍摄、窥视他人身体的私密部位；（五）处理他人的私密信息；（六）以其他方式侵害他人的隐私权。”第1034条：“……个人信息是以电子或者其他方式记录的能够单独或者与其他信息结合识别特定自然人的各种信息，包括自然人的姓名、出生日期、身份证件号码、生物识别信息、住址、电话号码、电子邮箱、健康信息、行踪信息等。个人信息中的私密信息，适用有关隐私权的规定；没有规定的，适用有关个人信息保护的规定。”第1036条：“处理个人信息，有下列情形之一的，行为人不承担民事责任：（一）在该自然人或者其监护人同意的范围内合理实施的行为；（二）合理处理该自然人自行公开的或者其他已经合法公开的信息，但是该自然人明确拒绝或者处理该信息侵害其重大利益的除外；（三）为维护公共利益或者该自然人合法权益，合理实施的其他行为。”

42 罗斌：《民法典（草案）“新闻舆论条款”举证责任问题研究》，载《当代传播》2018年第6期。

43 蔡斐：《〈民法典〉对新闻传播活动的影响》，载《青年记者》2020年第7期。

44 徐宝璜著：《新闻学》，中国传媒大学出版社2016年版，第9页。

45 罗斌著：《传播侵权研究》，国家图书馆出版社2018年版，第78页。

理核实义务的对象是"严重失实内容"，如果新闻媒体已然对他人提供的主要内容进行核实，而对非主要内容未尽合理核实义务，那么其原则上不需要承担侵权责任。[46]合理核实义务的标准可以抽象为理性人标准和传播职业标准，[47]前者指新闻媒体需要承担作为一个理性人的一般注意义务，后者指新闻媒体需要承担该职业所要求的、一般人不需要承担的特殊注意义务。当然，核实义务的设定既不能过于宽松也不能过于严苛。首先，若强行要求新闻媒体完全核实无误后再进行报道，则可能影响新闻时效性，[48]而不能满足公众知情权的要求。其次，权利人名誉受损的事实也并非无法挽救，权利人可以依据《民法典》第1028条行使更正权以消除损害。因此《民法典》第1026条[49]列举了多个判定因素来考察新闻报道、舆论监督行为人是否尽到合理核实义务，包括主观因素（第1026条第1、2、6项）和客观因素（第1026条第3、4、5项）。对来源可信度高、时限短、与公序良俗关联性低、受害人人格利益受损可能性低、引起争议的可能性低的内容，新闻报道、舆论监督行为人只需要尽到与其职业规范相匹配的一般核实义务，反之，新闻报道主体要承担更高的核实义务才能够得到豁免，否则便会被认定为诽谤而构成侵权。[50]

原告新化某医院与被告刘某翔、邹某、新化某网络传媒有限公司、曾某元名誉权纠纷一案[51]中，由于各被告的新闻报道行为性质不同，法院对于各被告是否侵权的认定也不同。2020年7月，被告刘某翔在其注册的微信公众号"基层一米阳光"上发表文章《新化尿毒症患者：在新化某医院血液透析治疗后被诊断感染HIV病毒》，误导公众认为新化某医院从医不规范，并采用"从医败类"的字眼直指原告的工作人员及其股东，该文章被广泛扩散，随后其余三被告也分别在其微信公众号推送类似内容，被告曾某元虽转发涉案文章，但其在一小时内即自行删除了该涉案文章。在此案中，各被告实施的行为可以分为三

46 黄薇主编：《中华人民共和国民法典释义（下）》，法律出版社2020年版，第1899页。

47 罗斌：《传播注意义务功能研究——从侵权责任构成要件的视角》，载《新闻与传播研究》2018年第8期。

48 崔尧、刘徐州：《责权边界重构：民法典对新闻工作的影响探究》，载《中国记者》2018年第59页。

49 《民法典》第1026条："认定行为人是否尽到前条第二项规定的合理核实义务，应当考虑下列因素：（一）内容来源的可信度；（二）对明显可能引发争议的内容是否进行了必要的调查；（三）内容的时限性；（四）内容与公序良俗的关联性；（五）受害人名誉受贬损的可能性；（六）核实能力和核实成本。"

50 李洋：《新闻报道、舆论监督行为人的"合理核实义务"研究——基于〈民法典〉的释读》，载《新闻记者》2020年第8期。

51 （2020）湘1322民初2956号民事判决书。

类：（1）被告刘某翔实施了侮辱、诽谤行为构成侵权。刘某翔发布的文章试图歪曲事实，并且使用了“从医败类”等侮辱性言辞对原告做评论，造成了社会公众对原告的误解，降低了社会公众对原告的社会评价，构成对原告名誉权的侵犯。（2）被告邹某、新化某网络传媒有限公司未对刘某翔发布的严重失实内容尽合理核实义务而进行报道，构成侵权。（3）被告曾某元为公共利益实施新闻报道，虽也对相应文章进行转发，但其及时删除了相应内容，对权利人的名誉仅能构成“影响”，因此适用新闻侵权豁免规则，不构成侵权。虽然网络环境下新闻报道行为复杂多变，但新闻媒体仍需要在《民法典》所划定的豁免范围内合法合规开展新闻报道、舆论监督行为，关注新闻侵权豁免规则的例外，才能避免自身落入侵权判定。

结语

《民法典》视野下人格权单列成编体现了我国对人格尊严和人身自由的重视，是《宪法》第33条尊重和保障人权的具体化，人格权在权利体系中处于至关重要的地位，人格权无法保障，其他权利便无实现的可能性和必要性。新闻报道作为社会公众实现知情权、言论自由的工具之一，能够保障社会公众“知”和“论”的权利，在监督政府、健全民主机制、追求真理和帮助实现自我方面起着必不可少的作用。《民法典》人格权编第999条、第1020条、第1025条、第1036条对新闻报道行为的豁免规则作了一般规定和具体规定，一般而言，新闻报道行为应当满足“为公共利益”以及“合理”之规定，才能够使用精神性人格利益如姓名、名称、个人信息、隐私等，或者“影响”（而非侵害）精神性人格利益如名誉等。肖像权具有较强的标表性，因此对其限制《民法典》采取更为审慎的态度，第1020条对肖像的新闻报道侵权豁免采更严格的限制，其必须满足“不可避免”地使用这一条件才得以谓之合理。

《民法典》对新闻报道行为的侵权豁免实际上是人格权与新闻报道社会价值之间的平衡，为新闻报道的合法性划定了界限，弥补我国现有立法中尚无新闻法的遗憾。新闻媒体在新闻报道活动中虽然实现着促成言论自由、监督政府以及民主健全的社会价值，但仍应当以人为本、时刻关注人格利益，不应当对物质性人格利益即生命、身体完整、健康直接造成不良影响。目前，新闻侵权的豁免规则适用范围包括姓名、肖像、名誉、个人信息、隐私。新闻报道、舆论监督对于姓名、肖像、名誉、个人信息以及隐私的妨碍应当是为公共利益，且应当限于合理范围而不能无节制地妨碍、影响。若新闻报道构成侮辱、诽谤，或者未对严重失实内容尽合理核实义务，那么其被当然地排除在豁免之外，需要承担相应的民事责任。

国际商事调解协议在我国法院司法确认与执行问题研究

——以《新加坡公约》为视角

黎　理*

【内容提要】《联合国关于调解所产生的国际和解协议公约》（以下简称《新加坡公约》）使国际商事调解协议跨境执行成为可能。若我国批准该公约，则需要按照公约要求，做好相关制度衔接与配套，并适当调整相关法律规定。基于国际条约在国内实施之考虑，《新加坡公约》下的国际商事调解协议欲在我国法院获司法确认及执行，现阶段将面临一定挑战。一方面，司法确认审查在程序模式设置的独立地位与准据法适用尚未确定，审查理念存在一定差异；另一方面，国际商事调解协议执行依据尚待澄清，配套机制仍不完备。鉴于此，在批准《新加坡公约》之前，应对我国商事调解制度予以适当改进，从统一立法、细化程序、明确调解协议法律地位及完善配套机制等方面，做好国际商事调解协议在我国司法确认与执行对接工作。

【关键词】《新加坡公约》　国际商事调解　司法确认　司法执行

引言

调解是解决国际商事纠纷的便捷、高效的方式。2019 年 8 月 7 日，包括中

* 黎理——中山大学助理研究员、法学院博士研究生、广东海洋协会海洋公共服务分会秘书长、南方海洋科学与工程广东省实验室（珠海）研究人员，主要研究领域：海商法、国际法。本文系南方海洋科学与工程广东省实验室（珠海）资助项目（项目编号：ML2020SP005）阶段性成果。

国在内的46个国家和地区于新加坡签署《新加坡公约》。[1] 截至2022年9月，共有55个国家和地区签署公约。[2] 该公约为促进国际商事主体运用调解手段解决国际商事纠纷，确立了一套商事调解协议在全球范围内司法强制执行的法律框架，以鼓励当事人通过和缓的调解方式替代强对抗性的诉讼方式解决纠纷，减少因争议导致商业关系终止的情形，便于商业当事人之间以调解协议的方式管理国际交易，节省司法行政费用。赋予国际商事调解协议可执行力，不仅使得其具有等同于仲裁裁决的执行力，更赋予了商事调解方式解决国际商事纠纷的终局性，保障非官方商事调解的实质效果，有助于国际商事纠纷多元化解决机制的构建和完善。

根据《新加坡公约》规定，第三个签署国批准的六个月后，即2020年9月12日已正式生效。目前我国尚未批准该公约，已有相关立法及司法实践尚与公约内容存在一定差异。一旦我国批准该公约，根据国际法有约必守原则，我国需要在国内法上作出回应，适时调整与调解相关的立法。通过国际商事调解协议在我国法院司法审查与执行制度的完善，促进我国商事调解的整体发展，不仅有助于"一带一路"倡议实施，推动区域经贸活动开展，也与我国商事法律体系的发展完善紧密关联。

《新加坡公约》使用"和解协议"来代表经调解所产生的争议解决协议，这与我国法律语境中的"和解"一词存在差异，所以在展开论述前需厘清。在我国，和解专门指在没有法院、仲裁庭或人民调解委员会，即第三方的主持与参与下，争议双方当事人自行达成的和解。[3] 这种和解与调解不同，在调解中当事人就争议解决产生的意思表示有第三方的见证。故公约中所说的"和解协议"实际上是我国法律语境中的调解协议。因此，为了表达清晰与避免歧义，本文以"国际商事调解协议"指代公约表述的"和解协议"。

一、《新加坡公约》与我国相关法律规定之比较

目前我国尚未针对商事调解进行专门立法，对商事调解进行规范散见于相关规定中。国际商事调解协议作为涉外协议，可参考我国关于外国判决、外国仲裁裁决的承认和执行的相关法律规定。通过比较分析，可知《新加坡公约》

---

1 《中国签署〈新加坡调解公约〉》，载中国政府网，http：//www. gov. cn/xinwen/2019 - 08/08/content_ 5419644. htm。

2 《联合国关于调解所产生的国际和解协议的公约》，载联合国官网，https：//treaties. un. org/Pages/ViewDetails. aspx？ src = TREATY&mtdsg_ no = XXII - 4&chapter = 22&clang = _ en，最后访问于2022年10月8日。

3 孙南翔：《〈新加坡调解公约〉在中国的批准与实施》，载《法学研究》2021年第2期。

下的国际商事调解协议与我国现行法律法规对商事调解协议的规定在如下方面存在差异。

（一）司法确认程序方面的差异

在司法确认程序方面，根据《新加坡公约》第3条的规定，缔约方执行国际商事调解协议的前提是对调解协议进行必要审查，采取审查和执行“两步走”的程序，即要解决法院该通过何种程序进行国际调解协议的审查、审查内容的边界为何、如何确定审查准据法以及执行的依据等问题[4]。但该公约并没有对审查与执行等程序进行明确设计，具体的程序事项需要各国确定。我国尚未具体规定国际商事调解协议的司法确认程序，《新加坡公约》的规定能否适用到我国司法实践之中有待论证。

（二）司法执行程序方面的差异

在司法执行程序及执行力方面，《新加坡公约》与我国法律规定也存在差异。我国现有法律将商事调解协议定性为民事合同[5]，但并未赋予商事调解协议强制执行力，仅具有形式确定力[6]。而《新加坡公约》的核心理念是“执行”，意图打造一种直接执行模式[7]，即无须经过强制性的司法确认程序。根据目前立法，国内商事调解协议只能通过转化执行而没有当然的执行力。按照《最高人民法院关于建立健全诉讼与非诉讼相衔接的矛盾纠纷解决机制的若干意见》的内容，经调解达成的有民事权利义务内容的商事调解协议属于当事人之间的合同，仅具有合同效力。[8]一方当事人不履行调解协议规定的义务时，另一方当事人只能就原有争议提起诉讼，而不能向法院申请直接强制执行调解协议，这意味着一旦调解协议的一方当事人不能自觉履约，调解协议就成为一纸空文。[9]国际商事调解协议在我国实践中只能参照国内商事调解协议处理。

此外，在拒绝执行事项方面，除基于公共政策及执行地法律不同意以调解

4 参见《新加坡公约》第3条。

5 参见《最高人民法院关于建立健全诉讼与非诉讼相衔接的矛盾纠纷解决机制的若干意见》第20条。

6 郝振江：《论人民调解协议司法确认裁判的效力》，载《法律科学（西北政法学院学报）》2013年第2期。

7 杨安琪、杨署东：《我国商事调解机制与〈新加坡调解公约〉对接的现实困境及其破解路径》，载《河南财经政法大学学报》2022年第2期。

8 参见《最高人民法院关于建立健全诉讼与非诉讼相衔接的矛盾纠纷解决机制的若干意见》第10条。

9 祁壮：《“一带一路”建设中的国际商事调解和解问题研究》，载《中州学刊》2017年第11期。

方式解决争议，[10]《新加坡公约》第5条第1款、第2款规定了其他情形下的拒绝执行事项均需当事方主动提出，强调了当事人的自由处分。在我国，立法机关认为调解协议是当事人私权利的协商成果，反映了意思自治。因而在拒绝执行调解协议程序中，公权力可以介入，这体现了较为明显的职权主义色彩[11]。

因此，在我国现有立法中，关于商事调解协议的确认与执行的实体性规定和程序性规定均与公约规定存在一些差异，若批准该公约，则需要在商事调解机制方面进行变革。

二、国际商事调解协议在我国司法确认的问题分析

尽管我国尚未批准《新加坡公约》，根据《维也纳条约法公约》[12]，任何国家不能恶意损害某个条约的宗旨以及目的，我国也负有善意对待《新加坡公约》的义务。因此，不论是从我国将来可能批准《新加坡公约》需要做好应对准备的角度，以及从全球经济一体化以及区域间经贸活动交往日益频繁的角度，还是从推进“一带一路”倡议实施的视角，对我国现行法律规定及实践中的相关问题梳理和分析，都具有现实意义。

（一）国际商事调解协议司法确认的管辖法院标准不清晰

根据《新加坡公约》[13]，调解协议应当由商事调解协议一方当事人按照拟寻求救济国的程序规则向其主管机关申请执行。如果国际商事调解协议涉及在我国寻求救济，则根据我国《民事诉讼法》和相关规定，申请司法确认调解协议要向调解组织所在地的基层法院或者法庭提出。《新加坡公约》采取了模糊调解地的规定，且国际商事调解协议并非由我国国内的调解机构作出，如何确定该国际商事调解协议作出的调解组织所在地就成为一个法律障碍，因此我国法律对法院管辖权的规定不完全适用《新加坡公约》项下的调解协议。

（二）司法确认审查程序模式确定有待厘清

《新加坡公约》建立起国际商事调解协议直接执行的机制，使得国际商事调解协议在某个签署方执行时无须任何前置程序，执行地法院予以执行的前提仅是对

10　参见《新加坡公约》第5条第1款、第2款规定。

11　杨安琪、杨署东：《我国商事调解机制与〈新加坡调解公约〉对接的现实困境及其破解路径》，载《河南财经政法大学学报》2022年第2期。

12　参见《维也纳条约法公约》第18条。

13　参见《新加坡公约》第3条、第4条。

调解协议进行审查，确认该调解协议的效力并予以执行。但是公约本身并没有规定详尽的审查程序，将该事项留给公约签署方根据该国或地区的域内法律予以实现，这样可在最大限度降低公约与各签署方的域内法律冲突的风险，[14]也更利于各方对公约的内容达成一致共识。[15]但这也可能由于各签署方司法审查程序规定的各异化，带来国际商事调解协议执行力的差异化。甚至一些国家和地区对于确认非经公力机构调解达成的调解协议也存在不同看法。[16]

首先，执行程序模式具有差异化。审查确认调解协议能否予以执行是根据单独司法确认程序，还是在执行程序中通过执行前置审查程序？对于我国司法确认程序是否可以弱化？如何认定司法确认程序在调解协议执行中的作用？这些问题都需要回答。根据我国目前执行国内调解协议的司法实践，司法确认是必经程序，未经司法确认的调解协议不具有可执行力。如果对国际商事调解协议采用同一种程序，有助于避免调解协议在国内和国际执行方面采取双轨制的问题，避免《新加坡公约》和非《新加坡公约》项下国际调解协议区别对待问题。[17]因此，有必要针对国际商事调解协议在我国确立先审查确认、再执行的程序。鉴于我国目前的确认程序适用范围较广，可以适用于国际商事调解协议执行[18]。我国在司法确认过程中对调解协议的审查，与《新加坡公约》中要求的审查并无本质冲突，可以根据我国执行国内调解协议的司法传统直接对国际调解协议予以审查确认。

其次，参考我国承认与执行外国仲裁裁决的程序，根据《关于我国加入〈承认与执行外国仲裁裁决公约〉的决定》等规定，申请执行外国仲裁裁决必须经过前置的司法确认程序，符合相关规定的外国仲裁裁决才能裁定予以承认其效力，使之成为执行依据。对于《新加坡公约》项下的国际调解协议，可以借鉴此种做法。[19]因而，若我国不强调司法确认程序，弱化或避免司法确认程序地位，将导致我国司法审查确认秩序混乱，且不符合我国多年的司法实践情况。

但是目前我国法律对于调解的执行要求规定十分严格。根据我国《民事诉

---

14 参见《新加坡公约》第3条。

15 参见《联合国国际贸易法委员会第二工作组第六十三届会议工作报告》，A/CN. 9/861，第72段。

16 赵云：《〈新加坡调解公约〉：新版〈纽约公约〉下国际商事调解的未来发展》，载《地方立法研究》2020年第3期。

17 高奇：《论国际和解协议在我国的跨境执行：理论分析与制度建构》，载《理论月刊》2020年第8期。

18 程华儿：《涉外法治发展视域下我国法院对〈新加坡调解公约〉执行机制革新的因应》，载《法律适用》2020年第24期。

19 肖建著：《民事执行法》，中国人民大学出版社2014年版，第126－127页。

讼法》第201条的规定，申请司法确认调解协议的，由双方当事人在调解协议生效之日起三十日内依照相关法律共同向法院提出。按照此规定，作为执行商事调解协议前置程序的法院审查确认程序，须由调解协议当事双方共同提出，这考虑了作为调解基础的当事人的合意。[20]然而这种规定在某些情况下欠缺可行性，例如当事人在经过友好协商达成商事调解协议之初，如果没有共同向法院申请司法确认调解协议，事后一方当事人拒绝履行或者瑕疵履行调解协议时，再要求双方当事人共同向法院提出确认调解协议的可行性和积极性不高，当事一方无法独立向法院申请确认和执行，此时即使可以实现当事方共同申请司法确认，也很有可能超过法律规定的三十日内申请的时限。由此可知，共同提起程序虽是出于确保调解协议的确认有双方合意的考虑，但是同时也存在着因标准严格而不易提起等不尽合理之处。考虑到《新加坡公约》赋予了任何一方当事人直接援引调解协议的权利，我国的司法确认程序启动的条件可适当调整，如无须强调必须由调解双方当事人共同提起，取消三十日内提起申请的期限限制，更多地从实质意义的司法确认内容方面的严格把关规定，以确保一方当事人未履行调解协议时另一方当事人能够得到及时、合理的救济。

（三）司法确认审查准据法难以确定

《新加坡公约》的一个特点是突破了调解地的限制，通过判断调解协议的国际性以确定能否适用。按照《新加坡公约》规定，认定调解协议具有国际性的标准有三个[21]。这三个认定标准分别根据“营业地”“义务履行地”和“最密切联系地”，将国际调解协议的概念予以较大范围扩张。[22]这种宽容适用规定必然会带来较为复杂的实际情形。对国际商事调解协议的当事人而言，需更准确理解、运用法律；对法院而言，由于执行前需要对国际商事调解协议进行审查，所以必须首先确定审查时依据的准据法。但是《新加坡公约》规定的冲突规范并不详尽、清晰，对于法院拒绝准予救济的理由，大部分没有给出明确的连结点作为依据。最典型的是公约关于“拒绝准予救济的理由”中认定调解协议无效、失效或无法履行的规定，在当事人没有有效约定或指明调解协议管辖法律时，[23]由“根据公约规定寻求救济的当事方所在国家主管机关认为应予适用的法律”作为准据法。可见确定调解协议适用的准据法对当事人和法院都有重要意义。

---

20 洪冬英：《论调解协议效力的司法审查》，载《法学家》2012年第2期。

21 参见《新加坡公约》第1条。

22 参见《联合国国际贸易法委员会第二工作组第六十三届会议工作报告》，A/CN. 9/861，第36－39段。

23 参见《新加坡公约》第5条。

《新加坡公约》中主管机关审查调解协议的准据法主要是认定当事人行为能力、调解协议效力和可履行力等条款。[24]这些条款的法律适用问题在国际贸易法委员会讨论中曾是热议的话题之一，与会各方也就法律适用问题经过认真讨论，工作组最终选择不对涉及执行程序抗辩理由适用的法律作出规定。尤其是涉及意思自治的问题上，例如第5条关于认定调解协议无效、失效或无法履行的条文规定，工作组认为避免规定明确的冲突规范，而是尊重当事人意思自治，可以使《新加坡公约》与《纽约公约》的相关规定保持一致。[25]工作组在讨论中，假设法院通常会适用执行地的法律冲突规则，并在特定情况下考虑当事人在调解协议中自行选择的法律。[26]这种意见虽较为宽泛，但存在一定指引性，即国际贸易法委员会和《新加坡公约》各签署方认同法院优先考虑适用当事人在调解协议中选择的法律，在没有约定时适用执行地的法律冲突规则。因此若向我国申请执行国际商事调解协议，加之《新加坡公约》认定国际性的标准基本能包含我国法律有关涉外因素的认定范围，则法院可依据我国《涉外民事关系法律适用法》及相关规定确定冲突规范。但《涉外民事关系法律适用法》中没有专门规定国际调解协议的审查，一般认为商事调解协议具有民事合同的性质。因此，对商事调解协议的法律适用可参照《涉外民事关系法律适用法》第41条确定选择适用的法律。

鉴于《涉外民事关系法律适用法》未对商事调解协议的法律适用予以明确规定，因此法院依据最密切联系原则在确定法律适用以及查明外国法方面可能会面临困难，因此可参考该法有关涉外仲裁协议的规定，若当事人没有选择涉外仲裁协议适用的法律，也没有约定仲裁机构或者仲裁地，或者约定不明时，法院可适用我国法律认定该仲裁协议的效力。针对《新加坡公约》泛化了调解地概念的国际商事调解协议，如没有约定审查时适用的法律，法院可参照适用我国法律对国际商事调解协议进行确认。另外，当事人向我国法院申请确认和执行，则意味着调解协议中规定的义务可以在我国境内履行，我国与调解协议履行之间存在密切的联系。

（四）司法确认审查的方式规定不明

对于申请确认的国际商事调解协议，法院要首先按照《新加坡公约》的规

---

24 参见《新加坡公约》第4条。

25 孙巍编著：《〈联合国关于调解所产生的国际和解协议公约〉立法背景及条文释义》，法律出版社2018年版，第58页。

26 参见《联合国国际贸易法委员会第二工作组第六十三届会议工作报告》，A/CN. 9/861，第100－102段。

定对其国际性、商事性进行初步认定，再予以审查。在进行国际商事调解协议的司法审查时，应当把纠纷解决结果的实质正义作为基本追求，要避免过分信任调解的理想主义偏向，也要防止过度干预当事人自愿解决纠纷的保守主义思想。[27]那么在对国际商事调解协议进行司法审查确认时，是进行实质性审查，还是仅针对要式是否符合调解协议的形式审查需要进一步明确。

根据我国法律，法院在执行商事调解协议前首先对其效力进行确认。在审查内容时，如果存在违反法律强制性规定及其他情形，人民法院应当裁定驳回申请。[28]除了以上内容，《最高人民法院关于建立健全诉讼与非诉讼相衔接的矛盾纠纷解决机制的若干意见》中还规定涉及是否追究当事人刑事责任和调解组织、调解员强迫调解或者有其他严重违反职业道德准则的行为的，人民法院不予确认调解协议效力的情形。这些规定都彰显我国法院在确认调解协议效力时采取了实质性审查。

《新加坡公约》与我国法律规定有一致的内容，也有存在差异的内容。[29]《新加坡公约》分别规定了主动审查和被动审查[30]，其中主动审查是针对国际调解协议本身应具备的形式要件；被动审查则是主管机关不能主动予以审查，而只有被执行人向缔约国主管机关提出请求拒绝准予救济的抗辩，并提交相应证据时才能进行实质性审查。[31]

具体而言，依职权进行主动审查方面，《新加坡公约》针对当事人向法院申请救济时需要由各方当事人签署的和据以证明调解协议是由调解产生的证据进行清单式的列举，只要形式上符合公约规定的合格文件或要求范围之内，法院就应“从速行事”审议救济请求[32]。另外，《新加坡公约》规定法院可以在满足相应条件时依当事人申请主动审查调解协议并拒绝救济[33]。被动审查方面，当被请求执行的另一方当事人请求法院拒绝准予救济时，需要向法院提出第 5 条第 1 款中规定的相应证明文件，并提出主张的理由（见下表），这些内容涉及到对调解协议内容的实质性审查，特别是规定了与调解员行为相关的申请理由。上述规定都体现出《新加坡公约》对“调解”的定义，要求有第三人调解员参

---

27 黄忠顺：《诉讼外调解协议自愿性的司法审查标准》，载《东方法学》2017 年第 3 期。

28 参见《最高人民法院关于适用〈中华人民共和国民事诉讼法〉的解释》第 360 条、《最高人民法院关于人民调解协议司法确认程序的若干规定》第 7 条。

29 但本质上并不存在根本性的冲突。参见张文亮、李雨芳：《〈新加坡调解公约〉的执行和审查机制研究》，载《经贸法律评论》2021 年第 5 期。

30 参见《新加坡公约》第 4 条、第 5 条。

31 李戈：《国际和解协议执行审查制度的构建》，载《人民法院报》2020 年 8 月 21 日 006 版。

32 参见《新加坡公约》第 4 条第 1 款。

33 参见《新加坡公约》第 5 条第 2 款。

与争议解决，且调解员只起到协助的作用，而不能强制或不当影响当事人达成调解协议。《新加坡公约》中规定的法院审查的内容如下[34]。

表1　《新加坡公约》中规定的法院审查内容

<table>
<tr><td rowspan="3">依职权主动审查</td><td rowspan="3">第4条</td><td>对调解协议的要求</td><td>调解协议应由当事人各方签署，当事人签字可使用电子通信方式</td><td rowspan="3">形式审查</td></tr>
<tr><td>调解协议产生于调解的证据</td><td>列举了调解员的签名、调解员签署的证明文件、调解过程管理机构的证明等3种方式，同时明确了可为主管机关接受的其他任何证据的兜底规定</td></tr>
<tr><td>主管机关的权力</td><td>1. 可请求当事人提供调解协议译本
2. 可要求当事人提供任何必要文件，已核实公约的要求已得到遵守</td></tr>
<tr><td rowspan="3">依申请被动审查</td><td rowspan="3">第5条</td><td>与当事人行为能力相关的规定</td><td>调解协议一方当事人的民事行为能力状态</td><td rowspan="5">实质审查</td></tr>
<tr><td>与调解协议本身相关的规定</td><td>1. 调解协议的是否无效、失效或无法履行；调解协议是否具有约束力或是否终局的；调解协议是否随后被修改
2. 调解协议中的义务已经履行；或者义务不清楚或者无法理解
3. 准予救济将有悖调解协议条款</td></tr>
<tr><td>与调解员行为相关的规定</td><td>1. 调解员是否严重违反调解员或调解的准则
2. 调解员是否履行披露义务，披露是否对一方当事人有实质性影响或不当影响</td></tr>
<tr><td rowspan="2">主动、被动审查均可</td><td rowspan="2">第5条</td><td>公共政策问题</td><td>准予救济是否违反公约当事方公共政策</td></tr>
<tr><td>争议解决方式问题</td><td>根据公约当事方的法律，争议事项是否能够以调解方式解决</td></tr>
</table>

34　注：表格系作者根据《新加坡公约》第4条“对依赖于和解协议的要求”的第1款到第4款和第5条。“拒绝准予救济的理由”第1款中规定当事人申请拒绝准予救济所需提供的证明和第2款主管机关可认定构成一定事项而拒绝准予救济等有关内容进行整理和分类。

由此可见，《新加坡公约》项下对国际商事调解协议的是实质与形式并重、主动与被动结合的审查，但是法院只针对调解协议本身进行审查，不解决调解协议背后当事人的实体商事纠纷，这与我国《民事诉讼法》理念相吻合[35]，既保证法院能够行使职权，又确保当事人的意思自治，充分体现调解作为当事人自主自愿解决争议方式的价值。因而，我国法院在司法确认过程中审查国际商事调解协议在形式审查和实质审查上并无较大问题。

在上述审查事项中，我国法律项下的司法确认审查内容与《新加坡公约》对于调解协议执行审查的规定存在差异，包括：第一，在审查适用对象上，我国目前未有个人调解员制度，对于外国的个人调解员作出的国际商事调解协议应如何审查？对于外国调解员，我国很难实现实质审查，仅能在形式上作审查，那么形式审查能否保证国际商事调解协议的效力？第二，在仲裁领域，我国对国内裁决采取实质审查，而对涉外裁决采取形式审查。如果参照我国仲裁审查的实践经验，可否予以借鉴并区分国际商事调解协议和国内调解协议采取双轨制审查方式也需要进一步明确。[36]

三、国际商事调解协议司法执行的问题分析

《新加坡公约》使得调解协议实现了从国内执行到跨境执行的飞跃。现在公约赋予国际商事调解协议直接执行力，一旦我国批准公约，在执行的过程中可能会出现一些问题亟待解决。

（一）国际商事调解协议能否成为执行依据尚存在争议

我国《民事诉讼法》及相关规定中没有提出“国际商事调解协议”的概念，也没有其具体的法律属性予以界定。根据我国法律，国际商事调解协议应该被理解成具有涉外性的商事合同性质的文件，其本身不具有强制执行力。那么《新加坡公约》赋予国际商事调解协议可执行力，是否就意味着经过法院审查确认的协议本身成为执行依据?《新加坡公约》没有对此予以明确规定。

我国法律并没有将国际商事调解协议确定为执行依据。学术界对商事调解协议经司法确认后的执行依据存在两种观点：一种观点认为执行依据是司法确认后法院制作的法律文书，主要理由是调解协议本身不能被解释为《民事诉讼法》第231条规定的“法律规定由人民法院执行的其他法律文书”，且司法审查

35　参见《民事诉讼法》第186条。

36　刘晓红、徐梓文：《〈新加坡公约〉与我国商事调解制度的对接》，载《法治社会》2020年第3期。

只针对调解协议中能够予以确认并执行的内容进行确认，不一定是调解协议的全部内容。[37]另一种观点认为，法院的执行依据就是经过确认的调解协议，因为在审查过程中并不涉及对当事人之间权利义务的判断，只是确认了调解协议的真实性、合法性和有效性，应依据具有给付内容的调解协议执行。[38]在某种程度上，这一分歧是基于国内商事调解法律制度所存在的模糊性所导致的。[39]而在目前尚缺乏明确法律规定的情形下，对国内商事调解协议执行依据的不明确性也会影响到对国际商事调解协议执行依据的理论基础。

（二）执行国际商事调解协议的管辖法院难以确定

目前我国法律并没有关于国际商事调解协议的执行管辖法院的明确规定。我国《民事诉讼法》规定，发生法律效力的民事判决、裁定，由第一审法院或者与第一审法院同级的被执行的财产所在地人民法院执行；法律规定由法院执行的其他法律文件，由被执行人住所地或者被执行的财产所在地法院执行。这里涉及的主要难点是，《新加坡公约》项下的国际商事调解协议在我国申请执行的，是否可以认定为法院执行的其他法律文件。如前所述，对于国内商事调解协议是否构成法院执行的法律文件，目前国内理论界仍存争议，更不用说对国际商事调解协议的属性存在分歧。同样，对于涉及我国当事方的国际商事调解协议在其他国家或地区执行的，也会涉及因执行地法律规定的不同而带来法院管辖事项的不确定性而带来救济风险增加的情形。

（三）并行申请制度与保全制度之间需要协调

《新加坡公约》特别规定了并行申请制度，即如果向法院、仲裁庭或者其他任何主管机关提出的与国际商事调解协议有关的申请可能影响到另一项根据公约正在寻求的在先救济申请，也就是执行调解协议的申请，则收到在先执行申请的主管机关有自由裁量权，可在其认为适当的情况下暂停调解协议的执行程序。如果主管机关决定暂停执行调解协议，则可在一方当事人的请求下要求另一方当事人提供适当担保[40]。这种并行申请制度对顺利执行具有重要保障作用，但并没有对当事人申请救济时的保全制度进行细化规定。

我国《民事诉讼法》对保全和先予执行进行了专章规定，虽没有明确是否

---

37 王亚新：《〈民事诉讼法〉修改与调解协议的司法审查》，载《清华法学》2011年第3期。

38 刘敏：《论诉讼外调解协议的司法确认》，载《江海学刊》2011年第4期。

39 宋连斌、胥燕然：《我国商事调解协议的执行力问题研究——以〈新加坡公约〉生效为背景》，载《西北大学学报（哲学社会科学版）》2021年第1期。

40 参见《新加坡公约》第6条。

对国际商事调解协议的执行有效，但现有制度框架较为完善，可通过扩张适用范围使得在对国际商事调解协议适用保全制度。同时，可以参考我国对国内诉讼和仲裁案件的处理，允许当事人在申请执行国际商事调解协议程序时提出保全申请。一方面，允许当事人在申请执行国际商事调解协议时提出保全，符合《新加坡公约》规定的直接执行原则，另一方面，允许当事人在申请执行国际商事调解协议程序中提出保全，可以体现出我国对调解的支持、鼓励态度，平等对待调解、诉讼和仲裁三种纠纷解决方式。

（四）虚假调解可能导致执行财产转移风险

《新加坡公约》未规定如何选择和认定调解员，若对调解员的资格没有限制，国际商事调解的公正与效力会存疑，甚至出现滥用调解。但是《新加坡公约》在“对依赖于调解协议的要求”规定了关于调解员签名以及调解机构管理程序审查的要求[41]，这些会对执行法官提出高难度要求。如，法官如何查明外国调解员的签名是否真实？此外，法官还需对调解员准则、调解的准则及调解协议是否有效等予以审查，查明是否存在无法履行情形等等。这些内容不仅对执行法官提出高要求，也增加了“虚假调解”的风险。此外，《新加坡公约》在适用上没有“调解地”的要求，仅需要两方当事人在不同国家设有营业地或执行地在另一个国家或地区即可。这一规定是为了扩大公约的适用范围，但给法院带来挑战，如到底应以哪一国或地区的法律去审查《新加坡公约》“调解员”的资格。此外，公约文本中普遍使用“公约当事方”等表述[42]，而没有使用“成员方”“缔约方”等概念，会一定程度上扩张公约的适用范围，产生非公约缔约方的商事主体通过国际商事调解协议去公约缔约国执行财产的可能性，而我国未来因执行国际商事调解协议而带来法律查明与司法审查难度增加，甚至实务中可能会出现通过虚假调解达到虚假执行及国际性跨境洗钱等风险发生。

四、国际商事调解协议在我国法院司法确认与执行机制的完善建议

如今《新加坡公约》已经正式生效，一旦正式批准该公约，根据《民事诉讼法》中国际条约优先适用原则的规定，当事人可以根据《新加坡公约》向我国法院申请执行国际商事调解协议。由于《新加坡公约》本身存在一定的限定性，我国又尚且没有统一的商事调解法，因此应当通过完善已有的相关法律制度，从而构建一整套全面的我国商事调解制度。

---

41 参见《新加坡公约》第4条1b款。

42 参见《新加坡公约》第12条第3款。

（一）统一商事调解的立法并完善与之相关的配套机制

一旦我国批准加入《新加坡公约》，可更加有力地推动我国商事调解制度的统一，构建系统的立法体系。目前，我国法律未明确执行国际商事调解协议的相关主管部门，给国际商事调解协议的救济带来一定的阻碍。因此从多元化争端解决路径构建以及鼓励当事人自主自愿解决纠纷的角度，应当推动通过调解方式解决商事争议，制定一部统一适用于国内外商事争议调解的法律，规范包括国际商事调解协议在内的所有商事调解程序，如对商事调解程序中基本问题予以规定，明确司法审查的事项范围；对商事调解适用范围、调解协议的执行性等作具体规定；确定执行救济的主管机关应当为法院，明确法院的级别管辖与地域管辖范围，以方便当事人进行权利救济。

1. 构建调解信息共享机制

《新加坡公约》规定了法院依职权审查的内容包括调解协议产生于调解的证据，在拒绝准予救济的理由中也特别规定与调解员履职不适当相关的理由。对于国际商事调解协议而言，法院确认调解员的签名、核实调解员签署的证明文件、查找调解员所属国家或所在调解机构的相关准则、调查调解员履行义务情况等存在较大的困难。我国可以以“一带一路”倡议和各自贸区建设为先导，牵头推动并建立包含各国调解机构、调解组织和调解员信息的共享平台，便利各国主管机关对国际商事调解协议的审查执行工作，展现国际商事争议解决和法治建设中的大国担当。还需健全司法协助的有关规定，和各国达成司法协助协议，增加审查过程中调取证据的便利性，提高审查效率。

2. 规范调解机构设立及调解员遴选制度

我国打造调解机构及调解员制度最终目的是为“一带一路”建设提供更加全面的司法保障，并建立以中国为首选地、符合“一带一路”沿线国家特点并被广为接受的争端解决机制。一方面，随着我国商业及贸易的迅猛发展，出现了一批商事调解机构。但总体而言，目前高水平商事调解机构数量偏少，且我国国际商事调解机构发展尚在起步阶段。因此可参照设置仲裁委员会的机制，引导建立民间商事调解机构。另一方面，应当确定调解员的有关执业规则和道德守则，确保调解员具有较高专业素质，明确调解员应遵守保密、独立性、公正性等义务，保证当事人充分了解调解程序。同时，预防违法调解、虚假调解等行为发生，实行行业自律、调解员信用系统以及法律惩戒等多层级管理作为制度保障。建立我国调解员制度，可参考我国香港地区的经验，如香港律政司牵头，香港调解中心、香港国际仲裁中心等联合发起设立的香港调解自立评审协会有限公司，明确调解规则及调解员的选任规则，建立了调解员认证机制，同时也应将守则的遵守情况与调解员认证挂钩[43]。亦可参考新加坡的经验，如2017年新加坡《调解法》第7条明确了调解服务的提供者应当由司法部长任命或由认证的调解机构任命，此种任命必须经过公告后方产生效力[44]。由此，我国在建立调解员制度时可以借鉴上述实践做法，从而推进我国商事调解更具有公信力和国际影响力。

（二）明晰确认和执行国际商事调解协议的管辖法院

《新加坡公约》的特点之一是更加注重当事人向执行地主管机关寻求救济和执行地主管机关准予救济[45]。将经过司法确认的国际商事调解协议本身作为执行依据更为适当，如果我国法律能够明确可将国际商事调解协议作为法院直接执行的法律文件之一，则应由被执行人住所地或者被执行财产所在地的法院执行。级别管辖方面，可以参考我国承认和执行外国仲裁裁决的相关规定，由当事人向被执行人住所地或者财产所在地的中级法院申请。为了便利司法确认和司法执行的统一性和一贯性，由同一法院进行司法确认和执行也不失为一种有效路径。

（三）明确及细化国际商事调解协议的司法确认程序

我国具有建立先审查确认、再执行调解协议的土壤，但是我国《民事诉讼法》的规定十分严苛。建议对我国申请国际商事调解协议司法确认的时间进行调整，以降低司法确认的申请门槛。具体程序可设计为：参照承认与执行外国仲裁裁决的方式，将审查确认程序和执行程序分开，审查确认作为执行的必要前提，由当事人首先申请确认国际商事调解协议，法院进行审查后确认该调解协议有效性并出具相关司法文书材料，当事人可据以另行申请强制执行；如经法院审查后不予确认其效力，则作出拒绝执行该调解协议得出裁定并释明理由和依据。同时，对国际商事调解协议的法律适用可按照意思自治原则、特征履行规则和最密切联系原则的顺序确定适用的准据法。

针对《新加坡公约》项下国际商事调解协议的审查范围，为了对接公约有关形式审查和实质审查并重、主动审查与被动审查结合的模式，我国应在充分

---

43 杨洪钧：《商事调解员资格评审的香港经验》，第四届粤港澳大湾区法治建设座谈会，2021年12月12日，深圳。

44 Parliament of Singapore. Mediation Act 2017. https：//sso. agc. gov. sg/Act/MA2017. Last visited on October 8，2019.

45 温先涛：《〈新加坡公约〉与中国商事调解——与〈纽约公约〉〈选择法院协议公约〉相比较》，载《中国法律评论》2019年第1期。

尊重当事人意思自治的基础上进行合理审查，既保证赋予国际商事调解协议可执行力，又尽可能保护被执行人和案外人的权益。对主动审查的规定予以进一步细化，明确证据材料的形式要求；对于国际商事调解协议，可参照我国对涉外仲裁裁决申请执行的法律规定，增加提交经我国驻外使领馆认证或我国公证机关公证等程序性路径规定。对被动审查的范围可根据我国法律规定和被执行人的请求适当放宽，以保护被执行人的权益。

在司法确认中要特别注重对当事人意思自治的尊重和对调解协议内容的保密，提供最大限度的灵活性，以确保该目标符合贯穿调解程序的原则要求。[46]在确认和执行国际商事调解协议的司法过程中，考虑到当事人选择商事调解解决争议时保护商业机密的愿望，对法院可以公开的案件信息、法官对案件信息的使用等予以规定。

（四）经法院确认的国际商事调解协议可作为直接执行依据

将经过法院司法确认裁定确认其效力的调解协议直接作为执行依据具有合理性。原因在于，一是从尊重意思自治的角度来看，商事调解作为私力救济方式，调解协议是在当事人双方意思自治下确定权利义务关系，商事主体具备一定的分析判断能力，在存在其他可选择的纠纷解决方式的情况下仍选择达成调解协议，已经是符合当事人对多种利益全面分析后的妥协，当事人具备了明确的按照协议处分自身有权处分的财产以谋求纠纷解决的意思。在一方当事人违约，另一方向法院申请执行调解协议的情况下，法院审查确定调解协议的真实性就相当于确认了当事人的意思表示真实，直接依据调解协议执行即为恢复因一方当事人违约而打乱的由调解协议构建起的权利义务关系。同时，我国法律的价值追求是鼓励发展非诉讼方式解决纠纷，将已确认效力的调解协议作为执行依据，不通过诉讼，而是直接借此彻底解决纠纷符合这一政策导向。

二是从《新加坡公约》的目标来看，赋予国际调解协议强制执行力是为促进国际商事争议当事人双方选择以调解方式解决争议。在《新加坡公约》项下，国际商事调解协议具有与国际商事仲裁裁决同等效力。按照我国法律规定，经人民法院裁定承认其效力的国外仲裁机构作出的仲裁裁决本身即为执行依据。如果对于《新加坡公约》项下达成的国际商事调解协议仍然进行严格的审查，并且在作出确认文件后才依据该文件执行，则相当于调解协议并不具有完备的强制执行力，而是经过法院审查后才通过据之制作的确认文书拥有了间接的执

46 唐琼琼：《〈新加坡调解公约〉背景下我国商事调解制度的完善》，载《上海大学学报（社会科学版）》2019 年第 4 期。

行力，不利于提高调解协议的执行效率和降低费用。

三是对国际商事调解协议效力采取整体性认定方式。针对主张法院可以部分确认调解协议，而反对将经过司法确认的调解协议本身作为执行依据的理由等，此种观点与《新加坡公约》的精神存在出入。因为商事调解作为当事人高度自主自愿的争议解决方式，本身就体现了当事人希望排除仲裁和诉讼方式介入，经过友好协商通过意思自治达成合意解决争议，从而弥补传统争议解决方式相对僵化、强对抗性缺陷的愿望。[47] 如果对调解协议进行部分确认，从某种意义上说是对当事人意思自治的干涉，打破了调解协议原本的体系。此外，目前我国国内法对于国际商事调解协议是否能采取部分确认的方式尚没有坚实的法律依据。由于国际商事调解协议在我国确认时属于合同的范畴，若主张参考《民法典》第 156 条关于民事行为部分无效的规定，其他部分仍然有效的规定似乎有一定的道理。但是鉴于《民法典》并非规范商事调解法律关系的专门法律，如认定国际商事调解协议部分内容存在违反我国公共政策等情形，符合《新加坡公约》中拒绝准予救济的几种情形，建议对该国际商事调解协议全部内容不予确认及执行，以避免一份完整的国际商事调解协议在承认或执行方面存在碎片化或局部化倾向。

结语

《新加坡公约》进一步健全了国际商事调解制度，强化了商事争议解决的国际法治规则，其生效使得国际商事调解协议可以省略被转化为具有执行效力的法律文书，而直接具备执行力。为了适应各国不同情况，《新加坡公约》的规定大多是原则性、指引性的。正因如此，如果我国批准该公约，为了更好地对接公约内容，需要解决目前国际商事调解协议在我国司法审查与执行方面的问题。应当将国际商事调解协议的司法审查确认作为执行的必要前提。在司法确认程序中，法院应采取实质与形式并重，主动审查与被动审查相结合的审查方式；在执行程序中，将经法院裁定确认其效力的国际商事调解协议本身直接作为执行依据，并处理好平行申请和执行前的保全等协调。通过完善立法，对法院确认和执行国际商事调解协议的管辖作出明确规定，采取司法确认与执行由相同法院管辖的方式。针对司法确认程序，应特别注意尊重当事人意思自治的和对调解协议内容的保密。同时应加强国际合作，牵头构建调解信息共享机制。保证国际商事调解协议的可执行力，便利当事人申请执行程序，构建我国商事争议解决多元化争端机制，为“一带一路”倡议实施提供更好的法治营商环境。

47　王卿：《“一带一路”经贸争端解决 ADR 体系的构建》，载《河北法学》2020 年第 8 期。

案例分析

认罪认罚缓刑量刑建议的审查与适用

——曾某某等人电信网络诈骗案

曹 虎*

【裁判要旨】

关于认罪认罚量刑建议中适用缓刑有不同表述，如“可以适用缓刑”“适用缓刑”“应当适用缓刑”。如何理解适用缓刑量刑建议的效力？是视为附条件、待定还是理解为一般应当，实践中尚有分歧。认罪认罚案件需正确理解适用缓刑量刑建议，坚持《刑法》缓刑规定和《刑事诉讼法》认罪认罚规定相结合的方式，以审判为中心的证据裁判原则、罪责刑相适应原则和宽严相济的刑事政策，从实体、程序维度综合审查缓刑的适用。

【关键词】 适用缓刑 认罪认罚 量刑建议 效力

【案件索引】

一审：广州市天河区人民法院（2019）粤0106刑初1517号（2019年11月15日）

二审：广州市中级人民法院（2020）粤01刑终194号（2020年4月27日）

一审合议庭成员：曹 虎、叶小玲、杨国锋

二审合议庭成员：崔小军、许媛媛、邹世发

---

* 曹虎——广州市中级人民法院审判员、一级法官。

【基本案情】

2017年11月15日，被告人曾某某指使被告人刘甲租用某大厦A座副楼，注册成立个人独资的某某堂医药公司，法定代表人为被告人刘甲。被告人曾某某为公司实际控制人，其纠集、招揽被告人刘甲、冷某某、吴某某、刘乙、罗某等人以公司名义实施电信诈骗犯罪。被告人曾某某利用微信平台在全国范围内投放广告，虚假宣传公司壮阳产品功效，诱骗被害人添加某某堂微信号。被告人曾某某用“Y3”网络管理系统对销售订单信息进行统一管理，通过各销售部长、组长招募被告人陈某、郑某某、杜某等大量销售业务人员实施网络诈骗活动。销售部长、组长分别对各销售小组的业务员进行话术业务培训，让业务员通过微信平台，冒充医生、老师等身份，在没有诊疗能力、没有男性医药学专业知识和执业资质的情况下，按照统一话术模式，对不同病症、不同需求的被害人虚假问诊，并向被害人虚假宣传壮阳产品、有“老中医”吴某某问诊，把牡蛎多肽、定制方等无治疗功效的产品虚构成专为被害人定制的祖传壮阳秘方，让被害人陷入自身疾病严重，必须购买产品才能治愈的错误认识。当被害人购买产品后，销售业务员又按照话术通过微信要求被害人拍摄舌苔、指甲盖甚至私密部位照片，进行虚假诊疗，诱骗被害人二次复购更昂贵的产品。销售成功之后，被告人刘甲、冷某某将销售订单汇总，交由没有医药执业资格的被告人吴某某签名，捏造“老中医”问诊后开药方的假象。被告人曾某某等人通过在微信平台虚构事实、隐瞒真相的方式面向全国不特定被害人销售壮阳产品，骗取巨额钱款，形成组织紧密、管理严格的电信诈骗团伙。经审计，截至2018年12月，该电信诈骗集团共诈骗3550名被害人合计6141858.05元。2018年12月25日，公安机关将本案被告人抓获归案，缴获作案工具手机、电脑、银行卡、涉案壮阳产品一批。经检测，涉案所销售产品均不属于药品，不具备治疗功效，且为不合格产品。

【裁判结果】

广州市天河区人民法院于2019年11月15日作出（2019）粤0106刑初1517号刑事判决：被告人曾某某犯诈骗罪，判处有期徒刑十年六个月，并处罚金100万元；其他被告人分别被判处有期徒刑五年至一年四个月，分别并处罚金8万元至1万元，其中对被告人陈某、郑某某、杜某适用缓刑。宣判后，被告人吴某某不服，认为其无诈骗故意和行为，提出上诉。

广州市中级人民法院于2020年4月27日作出（2020）粤01刑终194号刑事裁定：驳回上诉，维持原判。

【裁判理由】

被告人曾某某等人以非法占有为目的，结伙利用通信工具、互联网等技术手段实施电信网络诈骗，诈骗数额特别巨大或数额巨大，其行为均已构成诈骗罪。被告人曾某某作为公司的实际控制人，以他人名义成立公司和设立窝点控制、管理电信诈骗活动，纠集他人参与犯罪，在诈骗的共同犯罪中起重要、积极作用，是主犯，依法应当按照其所参与的或者组织、指挥的全部犯罪处罚。被告人刘甲、冷某某、吴某某、刘乙、罗某均受雇请、纠合参与犯罪，不属于公司的实际老板和控制人，在共同犯罪中起次要作用，均是从犯，依法应当减轻处罚，并考虑被告人刘甲、冷某某、吴某某、刘乙、罗某在诈骗犯罪中地位和作用、公司的职位、任职时间及参与的犯罪数额等情况区别量刑。被告人袁某某、元某某、邓某某、黄某、王某某、陈某、郑某某、杜某均受雇请、纠合参与犯罪，担任销售组长或者销售业务员，不属于公司的实际老板和控制人，在共同犯罪中起次要作用，均是从犯，依法应当减轻处罚，并考虑各被告人在公司的职位、任职时间及参与的犯罪数额等情况区别量刑，其中被告人陈某、郑某某、杜某为销售业务员，未承担管理职责，在犯罪中的作用较上述其他担任销售组长的被告人小，在量刑时酌予区别考量。被告人陈某、郑某某、杜某归案后均能如实供述主要犯罪事实，并自愿认罪认罚，可以从轻处罚。根据被告人陈某、郑某某、杜某的犯罪性质、情节和悔罪表现，适用缓刑确实不致再危害社会，可以宣告缓刑。公诉机关的量刑建议合理，予以采纳。

【案例注解】

缓刑适用的裁量属性和认罪认罚从宽制度倡导的自愿性、确定性，本身便存在一定程度的冲突。如何在认罪认罚案件既准确审查缓刑适用又能保证量刑建议的司法公信力以及衡平裁判尺度，妥善协调检察机关求刑权、被告人从宽权、法院裁量权之间的关系，需通过实体法和程序法相结合方式实现，使缓刑的适用既符合刑法缓刑之规定，又能契合认罪认罚从宽制度立法目的。认罪认罚案件需正确理解适用缓刑量刑建议，坚持《刑法》缓刑规定和《刑事诉讼法》认罪认罚规定相结合的方式，以审判为中心的证据裁判原则、罪责刑相适应原则和宽严相济的刑事政策，从实体、程序维度综合审查缓刑的适用。案例立足程序与实体，探讨认罪认罚的效力，具有较强参考意义。

司法实践中，认罪认罚量刑建议中适用缓刑有不同表述如可以适用缓刑、适用缓刑、应当适用缓刑等，本案表述为可以适用缓刑。缓刑作为一种刑罚执行方式，如何理解适用缓刑量刑建议的效力，是视为附条件、待定之可以抑或理解为一般应当，尚有分歧。主要有以下观点：

第一种观点认为，检察机关在认罪认罚量刑建议中的可以适用缓刑表述中“可以”的含义理解为“可以适用，也可以不适用”，法院采纳主刑、附加刑量刑建议，直接不适用缓刑，也可以视为采纳了检察机关认罪认罚的量刑建议。尤其是在审判阶段还在押的被告人，检察机关在侦查、起诉阶段羁押必要性审查中，亦未对被告人采取非羁押性强制措施，而强制措施的变更对于法院来说须经审批程序，凸显了可以的非强制性；再如实践中检察机关以待赔偿谅解等事由，作为适用缓刑的附加条件，更凸显了其附条件属性。

第二种观点认为，认罪认罚量刑建议的内容包括主刑、附加刑以及是否适用缓刑等内容，检察机关建议可以适用缓刑，如法院采纳量刑建议时，从认罪认罚权利告知、自愿性、确定性角度，且不属于《刑事诉讼法》第201条第1款规定的五种除外情形的，根据《最高人民法院关于适用〈中华人民共和国刑事诉讼法〉的解释》第355条规定：“对认罪认罚案件，人民法院一般应当对被告人从轻处罚；符合非监禁刑适用条件的，应当适用非监禁刑……”所以应理解为应当适用缓刑。

笔者认为认罪认罚量刑建议中检察机关提出适用缓刑的量刑建议，既不能将之视为可有可无的附条件化内容，也不能将之绝对化。若将可以适用缓刑理解为待定性量刑建议，则与认罪认罚制度的立法目的难以自洽，而将之绝对化则有以程序审查代替实体审查之虞，使两者本应的交融关系异化为互斥关系。就法律适用而言法律规定越明确就越容易被准确地实行。缓刑适用的裁量属性和认罪认罚从宽制度倡导的自愿性、确定性，本身便存在一定程度的冲突。如何在认罪认罚案件中，既准确审查缓刑适用，又能保证量刑建议的司法公信力以及衡平裁判尺度，妥善协调检察机关程序求刑权、被告人认罪认罚从宽诉求、法院裁判权之间的关系，需要通过实体法和程序法相结合方式实现，使缓刑的适用既符合刑法缓刑之规定，又能契合认罪认罚从宽制度的立法目的。

一、正确理解认罪认罚案件“适用缓刑”的量刑建议

缓刑是一种附条件不执行原判刑罚的刑罚执行制度。《刑法》第72条规定，对于被判处拘役、三年以下有期徒刑的犯罪分子，同时符合犯罪情节较轻、有悔罪表现、没有再犯罪的危险、宣告缓刑对所居住社区没有重大不良影响条件的，可以宣告缓刑，对其中不满十八周岁的人、怀孕的妇女和已满七十五周岁的人，应当宣告缓刑。由此可知，缓刑的适用对象是罪行较轻、宣告刑在三年以下有期徒刑的犯罪分子，适用条件为犯罪较轻、悔罪、无再犯危险、人身危险性小，满足上述条件则可以适用缓刑，而未成年人、怀孕女性、老年人三类

特殊群体则属应当适用缓刑。即缓刑适用本身存在可以适用和应当适用的不同情形。认罪认罚量刑建议中的可以适用缓刑之“可以”，应理解为适用缓刑之“可以”与“应当”的法定规范表述，而非待定含义描述。

正如有学者提出，《刑事诉讼法》规定的认罪认罚无法成为独立的法定从宽处罚情节，罪刑法定原则要求定罪量刑情节须刑法法定化，即影响量刑的各种法定情节及从宽、从严程度都应当在实体法上有所反映，即以刑法既有量刑条款为限度。[1]就认罪认罚量刑建议中的缓刑适用问题，同样应结合《刑法》《刑事诉讼法》关于缓刑、认罪认罚从宽制度的相关规定来理解。《刑事诉讼法》第176条第2款规定，犯罪嫌疑人认罪认罚的，人民检察院应当就主刑、附加刑、是否适用缓刑等提出量刑建议，并随案移送认罪认罚具结书等材料。从立法层面确认了“是否适用缓刑”是认罪认罚量刑建议应当确认的内容。《刑事诉讼法》第201条第1款规定，对于认罪认罚案件，人民法院作出判决时，一般应当采纳人民检察院指控的罪名和量刑建议。因此，适用缓刑量刑建议在认罪认罚案件中，亦为一般应当采纳的内容，而不采纳的须属《刑事诉讼法》第201条第2款规定的，人民法院经审理认为量刑建议明显不当，或者被告人、辩护人对量刑建议提出异议，而人民检察院不调整或者调整后仍然明显不当的情形。同样，如果被告人在认罪认罚后，对刑罚的执行方式提出异议，坚持要求适用缓刑，而量刑建议中未确认适用缓刑，则应当视为不认可认罪认罚量刑建议。就缓刑而言，上述规定从认罪认罚从宽制度角度，设置量刑建议的程序规定，而从适用缓刑的实质条件而言就是由法院审查适用缓刑量刑建议是否符合刑法的相关规定，从本质上无论是缓刑抑或其他量刑建议均属求刑权。从法律上看，我国的认罪认罚程序分为两个环节：一是检察机关主导下的量刑协商程序；二是法院主持下的司法审查程序。[2]有鉴于认罪认罚量刑建议效力区别于其他量刑建议，不宜将之单纯视为公诉机关的程序权，从权力和责任对等角度看应属于公诉机关承担量刑合理证明责任的求刑权。因此，认罪认罚量刑建议须经开庭审理，综合审查后确定采纳与否，符合以审判为中心的裁判原则，缓刑作为裁量性更强的刑罚执行方式则更加如此。

本案中，检察机关建议适用缓刑的三名被告人在审判阶段仍处于羁押状态，尤其是检察机关捕诉合一改革之后，是否与其羁押必要性审查相悖呢？实质上，羁押必要性审查贯穿于刑事诉讼始终，检察机关认罪认罚适用缓刑量刑建议与羁押必要性的审查不要求具有一致性，或者说可以适用缓刑的非条件性来源于

1 参见周光权：《论刑法与认罪认罚从宽制度的衔接》，载《刑事法学》2019年第11期。

2 陈瑞华：《论量刑协商的性质和效力》，载《中外法学》2020年第5期。

检察机关在移送起诉前对被告人采取非羁押性强制措施。司法实践中，基于诉讼效率、追赃挽损以及被告人申请宽限赔偿期限等方面考量，检察机关认罪认罚量刑建议，确实存在附条件适用缓刑的情形，如明确条件为赔偿全部经济损失、获得被害人谅解等，该情形的适用缓刑量刑建议，则属于待定状态，须被告人满足设定条件才可视为有约束力的量刑建议。然而从认罪认罚从宽制度法定性、公正性、明确性角度，所附条件实质为新事实、新证据，需要再次开庭明确，附条件完全可以待出现新的事实、证据再次庭审时予以调整量刑建议，附条件并不能实质提高诉讼效率，还会给认罪认罚从宽制度带来一定程度的负面影响。因此，实践中原则上不宜设置附条件认罪认罚量刑建议，尤其是附条件确定刑即精准刑量刑建议。

二、认罪认罚为是否继续发生社会危险性的考虑因素

根据《刑法》第72条规定，对于被判处拘役、三年以下有期徒刑的犯罪分子，同时符合下列条件的，可以宣告缓刑：犯罪情节较轻；有悔罪表现；没有再犯罪的危险；宣告缓刑对所居住社区没有重大不良影响。这是适用缓刑的对象条件和实质条件，有些犯罪分子虽然符合对象条件，但犯罪情节恶劣，没有悔罪的表现，不能表明不予关押不致再危害社会的，也不能宣告缓刑。犯罪人人身危险性的有无以及强弱应当从犯罪情节和悔罪表现两个方面加以判断。[3]《刑事诉讼法》第81条第2款规定，批准或者决定逮捕，应当将犯罪嫌疑人、被告人涉嫌犯罪的性质、情节，认罪认罚等情况，作为是否可能发生社会危险性的考虑因素。虽然该款主要规定的是适用逮捕的考量因素，但从司法实践来看适用非羁押性强制措施的，适用缓刑的概率更大，在一定程度上体现为检察机关审前羁押性必要性审查，当然包含社会危险性审查判断。《刑事诉讼法》第15条规定，犯罪嫌疑人、被告人自愿如实供述自己的罪行，承认指控的犯罪事实，愿意接受处罚的，可以依法从宽处理。据此，认罪认罚从宽中的“认罪”实质上就是“认事”，即承认指控的主要犯罪事实，对指控个别细节有异议或者对行为性质的辩解不影响“认罪”的认定，认罪的表现形式可以是自首、坦白，也可以是当庭认罪等其他形式。“认罚”是指愿意接受处罚，包括刑罚处罚、主动退赃退赔、积极赔偿被害人损失同被害人和解、预交罚金等。[4]认罪认罚不仅体现为认罪、悔罪态度，还体现为是否继续发生社会危险性的考虑因素，尤其是认罚所包含的上述弥补性行为，在一定程度上可以修复被破坏的社会关系，

3 参见陈兴良、周光权、车浩主编：《刑法总论精释》（第三版），人民法院出版社2016年版，第901－902页。

4 参见胡云腾、沈亮、管应时著：《认罪认罚从宽制度的理解与适用》，人民法院出版社2018年版，第77－78页。

自然成为适用缓刑有关悔罪、社会危险性及犯罪再发性的审查要素。本案中，三名被建议适用缓刑的被告人，虽未主动赔偿被害人，但根据三名被告人在犯罪集团的地位作用，其并不支配和控制涉案款项，鉴于被害人损失均能以冻结款项所弥补，对于此可以作为酌情考量的情节，从整体上评价三名被告人认罚之悔罪表现。

适用缓刑的实质条件中，相较可以通过证据和罪后行为进行判断犯罪情节和悔罪表现而言，涉及人身危险性的再犯危险性和社区影响则属于难以量化的标准。司法实践中，部分被告人不存在缓刑的禁止性条件，符合犯罪情节较轻，且具有退赃表现，但是有不构成累犯之犯罪前科，例如前科为单处罚金、管制、拘役、缓刑、过失犯罪，或者前罪为有期徒刑以上故意犯罪，但属刑罚执行完毕五年后再犯。上述特殊前科情形在实践中并不少见，虽不属于刑法规定的缓刑禁止适用的范畴，但属于人身危险性的考量要素。一般而言前科法定刑、暴力程度越高则人身危险性越高，相较而言故意犯罪前科比过失犯罪人身危险性高，前科与后罪时间越紧密则再犯可能性越大；有人认为有适用缓刑的前科，则原则上不再适用缓刑，理由为曾经有缓刑矫正经历却不足以阻止其再犯。在认罪认罚从宽制度下，上述因素可以再行评估考量，检察机关提出量刑建议的同时，可以一并进行人身危险性评估，而法院可以根据前科罪名性质、刑罚种类、再犯时间、故意或过失、具体情节，结合认罪认罚情况，综合审查是否适用缓刑。

三、适用缓刑须符合罪责刑相适应原则和宽严相济的刑事政策

如前所述，认罪认罚量刑建议对法官而言具有一定约束力。正因认罪认罚案件量刑建议的效力与其他案件量刑建议的效力有所不同，法院需要审查被告人适用缓刑的实质性条件。是否采纳量刑建议，应遵循三个基本原则，即应坚持宽严相济刑事政策、罪责相适应以及证据裁判规则原则。[5]以审判为中心的证据裁判规则是当然应当坚持的原则，本文语境为事实清楚、证据确实充分认罪认罚案件的缓刑适用，对该原则不再赘述。

首先，适用缓刑须符合罪责刑相适应原则。缓刑实质是附条件不实际执行刑罚的制度，对刑罚有实质影响，即缓刑考验期内无《刑法》第 77 条规定的情形，缓刑考验期满，原判刑罚就不再执行。缓刑本身就体现为罪责刑相适应之“刑”，同时缓刑适用的对象条件、实质条件又体现为“罪”与“责”。因此，刑法既规定了可以和应当适用缓刑的不同情形，也规定了禁止性规定即累犯和

5　胡云腾、沈亮、管应时著：《认罪认罚从宽制度的理解与适用》，人民法院出版社 2018 年版，第 49 页。

犯罪集团的首要分子不适用。本案中，该犯罪集团以医药连锁经营企业为外壳，实行公司化管理，制定规章制度，提供作案工具、作案经费，分工配合并通过话术培训、总结诈骗经验，各环节被告人相互支持、配合，利用通信工具、互联网等技术手段实施有组织的电信网络诈骗活动，形成了较为固定的犯罪组织，且诈骗数额特别巨大，被害人达数千人并遍及全国，以虚假问诊为名高价销售无实际疗效医药产品，使被害人陷入病情严重误区抑或延误正规医疗，不仅使被害人蒙受经济损失，也严重损害了被害人身心健康。诈骗罪数额特别巨大的法定刑，排除了部分被告人适用缓刑的对象条件，检察机关也仅对三名被告人提出可以适用缓刑的量刑建议。

其次，适用缓刑须体现宽严相济的刑事政策。宽严相济的刑事政策是党和国家长期坚持的基本刑事政策，而认罪认罚从宽制度是该政策的具体化、制度化。[6]在认罪认罚语境中，结合认罪认罚从宽制度立法目的，充分考量犯罪性质、情节、社会危害程度、人身危险性、认罪悔罪态度、追赃挽损情况，宽严相济、罚当其罪，以实现法律效果和社会效果的统一，并发挥刑法的价值导向功能。本案属于电信网络诈骗，从犯罪性质、情节、影响范围、规制成本和效果等因素考量，对社会的危害程度高于一般的普通诈骗，此类犯罪严重侵害人民群众财产安全和其他合法权益，严重干扰电信网络秩序、破坏社会诚信，社会危害性大，人民群众反映强烈，并结合近年来电信网络诈骗链条化、组织化、产业化、企业化、跨区跨境化趋势，应对该类犯罪体现从严打击，但亦应严格区分共同犯罪中的地位作用，充分体现宽严相济的刑事政策，对其中作用较小、受蒙蔽参与犯罪、参与时间较短的人员，尤其是其中刚步入社会的未成年人群体，采取教惩结合的方式，可以通过非监禁刑实现宽严相济的刑事政策，体现谦抑慎刑理念。根据本案各被告人在共同犯罪中的地位和作用大小，可作如下区分：电信网络诈骗集团的首要分子，如作为犯罪模式建立者、犯罪组织控制人的被告人曾某某；负责犯罪集团内部某环节总体工作的人员如负责骗术手段培训的人员、负责技术支持管理的人员、负责组织或资金运作的人员；负责业务层级管理的人员，如所谓销售经理、部长、组长；普通的业务人员等。本案认罪认罚量刑建议适用缓刑的三名被告人，均属普通业务人员，且参与犯罪时间较短，考虑到违法所得均已缴回，结合前文所述其他考量因素，法院最终采纳了该量刑建议。

---

6 参见胡云腾、沈亮、管应时著：《认罪认罚从宽制度的理解与适用》，人民法院出版社2018年版，第83页。

【相关法条】

《中华人民共和国刑法》第 72 条、第 73 条、第 266 条；

《中华人民共和国刑事诉讼法》第 15 条、第 176 条第 2 款、第 201 条第 1 款；

《最高人民法院、最高人民检察院关于办理诈骗刑事案件具体应用法律若干问题的解释》第 1 条；

《最高人民法院关于适用〈中华人民共和国刑事诉讼法〉的解释》第 355 条。

余某诉某科技有限公司网络侵权责任纠纷案

——泄露举报信息属于对自然人隐私权和个人信息权益的侵害

曹　钰　　林　媛*

【裁判要旨】

公民的举报信息具有私密性，不应为被举报人知悉，属于隐私范畴。网络平台将包含举报人个人信息的举报材料转发给被举报人，致被举报人了解被举报情况并识别出举报人身份的，属于侵害自然人隐私权和个人信息的行为，应承担相应侵权责任。本案系互联网平台在处理举报材料过程中造成自然人隐私、个人信息泄露引发的纠纷，法律事实发生在《民法典》施行前，适用《民法总则》规定。《民法典》在延续《民法总则》有关规定的基础上，对隐私及个人信息的界定更为清晰，保护规则更为完善，本案裁判说理部分紧密围绕《民法典》的立法精神对平台泄露举报人信息的性质作出认定，具有典型性。

【关键词】举报信息　隐私权　个人信息

【案件索引】

一审：广州互联网法院（2020）粤0192民初45095号民事判决书（2021年4月21日）

一审合议庭成员：曹　钰、区永卫、刘汉晶

---

*　曹钰——广州互联网法院审判委员会委员、综合审判一庭庭长；林媛——广州互联网法院审判管理办公室（研究室）法官助理。

【基本案情】

原告余某系某直播平台的一名用户，被告某科技有限公司（以下简称科技公司）系某直播平台的经营者，“红格格”和“雯馨”是某直播平台上两名主播的网名。

2019 年 11 月 5 日，余某向广州市网信办的电子邮箱发送举报邮件，实名举报科技公司主播红格格（真名田某）的直播违规行为，并附相关证据。后红格格将原告的举报邮件截图通过 QQ 发送给原告，质问原告为何举报她。2020 年 9 月 18 日，余某向中央网信办、广州网信办等部门的电子邮箱分别发送邮件，举报科技公司主播雯馨（真名黄某）传播低俗信息等行为，所附证据包括余某与该主播的微信聊天记录。余某认为，该邮件虽非实名，但聊天记录包含其微信头像和聊天内容，可以据此锁定举报人，故在举报邮件中明确要求保护举报隐私。9 月 21 日，雯馨直播间被科技公司封禁 3 天，与此同时其删除了余某的微信。余某提交其与科技公司客服的聊天记录和电话录音证据显示，科技公司的客服承认在处理用户举报信息的过程中，公司会与被举报主播核实情况。余某还提交了科技公司代表的致歉电话录音，该代表承认将一些“隐私信息”或截图发给了被举报主播，并承诺为此向余某赠送虚拟礼物，而余某的账号也确实收到了虚拟礼物。

另查明，科技公司接收政府部门举报信息是通过网信办研发的“举报处置业务管理平台”系统。从系统操作页面看，虽未显示余某的姓名，但可以下载举报信附件原文。

余某认为，科技公司泄露其举报行为侵害其隐私权及个人信息，故诉至法院，要求科技公司对泄露隐私行为以书面形式向原告赔礼道歉，请求赔偿经济损失 10 万元和精神损害抚慰金 20 万元。

科技公司辩称：（1）被告是通过网信部门研发的“举报处置业务管理平台”系统接收政府部门举报信息，系统中并不会显示举报人姓名等信息。被告从未接到过原告所称的举报邮件，不存在将原告举报邮件转发给被举报人的可能性。（2）原告在举报主播红格格前，双方已存在多起纠纷，原告以主播诈骗为由报案，最终无锡市公安局梁溪分局作出梁公（清）撤案字（2020）5 号撤销案件决定书，认定没有犯罪事实，原告的行为完全属于无理取闹的恶意投诉。（3）主播被处罚时知道被处罚原因是低俗语言和不雅口头禅，主播由此可猜测出举报人身份。（4）余某所举报内容不属实，其投诉主播是滥用权利，科技公司处理余某个人信息系为维护公共利益，应当免责。

【裁判结果】

广州互联网法院于2021年4月21日作出判决：一、被告科技公司于本判决发生法律效力之日起十日内向原告余某出具内容经本院审核确认的书面致歉声明，如被告科技公司拒不履行的，人民法院可以采取在网络上发布公告等合理的方式执行，由此产生的费用由被告科技公司承担；二、被告科技公司于本判决发生法律效力之日起十日内向原告余某赔偿精神损害抚慰金3000元；三、驳回原告余某的其他诉讼请求。判决已发生法律效力。

【裁判理由】

法院生效裁判认为：本案的争议焦点为科技公司是否实施了侵害余某隐私权、个人信息的行为。余某举报平台主播违规的行为是不愿为他人知晓尤其是不愿为被举报人知晓的私密活动，属于余某的隐私范畴。余某在举报过程中所署的真实姓名和举报内容附件中的微信头像等信息因单独或者与其他信息结合能够识别余某的身份，故属于余某的个人信息。

关于余某主张的科技公司向主播泄露了余某举报信息的事实，法院认定如下：（1）科技公司工作人员曾主动向余某致电表示歉意，该意思表示清楚、具体、明确；（2）科技公司的在线客服、电话客服在回答余某询问时均陈述科技公司收到举报信息后会向主播发送正式的邮件进行核实，在此过程中有可能会使表明余某身份的信息为主播知晓；（3）从科技公司接收政府部门举报信息的“举报处置业务管理平台”上虽不能看到举报人信息，但可以下载举报信附件，如将举报信附件直接转发给被举报人，客观上存在使被举报人知晓举报人身份的可能；（4）余某提供了“红格格”向其转发举报邮件的截图和“雯馨”删除其微信等证据，可见被举报主播已经知晓余某的举报人身份具有高度可能性。对于科技公司泄露余某举报信息的事实，相关证据足以相互印证，故对该事实予以确认。综上，科技公司未经余某同意，向主播泄露了余某举报的信息，使被举报人知晓了余某的举报人身份，体现了科技公司处理举报信息流程上的缺陷，侵害了余某的隐私权和个人信息。

关于科技公司所承担的侵权责任。鉴于上述侵权行为侵害了余某的人格权，余某要求科技公司书面赔礼道歉合法合理，本院予以支持。鉴于被举报人知晓其举报信息后确实给余某带来一定精神损害，综合考量科技公司的过错程度、目的、方式和侵权后果等因素，法院酌情确定科技公司向余某赔偿精神损害抚慰金3000元。

【案例注解】

网络生态环境直接关系亿万网民的网络获得感，并深刻影响着网络文化发展，而清朗有序的网络环境离不开网民的共同监督和维护。中央网信办举报中心统计数据显示，仅2021年5月，全国各级网络举报部门受理举报1476.7万件，有效遏制了一批有偿删帖、软色情等生态问题蔓延。[1]这些海量的网民举报信息，一旦发生泄露，不仅对举报人的人格权益造成侵害，也不利于我国举报制度的发展及公民安全感的提升。

一、举报信息是否属于隐私及个人信息

(一) 从《民法典》规定看举报行为是否属于隐私

根据《民法典》第1032条对隐私的定义，隐私是自然人的私人生活安宁和不愿为他人知晓的私密空间、私密活动、私密信息。由此可知，隐私权以保护个人远离他人的侵扰为核心，含义包括：一是自然人的私人生活安宁；二是不愿为他人知晓的私密空间、私密活动、私密信息。“自然人的私人生活安宁”是指排除他人对日常生活安宁的打扰和妨碍。对于“不愿为他人知晓的私密空间、私密活动、私密信息”可以从两方面把握：一方面，“私密”，指该客体处在不为人知的隐秘状态；另一方面，“隐秘”，指该客体具有不愿为人知的属性。

首先，对于是否处于“不为人知”的隐秘状态，需要作出客观判断。例如，美国法院在传统上坚持“第三人理论”，认为当事人如果已经同意将存款交易记录、电话拨号记录、信用卡账单等信息提供给电信业者或商业组织等第三方，即丧失合理隐私期待。但大数据时代，在绝对隐秘信息和公开信息之间，大量存在与特定人共享信息的中间状态。只要个人信息处于未被不特定或多数人获知的状态，就符合“隐秘状态”的要求。本案中，余某为实现举报目的发出举报信息，其举报行为客观上不可避免会被受理举报的政府部门及被举报人所在的直播平台所知晓，但仍未被不特定人所知，在被泄露前，该举报行为应认定处于隐秘状态。

其次，隐私的定义更强调了权利主体“不愿为他人知晓”意愿的重要性，这意味着，若自然人没有对其空间、活动或信息保持隐秘的意愿，即使该客体客观上处于隐秘状态，也不具有私密性。一个人主观内心的意愿，必须透过外在的行为显现出来才能被他人所知悉。隐私与个人信息存在功能上的交叉，隐

---

1 《2021年5月全国网络举报受理情况》，载中央网信办（国家互联网信息办公室）违法和不良信息举报中心网站，https：//www.12377.cn/tzgg/2021/897daa95_ web.html，最后访问于2022年3月14日。

私在某些特定场景下具有信息的交互性，举报人为实现举报的目的，必须将证明被举报主播违规行为的相关证据（包括其本人与主播的聊天记录等）向第三方告知。因此，司法实践中判断当事人是否有保持隐秘的主观意愿，可以采取两种方式：一是从当事人外部行为作出具体判断，如从当事人处理信息的类型、场合、目的和方式等分析，看其是否利用相当环境或使用有关设备等措施尽力维持隐秘的状态。二是从社会一般合理认知标准作出抽象判断，以社会普遍价值观、法律传统等作为考量因素。从余某自述其在举报邮件中强调不要泄露个人信息、其与某直播客服的对话内容及一般社会公众关于举报行为的普遍认知来看，举报人担心会因举报内容泄露而遭受打击报复或歧视符合常理，故余某举报平台主播违规的行为是不愿为他人知晓，尤其是不愿为被举报人知晓的私密活动，属于隐私范畴。

（二）从《民法典》规定看包含举报人信息的举报材料是否属于个人信息

按照《民法典》第1034条对个人信息的定义，个人信息是以电子或者其他方式记录的能够单独或者与其他信息结合识别特定自然人的各种信息，包括自然人的姓名、出生日期、身份证件号码、生物识别信息、住址、电话号码、电子邮箱、健康信息、行踪信息等。有学者认为姓名、出生日期、身份证件号码等信息与自然人的身份具有直接的联系，将其称为“个人标识型信息”，与其相对应的是“个人属性型信息”，如性别、民族、政治面貌、婚姻状况等[2]。除了以列举的方式详细规定典型的个人信息类型外，该法条以可识别性为核心对个人信息的范围予以一般性定义，其识别的方法分为直接识别和间接识别。直接识别，即单独的已识别；间接识别，即与其他信息结合存在识别的可能性。大数据时代，信息的收集和匹配成本越来越低，看似单个、孤立的信息一旦与特定的信息相结合，即可识别出某一特定个人。因此，对与其他信息结合存在识别可能性的判断，应从社会一般公众的角度考量可识别的技术、时间、经济成本等因素。本案中，余某在举报过程中所署的真实姓名和举报内容附件中的微信头像等信息能够单独或者与其他信息结合，识别余某本人的身份，属于余某的个人信息。

二、对直播平台泄露举报信息行为性质的认定及法律后果

（一）关于“泄露行为”性质的认定

《民法典》第1033条将“拍摄、窥视、窃听、公开他人的私密活动”明确列为侵害隐私权的行为。同时，《民法典》第1035条和第1038条均明确了处理

2　参见邢会强：《大数据交易背景下个人信息财产权的分配与实现机制》，载《法学评论》2019年第6期。

个人信息应遵循"知情—同意"原则。网络服务提供者在业务活动中处理用户个人信息，除需征得权利人许可外，还应遵循必要也即"最少、够用"原则，尽量少地进行收集、处理，并且不能将收集的信息作超出目的的利用。直播平台处理涉嫌主播违规的举报材料，通常只需对被举报的直播内容进行核实并作出相应处理，而无需对举报人的个人信息予以核实，故直播平台将包含举报人个人信息的材料转发给被举报人，不属于核实处理举报的必要举措。本案中，直播平台未经举报人同意将包含有个人信息的举报材料向被举报人公开，属于对举报人私密活动和个人信息的公开，侵害了余某的隐私权和个人信息权益。

（二）侵害举报人隐私、个人信息的法律后果

民法对侵害隐私权及个人信息的保护，存在以下区别：(1) 保护方式不同。隐私权是自然人的一项具体人格权，权利人在受到侵害时可基于《民法典》第995条的规定行使人格权请求权，要求停止侵害、赔礼道歉等，并可基于《民法典》侵权责任编的规定要求损害赔偿，包括精神损害赔偿。但对个人信息的保护，是否可以适用人格权请求权的规定则存在争议，有学者认为可以考虑通过目的性扩张的方式将《民法典》第995条的规则适用于个人信息的保护之中。(2) 是否需要证明损害不同。侵害隐私权并不必然要求受害人必须证明有损害的发生。如在非法跟踪、非法窥探的情况下，只要证明行为人实施了该行为，且没有法定免责事由，行为人就应当承担责任。但对于个人信息的侵害，通常认为受害人应当证明实际损害的发生。[3]

结合案情，科技公司泄露余某举报信息的行为侵害了余某的隐私权，根据《侵权责任法》第2条、第15条的规定，余某要求科技公司书面赔礼道歉、赔偿损失合法合理。鉴于科技公司这一行为确实给余某带来一定精神损害，综合考量科技公司的过错程度、目的、方式和侵权后果等因素，法院酌情确定科技公司向余某赔偿精神损害抚慰金3000元。

三、强化网络平台举报人保护制度，共同营造清朗有序的网络空间

（一）与网络信息内容举报有关的制度

梳理网络信息内容管理规范发现，国家网信办《网络信息内容生态治理规定》第20条规定"鼓励网络信息内容服务使用者积极参与网络信息内容生态治理，通过投诉、举报等方式对网上违法和不良信息进行监督，共同维护良好网络生态"。《网络安全法》第14条规定："任何个人和组织有权对危害网络安全的行为向网信、电信、公安等部门举报……有关部门应当对举报人的相关信息

3 王利明：《和而不同：隐私权与个人信息的规则界分和适用》，载《法学评论》2021年第2期。

予以保密，保护举报人的合法权益。”可见，只要公民采取合法手段向职能部门实名申诉，不管内容为何，都构成法律意义上的举报，举报者因此享有被保护的权利。然而，有关举报人的隐私、个人信息保护乃至被举报人救济程序与方式的具体规定仍有待完善。

（二）大数据时代网络平台应强化举报人保护制度

当前，微信、虎牙等大型网络平台的用户隐私政策已较为完善，以本案科技公司为例，其《用户账号规则》第3.4条规定，“直播平台将与您一同致力于个人信息的保护，保护用户个人信息是平台的一项基本原则……在未征得您事先同意的情况下，直播平台将不会将隐私信息对外披露或向第三方提供”。但从引发纠纷的情况来看，互联网平台存在举报人保护制度和举报流程管理缺陷，导致用户隐私政策无法真正落实。

当下互联网生态蓬勃发展，膨胀的网民规模反作用于互联网自身而使得网络信息的交互往来纷繁多元。真假良莠信息亟待网络监管部门、网络服务提供者乃至网络服务使用者一同甄别，网络举报行为彰显“政府—公众”合作治理模式的要义，对凝聚以网治网合力，塑造良好的网络生态环境具有深远意义。对于互联网平台来说，保护举报人的隐私、个人信息免受泄露，既是其社会责任，也是其应尽的法律义务。因此，应强化网络平台管理的主体责任，以技术匿名手段等举措健全举报处理和监管机制，对举报人至少应该做到三重保护：举报信息保密、举报人安全保障与举报人紧急安全保护。

本案的典型意义在于，通过依法认定直播平台泄露举报人信息属于对举报人的隐私权和个人信息权益的侵害，判令其承担侵权责任，以此提示互联网平台处理投诉举报调查时，应严格遵守关于隐私及个人信息保护的规定，并希望通过个案的示范使用，督促互联网平台规范经营模式，强化保护用户隐私和个人信息的意识，建立合法、正当、必要、诚信处理个人信息的行业规则。

【相关法条】

《中华人民共和国民法总则》第110条、第111条；[4]

《中华人民共和国侵权责任法》第2条、第15条。[5]

---

4 对应《民法典》第110条、第111条。

5 对应《民法典》第179条。

某医疗器械公司诉某网讯公司
网络侵权责任纠纷案

——《民法典》第 1195 条“通知—删除”规则的理解与适用

朱晓瑾　宁沁宜*

【裁判要旨】

《民法典》第 1195 条规定的“通知—删除”规则不能解释为一种可以被独立诉请的强制性义务，在网络侵权制度体系解释的视角下应为网络服务提供者的一种提示性、注意性规定。平台收到权利人侵权通知后，未及时转送通知，亦未采取删除、屏蔽等必要措施，不必然承担侵权责任。

【关键词】 通知　转送　必要措施　强制性　注意性

【案件索引】

一审：广州互联网法院（2021）粤 0192 民初 11324 号（2021 年 8 月 20 日）
一审独任审判员：朱晓瑾

【基本案情】

原告某医疗器械公司诉称：2020 年 9 月初，被告某网讯公司经营的视频网站发布一个名为“热玛吉打假来了”的侵权视频。侵权视频内容公开蔑称原告

* 朱晓瑾——广州互联网法院综合审判一庭法官；宁沁宜——广州互联网法院综合审判一庭审判辅助人员。

公司的公众号为高仿号，并宣称是以假乱真，在未经调查的情况下披露了原告的公司信息。原告发现后，先后两次向被告发起投诉，并提交了原告的营业执照等身份信息和侵权截图，但被告均以未发现侵权内容为由，拒不删除。被告本身没有认定产品真伪的权利，在没有对视频的内容做任何调查和核实的情况下，就认同视频内容，进而作出不存在侵权内容的认定，显然是没有任何依据的。在原告进行了两次投诉，甚至明示其行为需要承担法律后果的情况下，被告仍然不予断开侵权链接，因此对于侵权导致的扩大后果，应该承担侵权责任。为维护原告的合法权益，原告特诉至法院要求判令某网讯公司赔礼道歉、赔偿损失 50000 元并披露视频发布者信息。

被告某网讯公司辩称：涉案视频内容与客观事实相符，不存在侮辱、诽谤等侵犯原告名誉权的行为，视频讲述者发表的观点并未超出其个人的合理认知，案涉视频内容不构成侵权。被告积极履行了网络平台相关法律义务，主观上并不存在过错，客观上也没有单独或共同实施侵权行为，请求法院驳回原告的全部诉讼请求。

法院查明：2020 年 8 月 16 日，某网讯公司运营的视频网站发布有标题为“热玛吉打假来了”的视频，视频中主播开篇称分享“非常有干货的小科普，热玛吉很难分辨真伪，高仿号仿得特别真，今天来看一下高仿号是如何以假乱真”。视频内容主要包括以下几个方面：（1）①浏览公众号“×××生物科技”并介绍。主播称公众号“整体设计非常官方”，分析经营范围时强调其中一条是“医疗用品及器材零售不含药品及医疗器械，所以他是不能经营医疗器械的，很显然我们这个热玛吉机器，他就是医疗器械”。②查看公众号文章《【科技抗衰】5 代热玛吉，科技加持，一次说清所有您关心的问题》，称“这个介绍像广告科普文一样，这个也不能证明他有多么权威对吧，因为任何人都可以写这么一篇软文出来”。③浏览公众号底部，点击官方网站，视频用户称“进去之后很有那种很正规的感觉，那种范啊、色调啊、视觉感都是非常有范的，一会可以对照正版的公众号，他仿得多么严谨，而且非常认真”。查看商标 SOLTA MEDICAL，下方文字指出某医疗器械公司享有商标及外观技术专利，主播提醒“注意英文字母都是大写，我可以自己设计一个机器，然后说有他的专利，这是完全 ok 的，这不能证明他怎么样”。④浏览公众号产品验证入口，是一个紫色版面验证页面，称“查询专业机构要输入认证编号”。⑤浏览公众号文章“（公告）整治乱象——第五代热玛吉的声明”，主播讲述“声明中称其系中国第五代唯一的一个代理商，关键底下还有价格，明码标价，而且他说未经过 CFDA 认证，我们知道两年前 CFDA 就已经改名字了，一会我们去看一下，他改名之后我们官网查医疗器械那个网站是什么”。（2）进入国家药品监督管理局官网查询进口医疗器械 THERMAGE。查询结果显示射频治疗仪 CPT 是索尔塔医疗公司（Solta Medical，Inc.）生产的，主播提醒称“注意看他的英文名字，是有分大小写的，代理人是博士伦上海公司，与某医疗器械公司一点关系没有，博士伦公司独家代理的，是第三类医疗器械”。（3）微信公众号“Thermage Beauty”的介绍。视频主播称“这就是官方的，他这个官网设计得就非常简约啊”“他这个介绍非常简单，没有那么强的广告味道，简约大气”。查看公众号内的声明，主播介绍称“Thermage Beauty 是唯一的官方认可平台，是博士伦公司代理的，其他使用什么索尔塔、索塔医疗的全是仿冒”。该视频主播又再次打开药品监督管理局网，强调“在该网站搜索 Solta 就会出现视频治疗仪，是经过认证的，是博士伦公司代理的，都可以查到的，跟某医疗器械公司，真的没有一毛钱的关系”。

某医疗器械公司分别于 2020 年 9 月 15 日、9 月 19 日，就案涉视频向某网讯公司举报，并提供举报人的工商登记信息以及商标证书等权属证明，视频审核人员均回复“经审核，您所举报的内容暂未发现异常……”

某网讯公司提交了某医疗器械公司的工商登记信息、官方网站、商标注册情况等主体信息以及 Solta Medical，Inc. 官方网站、“热玛吉”注册商标等权属信息，可证明射频治疗仪 Thermage 系进口医疗器械产品，注册人系索尔塔医疗公司，该公司在中国注册有“SOLTA MEDICAL”“THERMAGE”“索塔”等商标；香港国际仲裁中心出具的《行政专家组裁决 案件编号：DCN－2000974》认为某医疗器械公司是在对索尔塔医疗公司的“Solta Medical”商标和“soltamedical”商号十分熟悉的情况下恶意注册争议域名，裁决将争议域名 soltamedical. cn 转移给投诉人即索尔塔医疗公司；以及某医疗器械公司申请注册的美容射频仪（Solta）申请外观设计专利、商标 SOLTA MEDICAL 被宣告无效等。

【裁判结果】

广州互联网法院于 2021 年 7 月 27 日作出（2021）粤 0192 民初 11324 号判决：驳回原告某医疗器械有限公司的全部诉讼请求。该判决已经发生法律效力。

【裁判理由】

法院生效判决认为：本案争议焦点为：一、案涉视频内容是否侵害原告名誉权；二、某网讯公司对某医疗器械公司发起的侵权通知是否要承担删除的义务。

一、案涉视频内容是否侵害原告名誉权

公民、法人的言辞表达可区分为事实表达和意见表达。意见表达是对事物表达自己的见解或立场，属于主观的价值判断，包括赞同和非议，价值判断会因个体的学识水平、情感好恶、道德水准等因素呈现不同的表现状态，无所谓真假；意见表达若超过合理评价原则，以贬损他人为目的进行恶意评论，则构成侵害名誉行为。事实陈述是对已发生或正发生的事实的介绍，陈述的事实必须为真实或经过合理查证；如果其不遵循客观真实，则构成诋毁、诽谤的侵害名誉权行为。

案涉视频内容涉及事实表达部分，遵循了客观真实，不构成对某医疗器械公司的侵权。案涉视频中所涉“高仿号”“打假”等意见表达具有贬损性质，考究相关贬损言论是否超过合理评价原则构成侵权，要结合评论的事项、评论是否有依据、评论者的主观状态去判断。

首先，评论的事物与公众利益有关。案涉视频评论的产品系现实生活中比较热门的医美产品“热玛吉”，与消费者权益保护有关，应当接受社会的合理评论。

其次，评论所根据的事实有一定的依据。从整个视频内容来看，视频主播基于某医疗器械公司运营的微信公众号“×××生物科技”与“Thermage Beauty”微信公众号的对比介绍，以及国家药品监督管理局官网查询进口医疗器械热玛吉 Thermage 结果，陈述某医疗器械公司对热玛吉“Thermage”“Solta Medical”不享有权利，从而认为某医疗器械公司经营的微信公众号是“高仿号”，宣传的产品“第五代热玛吉”是“仿冒”产品，是基于客观事实作出的评价。且某网讯公司在诉讼过程中向法院提交了视频内所述的“SOLTA MEDICAL”“THERMAGE”商标等权属证据，以及相关公众号的对比表亦可以佐证视频的相关内容。因此，视频内容并不存在捏造、歪曲事实。

最后，评论不具有主观恶意。某医疗器械公司称其宣传的产品系“热码吉”，与视频中所称的“热玛吉”并非同一产品，视频主播有混淆的主观恶意。本案中，案涉视频主播是通过微信搜索“Solta”而进入的微信公众号“×××生物科技”，该公众号介绍某医疗器械公司享有“SOLTA MEDICAL”商标及外观技术专利，内容存在“热玛吉”和“热码吉”混用的情形，如简介“热码吉（热玛吉）中国官方账号”，“【科技抗衰】5 代热玛吉”等。而根据国家药品监督管理局官网查询结果，热玛吉 Thermage 是索尔塔医疗公司生产的。香港国际仲裁中心出具的《行政专家组裁决 案件编号：DCN－2000974》，以及于国家知识产权局对商标“SOLTA MEDICAL”无效的公告，亦可以佐证某医疗器械公司对“Solta Medical”“soltamedical”“SOLTA MEDICAL”均不享有合法权益。某医疗器械公司自身在微信公众号“×××生物科技”存在混淆使用“SOLTA MEDICAL”“热码吉”“热玛吉”的客观情形，视频主播作为一名消费者，在认知可能被混淆的情况下，基于对“热玛吉”的认知而作出其个人评价，并不存在主观恶意。

综上，法院认定，视频主播作为消费者，享有对经营者和商品进行舆论监督的权利，案涉视频中的相关意见表达系主播基于对“热玛吉”产品的客观了解而作出的个人价值判断，具有一定的事实依据，未超出合理评论的范围，行为不具有违法性。鉴此，某医疗器械公司主张案涉视频内容侵犯其公司名誉权，法院未予支持。

二、某网讯公司对某医疗器械公司发起的侵权通知是否要承担删除的义务

某医疗器械公司主张某网讯公司在收到其发送的侵权通知后，应立即采取删除措施，否则应对损失的扩大部分承担侵权责任。《民法典》第 1195 条第 2 款规定，网络服务提供者接到通知后，应当及时将该通知转送相关网络用户，并根据构成侵权的初步证据和服务类型采取必要措施；未及时采取必要措施的，对损害的扩大部分与该网络用户承担连带责任。本院认为，网络服务提供者是否对用户的行为承担侵权责任需要看其是否构成间接侵权，而成立间接侵权的前提条件是被投诉的网络用户存在应该由其承担责任的侵权行为。换言之，在认定用户行为构成侵权的基础上，才需判断网络服务提供者是否具有“应知或明知”的主观故意，是否履行了“通知—删除”义务。本院已认定案涉视频内容不构成侵犯某医疗器械公司的名誉权，某医疗器械公司的投诉事后可以证明并不成立。鉴此，某网讯公司对投诉没有及时采取措施亦不承担侵权责任，某医疗器械公司要求某网讯公司赔礼道歉、赔偿损失的诉请，无事实和法律依据，本院依法予以驳回。

【案例注解】

《民法典》第 1195 条规定了网络侵权制度中的“通知—删除”规则，其中“转通知”的规定是在《侵权责任法》第 36 条第 2 款的基础上吸收了《电子商务法》第 42 条的规定。本条规定自《侵权责任法》第 36 条实施以来，存在两种解读，一种解读是认为网络服务提供者在接到侵权通知之后的转通知、采取必要措施是一种可以被独立诉请的强制性义务，如果不转通知、未采取措施就应承担责任；另一种解读是认为转通知、采取必要措施只是对网络服务提供者的一种提示性、注意性的规定，对网络服务提供者规则仍需坚持“明知或应知”的过错责任原则。本案原告某医疗器械公司主张被告某网讯公司在收到侵权通知后置之不理，即应按照《民法典》第 1195 条规定承担相应的侵权责任，正是第一种解读的体现。如何解读网络侵权制度中的“通知—删除”规则，本文将一一探讨。

一、强制性义务的错误解读

对“通知—删除”规则进行厘清，有必要追溯该规则的历史沿革。“通知—

删除”规则源自美国在1988年出台的《千禧年数字版权法案》DMCA，规定网络服务提供者收到著作权人的侵权通知后，迅速移除侵权内容即可免责。2000年我国《最高人民法院关于审理涉及计算机网络著作权纠纷案件适用法律若干问题的解释》（已失效）首次引入“通知—删除”规则后，2006年制定的《信息网络传播权保护条例》、2009年制定的《侵权责任法》、2018年制定的《电子商务法》以及相关司法解释中均有所规定。

经过梳理可以发现，“通知—删除”规则大部分规定于版权侵权领域。版权侵权的判断较为直观，平台往往通过权利人提交的版权权属证明、权利人的身份信息，要求删除或者断开链接的侵权作品的名称和网络地址，在侵权人未提交反通知时即可以初步判断是否应采取必要措施。但是，对于其他网络侵权，尤其是名誉权，因涉及言论自由以及复杂的人格权益，不容易判断。本案中视频主播评论原告某医疗器械公司的微信公众号为“高仿号”，热玛吉产品“以假乱真”，法院尚且要对事实陈述与意见表达进行区分判断，从诽谤的本质出发，围绕言论是基于主播自身认知作出还是无中生有，考究行为人是否存在故意捏造虚假事实或引用虚假事实不当评论的主观故意，进行分析方能认定侵权与否。作为网络服务提供者的平台，其并不具备专业的法律素养，且不应苛责其有这种判断能力。

此外，权利人向平台发出通知，投诉网络用户实施了侵权行为，但这种投诉未必都是真实的、客观的。本案原告向被告的投诉材料中提交了注册商标证书，用以证明其对案涉商品享有权利，但经过审理查明，该商标证书具有伪造国家机关公文证件的嫌疑，本院据此亦将相应案件线索移交公安机关。因此，对平台适用“通知—删除”规则，其实对平台提出了巨大挑战。如果将该“通知—删除”规则解读成平台的强制性义务，容易产生误伤其他用户的可能，可能妨碍正常的网络监督，危及言论自由。从避免不当侵害其他网络用户合法权益的角度出发，“通知—删除”规则不能解释为网络服务提供者的一种独立的强制性义务。

二、注意性规定的体系解读

（一）以“明知或应知”的过错责任原则为核心

在侵权法的理论构造和制度框架上，我国一直以过错归责为主导性原则，辅之以法定情形下的过错推定以及无过错责任，网络侵权也不能例外。无论网络用户还是网络服务提供者利用网络实施的侵害他人的民事权益的侵权行为都是一般侵权行为，使用的是过错责任原则。[1]将《民法典》第1195条规定的

1 程啸著：《侵权责任法》（第三版），法律出版社2021年版，第497页。

"通知—删除"规则解读为一种独立的可以被诉请的强制性义务，实质是错误地将该条款解读为无过错归责原则。产生这种错误，其中一个重要原因是对网络侵权条款予以割裂，并没有对其进行体系化解释。《民法典》第1194—1197条系关于网络侵权制度的规定，其中第1197条规定："网络服务提供者知道或者应当知道网络用户利用其网络服务侵害他人民事权益，未采取必要措施的，与该网络用户承担连带责任。"根据该条规定：

第一，网络服务提供者承担连带责任的前提是网络用户利用网络服务实施了侵权行为。如果网络用户的行为不被认定为侵权行为，无须承担侵权责任，自然也不发生网络服务提供者与网络用户承担连带责任的可能。因此，即使网络服务提供者对相关侵权投诉置之不理，也并不意味着网络服务提供者必然会承担帮助侵权的责任。

第二，网络服务提供者与网络用户承担连带责任的主观构成要件为"知道或者应当知道"，采用的是过错责任。如果权利人有证据证明网络服务提供者知道或者应当知道网络用户利用其提供的网络服务侵害其民事权益，而没有采取必要措施，那么其可以直接依据《民法典》第1197条规定要求网络服务提供者与实施侵权行为的网络用户承担连带责任，无须依据《民法典》第1195条规定向网络服务提供者发出通知。关于网络服务提供者"知道或者应当知道"的情形，《最高人民法院关于审理利用信息网络侵害人身权益民事纠纷案件适用法律若干问题的规定》第6条以六项列举、一项兜底的方式作出了规定，从侵权类型、侵权明显程度、网络服务提供者的管理能力、是否进行过人工或自动方式的处理、是否采取预防措施等因素综合考虑。

第三，《民法典》第1195条可以在权利人无法证明网络服务提供者"知道或应当知道"时，予以适用并发挥作用。[2]"知道或者应当知道"是一种主观状态，如何证明行为人的主观状态，尚需裁判者在个案中具体把握，寻找促进网络行业健康发展与保护权利人合法权益之间合适的平衡点，保持司法行为在能动和谦抑之间达到平衡。对于权利人而言，证明网络服务提供者"知道或者应当知道"往往较为困难，此时，"通知—删除"规则可以作为评价网络服务提供者是否存在过错的参考因素，如果权利人发送的合格通知到达网络服务提供者时，则视为网络服务提供者知晓了存在通知中所指出的侵权事实，网络服务提供者有义务采取必要措施，未采取必要措施的，属于知道而未采取必要措施的情形。当然，权利人发出的通知必须是"合格"的，通知应当包括构成侵权的初步证据及权利人的真实身份信息，其中侵权的初步证据包括能够足以准确定

2　王利明主编：《中华人民共和国侵权责任法释义》，中国法制出版社2010年版，第161页。

位侵权内容的相关信息以及要求删除相关信息的理由。

（二）“通知—删除”规则下的责任限制

“通知—删除”规则下的责任限制体现在，如果网络服务提供者在收到权利人的通知之后未及时采取必要措施，或者采取的措施不合理，造成损害结果扩大，则网络服务提供者只对因此造成的损害的扩大部分与实施直接侵权行为的网络用户承担连带责任。网络服务提供者所承担的这种连带责任是间接侵权责任、中间责任，并不承担直接侵权责任。之所以作出这种责任限制，主要考虑：网络服务提供者主要提供的是一种平台或者通道服务，它对于信息的传送、信息的内容以及信息的接收通常并不进行主动组织、筛选和审查；此外，对于海量的网络信息而言，主动筛选和审查也超出了网络服务提供者的能力范围。为了保障网络服务提供者能够正常开展平台或者通道服务，免遭莫名其妙的纠纷困扰和不可预见的责任风险，保障网络整体的顺利运营，为其设置“避风港”和责任限制是必要的、合理的。

基于以上分析，《民法典》第1197条规定的网络服务提供者过错责任原则应成为网络侵权的核心条款，第1195条“通知—删除”规则应该在过错责任原则下，处理网络服务提供者是否明知用户侵权，从而是否承担连带责任的问题。当权利人向网络服务提供者发出网络用户存在侵权行为之通知的时候，依《民法典》第1195条第2款的规定，“网络服务提供者接到通知后，应当及时将该通知转送相关网络用户，并……采取必要措施……”这里的“应当”不能被解释为一种可以被独立诉请的强制性义务，而只是一种提示性的、注意性的规定。[3]本案在认定视频主播不构成侵权，相关投诉被证明并未成立时，进而认为某网讯公司并不需要对投诉未转通知以及采取必要措施而承担责任，遵循了过错责任下连带责任认定的基本逻辑。

【相关法条】

《中华人民共和国民法典》第110条、第1024条、第1025条、第1195条。

---

3 薛军：《民法典网络侵权条款研究：以法解释论框架的重构为中心》，载《比较法研究》2020年第4期。

谢某诉何某甲、谭某等劳动争议纠纷案

——无偿转让股权并恶意注销公司后责任承担的认定

张法能　郑素梅*

【裁判要旨】

本再审案件的审理有着积极的司法现实意义，具有较强的参考价值和典型意义。

公司股东以无偿转让的方式向他人转让股权，并由他人成为公司的唯一股东后立即启动清算程序，以虚假的清算报告并申请注销公司，在股权转让双方均知道公司有未决诉讼且未如实告知受诉法院的情况下，应认定双方属恶意串通以损害公司债权人的利益，该股权转让行为无效，双方应共同向公司债权人承担相应的赔偿责任。

再审审理期间，被依法通知参加诉讼的原告拒不到庭参加诉讼，如原告有违反法律的行为需要依法处理的，法院应不按原告撤诉处理。

【关键词】股权转让　注销公司　责任承担

【案件索引】

原审：广州市海珠区人民法院（2019）粤 0105 民初 7444 号（2019 年 8 月 30 日）

一审：广州市海珠区人民法院（2020）粤 0105 民再 1 号（2021 年 1 月 12 日）

二审：广州市中级人民法院（2021）粤 01 民终 11572 号（2021 年 6 月 25 日）

---

* 张法能——广州市海珠区人民法院立案庭一级法官；郑素梅——广州市海珠区人民法院民事庭副庭长，一级法官。

原审合议庭成员：朱志伟、何正珍、胡广萍
一审合议庭成员：邓玉林、郑素梅、张法能
二审合议庭成员：姚伟华、何慧斯、魏　巍

【基本案情】

原审原告广州市玉某印刷有限公司（以下简称玉某公司）诉称：何某甲于2018年4月1日入职玉某公司，担任机长，双方没有签订劳动合同，并于2018年12月11日离职。何某甲入职时，玉某公司已与其签订了一份入职表，但由于何某甲试用期满后，一直借故拖延，才导致双方没有签订劳动合同，故诉请玉某公司无需支付何某甲双倍工资47950.2元。

原审被告何某甲辩称：由于玉某公司一直不与其签订劳动合同，故不同意该公司的诉讼请求。

法院经审理查明，何某甲于2018年4月1日入职玉某公司处工作，担任机长，双方没有签订劳动合同，何某甲于12月13日离职。何某甲于2018年12月14日向广州市海珠区劳动人事争议仲裁委员会申请劳动仲裁，要求玉某公司支付其在2018年4月1日至12月11日期间未订立书面劳动合同的二倍工资63000元。之后，仲裁委作出裁决，玉某公司应一次性加倍支付何某甲2018年5月1日至12月11日未订立书面劳动合同的工资47950.2元。2019年3月4日，玉某公司因不服上述裁决向法院提起诉讼。

2019年8月30日，法院作出（2019）粤0105民初7444号民事判决：玉某公司向何某甲加倍支付2018年5月1日至12月11日未订立书面劳动合同的工资47950.2元。

判决生效后，因发现玉某公司在判决作出前已注销工商登记，法院于2020年1月19日作出裁定，再审该案。

再审期间，法院依法通知玉某公司的股东谢某作为原告参加诉讼。同时依据何某甲的申请，依法追加该公司的原股东谭某、何某乙、付某、魏某等人作为第三人参加诉讼。

庭审当中，除被告何某甲及第三人谭某外，其余诉讼参加人并未到庭参加诉讼。

法院经再审查明：2015年11月，广州市海珠区某彩彩印厂经核准改制为玉某公司，法定代表人为谭某，股东为谭某、何某乙、付某、魏某，章程约定认缴资本和实收资本均为1530000元，其中谭某出资153000元，何某乙出资765000元，付某、魏某各出资306000元。

2019年3月13日，玉某公司召开股东会，出席会议的股东为谭某、何某乙、付某、魏某，决议事项如下：（1）同意免去谭某法定代表人、执行董事、经理的职务，选举谢某为法定代表人、执行董事、经理，任期三年；（2）同意旧章程作废，启用新章程。新章程约定各股东出资时间为 2037 年 1 月 1 日，出资数额不变。同日，玉某公司经核准法定代表人由谭某变更为谢某。

2019 年 5 月 17 日，玉某公司再次召开股东会，出席会议的股东为谭某、何某乙、付某、魏某、谢某，决议事项如下：（1）同意谭某、何某乙、付某、魏某分别将原出资 153000 元、765000 元、306000 元、306000 元以 0 元转让给谢某，转让后，谢某占股 1530000 元；（2）同意免去付某监事的职务，选举谭某为监事，任期三年，同意公司类型变更为有限责任公司（自然人独资）。同日，谭某、何某乙、付某、魏某与谢某签订《股东转让出资合同书》，约定谭某、何某乙、付某、魏某将各自原出资以 0 元转让给谢某，并载明公司债权债务已核算清楚，无隐瞒，从该日起谢某为公司的股东。同日，章程约定谢某出资数额 1530000 元，出资时间为 2065 年 1 月 1 日。

2019 年 5 月 20 日，玉某公司经核准股东变更为谢某，企业类型变更为有限责任公司（自然人独资）。

2019 年 6 月 4 日，谭某代表玉某公司到庭参加原审诉讼，但未将公司变更情况告知法院。

2019 年 6 月 28 日，玉某公司以决议解散为由成立清算组，清算组成员及负责人为谢某，并发出债权申报公告，要求公司债权人自公告之日起至 2019 年 8 月 12 日止向清算组申报债权。

2019 年 8 月 13 日，玉某公司作出清算报告，记载对公司的资产、负债已清算完毕，具体情况如下：……公司债权债务已经处理完毕；公司职工工资、社会保险费用、法定补偿金等已支付完毕；公司债务清偿后剩余财产按股东出资比例返还给股东。同日，玉某公司作出股东决定：（1）公司已清算完毕，同意注销公司；（2）确认清算报告真实有效，无争议；（3）公司债务已清偿完毕，若有未了事宜，股东愿意在法律规定的范围内继续承担责任。上述清算报告及股东决定均由谢某作为股东签名。同日，玉某公司经核准注销。谢某、谭某等人未将公司注销事宜告知法院。

再审中，何某甲表示谭某、何某乙、付某、魏某、谢某等人通过恶意起诉、变更公司法定代表人、注销公司等恶劣手段进行恶意诉讼和规避执行，要求谭某、何某乙、付某、魏某、谢某对玉某公司的债务承担连带清偿责任。谭某表示其与何某乙、付某、魏某均知道存在原审诉讼，并已将该情况在股权转让之前告知谢某。谢某、何某乙则表示其两人是同乡关系，谢某受让股权时应该知道存在原审诉讼。

【裁判结果】

广州市海珠区人民法院于 2021 年 1 月 12 日作出（2020）粤 0105 民再 1 号民事判决，认为玉某公司的原股东谭某等人与谢某之间在明知有未决诉讼的情况下作出的股权转让行为应属无效，该公司的债务应由谭某与谢某等人共同承担，判决：撤销（2019）粤 0105 民初 7444 号民事判决；原告谢某、第三人谭某、何某乙、付某、魏某应共同向何某甲加倍支付 2018 年 5 月 1 日至 12 月 11 日未订立书面劳动合同的工资 47950.2 元。宣判后，谢某、谭某、何某乙、付某、魏某等人提出上诉，广州市中级人民法院于 2021 年 6 月 25 日作出（2021）粤 01 民终 11572 号民事判决驳回上诉，维持原判。

【裁判理由】

法院生效裁判认为：因玉某公司没有与何某甲订立书面劳动合同，玉某公司应加倍支付何某甲 2018 年 5 月 1 日至 12 月 11 日未订立书面劳动合同的工资 47950.2 元。另因玉某公司在 2019 年 3 月 4 日提起原审诉讼后，即于 2019 年 3 月 13 日召开股东会决议免去谭某法定代表人、执行董事、经理的职务，选举由谢某担任该职务，并修改公司章程。2019 年 5 月 17 日谭某、何某乙、付某、魏某进一步将各自持有的全部股权无偿转让给谢某，即玉某公司转由谢某一人控股。谭某、何某乙、付某、魏某、谢某在明知玉某公司存在涉案债务未清偿且已进入民事诉讼的情况下，仍然无偿转让股权，并在谢某成为公司的唯一股东之后，随即启动清算程序，并作出无债务的虚假清算报告申请注销玉某公司，导致玉某公司在原审判决作出前被注销。由此可见，双方之间的股权转让行为实质上是谭某、何某乙、付某、魏某故意安排由谢某以唯一股东的身份进行清算并注销公司，明显具有主观恶意，属恶意串通，且损害何某甲作为债权人的利益，当属无效。双方应共同承担恶意注销玉某公司的法律责任。谢某作为原告虽经法院传票传唤未到庭参加诉讼，但因其有违反法律的行为需要处理，故案件不按撤诉处理。

【案例注解】

本案系劳动争议纠纷案件，玉某公司因不服仲裁裁决向法院提起诉讼，但在原审诉讼当中玉某公司经过法定代表人变更、股权转让、公司清算、公司注销等一系列手续且未如实告知法院的情况下，最终在原审判决作出前完成公司注销，导致原审判决错误被裁定再审。本案对是否需要加倍支付未订立劳动合同的工资及数额问题本无争议，但本案的特殊性在于股东系在无偿转让股权之后再恶意注销公司，属于新类型逃避债务的手法，审理难点在于如何认定股东的债务责任承担。因此，本案在再审期间亟待解决以下几点问题：(1) 如何列明诉讼主体；(2) 如何认定股权转让的效力；(3) 如何认定债务责任的承担；(4) 劳动争议案件中能否直接适用公司法的有关规定追究股东的责任；(5) 原告不到庭应诉如何处理。

一、关于如何列明诉讼主体的问题

因用人单位玉某公司已经注销工商登记，则再审案件的原告主体应如何列明，主要产生了以下两种观点：

第一种观点认为，虽然谭某、何某乙、付某、魏某在玉某公司注销登记前已将股权转让给了谢某，谢某成为该公司的唯一股东，但谭某等人作为该公司的原股东，理应与谢某一起作为原告参加诉讼，以便查清案件的事实并厘定各方的责任承担，故应将谭某、何某乙、付某、魏某与谢某共同列为再审案件的原告主体参加诉讼。

第二种观点认为，由于谭某等人作为玉某公司的原股东已将股权全部转让给谢某，谢某在公司注销登记前是唯一股东，故再审案件只需将谢某列为原告主体，无须将谭某等人一并列为原告主体参加诉讼，否则缺乏依据。

《最高人民法院关于适用〈中华人民共和国民事诉讼法〉的解释》第64条规定："企业法人解散的，依法清算并注销前，以该企业法人为当事人；未依法清算即被注销的，以该企业法人的股东、发起人或者出资人为当事人。"谢某作为玉某公司注销登记前的唯一股东，将其列为原告主体参加诉讼并无争议，但对于应否将玉某公司的原股东谭某等人列为诉讼主体参加诉讼，应综合全案事实加以考虑。结合谭某等人与谢某在原审诉讼当中转让股权的时间节点以及转让对价，由于双方是以0元价格转让股权，股权转让后随即启动公司清算及注销程序，最终注销了公司登记，故双方之间是否存在恶意串通逃避债务的行为，通知谭某等人参加诉讼有利于案件事实的查明。至于谭某等人作为何种诉讼主体参加诉讼的问题，2017年的《民事诉讼法》第56条第2款规定："对当事人双方的诉讼标的，第三人虽然没有独立请求权，但案件处理结果同他有法律上的利害关系的，可以申请参加诉讼，或者由人民法院通知他参加诉讼。人民法院判决承担民事责任的第三人，有当事人的诉讼权利义务。"[1]虽然谭某等人已将公司股权转让给谢某，但谭某等人是否应对公司的债务承担清偿责任，应经过实体审理才能确定，故案件的处理结果与谭某等人具有法律上的利害关系，

1　对应2021年修正的《民事诉讼法》第59条第2款。

即使最终判决谭某等人承担民事责任，其也享有当事人的诉讼权利义务，故再审案件应将谭某等人列为第三人参加诉讼，不宜将其列为共同原告参加诉讼，否则缺乏法律依据。

二、关于如何认定股权转让效力的问题

在原审诉讼当中，谭某等人将其持有的公司股权无偿转让给了谢某，对双方股权转让行为性质的认定决定了股权转让的效力。笔者认为双方之间的股权转让行为属于恶意串通损害公司债权人利益，应认定为无效，理由分析如下：

结合案件查明的事实，原审诉讼是由谭某当初作为玉某公司的法定代表人提起，但在立案审理后不久，玉某公司即召开股东会决议免去谭某法定代表人、执行董事、经理的职务，并选举由谢某担任该职务。此时，新的法定代表人谢某知道或应当知道玉某公司存在原审未决诉讼。之后，玉某公司的股东谭某、何某乙、付某、魏某更进一步将其各自持有的全部股权无偿转让给法定代表人谢某，即该公司转由谢某一人控股。转让过程中，在双方均明知公司存在未决诉讼的情况下，股东谭某等人仍然将其所持有的全部股权无偿转让给谢某，在谢某成为公司的唯一股东之后，随即启动清算程序，并以虚假的清算报告申请注销公司，导致公司在原审判决作出前被注销。由此可见，双方之间的股权转让行为实质上是股东谭某等人故意安排由谢某以唯一股东的身份进行清算并注销公司，虽然表面上是谢某的个人行为，但其代表的是原股东谭某等人的真实意图，目的在于逃避履行清算义务，双方在交易当中明显存在主观恶意。

从另一方面看，虽然玉某公司的注册资本为153万元，但原股东谭某等人各自的出资都是认缴出资，出资期限均在2037年1月1日。虽然谭某等人的出资尚未届满缴纳期限，但《最高人民法院关于适用〈中华人民共和国公司法〉若干问题的规定（二）》（以下简称《公司法若干规定（二）》）第22条第1款规定：“公司解散时，股东尚未缴纳的出资均应作为清算财产。股东尚未缴纳的出资，包括到期应缴未缴的出资，以及依照公司法第二十六条和第八十条的规定分期缴纳尚未届满缴纳期限的出资。”在公司因解散而进入清算程序时，股东所认缴的出资均应加速到期，并作为清算财产。据此，原股东谭某等人在公司解散之前故意将全部股权无偿转让给谢某，目的也是脱离股东身份从而逃避履行出资与清算义务。

综合分析，谭某等人与谢某之间以股权转让的方式恶意逃避履行出资与清算义务，严重损害了公司债权人的利益。《合同法》第52条第2项规定，恶意串通，损害国家、集体或者第三人利益的合同无效。[2]《民法总则》第 154 条规定："行为人与相对人恶意串通，损害他人合法权益的民事法律行为无效。"[3]因此，双方之间的股权转让合同应属无效，且据此所作出的股东会决议亦由于违反法律规定而无效。虽然双方之间已就股权转让事宜完成股东名册记载，但由于双方之间的交易行为自始无效，故谢某并不能取得公司的股权，谭某等人仍应属于公司的股东。

三、关于如何认定债务责任承担的问题

由于玉某公司的股东以虚假清算报告恶意注销了公司的工商登记，本案需要以公司清算不当为由追究清算义务人的责任，那么如何确定清算义务人的范围是认定债务责任承担的重点。

《民法总则》第 70 条规定："法人解散的，除合并或者分立的情形外，清算义务人应当及时组成清算组进行清算。法人的董事、理事等执行机构或者决策机构的成员为清算义务人。法律、行政法规另有规定的，依照其规定。"[4]《公司法》第 183 条规定："公司因本法第一百八十条第（一）项、第（二）项、第（四）项、第（五）项规定而解散的，应当在解散事由出现之日起十五日内成立清算组，开始清算。有限责任公司的清算组由股东组成，股份有限公司的清算组由董事或者股东大会确定的人员组成。"《公司法若干规定（二）》第 18 条规定："有限责任公司的股东、股份有限公司的董事和控股股东未在法定期限内成立清算组开始清算，导致公司财产贬值、流失、毁损或者灭失，债权人主张其在造成损失范围内对公司债务承担赔偿责任的，人民法院应依法予以支持。有限责任公司的股东、股份有限公司的董事和控股股东因怠于履行义务，导致公司主要财产、账册、重要文件等灭失，无法进行清算，债权人主张其对公司债务承担连带清偿责任的，人民法院应依法予以支持……"通过以上法律及司法解释规定可知，虽然《民法总则》与公司法对于清算义务人的规定存在一定的差别，但目前应按《公司法若干规定（二）》第 18 条规定来执行，即有限责任公司的清算义务人包括公司股东。[5]因此，基于第二点的分析，由于谭某等人与谢某之间以股权转让的方式恶意逃避履行出资与清算义务，双方之间的股权转让合同应认定无效，谢某并不能取得公司的股权，谭某等人仍应属于公司的股东，故玉某公司的清算义务人应认定为股东谭某、何某乙、付某、魏某等人。

2 对应《民法典》第 154 条。

3 对应《民法典》第 154 条。

4 对应《民法典》第 70 条。

5 最高人民法院民事审判第二庭编著：《全国法院民商事审判工作会议纪要的理解与适用》，人民法院出版社 2019 年版，第 166 页。

《公司法若干规定（二）》第19条规定：“有限责任公司的股东、股份有限公司的董事和控股股东，以及公司的实际控制人在公司解散后，恶意处置公司财产给债权人造成损失，或者未经依法清算，以虚假的清算报告骗取公司登记机关办理法人注销登记，债权人主张其对公司债务承担相应赔偿责任的，人民法院应依法予以支持。”由于原审诉讼是玉某公司作为用人单位不服仲裁裁决而衍生的诉讼，但玉某公司的股东在清算过程中却未书面通知已知的债权人申报债权，也未如实告知法院，故意隐瞒存在未决诉讼的事实，并以虚假的清算报告骗取工商部门办理公司注销登记，应由股东谭某、何某乙、付某、魏某承担因清算不当的赔偿责任。

至于谢某是否需要承担责任的问题。虽然谢某并未能取得涉案股权，但由于谢某在申请注销公司登记时承诺“若有未结事宜，愿意在法律规定范围内继续承担责任”，根据《公司法若干规定（二）》第20条第2款规定：“公司未经依法清算即办理注销登记，股东或者第三人在公司登记机关办理注销登记时承诺对公司债务承担责任，债权人主张其对公司债务承担相应民事责任的，人民法院应依法予以支持。”加上谢某在与谭某等人进行股权交易及清算程序当中亦存在主观恶意，故谢某在本案中理应承担相应的赔偿责任。

四、关于劳动争议案件中能否直接适用公司法的有关规定追究股东责任的问题

由于原审原告玉某公司已被注销公司登记，那么本劳动争议案件除了需要适用劳动合同法对当事人的诉求进行审理之外，还需要适用公司法的有关规定进行审理。然而，对于劳动争议案件中能否直接适用公司法的有关规定追究股东责任的问题，则产生了以下两种观点：

第一种观点认为，本劳动争议再审案件只是处理双方之间的劳动争议，在玉某公司被注销的情况下，应由劳动者通过另行诉讼的途径追究股东的清算责任，不应在劳动争议案件中以股东清算不当为由直接追究股东的清算责任。

第二种观点认为，虽然玉某公司已被注销，但双方争议的标的即工资报酬仍属于债务给付的范畴，在劳动争议案件当中直接适用《公司法》的有关规定确定相关责任人的债务承担，并不存在法律障碍，理应合并审理，这有利于一次性解决问题，符合诉讼经济的原则，同时也减少了劳动者的讼累。

笔者赞同第二种观点。《全国法院民商事审判工作会议纪要》第13条规定：“人民法院在审理公司人格否认纠纷案件时，应当根据不同情形确定当事人的诉讼地位：（1）债权人对债务人公司享有的债权已经由生效裁判确认，其另行提起公司人格否认诉讼，请求股东对公司债务承担连带责任的，列股东为被告，公司为第三人；（2）债权人对债务人公司享有的债权提起诉讼的同时，一并提起公司人格否认诉讼，请求股东对公司债务承担连带责任的，列公司和股东为

共同被告；（3）债权人对债务人公司享有的债权尚未经生效裁判确认，直接提起公司人格否认诉讼，请求公司股东对公司债务承担连带责任的，人民法院应当向债权人释明，告知其追加公司为共同被告。债权人拒绝追加的，人民法院应当裁定驳回起诉。”从民事诉讼法原理看，虽然债权人与公司之间的诉讼的争点是债权债务关系，而债权人与股东之间的诉讼的争点是公司人格是否应当被否认，表面看来这是两个案件，不符合《民事诉讼法》关于合并审理条件的规定，但实质上允许债权人以债权债务关系起诉公司，同时一并以公司人格否认为由起诉公司股东对公司债务承担连带责任，有利于方便原告诉讼，也有利于提高诉讼效率，体现司法为民。[6]因此，本案再审在处理劳动争议的基础上适用公司法的有关规定一并处理股东的清算责任并不存在法律障碍，而且有助于一次性解决双方之间的争点问题，符合诉讼经济原则，也是新时代“穿透式”审判思维的重要体现。

五、关于原告不到庭应诉如何处理的问题

2017 年《民事诉讼法》第 143 条规定：“原告经传票传唤，无正当理由拒不到庭的，或者未经法庭许可中途退庭的，可以按撤诉处理；被告反诉的，可以缺席判决。”[7]本案中，原告经传票传唤极有可能为了故意逃避债务而拒绝到庭应诉。为此，有观点认为，如原告不到庭应诉，再审案件应该按原告撤诉处理。

笔者并不赞同以上观点，因为按照《最高人民法院关于人民法院对经劳动争议仲裁裁决的纠纷准予撤诉或驳回起诉后劳动争议仲裁裁决从何时起生效的解释》第 1 条规定，当事人不服劳动争议仲裁裁决向人民法院起诉后又申请撤诉的，原仲裁裁决自人民法院裁定送达当事人之日起发生法律效力。如果再审案件因原告拒不到庭应诉按撤诉处理，则仲裁裁决在撤诉裁定送达时起生效，但这将面临一个困局，由于玉某公司早已被注销登记，在未依法确定具体的债务承受人的情况下，劳动者直接依据仲裁裁决申请执行并不符合执行立案条件，更谈不上在立案之后通过追加被执行人的方式解决。退一步而言，即便可以立案执行，由于《最高人民法院关于民事执行中变更、追加当事人若干问题的规定》并无关于“未经依法清算，以虚假的清算报告骗取公司登记机关办理法人注销登记，债权人主张其对公司债务承担相应赔偿责任的”法定追加事由，故在执行程序当中也无法追究原股东的清算责任。此时，如果指引劳动者为了追究相关责任人的清算责任而另行提起诉讼，徒增诉累，也可能增加劳动者不满

6　最高人民法院民事审判第二庭编著：《全国法院民商事审判工作会议纪要的理解与适用》，人民法院出版社 2019 年版，第 159 页。

7　对应 2021 年修正的《民事诉讼法》第 146 条。

情绪，而且也顺应了玉某公司的股东拖延或逃避债务的主观恶意。因此，再审案件如在原告方拒不到庭应诉的情况下，应按《最高人民法院关于适用〈中华人民共和国民事诉讼法〉的解释》第238条第1款“当事人申请撤诉或者依法可以按撤诉处理的案件，如果当事人有违反法律的行为需要依法处理的，人民法院可以不准许撤诉或者不按撤诉处理”的规定处理。由于原告存在恶意串通损害公司债权人利益等违反法律的行为，应不按撤诉处理，并进行缺席判决，这样才能真正打击股东恶意逃避债务的主观意图，维护劳动者的合法权益。

结语

综观全案查明的事实，玉某公司是在原股东无偿转让股权之后恶意注销公司以逃避债务的履行，是当前出现的恶意逃避债务的新型手法，通常情况下都是将公司股权转让给毫无出资能力或清偿能力的老年群体，并变更为唯一股东、法定代表人，以此借他人之名逃脱自身的债务责任，此种行为应该得到法律的严惩，本再审案件审理当中法院也依法对谢某与谭某等人作出司法罚款处理。如何避免诉讼当中公司被恶意注销的问题，值得我们进一步反思，笔者认为应从工商部门行政管理手段入手解决，由于公司注销与自然人死亡不同，公司注销只不过是法律拟制上的消亡，公司被注销只是人为的因素造成的，为了遏制恶意注销公司以逃避债务的情况发生，工商部门理应负有审慎审查义务，在股东申请注销公司登记时，理应严格审查其是否存在未决诉讼案件，如发现所报送的清算报告隐瞒重要事实或者有重大遗漏的应责令改正并进行处罚，以此优化市场营商环境。从审理角度而言，有地方法院通过向工商部门发函要求不予办理公司注销手续，以防止诉讼当中公司被恶意注销的情况发生，该举措值得借鉴。唯有如此，才能避免因恶意注销公司造成诉讼主体不当而出现的错误判决，进而维护公司债权人的合法利益，节省司法资源。

【相关法条】

《中华人民共和国合同法》第52条第2项；[8]

《中华人民共和国民法总则》第154条；[9]

《最高人民法院关于适用〈中华人民共和国公司法〉若干问题的规定（二）》第19条、第20条第2款；

《最高人民法院关于适用〈中华人民共和国民事诉讼法〉的解释》第238条第1款。

---

8 对应《民法典》第154条。

9 对应《民法典》第154条。

买卖制造虚假流量功能软件的合同是否有效？

——原告徐某诉被告广州天某公司买卖合同纠纷案

李　翀*

【裁判要旨】

互联网经济是诚信经济，其赖以存在的基石是真实活跃的用户和信息，双方进行自动评论、点赞功能软件的买卖进而从事流量造假等行为，显然违反了公序良俗及正当的竞争秩序，合同应属无效。

【关键词】 流量造假　公序良俗　合同无效

【案件索引】

一审：广东省广州市白云区人民法院（2021）粤0111民初1331号判决书（2021年2月25日）

一审独任审判员：李　翀

【基本案情】

2020年9月12日，徐某（甲方）与广州天某公司（乙方）签订《天网智能机器人合同框架协议》，约定总价5万元，购买100个智能机器人端口，赠送全网推广工具100个端口，甲方自行安装，乙方远程指导等。2020年9月12

* 李翀——广东省广州市白云区人民法院民二庭一级法官。

日、16日，徐某向广州天某公司转账共计5万元。

在徐某与广州天某公司法定代表人的微信聊天记录中，该法定代表人称，该系统可以用1台苹果手机登录20个抖音，然后疯狂给别人评论及在评论区点赞，做评中评，然后再把客户引流进来。

徐某称，该机器人端口的主要功能是自动为用户设置的特定抖音账户进行评论、点赞。合同履行过程是由徐某向广州天某公司提供苹果手机，由广州天某公司负责安装涉案的机器人软件，原告只是用了其中的10台，但是有9台都是无法运行的。广州天某公司至今尚未退款。

【裁判结果】

2021年2月25日广州市白云区人民法院作出一审判决：广州天某公司向徐某退还5万元。一审判决作出后，双方均未上诉。本案判决已经生效。

【裁判理由】

法院生效裁判认为：徐某与广州天某公司通过签订《天网智能机器人合同框架协议》进行智能机器人端口的交易，该智能机器人端口的功能是在抖音上给特定抖音账户进行自动的评论及自动的点赞，制造虚假流量。在移动互联网时代，注意力成为稀缺资源，互联网经济是诚信经济，其赖以存在的基石是真实活跃的用户和信息，流量造假无疑会破坏公平竞争的市场秩序。《网络信息内容生态治理规定》第24条规定，网络信息内容服务使用者和网络信息内容生产者、网络信息内容服务平台不得通过人工方式或者技术手段实施流量造假、流量劫持以及虚假注册账号、非法交易账号、操纵用户账号等行为，破坏网络生态秩序。因此，原、被告进行自动评论、点赞功能软件的买卖进而从事流量造假等行为，显然违反了公序良俗及正当的竞争秩序，故《天网智能机器人合同框架协议》无效，被告应向原告退还5万元款项。因该协议无效原、被告双方均有过错，故原告亦应承担相应的责任，故其要求被告赔偿其资金占用利息的诉讼请求，法院不予支持。

【案例注解】

在一个数字化、信息化的时代，社会对于“流量”这个词并不陌生，流量通常指在一定时间内打开网站地址的人气访问量，或者是手机移动数据。流量不仅仅是单纯的数据，还是反映一个网站关注度大小、一款互联网产品的用户多寡、一个作品创作是否受欢迎的重要指标。关注度越高、用户越多、越受欢迎，那么这个网站、产品、创作作品的价值也就越大，有了价值，广告、投资和付费也随之而来。在流量经济得到市场普遍认可的大背景下，为了追求流量利益，不择手段地争夺与留存用户注意力的流量造假行为屡见不鲜。

流量造假，是通过技术手段或人为的方式，不当制造虚假的流量数据从而谋取非法利益的行为。流量造假有很多种方式，比较常见的有以下几种：

第一，刷单。即卖家通过让他人假扮客人的方式在其网站上购物，从而提高网店的排名、销量及好评吸引真实的顾客从而增加销量。

第二，吸粉。即增加粉丝数量，但粉丝必须是真粉丝，如果是假粉丝，或机器人粉丝，则涉嫌流量造假。

第三，雇用网络水军制造虚假流量。网络水军通常活跃在各大电子商务、社交网络平台，通过伪装成普通网民或消费者，通过发布、回复和传播等行为制造虚假的阅读量、点赞量、转发量、评论量，制造数据的虚假繁荣。

第四，购买制造虚假流量的软件产品制造虚假流量，或者通过其他的技术手段制造不实的流量数据。本案中，原告就是通过向被告购买具有自动评论、点赞功能的智能机器人端口从而达到制造虚假流量的目的。

1. 流量造假的危害。

其一，流量造假行为破坏了公平竞争的市场秩序。互联网经济是诚信经济，如果流量造假成为部分从业者的思维惯性和常态做法，那么商业竞争的赛道也会偏移，使得同业竞争者的诚实劳动价值被减损，从比拼质量、服务、创意和价格，滑向比拼道德底线、黑产投入，造成网络市场“劣币驱逐良币”的不良后果，长此以往，必将危害整个行业的健康发展，损害广大网络用户的利益。

其二，流量造假行为违反了公序良俗。公序良俗包含公共秩序和善良风俗两个方面。《民法典》有多处关于公序良俗的规定。《民法典》第10条规定，处理民事纠纷不得违背公序良俗。《民法典》第143条规定，具备下列条件的民事法律行为有效：行为人具有相应的民事行为能力；意思表示真实；不违反法律、行政法规的强制性规定，不违背公序良俗。《民法典》第153条第2款还规定，违背公序良俗的民事法律行为无效，该规定是原来《合同法》第52条所没有的。公序良俗是对合同自由的限制，是意思自由不可逾越的边界；公序良俗是老百姓心中的那杆秤，是老百姓心中“善良标准”的体现；公序良俗协调的是个人利益和公共利益之间的冲突，民事法律行为一旦违背公序良俗的规定，就绝对无效。

流量造假行为破坏了公平竞争、诚信经营的市场秩序，欺骗、误导广大网络用户，违背了老百姓心中诚实守信的道德标准，严重的流量造假行为还可能触犯刑事法律。打击流量造假，建立风清气正的竞争环境，是全社会共同的呼声。

“流量造假”行为的危害如此大，近年来，国家采取多种措施严厉打击“流量造假”行为，同时出台了多种政策，如《网络信息内容生态治理规定》第24条规定，网络信息内容服务使用者和网络信息内容生产者、网络信息内容服务平台不得通过人工方式或者技术手段实施流量造假、流量劫持以及虚假注册账号、非法交易账号、操纵用户账号等行为，破坏网络生态秩序。而2022年3月1日起施行的《互联网信息服务算法推荐管理规定》第14条亦明确规定，算法推荐服务提供者不得利用算法虚假注册账号、非法交易账号、操纵用户账号或者虚假点赞、评论、转发，不得利用算法屏蔽信息、过度推荐、操纵榜单或者检索结果排序、控制热搜或者精选等干预信息呈现，实施影响网络舆论或者规避监督管理行为。

2. 本案当事人买卖进行自动评论、点赞功能的软件进而从事流量造假行为，该买卖合同无效。

《民法典》第143条规定了有效的民事法律行为需要具备三个要件，第一，行为人具有相应的民事行为能力；第二，意思表示真实；第三，不违反法律、行政法规的强制性规定，不违背公序良俗。本案中，徐某与广州天某公司均具有相应的民事行为能力，签订的合作框架协议亦是双方真实意思表示，但该民事法律行为显然不符合《民法典》第143条第3项的规定。首先，原告购买该智能机器人端口的目的是制造虚假流量从而进行流量造假行为，流量造假行为是国家明令禁止的。被告亦为了获利罔顾社会公共利益出售能制造虚假流量的物品，买卖双方签订合同的目的都是不合法的。其次，原告使用该机器人端口进而从事流量造假行为所产生的影响是极其恶劣的，双方的行为违反了公序良俗及损害了正当的竞争秩序，也违反了《网络信息内容生态治理规定》第24条的规定，故双方签订的合同无效，因该合同取得的财产应予以返还。

【相关法条】

《中华人民共和国民法典》第153条、第157条。

法谈法议

技术侦查证据庭外核实问题探析

王路真*

技术侦查措施[1]正式写入《刑事诉讼法》是在2012年。现行《刑事诉讼法》第154条规定："依照本节规定采取侦查措施收集的材料在刑事诉讼中可以作为证据使用。如果使用该证据可能危及有关人员的人身安全，或者可能产生其他严重后果的，应当采取不暴露有关人员身份、技术方法等保护措施，必要的时候，可以由审判人员在庭外对证据进行核实。"据此，对技术侦查证据材料的庭审调查和控辩质证，有三种模式可供选择：一为常规方式，即通过普通的刑事诉讼程序进行公开的调查审理；二是保护（技术处理）方式，即采取一定的保护性措施，对一些可能涉及侦查秘密的技术手段、方法、过程不予公开或作模糊化处理，但审查核实证据材料仍在法庭上；三为庭外核实。有学者担心技术侦查证据材料审查核实方式的可能蜕变为单一的庭外审查。[2]那么实践中庭外核实有没有成为技术侦查证据唯一的审查核实方式？技术侦查证据庭外核实的性质是怎样的？对技术侦查证据的庭外核实如何进行才符合刑事诉讼法的立法本义？下文围绕这些问题进行探讨。

* 王路真——吉林大学司法文明协同创新中心博士研究生、广东省高级人民法院四级高级法官。主要研究领域：刑事诉讼法、司法制度。

1 需要说明的是，本文所称的技术侦查采狭义上的技术侦查，即监控类技术侦查，不包括隐匿身份侦查和控制下交付措施。下文的技术侦查证据统指通过技术侦查和（监察机关）技术调查获得的证据。

2 参见董坤：《论技术侦查证据的使用》，载《四川大学学报（哲学社会科学版）》2013年第3期。

一、实践中技术侦查证据庭外核实的状况

为了解技术侦查证据庭外核实的状况，笔者检索了中国裁判文书网2020年至2021年的刑事裁判文书。以“技术侦查”“刑事案由”为关键词共检索到588份裁判文书，经筛选符合条件的将技术侦查材料用作证据的案例149个。149个案件中除了一个案件涉及腾讯QQ监控，一个涉及微信监控，一个涉及监控录像，一个是手机通话监听和监控录像并用，其余都是单纯的手机通话监听。也就是说除了两个案件是使用网络监控，一个案件使用单纯的录像监控，其余146个案件都使用了手机通话监听，比例高达98%以上。因此下文的讨论以监听证据为例。

146个案件中有8个在庭审质证时播放通话音频资料，2个庭外核实通话音频资料，其他136个庭上书面质证。实际上有11个进行了庭外核实的案件，其中9个是本来在法庭上已出示了文字转化材料、技术侦查决定书或者播放了通话音频资料，然后去庭外核实，这之中有2个有辩护人参加；只有2个是没有任何转化形式，法庭直接去庭外核实技术侦查证据，最后采纳为定案依据。也就是说在使用监听证据的案件中，只有7.5%的案件有庭外核实，只有1.7%的案件是仅仅庭外核实就采纳为定案依据。实践中虽然没有将播放通话音频资料作为常态进行质证，也并没有将庭外核实作为单一证据审查模式。

前述调查反映了技术侦查证据庭外核实一般情况，下面结合具体案例讨论一下实践中对于庭外核实技术侦查证据的处理、采纳情况。

案例1：李某凤贩卖毒品案[3]

该案一审以贩卖、制造毒品罪判处李某凤死刑。李某凤上诉后，二审法官去公安机关听取了王某刚监控电话录音，并做了记录，证实王某刚和李某凤当时是在进行毒品交易。二审维持李某凤死刑判决，报请最高人民法院核准。最高人民法院以部分事实不清、证据不足为由发回重审。理由是除了王某刚供述和指认外，没有其他证据证实李某凤贩卖毒品，二审期间虽做补证工作，但未将侦听资料转化附卷，未对侦听资料作同一性认定，不能认定与王某刚通话并贩卖毒品给他的是李某凤。在第一起事实无法认定的基础上，虽在李某凤住处缴获大量毒品及制毒工具，但没有充分证据证实扣押在案毒品是李某凤用于贩卖。

重审期间，该案法官、检察官和辩护人，应公安机关的要求，就王某刚与李某凤当时的电话监控录音进行了庭外核实。实际上还是在法庭内，只是被告

3　广东省高级人民法院（2019）粤刑终310号刑事判决书。

人没有参加，也不允许其他人旁听。辩护人签订了保密协议。证据有《采取技术侦查措施决定书》、王某刚当时的电话监控录音光盘和声纹鉴定书（证实女性语音是李某凤）。但当时电话监控录音光盘未播放出声音。重审以贩卖毒品罪改判李某凤死缓。

案例2：钱某林等贩卖毒品案[4]

钱某林和孙某花是夫妻关系。钱某林联系好向周某超购买毒品，让孙某花驱车向周某超买了5公斤冰毒。之后孙某花主动联系周某超购买5公斤冰毒，并向周某超控制的银行卡转账9万元。孙某花在驱车向周某超购买毒品后，在高速公路服务区被逮捕，人毒并获。一审以贩卖毒品罪判处孙某花、周某超死刑，钱某林死缓。三被告人均上诉。

二审第一次开庭时，周某超、钱某林不认罪。合议庭评议认为，本案只有孙某花指认钱某林和周某超参与了第一宗犯罪，认定钱某林和周某超参与该宗犯罪证据不足。一审仅认定钱某林参与第一宗犯罪，如果定不了，则可能判处无罪。但既然作为妻子的孙某花都指认钱某林参与第一宗犯罪，比较可信，且本案检察机关一直在补充技术侦查证据。故建议检察机关继续补充调查案发期间三被告人与相关人员的监控电话录音来补强证据。承办人先去公安机关听取了监控电话录音进行核实。

后来检察机关补充调查来案发时段三被告人与相关人员之间的监控电话录音光盘，并提供了技术侦查批准文书、声纹鉴定和文字抄清材料。第二次开庭时，检察机关出示了上述证据，播放了监控电话录音中与贩卖毒品有关的关键段落，法院要求辩护人签订了保密协议，并不允许旁听。二审维持原判。

上述两个案例中出现了技术侦查证据庭外核实的两种形态：共同核实和单独核实。在第一个案例中，原二审经办法官单独庭外核实监控电话内容并记录，但最高人民法院认为不足以认定就是被告人在通话。重审期间，公安机关要求只能庭外核实。但当时光盘又播放不出声音，所以等于没有对监控电话语音进行质证，故没有考虑有李某凤和王某刚电话沟通交易毒品的技术侦查证据存在。还是只有王某刚指认李某凤贩卖毒品给他，达不到死刑案件的标准，改判死缓（当然改判还有一个原因是，李某凤在涉及后来所租房子里大量毒品的贩毒活动中具体地位、作用不清）。在第二个案例中，二审第二次开庭前，法官先去公安机关单独庭外核实，听取了手机通话监听录音，只是为了确认有这个证据存在，还要求二审第二次开庭时检察机关按照常规方式严格规范质证，从而认定钱某林参与了毒品犯罪，对一审判处其死缓的判决予以维持。

4　广东省高级人民法院（2018）粤刑终173号刑事裁定书。

二、技术侦查证据庭外核实的性质

从文义解释的角度，技术侦查庭外核实与常规方式、保护方式两种庭上核实方式并列，均为证据调查方式之一。[5] 即经过这一合法证据调查，可以直接采纳为定案依据。但是否为法庭质证原则的例外，还需从体系解释的角度进行理解。2012年《最高人民法院关于适用〈中华人民共和国刑事诉讼法〉的解释》第63条规定，证据未经当庭出示、辨认、质证等法庭调查程序查证属实，不得作为定案的根据，但法律和本解释另有规定的除外。该司法解释的起草者明确指出，技术侦查证据的庭外核实程序就是该条所言的"法律和本解释另有规定的除外"的情形之一[6]。2021年《最高人民法院关于适用〈中华人民共和国刑事诉讼法〉的解释》第71条规定，证据未经当庭出示、辨认、质证等法庭调查程序查证属实，不得作为定案的根据。该条没有规定例外。该司法解释的起草人指出，在法律作出明确规定的情况下，司法解释不宜作出除外规定。只把第271条规定的庭审结束后调取的某些证据，经庭外征求意见，控辩双方没有异议的，可以不再开庭质证，作为例外。[7] 但该司法解释的其他主要起草人著文指出，技术侦查证据庭外核实和庭后调取的证据可以庭外征求控辩双方意见一样，是庭审质证原则的例外。法庭上采取保护措施的核实和庭外核实并非互相排斥，而是一种递进关系。但是鉴于最高人民法院、最高人民检察院、司法部、公安部、国家安全部、全国人大常委会法制工作委员会《关于实施刑事诉讼法若干问题的规定》和有关司法解释、规范性文件对辩护人和辩护律师是否到场的问题未作明确规定，2021年《最高人民法院关于适用〈中华人民共和国刑事诉讼法〉的解释》也没有作明确规定，[8] 也就是说，技术侦查证据庭外核实不是庭审质证原则的例外。

---

5 从语义和结构上来分析，《刑事诉讼法》第154条既然规定技术侦查证据可以作为证据使用，自然要遵从证据的一般规定，即要依法进行法庭调查；考虑到技术方法的保密性和技术侦查人员的安全性，采取保护方式质证；如果还不足以保守秘密，即采去庭外核实的方式。该条完全讲的是技术侦查中证据的法庭调查方式。同时也分清了主次关系：即一般采取常规方式，特殊情况下采取保护方式，例外情况下采取庭外核实方式。该种观点参见王贞会：《技术侦查证据庭外核实程序之完善》，载《河南社会科学》2018年第2期。

6 参见张军、江必新主编：《新刑事诉讼法及司法解释适用解答》，人民法院出版社2013年版，第42－43页。

7 李少平主编：《〈最高人民法院关于适用〈中华人民共和国刑事诉讼法〉的解释理解与适用》，人民法院出版社2021年版，第194页。

8 参见喻海松著：《刑事诉讼法修改与司法适用疑难解析》，北京大学出版社2021年版，第131－132、172－173页。

但这是刑事诉讼法的立法本义吗？一般认为，技术侦查证据庭外核实有两种方式。一种是共同核实方式，即法官、检察官和辩护律师共同在庭外核实技术侦查证据，参加人员签署保密协议。另外一种是法官单独核实方式（实践中有时公检法一起，但辩方无人参加）。[9]对于法官单独核实方式而言，其实是法官庭外调查取证，而非证据调查的方式。《最高人民法院关于适用〈中华人民共和国刑事诉讼法〉的解释》第271条规定，审判人员庭外调查核实取得的证据，应当经过当庭质证才能作为定案的根据。但是，对不影响定罪量刑的非关键证据、有利于被告人的量刑证据以及认定被告人有犯罪前科的裁判文书等证据，经庭外征求意见，控辩双方没有异议的除外。审判人员庭外调查核实取得技术侦查证据对于定罪量刑肯定属于关键证据，仍然应当经过当庭质证。在这种情况下，实际上属于常规方式。如果将法官单独庭外核实理解为技术侦查证据庭外核实的方式，则又回到技术侦查措施写入刑事诉讼法之前的状况了，违背了刑事诉讼法关于技术侦查证据有关规定的初衷。

之所以有人将技术侦查证据庭外核实视为法院庭外调查核实的一种特殊形式，[10]可能两者确实有一定重合的地方，一是均为第一次庭审过后；二是两者均在庭外，三是技术侦查证据庭外核实实际是法院庭外调取证据和质证的重合。但两者还是有原则区别，即法院庭外调查核实证据是法官调查取证，是一种法庭证据来源的方式；而技术侦查证据的庭外核实是法庭调查证据的一种方式。

三、技术侦查证据庭外核实应为共同核实

技术侦查证据庭外核实应为共同核实的方式，也是庭审调查的方式。对于法庭的理解不能狭隘，如果不是在实体的法庭上，只要控辩双方都在场，以直接的方式了解证据的内容，并且发表自己的意见与对方展开辩论，都可以称为质证。因此2017年《人民法院办理刑事案件第一审普通程序法庭调查规程（试行)》（以下简称《法庭调查规程》）第35条规定，法庭决定在庭外对技术侦查证据进行核实的，可以召集公诉人和辩护律师到场。在场人员应当履行保密义

9　参见艾明：“技术侦查”，载孙长永主编：《中国刑事诉讼法制四十年：回顾、反思与展望》，中国政法大学出版社2021年版，第575－576页。

10　黄伯青、张杰：《技侦证据庭外核实之程序》，载《人民司法》2014年第9期。该文称：技术侦查证据庭外核实制度可以视为法院庭外调查制度的一种特殊形式。换言之，技术侦查证据庭外核实的具体程序和适用方法可参照法院庭外调查制度的相关规定而设计，但应兼顾本身的特殊性质而作出适当变通。

务。“成为庭审证据调查的规范延伸”。[11] 刑事诉讼法所指的庭外核实应该是这种共同核实的方式，从广义上来说，并不是庭审质证原则的例外。

这首先是以审判为中心的诉讼制度改革的要求。2014 年党的第十八届中央委员会四中全会通过的《中共中央关于全面推进依法治国若干重大问题的决定》提出，推进以审判为中心的诉讼制度改革，确保侦查、审查起诉的案件事实证据经得起法律的检验。保证庭审在查明事实、认定证据、保护诉权、公正裁判中发挥决定性作用。以审判为中心是由司法审判权的判断和裁决性质所决定的，强调司法机关和诉讼参与人的诉讼活动都要围绕庭审进行，确保诉讼证据出示在法庭、案件事实查明在法庭、诉辩意见发表在法庭、裁判结果形成在法庭。[12]

以审判为中心的诉讼制度改革，在职权配置不改变，繁简分流和证人出庭等相关问题没有解决的情况下，能坚持的就是法院审判的终局性，以法院的裁判标准来要求所审理的案件，包括实体和程序标准。从实体而言，如果缺乏技术证据达不到证据确实充分的标准，则法院可以要求检察机关提供技术侦查证据；从程序的标准来说，如果该技术侦查证据没有经过合法的法庭调查，也不应采纳为定案依据。对技术侦查证据的庭外核实，必须采取共同核实的方式，否则规避了庭审程序，直接违背庭审实质化“四个在法庭”的要求：辩方接触不到该技术侦查证据，从而无从发表质证意见，案件事实的查明和裁判结果的形成，不全都在法庭上，与以审判为中心的刑事诉讼制度改革方向相抵触。

其次，这是证据裁判原则的要求。《中共中央关于全面推进依法治国若干重大问题的决定》提出，全面贯彻证据裁判规则。2016 年，最高人民法院、最高人民检察院、公安部、国家安全部、司法部印发的《关于推进以审判为中心的刑事诉讼制度改革的意见》第 2 条规定，严格按照法律规定的证据裁判要求，没有证据不得认定犯罪事实。人民法院应当按照法定程序认定证据，依法作出裁判。《法庭调查规程》第 1 条规定，法庭应当坚持证据裁判原则。认定案件事实，必须以证据为根据。证据未经当庭出示、宣读、辨认、质证等法庭调查程序查证属实，不得作为定案的根据。2021 年《最高人民法院关于适用〈中华人民共和国刑事诉讼法〉的解释》第 69 条规定，认定案件事实，必须以证据为根据。第 71 条规定，证据未经当庭出示、辨认、质证等法庭调查程序查证属实，不得作为定案的根据。证据裁判原则是证据规定的帝王条款之一。[13] 一般认为，

---

11 参见戴长林、刘静坤：《人民法院办理刑事案件第一审普通程序法庭调查规程（试行）理解与适用》，载《人民法院报》2018 年 1 月 17 日 06 版。

12 孟建杜：《完善司法管理体制和司法权力运行机制》，载《人民日报》2014 年 11 月 7 日 06 版。

13 林钰雄：《刑事诉讼法（下册·各论编）》，中国人民大学出版社 2005 年版，第 344 页。

证据裁判原则包括如下涵义[14]：第一，认定案件事实只能以证据为根据；第二，认定案件事实只能以具备证据资格的证据为根据；第三，证据只有经过法庭调查程序查证属实才能成为定案根据；第四，证据只有达到确实、充分的程度，才能证明犯罪事实。如果采取单方庭外核实程序，则违反了证据裁判原则的第二项和第三项涵义。法院单方庭外核实，一般只会核实技术侦查证据的真实性，此种情况下公安机关不会提供采取技术侦查措施的相关法律文书，法院无法审查该侦查行为的合法性。最重要的，法院采取单方庭外核实的方式，侵犯了辩方的质证权，辩方无从接触到该证据，发表自己的质证意见，将这一未经当庭调查程序的技术侦查证据作为定案根据，无疑违背了基本的正义标准。

只有技术侦查证据庭外核实的性质确定为共同核实，才能符合证据裁判原则的要求。首先，控辩审三方在场，具备基本的正当程序模式；其次，各种技术侦查证据的材料均应提交，控辩双方就技术侦查证据的合法性、真实性、相关性等方面充分发表意见，从而决定到底能否成为定案依据。

四、庭外核实技术侦查证据规则的完善

（一）技术侦查证据庭外核实的启动

《最高人民法院关于适用〈中华人民共和国刑事诉讼法〉的解释》第 120 条规定，必要时，审判人员可以在庭外对技术侦查证据进行核实。但对何为“必要时”，该条并没有明确解释。《刑事诉讼法》第 196 条第 1 款规定，法庭审理过程中，合议庭对证据有疑问的，可以宣布休庭，对证据进行调查核实。所谓的“对证据有疑问的”，就技术侦查证据而言，是该证据的真实性、合法性、关联性有疑问，或者就整体而言，缺乏该技术侦查证据就达不到证据确实、充分，排除合理怀疑的程度。此时要先宣布休庭，对证据进行调查核实。

《最高人民法院关于适用〈中华人民共和国刑事诉讼法〉的解释》第 271 条第 1 款规定，法庭对证据有疑问的，可以告知公诉人、当事人及其法定代理人、辩护人、诉讼代理人补充证据或者作出说明；必要时，可以宣布休庭，对证据进行调查核实。对技术侦查证据存在疑问时，由于技术侦查证据的提供方都是控方，如案例 2 钱某林等贩卖毒品案一样，法院要告知检察机关要求补充证据，在实践中往往检察机关也是要求公安机关或者监察机关补充有关证据。《人民检察院刑事诉讼规则》第 422 条规定，在审判过程中，对于需要补充提供法庭审判所必需的证据或者补充侦查的，人民检察院应当自行收集证据和进行侦查，

14　陈瑞华：《刑事证据法》（第四版），北京大学出版社 2021 年版，第 50－54 页。

必要时可以要求监察机关或者公安机关提供协助；也可以书面要求监察机关或者公安机关补充提供证据。这种调查实际上很可能还是由公安机关或者监察机关实施。当调取到有关技术侦查证据后，如果检察机关或者公安机关、监察机关提出技术侦查证据采取庭上质证的保护方式尚不足以保护侦查人员或侦查机密的，可以采取庭外核实的形式，如案例 1 的情况一样。法院单方庭外核实技术侦查证据这一形式只能是法官核实该技术侦查证据是否存在，从而建议检察机关补充该技术侦查证据的前提，并不能使技术侦查证据直接作为定案依据使用。

综上，法院在认为案件存疑时，可以先向控辩双方释明要求补充技术侦查证据；法院也可以庭外核查，只是作为补充。如果检察机关不提交有关技术侦查证据或者不同意庭上质证、庭外核实，则视为该证据不存在，依照现有证据进行判决。《最高人民法院关于适用〈中华人民共和国刑事诉讼法〉的解释》第 122 条规定，人民法院认为应当移送的技术调查、侦查证据材料未随案移送的，应当通知人民检察院在指定时间内移送。人民检察院未移送的，人民法院应当根据在案证据对案件事实作出认定。

（二）技术侦查证据庭外核实的具体形式

1. 关于庭外核实的参加人的问题

根据以审判为中心的诉讼制度改革的要求和证据裁判的原则，以监听证据为例，庭外核实的参加人应该控辩审三方都参加，否则没有诉讼的三方基本结构，控辩双方不能直接就该证据进行辩论，而法院也未能直接听取控辩双方意见。所谓的庭外核实，其实就是被告人不参加质证，但是辩护人还是要参加，否则不能保障辩方的质证权。我们国家没有建立特定律师制度[15]，可以让被告人的律师代表辩方质证。我国目前在技术侦查证据庭外核实案件中，尚欠缺辩方的参与。司法解释应吸收《法庭调查规程》的规定，明确必须有辩护律师参加，可以要求辩护律师签订保密协议。

2. 关于庭外核实质证的内容和方式的问题

以监听证据为例，完整的手机通话监听证据表现形式应有技术侦查决定书、语音载体（一般表现为视听资料）、文字转化材料及制作说明和体现同一性的声纹鉴定书。并且要以播放形式进行质证。如在我国台湾地区，理论上当待证事

---

15 如英国的特定律师制度为，在例外的案件中，当检察官申请适用公共利益豁免对某些证据保密时，通过指定特定律师参与案件办理，对于实现司法利益、保障被告人公正审判权而言是必需的。参见自程雷：《技术侦查证据使用问题研究》，载《法学研究》2018 年第 5 期。

项以合法监听的录音带内容为基础时，当庭播放录音带，亦即勘验才是原始的、直接的证据方法；当庭朗读（宣读或告以要旨）该录音带的节译文，则是间接的证据方法，因为节译文是从原始证据方法派生出来的证据替代品。[16]因为庭外核实一般都是辩方提异议才启动的，第一次开庭可能已质证了技术侦查决定书和情况说明，所以辩方一般不同意以文字抄清材料进行质证，只能播放监控电话录音。实际上，对于监听证据而言，如果庭外核实有辩方参加，肯定不可能直接听取公安技术侦查系统里面的音频文件，只能听取复制件。这要有制作说明证实复制件的来源。而且如果辩方仍然有异议，要进行声纹鉴定以确定关联性。

16　林钰雄著：《刑事诉讼法（下册・各论编）》，中国人民大学出版社2005年版，第147页。

对“虚假种草”应予法律规制

郭　鹏*

近年，在各种网络平台上，都可看到网友发布的“种草”购物心得或者商品测评。很多消费者也习惯在消费前先去网上看看别人的消费笔记与测评。“种草”为消费者在提高其决策效率和准确率上提供了便利，影响越来越多人的消费习惯，各大电商平台也纷纷加入，“种草消费”蔚然成风。然而，一些“杂草”也野蛮生长起来。“种草”这种以信任为基础的新型购物推荐方式，近来频频失信——网红饭馆的“种草笔记”让人隔着屏幕流口水，吃到嘴里如嚼蜡；旅游体验分享的是山清水秀的桃花源，实际目的地却只有破屋荒地；博主推荐说一款洗面奶是“仙女必备”，实际使用后脸上发痒红肿。

人们对“种草笔记”的信任，很大程度上在于这是一种自发式、公益式的分享，没有利益关联。但对于商家而言，网红“种草笔记”已经成为一种新的营销方式，网友打卡、“种草笔记”等行为对商家的销售影响已经不亚于投放广告。于是，某些品牌方有偿招募“网红博主”撰写虚假“种草笔记”，或雇用专业写手和网络水军虚构“种草笔记”“网红测评”，以分享名义植入推广、变相营销。

当前，“虚假种草”已经形成一条涉及多个环节的灰色产业链——品牌主或品牌代理商有宣传产品需求，委托第三方接单中介平台通过一些素人博主、专业写手，在内容分享的社交平台上发布所谓的商品使用心得、产品测评等，并在互联网平台购买信息流量进行推广。如某市市场监管局在行政执法中发现，某公司在网店销售过程中制定了与某平台上的博主进行合作的营销方案，博主

* 郭鹏——暨南大学法学院/知识产权学院教授，广州市法学会民商法学研究会副会长，主要研究领域：网络与电子商务法。

下单、付款、收货后进行服装的穿搭体验评价，使用高热度词语编辑文案在平台上推广发布，该公司再将订单全款通过微信返还给博主，这实质上是“好评返现”的“包装升级”；该公司的交易行为实质是利诱博主对店铺商品作出虚假的用户评价，借助“网红博主”的流量提升产品的好评率及市场竞争力，通过虚假宣传诱导消费者的消费冲动。

“虚假种草”游走在商业广告与用户分享内容的灰色地带，本质上是一种相对隐蔽的广告营销信息，依据《广告法》第28条的规定，其属于网络时代的一种虚假广告。根据商品提供者、MCN机构、网红博主在“虚假种草”行为中作为广告主、广告经营者或广告发布者的不同法律地位，依据《广告法》第56条的规定，这些主体应对消费者承担相应的法律责任。

代写代发、虚构消费经历的“虚假种草”掩盖了商业营销的实质，对其商品的性能、功能、质量、销售状况、用户评价、曾获荣誉等作虚假或者引人误解的商业宣传、欺骗，误导消费者的购物决策，违反了《电子商务法》第17条的规定，侵害了消费者的知情权、选择权，应承担相应的法律责任。同时，“虚假种草”通过捏造用户评价的方式进行虚假宣传，违背了公平竞争原则，损害了行业内其他生产者或销售者的权益，也破坏了公平竞争的市场秩序。该行为违反《反不正当竞争法》第8条的规定，依据《反不正当竞争法》第20条的规定，实施“虚假种草”行为的相关主体也应承担相应的法律责任。

规制“虚假种草”，首要是抓住网络平台这个“牛鼻子”，压实网络平台的责任。依据《电子商务法》第31条、第38条、第39条的规定，平台经营者对于平台内经营者发布的商品信息内容具有记录、监管、核查的权利及义务。网络平台作为“种草”内容的终端出口，要充分发挥互联网技术优势，利用大数据等技术加强与完善内容筛查机制。为保障消费者知情权及选择权，网络平台应将“种草”中具有商业营销性质的内容标注“广告”字样，对消费者起到提示作用。

斩断“虚假种草”灰色产业链，不能止于终端治理，还必须在品牌方、第三方中介平台等环节推进整体、全面、系统的全链条治理。MCN机构等第三方刷分控评代运营主体在灰色产业链的形成中发挥了关键作用，应对其进行重点治理；于2022年3月15日起施行的《最高人民法院关于审理网络消费纠纷案件适用法律若干问题的规定（一）》第9条明确了电子商务经营者与他人签订的虚假刷单、刷评、刷流量的合同无效，也确认了虚构交易、虚构点击量、编造用户评价等行为的违法性。监管部门和行业协会应加强行业监管和自律，对于虚假宣传的商家、造假者、刷单人等，不仅要及时进行下架、封号、限流、降级处理，也可以考虑纳入行业黑名单，形成有效震慑。作为消费者，可积极参与监督，发现线索主动投诉举报，让“虚假种草”无处遁形。

刷单、流量造假及“虚假种草”是整个电子商务生态面临的现实挑战，对其治理必须坚持全链条、全平台思维，推动品牌、平台、消费者等形成合力，协同共治，以创建和维护清朗的网络空间。

对侵犯公民个人信息罪客观行为的解读

骆　群*

2009年2月28日全国人大常委会通过了《刑法修正案（七）》，其中增设第253条之一，专门对有关公民个人信息的犯罪行为进行了规制，从而开创了刑法对有关个人信息犯罪予以规制的先河。[1] 2015年8月29日全国人大常委会又通过了《刑法修正案（九）》对其进行了完善，将之前的“出售、非法提供公民个人信息罪”和“非法获取公民个人信息罪”合并为“侵犯公民个人信息罪”。[2]根据《刑法》第253条之一的规定，侵犯公民个人信息罪的客观行为包括：违反国家有关规定，向他人出售或者提供公民个人信息；窃取或者以其他方式非法获取公民个人信息。然而，由于对此规定的解释和看法一直存在歧义，从而给司法实践中的适用也带来一些困惑，其中主要表现为对“违反国家有关规定”“提供”以及“其他方法非法获取”的解释问题。2017年5月8日最高人民法院和最高人民检察院联合发布的《关于办理侵犯公民个人信息刑事案件

* 骆群——上海政法学院刑事司法学院副教授，主要研究领域：刑法学、犯罪学。

1 有学者认为，我国刑法首次直接对侵犯公民个人信息的行为作出规定是在2005年通过的《刑法修正案（五）》中，因为该修正案新增了我国《刑法》第177条之一，也即相应地增加了窃取、收买、非法提供信用卡信息罪这一针对公民个人信息的罪名。（胡江：《侵犯公民个人信息罪中“违反国家有关规定”的限缩解释——兼对侵犯个人信息刑事案件法律适用司法解释第2条之质疑》，载《政治与法律》2017年第11期。）不过，笔者认为这种看法有待进一步探讨，毕竟该罪只是针对信用卡信息，而不是专门针对个人信息的规制。

2 《刑法》第253条之一第1款规定：“违反国家有关规定，向他人出售或者提供公民个人信息，情节严重的，处三年以下有期徒刑或者拘役，并处或者单处罚金；情节特别严重的，处三年以上七年以下有期徒刑，并处罚金。”第2款规定：“违反国家有关规定，将在履行职责或者提供服务过程中获得的公民个人信息，出售或者提供给他人的，依照前款的规定从重处罚。”第3款规定：“窃取或者以其他方法非法获取公民个人信息的，依照第一款的规定处罚。”第4款规定：“单位犯前三款罪的，对单位判处罚金，并对其直接负责的主管人员和其他直接责任人员，依照各该款的规定处罚。”

适用法律若干问题的解释》（以下简称《解释》）第 2 条规定“违反法律、行政法规、部门规章有关公民个人信息保护的规定的……”之后，违反部门规章应否作为侵犯公民个人信息罪客观行为的内容，就成为争议的主要焦点。本文对上述法条进行解读。

一、客观行为中“违反国家有关规定”的理解

侵犯公民个人信息罪客观行为中“违反国家有关规定”是《刑法修正案（九）》对《刑法》第 253 条之一修改后首次使用的表述，而在此之前使用的是“违反国家规定”。侵犯公民个人信息罪中的这种表述，也是目前我国刑法分则罪名的空白罪状中极少见的表述。[3] 至于“违反国家规定”的所指，《刑法》第 96 条给出了明确的规定：“本法所称违反国家规定，是指违反全国人民代表大会及其常务委员会制定的法律和决定，国务院制定的行政法规、规定的行政措施、发布的决定和命令。”并且，2011 年 4 月 8 日最高人民法院发布的《关于准确理解和适用刑法中“国家规定”的有关问题的通知》中明确指出：“对于违反地方性法规、部门规章的行为，不得认定为‘违反国家规定’。”但是，对于“违反国家有关规定”的所指，2017 年 5 月 8 日最高人民法院和最高人民检察院联合发布的《解释》第 2 条的规定是“违反法律、行政法规、部门规章有关公民个人信息保护的规定”。于是，违反部门规章应否作为侵犯公民个人信息罪客观行为的内容，就成为争议的主要焦点。

有学者认为，通过文义解释、体系解释和历史解释都无法对《解释》第 2 条中“违反国家有关规定”包括部门规章给出明确的答案，而目的解释是符合立法原意的目的性扩张。但是，目的解释不是检验解释结论的最高标准。有学者认为，“违反国家有关规定”属于“违反国家规定”的下位概念，是对“违反国家规定”的细化，实质上也应当是“违反国家规定”。因此，在实践中应当对“违反国家有关规定”进行限缩解释。具体而言，“违反国家有关规定”仅限于违反法律、行政法规关于公民个人信息保护的规定，部门规章只有是在对法律、行政法规中的规定予以明确、细化的情况下，才能够作为判断标准。[4] 还有学者认为，“违反国家有关规定”中的“有关”是一个没有实意的虚词，它

3 除了侵犯公民个人信息罪中有“违反国家有关规定”的表述之外，还有一个罪名的罪状也是如此表述，即《刑法修正案（十一）》第 38 条新增加的非法采集人类遗传资源、走私人类遗传资源材料罪。

4 胡江：《侵犯公民个人信息罪中“违反国家有关规定”的限缩解释——兼对侵犯个人信息刑事案件法律适用司法解释第 2 条之质疑》，载《政治与法律》2017 年第 11 期。

只是意味着与特定事项有关，于是，（国家）规定与（国家）有关规定是同义反复而已。所以，“国家有关规定”也应与《刑法》第96条一致，不包括国家规定之外的部门规章。[5]

笔者对上述结论总体表示认可，但在此仍需做些说明。部门规章从规定的内容来看，其与效力较高的《刑法》第96条中“国家规定”的关系主要有两类：第一类是对“国家规定”的细化；第二类不是对“国家规定”的细化，而是创新型的规定。对于第一类部门规章，就是为了“国家规定”的实施而创制的，其与“国家规定”的原则和精神是相一致的，对它的违反实质上就是对“国家规定”的违反。所以，即使《刑法》第96条中的“国家规定”没有明确说明包含部门规章，但实质上是包含此类部门规章的。同样，《解释》第2条中的“国家有关规定”包含的部门规章，若是指此类部门规章，也不存在上述学者们所指出的瑕疵。关键是第二类部门规章，其显然不在《刑法》第96条中的“国家规定”之列，但是，其是否属于《解释》第2条中“违反国家有关规定”所包含的部门规章？这才是问题的根结。根据现有的讨论来看，其实大家潜意识里都是将第二类部门规章作为“违反国家有关规定”中的部门规章的前提，这当然是正确的。因为只有当“违反国家有关规定”中的部门规章指这类部门规章时才存在学者们所批判的违背法体系的统一等问题，才会使“克服地方保护主义、部门保护主义的樊篱”的目的落空。正因为第二类部门规章不被《刑法》第96条中的“国家规定”所包含，而《解释》第2条中的“违反国家有关规定”包含第二类部门规章（这也符合目的解释的原意），所以我们既不能说“违反国家有关规定”是“违反国家规定”的下位概念，也不能说与其是同义反复。这种说法只能针对《解释》第2条“国家有关规定”中的部门规章属于第一类部门规章时。但这样的话，正如上述所作的解释，争议的实质问题也就不存在，只是形式的表述问题了。总之，“国家有关规定”不应包括的部门规章是指第二类部门规章，即对“国家规定”予以创新型的规定。

二、客观行为中“提供”的含义

侵犯公民个人信息罪的客观行为中表现为“出售”或“提供”公民个人信息的行为，被规定于《刑法》第253条之一第1款和第2款。其中，“出售”公民个人信息就是将公民个人信息作为商品而牟利，其本质也是一种“提供”行为。只是“出售”比“提供”多了一个“获得报酬”的内涵，“出售”的外延小于“提供”，即只要“出售”必然存在“提供”的内容。正因为“出售”可

5 冀洋：《法益自决权与侵犯公民个人信息罪的司法边界》，载《中国法学》2019年第4期。

以包含在“提供”之中，且“出售”又是“提供”的一种常见的典型方式，所以，《刑法》第 253 条之一将“出售”这种方式单独列出。[6] 于是，侵犯公民个人信息罪客观行为中的“提供”就应当是“出售”之外的其他提供行为。

《刑法》第 253 条之一第 1 款和第 2 款中的“提供公民个人信息”和“提供给他人”本身所表达的就是一种将公民个人信息进行转移的现象，至于转移的对象和具体方式的要求理应不在此范畴之内。换个角度来说，是对一人提供还是对多人提供，是对个人提供还是对单位提供，是对特定人提供还是对不特定人提供，等等，都没有超出“提供”的范畴。同样，是口头提供还是书面提供，是有偿提供还是无偿提供，是主动提供还是被动提供，是作为方式提供还是不作为方式提供，是合法提供还是非法提供，等等，也都属于“提供”的范畴。因此，《解释》第 3 条第 1 款规定，即“向特定人提供公民个人信息，以及通过信息网络或者其他途径发布公民个人信息的，应当认定为刑法第二百五十三条之一规定的‘提供公民个人信息’”。[7] 笔者认为这条解释没有必要，因为这里所说的情形都已经含括在《刑法》第 253 条之一第 1 款和第 2 款中的“提供”之内。

至于《解释》第 3 条第 2 款的规定，即“未经被收集者同意，将合法收集的公民个人信息向他人提供的，属于刑法第二百五十三条之一规定的‘提供公民个人信息’，但是经过处理无法识别特定个人且不能复原的除外”，笔者认为该条解释具有一定的理论和实践意义。因为它表达了知情同意的违法阻却事由，以及将“经过处理无法识别特定个人且不能复原”的个人信息排除在犯罪对象之外。另外，由于《网络安全法》（2017 年 6 月 1 日起施行）中也有类似的规定，即第 42 条第 1 款：“网络运营者不得泄露、篡改、毁损其收集的个人信息；未经被收集者同意，不得向他人提供个人信息。但是，经过处理无法识别特定个人且不能复原的除外。”所以，该条解释其实是对其前置法的重申（只是适用主体更广泛），是为了起到对司法人员的提示作用或者说是注意性规定。

当然，“提供”本是一个中立行为，纳入刑法规制的理应是非法提供行为。那么，对此判断的依据就是《刑法》第 253 条之一第 1 款和第 2 款中的“违反国家有关规定”。比如，侦查机关合法收集的犯罪嫌疑人的个人信息（不属于经过处理无法识别特定个人且不能复原的），未经其同意提供给司法机关。根据

---

6 刘宪权、房慧颖：《侵犯公民个人信息罪定罪量刑标准再析》，载《华东政法大学学报》2017 年第 6 期。

7 有学者将这一规定分为两种“提供”类型：一种是向特定人提供，即“一对一”的方式；另一种是向不特定多数人的发布，即“一对多”的方式。参见刘宪权、房慧颖：《侵犯公民个人信息罪定罪量刑标准再析》，载《华东政法大学学报》2017 年第 6 期。

《解释》第3条第2款的规定，这应当属于《刑法》第253条之一规定的“提供公民个人信息”，但其并没有“违反国家有关规定”，故不属于非法提供，也就不在该条的规制范围之内。

三、客观行为中“其他方法非法获取”的解释

《刑法》第253条之一第3款规定了侵犯公民个人信息罪客观行为中的“窃取”和“其他方法非法获取”的行为。窃取，就是秘密地获取，其本身就是一种非法手段，无论是道德上还是法律上都不具有正当性。[8]并且，窃取在行为性质上也不具有道德和法律上的正当性。由于窃取个人信息的行为是现实生活中最典型的非法获取公民个人信息的行为，故全国人大常委会法制工作委员会对其进行了专门的解释，认为其是采用秘密的方法或不为人知的方法取得公民个人信息的行为，如在ATM机旁用望远镜偷看或用摄像机偷拍他人银行卡密码、卡号或身份证号，或通过网络技术手段获得他人的个人信息等情况。[9]正因为窃取行为无论是在手段上还是在行为性质上都不具有正当性，所以，《刑法》第253条之一第3款在“窃取”之前并没有加上“违反国家有关规定”或“非法”的限制，否则反而会违背逻辑。

现在的问题是对“其他方法非法获取”行为的理解。理论界争议的焦点主要在于“其他方法”是指与窃取手段性质相当的（如欺诈、胁迫、恐吓、贿赂等）方法，还是指行为性质中立的（如购买、收受、交换等）方法。《解释》第4条规定：“违反国家有关规定，通过购买、收受、交换等方式获取公民个人信息，或者在履行职责、提供服务过程中收集公民个人信息的，属于刑法第二百五十三条之一第三款规定的‘以其他方法非法获取公民个人信息’。”也即认可了中立行为可以成为侵犯公民个人信息罪的客观行为，只是要以“违反国家有关规定”为限制条件。于是，对于《刑法》第253条之一第3款中“以其他方法非法获取”行为的判断，“行为人只要没有获取公民个人信息的法律依据或者资格而获取相关个人信息的，就可能构成犯罪”。[10]至于具有不正当性的手段行为（如欺诈、胁迫、恐吓、贿赂等）理应也归于其中。而且，《解释》第4条中所列的“购买”“收受”“交换”等中立行为之后的“等”字也表明对中立行为不应该予以限制。因此，除了《解释》中提到的中立行为之外，还应当包括

---

8 《刑法修正案（七）专题研究》，北京师范大学出版社2011年版，第150页。

9 全国人大常委会法制工作委员会编：《中华人民共和国刑法释义》，法律出版社2011年版，第458页。

10 《公民个人信息刑法保护问题研究》，载《华东政法大学学报》2014年第1期。

其他一切可能非法获取公民个人信息的中立行为，如网络爬虫等。不过需注意的是，《解释》第4条将中立行为解释为可以是《刑法》第253条之一第3款中的“其他方法”，但是，不能反过来认为《刑法》第253条之一第3款中的“其他方法”就只是中立行为。因为《刑法》第253条之一第3款的“其他方法非法获取”中的“其他方法”并非等同于《解释》第4条的“其他方法非法获取”中的“其他方法”，《刑法》第253条之一第3款中的“其他方法”还包括“窃取”之外的其他非正当手段行为，如欺诈、恐吓、贿赂、胁迫等，而《解释》第4条中的“其他方法”只是针对中立行为而言的。

结语

对于侵犯公民个人信息罪客观行为的理解，在司法实务的运用中所具有的重要意义自不待言。然而，我国《刑法》第253条之一对侵犯公民个人信息罪客观行为中行为方式的规定只有两类：一是非法泄露型，如违反国家有关规定，出售或者提供公民个人信息给他人；二是非法获取型，如窃取或者以其他方法非法获取公民个人信息。[11] 随着大数据技术的发展，公民个人信息无疑也具有前所未有的利用价值，从而导致非法利用公民个人信息的行为层出不穷。这不仅给人民群众带来财产损失，还可能产生精神上的损害，甚至间接危害生命健康权益。因此，非法利用型也应成为侵犯公民个人信息罪客观行为中的行为方式。这应当是今后立法中予以优先考虑的内容。

11 汪东升著：《个人信息的刑法保护》，法律出版社2019年版，第178页。

浅议我国就业基因歧视的立法规制

金成华　袁尹凤*

近些年来，我国不断有各界人士提议反就业歧视立法，在2022年两会上，众多代表委员对就业歧视问题提出建议提案，[1]"反就业歧视"成为热点话题。相信在不久的将来，反就业歧视将会以制度化的方式予以体现。而当前反就业歧视的范围界定大多针对性别、年龄、地域、宗教等因素的歧视，基因歧视虽时有发生但鲜少被提及。从法理角度来看，就业基因歧视具有非正当性，主要体现为对雇员及求职者平等就业权和基因隐私权的侵犯。从立法现状来看，相比较欧美国家的立法举措，我国相关配套法律较为欠缺，难以有效应对就业基因歧视。因此在当前背景下，我国反就业基因歧视立法可以适当借鉴他国相关经验，在理念、立法模式、权利救济以及保障机制方面进行重点考量。

一、问题的提出

随着遗传学的深入与创新，人类基因技术迈入了一个新的发展阶段。基因编辑技术经历了三代变革与创新，在定点编辑上高效易行。此外，人类基因检测技术也得到飞速发展，直接面向消费者（DTC）的基因检测产品被越来越多的消费者选择。国务院于2016年将"精准医疗"纳入"十三五"科技计划，意

---

* 金成华——上海大学法学院副教授，主要研究领域：国际法、国际卫生法、医疗卫生法；袁尹凤——上海大学法学院国际法专业2020级硕士研究生。

1 2022年《政府工作报告》中提出"坚决防止和纠正性别、年龄等就业歧视……着力解决侵害劳动者合法权益的突出问题"，众多代表委员也提出建议提案，如全国政协委员胡卫递交了《关于取消应届生身份限制，保障平等就业权的提案》；全国人大代表程桔建议年龄要求可以灵活设置；全国政协委员崔郁提议明确就业性别歧视的法律界定与法律责任；民进中央建议及时开展反就业歧视立法调研，尽快出台《反歧视就业法》等。

味着我国迈入了以“基因检测技术”为基础的精准医疗时代。基因技术在造福于医学和人类的同时，也带来了一系列与人类基因相关的伦理、法律和社会问题，其中的重要问题之一就是基因歧视。作为“生命的密码”，基因具有极高的隐蔽性和敏感性，因此也极易面临被歧视的风险，而当前科学技术的发展则使得基因歧视问题更加紧迫和严峻。

基因歧视在学界缺乏统一的定义，它最早由美国学者保罗·比林斯（Paul Billings）提出，其将基因歧视定义为根据个体的基因信息与“正常”基因之间的明显差异，而对该个体或整个家族进行歧视，[2] 但“正常基因”如何界定引起广泛争议。本文更倾向于我国知名知识产权学者王迁老师的观点，其将基因歧视定义为基于一个人的基因状况表明他在将来可能患有某种疾病或出现不好的身体状况这一信息而对他进行的歧视，[3] 合理地限定了基因歧视的范围。此外“歧视”一词多用以指代一种不合理的差别对待，其中“不合理的差别对待”在就业中则意味着雇主对雇员作出任何差别对待的根据，并非出于“特定职业基于其内在需要”的考虑。[4] 正如国际劳动组织在2007年《工作中的平等：应对挑战》的报告中指出，在工作中也可能发生歧视，歧视是根据种族、肤色、年龄等任何特征，对某些人的一种差别和不利的待遇，而无论他们是否有能力满足工作的要求。[5]

基因歧视可以发生在就业、教育、保险等众多领域，尤其在就业领域，基因歧视的现象更加集中。在美国每年因就业基因歧视引发的案件不在少数，典型的如2001年美国平等就业机会委员会诉柏林顿北方圣塔菲铁路有限公司案[6] 和2016年美国平等就业机会委员会诉格里沙姆农产品公司案。[7] 我国同样也存在以“2009年基因歧视第一案”为代表的就业基因歧视，到目前为止，我国在该问题上仍缺乏明确的立法指引，与基因有关的立法主要是针对技术和基因资源管理等方面。因此有必要分析国内现有规定和国际趋势，以期对我国就业基因歧视立法有所借鉴和启发。

---

2 Margaret Otlowski, Exploring the Concept of Genetic Discrimination, Journal of Bioethical Inquiry, 165 – 176 (2005).

3 王迁著：《论“基因歧视”及其法律对策》，中国人民大学出版社2005年版，第12页。

4 王康：《基因正义论》，载《法学评论》2019年第6期。

5 International Labour Organization, Equality at work, Tackling the challenges, international Labour Conference, 96th Session, 2007, Report I (B), p. 9.

6 See EEOC v. Burlington. Northern and Santa Fe Ry. Co., No. 02 – C – 0456, 2001WL32155386 (E. D. Wis. 2001).

7 See EEOC v. Grisham Farm Products, INC 191 Federal Supplement, 3d Series.

二、案件溯源：我国“就业基因歧视第一案”——兼评反乙肝歧视

我国司法实践中“就业基因歧视”第一案为周某、谢某、唐某诉广东省佛山市人力资源和社会保障局公务员体检检测不合格不予录用案。[8] 作为国内首个以反对基因歧视作为诉求的行政案件，本案的两级审理并未涉及平等权和基因歧视侵权问题，而是在于被告的具体行政行为是否合法。该案中，三考生认为体检机构对自己进行的“平均红细胞体积检测”（MCV）超出了《公务员录用体检操作手册》的规定范围，该检测和后续进行的基因检测违法，并侵犯了考生的隐私权。法院依据当时的规章认定，MCV 虽然不属于五项血常规项目，但《公务员录用体检操作手册》允许主检医生根据需要增加检测项目。根据广东地区地中海贫血症基因较为多发的特点，医院在血常规检测中一并检测 MCV，在发现 MCV 异常后继而进行基因检测符合要求，根据体检检测结果不予录用，符合规章规定。同时法院还认为，涉案单位没有公开或泄露三名考生基因检测的其他内容，因此没有侵犯三考生的隐私权。[9]

该案虽然以原告败诉告终，不过二审法院也意识到其中所蕴含的法律和社会风险，考虑到未来可能再次发生该类问题，二审法院在作出判决时向佛山市人社局发出了相关调研的司法建议。随后 2011 年 5 月，广东省公务员体检不再要求基因检测，这也为以后在就业环境中可能出现的因基因检测引起的相关案件，提供了可参照的成功司法范例。[10]

虽然该案被称为“就业基因歧视第一案”，但在此案之前，类似现象在我国也时常发生，以乙肝歧视为典型。由于对乙肝病毒的认知缺乏和误解，乙肝病人和乙肝病毒携带者在升学、就业等领域遭受着很长一段时间的歧视。直到 2003 年，报考公务员的浙江大学毕业生周某超因体检发现患有乙型肝炎未被录取而故意杀人案、乙肝携带者张某著因被拒绝录用而上诉案，该两起案件直接

---

8 案情简介：2009 年 4 月，周某、谢某、唐某参加佛山市公务员考试，在各自报考的部门里，笔试和面试总分名列第一名或第二名。在公务员体检中，三人被认定为地中海贫血症基因携带者，体检不合格，不予录用。经过行政复议后，三人向禅城区法院请求，责令人社局认定他们体检合格，并按程序对其进行考查录用。2010 年 6 月 3 日，禅城区法院作出一审宣判，三考生败诉。而后经历二审，佛山中院终审维持原判。

9 《中国基因歧视第一案宣判》，载法律快车刑事动态网，https：//www. lawtime. cn/info/xingfa/xfnews/2010082056767. html，最后访问于 2022 年 3 月 9 日。

10 冼志勇：《公民基因隐私权的司法保护研究——以 2010 年基因歧视案为视角》，载《西北大学学报（哲学社会科学版）》2013 年第 3 期。

影响了国家相关法律的修改。[11] 国家先后出台了《关于进一步规范入学和就业体检项目维护乙肝表面抗原携带者入学和就业权利的通知》《关于维护乙肝表面抗原携带者就业权利的意见》《就业促进法》《公务员录用体检通用标准（试行）》等一系列法律法规禁止乙肝歧视，自此我国反乙肝歧视有了充分的法律保障。反乙肝歧视的成功是特殊的社会时代背景和外界力量推动等综合因素共同造就的成果，这点与反基因歧视有所不同，但值得肯定的是反乙肝歧视的斗争和解决路径为反就业基因歧视提供了理论上的启发与支持。因为相比较乙肝病毒的传播而言，致病基因并不存在多途径传播，发病与否也尚不确定，根据“举重以明轻”原则，乙肝歧视目前被明令禁止，那么以地中海贫血症基因为代表的基因歧视更不应存在。

三、理论分析：就业基因歧视不正当性的法理基础

在就业过程中，求职者及雇员享有多种权利，以创造个人价值和实现更好就业。然而就业基因歧视则构成了对求职者及雇员部分权利的侵犯，典型如平等就业权以及基因隐私权，具有非正当性。

（一）就业基因歧视侵犯求职者及雇员的平等就业权

国际劳工组织理事会在2003年3月通过的《全球就业议程》指出就业可以从根本上战胜贫困和社会排斥，其主要目标是把就业置于经济和社会政策以及发展的核心位置。因此就业对于个人、社会和国家来说十分重要，而良好就业的前提是拥有一个平等就业的环境，平等就业权是打造平等就业环境的重要手段，该权利意味着所有公民均平等地享有就业的资格和权利、所有公民均需平等参与岗位竞争以及符合要求和特殊工作条件的人应得到平等的就业机会。平等就业权在我国立法中也有所体现，如我国《劳动法》第12条规定劳动者就业不因民族、种族、性别、宗教信仰不同受歧视，第13条规定就业男女平等；《就业促进法》第3条规定劳动者依法享有平等就业和自主择业的权利。

因此求职者及雇员作为享有平等就业权的主体，不应当因携带的“基因”遭受歧视。就业市场应当存在竞争，良性的竞争可以给就业市场带来更宽阔的发展前景。但就业基因歧视则人为地破坏这种良性竞争的机制，不利于就业市场中人力资源的自由流动。以上述“就业基因歧视第一案”为例，这种仅根据基因而不是劳动者的劳动能力、个人水平的录用方式实际上违背了平等就业权

---

11 朱伟：《中国社会反基因歧视的路径分析——伦理视角与框架》，载《伦理学研究》2014年第2期。

的理念，因携带致病基因而被剥夺就业权利就等于剥夺了公民按劳分配的可能。而未来基因检测可能被广泛用于职场，那么每个人都可能成为基因歧视的潜在受害者。如果放任这种歧视肆虐，则会在侵犯公民的就业平等权的同时破坏社会稳定。

（二）基因检测侵犯求职者及雇员的基因隐私权

如上文所述，基因检测技术不断发展的同时也有着侵犯被检测者基因隐私权的巨大风险。基因隐私权是隐私权的下位概念，隐私权作为人格权的重要内容之一，国际层面的《世界人权宣言》《公民权利和政治权利国际公约》，国内层面的《宪法》《刑法》《民法典》等众多法律均对其加以阐述。尤其《民法典》第 110 条、第 990 条、第 1032 条等条文中明文规定自然人享有隐私权。

而基因隐私权强调个体拥有对于维护自身基因私密性的权利，基因隐私权内涵广泛，主要包括基因信息的自主权、基因信息的保密权、基因信息的支配权以及基因信息的维护权等权利。但基因信息隐私权的权利行使不得对社会公共安全和利益有所危害。由于基因信息具有极强的隐私性质，如果泄露可能导致严重损害或被不法利用，甚至造成在就业等领域的基因歧视。以“就业基因歧视第一案”为例，因为原告实际上被迫接受检测并知晓了自身的基因信息，即使被告未将基因信息的内容对外公布，依旧侵犯了当事人的基因隐私权，因为基因隐私权保护当事人自愿检测、知晓自身的基因信息。实践中，就业基因歧视的常见表现形式之一就是强迫或者诱使求职者或雇员接受基因检测，从而进行不予录用、解雇、区别对待等行为，因此用人单位根据基因检测结果进行基因歧视实际上也间接侵犯了求职者及雇员的基因隐私权。

四、综观国际：反就业基因歧视的立法现状

当前世界各区域对反就业基因歧视的立法呈现水平参差、规定不一的状态。所以有必要对当前国际立法现状进行梳理，以取长补短，有所借鉴。

（一）国际组织的立法规定

国际层面主要通过禁止一切形式的基因歧视来对该问题进行规制，如《世界人类基因组与人权宣言》第 6 条规定任何人都不应受到基于遗传特征的歧视，欧洲理事会《欧洲人权与生物医学公约》第 11 条规定任何形式的基于一个人基因遗传的歧视均应禁止，以及《欧洲联盟基本权利宪章》第 21 条、《国际人类基因数据宣言》第 7 条、联合国经济及社会理事会第 2004/9 号决议、国际人类基因组组织《关于遗传研究正当行为的声明》和《关于人类基因组数据库的声

明》等。这些条文都对基于基因特征的歧视作出了直接或间接的禁止。但主要是从应然角度提出的义务性要求，缺乏刚性力量且仅具有有限的执行力。

基因科技的快速发展催生了就业基因歧视，就业基因歧视是传统就业歧视在当前高科技技术条件下的一种新形式。当下，随着基因技术的不断创新，反就业基因歧视已经成为各国政府共同面对的一项亟待解决的任务。[12]

而上述相关宣言声明恰恰为各国政府规制就业基因歧视提供了国际法层面的理论参考。

（二）具有代表性国家的立法现状

1. 美国：超前的专门立法

伴随基因技术的发展，美国从20世纪70年代开始就已采取一定的法律措施预防基因歧视。1990年的《美国残疾人法》是第一部为基因歧视提供实质性法律保护的联邦法律，该法覆盖了包括有身体或精神障碍、构成重大生命活动的严重限制、有此类障碍病史或记录，或被认为有这种缺陷的多种情形。该法禁止歧视并保护符合这一定义的人有同样的机会参与众多公共生活领域，如就业、购买商品和服务、政府服务、公共设施和电信领域。[13]

2000年，美国总统签署行政命令禁止联邦政府机关雇用员工时进行基因歧视，而早在1995年，就有国会议员提出表决保护个人基因信息的法案，不过当时多数议员认为该立法建议太过超前，随后基因科技的快速发展以及埃迪·科里事件的发生推动了反就业基因歧视立法进程。2008年美国联邦通过了《基因信息非歧视法》（The Genetic Information Non-discrimination Act，以下简称GINA法案），该法案共有三个部分，分别是“健康保险中的基因非歧视”“禁止基于基因信息的就业歧视”和“杂项规定”，其中禁止就业基因歧视条款适用于所有联邦政府机构、公立雇主以及雇用15名以上雇员的私立雇主。GINA法案第202条规定雇主请求、要求或购买与雇员或雇员家庭成员有关的遗传信息应是非法的雇佣行为，除非雇主无意中请求或要求雇员或雇员家庭成员的家庭病史、用于工作场所有毒物质生物效应的基因监测、为执法目的在法医实验室进行的DNA分析和符合《家庭和医疗休假法》中规定的情形等。[14]此外，包括《1973年康复法案》《1974年人员退休收入保障法案》和《公共健康服务法》在内的一些

12　胡玉浪：《论就业基因歧视及其防范对策》，载《山东大学学报（社会科学版）》2009年第5期。

13　What is the Americans with Disabilities Act (ADA)? ADA National Network, https://adata.org/learn-about-ada，最后访问于2022年3月12日。

14　See GINA SEC. 202. EMPLOYER PRACTICES.

法律也为反基因歧视提供了层面上的支持。[15] 即使 GINA 法案仍存在不足，但总体来说美国对就业基因歧视有较为良好的法律保障机制。

2. 加拿大：刑法的严厉介入

1991 年加拿大法律改革委员会在编写的一份报告中首次提出基因歧视的问题，该报告指出有一天基因歧视会发生在保险、婚姻和生育决定上，[16] 尽管歧视的证据相当有限，但对基于基因检测产生的焦虑似乎在弱势人群中普遍存在。[17]

2013 年 4 月 17 日，继对《加拿大人权法》和《加拿大劳工法》进行修订的几个反歧视法案以失败告终之后，自由派参议员詹姆斯·考恩在参议院提出了禁止和防止基因歧视的 S－218 法案，该法案扩大了先前法案的范围，增加了将基因歧视定为犯罪的条款。2015 年 12 月 8 日，考恩再次提出了 S－218 法案的新版本——S－201 法案。[18] 该法案于 2016 年 4 月 4 日在参议院获得通过，并于 2017 年 3 月 8 日在众议院获得通过，尽管没有得到内阁部长们的支持，但得到了多数自由派后座议员和反对党成员的支持。[19] 而后该法案获得了王室的批准，并于 2017 年 5 月 4 日以《基因非歧视法案》（The Genetic Non-discrimination Act，GNDA）为名生效。[20] GNDA 规定，任何个人或公司强迫某人接受基因测试或强迫某人透露这种测试的结果都是刑事犯罪。但也规定例外情况，允许医务人员和研究人员在提供有关个人书面同意的情况下进行某些活动，如使用或披露基因检测结果。[21] 在 GNDA 颁布之后，魁北克政府认为加拿大议会通过这项法案违反了宪法的权力划分。其指出该法案第 1—7 条关于刑事犯罪的规定可能侵犯了省在财产和公民权利方面的权力，包括省级对保险和就业部门的管辖

---

15 蒋月：《评美国反基因歧视法律实践及其启示》，载《政法论丛》2013 年第 6 期。

16 Law Reform Commission of Canada, Human Dignity and Genetic Heritage, prepared by Bartha Maria Knoppers, 1991.

17 Yann Joly et al. , Genetic Discrimination in Quebec: A flexible and proactive approach to address a complex social issue , Montreal: Centre of Genomics and Policy, 2017.

18 Bill S－201, An Act to prohibit and prevent genetic discrimination, 1st Sess, 42nd Parl. For a legislative summary of this Bill, see Julian Walker, Bill S－201, An Act prohibit and prevent genetic discrimination, online: 〈lop. parl. ca〉.

19 John Paul Tasker, Liberal backbenchers defy cabinet wishes and vote to enact genetic discrimination law, online: CBC News 〈www. cbc. ca〉.

20 SC 2017, c 3 [GNDA]; For a comment of the GNDA, see Kathleen Hammond, Unnecessary and Redundant? Evaluating Canada's Genetic Non－Discrimination Act, 2017, (2020) 98: 3 Can Bar Rev 480; We note that since its entry into force three years ago and to the best of our knowledge, there is no case law concerning the provisions of the GNDA, or the new provisions of the Canadian Human Rights Act and the Canada Labour Code relating to genetic discrimination.

21 See GNDA, art 5 and 6.

权。上诉法院认为GNDA违宪，2020年，最高法院审查了魁北克省上诉法院的判决，最高法的多数法官同意议会行使刑法权力的有效性并认可GNDA的合宪性，其中两名法官指出该法的真正目的是通过防止保险和就业领域的歧视性做法来保护健康。[22] 可以看出，在基因歧视的问题上，加拿大的立法措施更为严格。

（三）我国国内立法现状

当前我国反就业基因歧视的相关立法尚缺，《劳动法》第12条禁止就业中的民族、种族、性别、宗教信仰歧视，《就业促进法》第3条确认了平等就业权，并重申《劳动法》中的上述禁止歧视的事项。但在这些反歧视的事由中，都没有提及“基因”或“遗传特征”。我国《残疾人保障法》第3条和第34条规定禁止歧视残疾人，但并不适用于基因歧视，因为依照严格解释，残疾人不包括拥有“缺陷基因”的人。《就业促进法》第30条虽然规定用人单位招用人员不得以传染病病原携带者为由拒绝录用，但也不适用于基因歧视，因为致病基因并非“传染病病原”。在这些宣示性的条文中，既没有规定就业基因歧视的具体判断规则和救济途径，也没有具有执行力的专门机构，因此在司法实践中对被歧视者的法律救济大打折扣。

此外在基因规制的相关立法中，我国主要有《生物安全法》《人类遗传资源管理条例》《涉及人的生物医学研究伦理审查办法》等相关法律法规。上述法律法规强调了生物研究技术的相关规制，但关于基因歧视问题依旧尚未涉及。在基因权利保护方面，一直以来我国在保险和就业领域是否可以进行基因检测没有明确立法，在2021年1月1日正式实施的《民法典》单列人格权编，除了在人格权第六章规定隐私权和个人信息保护，以及第1009条对“基因编辑婴儿”事件的规范回应中提及“人体基因”外，并无有关“基因”的具体规定。

总体来看，我国当前在就业基因歧视方面立法较为缺失，已有的规定效力层级、规范程度较低，难以对就业基因歧视进行系统有效的规制。因此需要完善相关立法，以应对就业基因歧视带来的重大挑战。

五、路径探寻：我国就业基因歧视的立法应对之策

立法解决就业基因歧视最为可行和有效，因此我国可以在借鉴域外立法的基础上，立足当前实际，在反就业歧视制度化的发展形势下，寻求就业基因歧

22 Yann Joly, Erring In Law And In Fact: The Supreme Court Of Canada's Reference Genetic Non-Discrimination Act, 99 CAN. B. REV. 172 (2021).

视的应对之径。

（一）树立正确的理念导向

首先，反对就业基因歧视需要树立起保障求职者与雇员基本权利的理念导向，主要包括求职者与雇员的平等就业权和基因隐私权。在就业市场中，求职者或雇员相对于雇主来说属于弱势的一方，雇主以追求最大利润为目标，可能会滥用或误解求职者或雇员的基因信息从而造成基因歧视，禁止歧视不仅是为了保护社会弱势群体的需要，也是为了保障人生而平等的权利。其次，应当认识到，如果不对基因歧视加以制止，任何人都有可能因为携带某种“异常”基因而受到不公正的待遇。最后，我国应当在全球反就业基因歧视的进程中发挥大国力量，一方面不断吸收国际优秀经验和实践以完善国内相关立法，另一方面也要为国际反就业基因歧视的相关措施贡献中国力量和中国方案，以国内法影响国际法，提升中国在反就业基因歧视上的话语权。

（二）采取隐私权保护的立法模式

目前应对就业基因歧视的立法模式，学界主要共识有隐私权保护模式和禁止歧视模式两种，其中隐私权保护模式侧重事前保护，意图从根本上使雇主无法获取基因信息，从源头上禁止就业基因歧视；而禁止歧视模式则侧重事后保护，对雇主通过各种途径探知雇员及求职者的基因信息的行为并不明令禁止。

基因信息的特殊性在于其兼具私密性和敏感性，[23] 因此大部分国家如美国、加拿大等其在立法上多倾向于隐私权保护模式，禁止雇主获取基因信息。如加拿大 GNDA 法案规定禁止雇主根据雇员的基因信息进行歧视，除例外情况外不得收集雇员的基因信息。美国 GINA 法案规定雇主要求、询问或购买雇员的基因信息为非法行为。

同样，我国采取隐私权保护的立法模式也有其存在的基础，2020 年颁布的《民法典》在人格权编个人信息保护条款中首次提出了“生物识别信息”这一概念。那么存储在 DNA 之中，能够完整反映生物特征的人体基因信息，根据文义解释，也应当受到法律保护，此项概念的提出也确立了从隐私权角度预防基因信息泄露和就业基因歧视的可行路径。即原则上雇主不得强迫求职者或雇员进行与工作无关的基因检测，不得获取基因信息，除非在特殊情形下，如为了保障雇员的人身健康，第三人安全或者社会公共利益等。[24] 另外，当雇主得知

23 杨在会：《基因信息的应用场景及其私法规范》，载《医学与哲学》2021 年第 20 期。

24 李双元、刘琳：《美国规制职场基因歧视立法研究》，载《浙江社会科学》2013 年第 7 期。

雇员或求职者的基因信息时，无论出于什么原因，都不得对其进行就业基因歧视，否则将承担相应责任。

（三）拓展多途径权利救济路径

在对求职者及雇员的劳动权利进行保障时，美国GINA法案规定了三种救济途径：申诉、行政救济和司法救济。因此我国也可借鉴并拓展多途径救济路径。一是通过非司法解决途径，即向有关部门进行举报投诉获得救济。《就业促进法》第60条规定劳动行政部门对就业歧视实施监督检查和建立举报制度，因此可将劳动行政部门的职权扩大到对就业基因歧视这一特殊领域的相关争议的处理。二是参照他国设立平等就业机会委员会，发挥行政救济的功能。目前较多国家和地区如美国、加拿大、英国以及我国香港、台湾地区均设立了平等就业机会委员会等专门的反就业歧视机构以应对就业歧视。[25]因此未来立法可以参照成立平等就业机会委员会，处理包括就业基因歧视在内的各类就业歧视问题，进行调解或作出裁决，行使行政处罚权，[26]并在各地下设分支机构，实行垂直管理。[27]三是发挥司法救济作用。作为维护人民群众利益的最后一道防线，司法救济应当明确就业基因歧视的举证责任、法律适用、法律责任。上述各种程序之间应当协同配合、无缝衔接，保证具体争议快速有效落实解决。

（四）建立创新型权利保障机制

就业基因歧视影响着公民就业和社会稳定，立法应当考虑到充分利用社会政策加以解决。一直以来保险在分担政府的社会保障功能和社会风险管理上发挥着重要的作用，当前我国已经有新闻报道基因检测产品搭载保险的模式，[28]虽然处于探索阶段，但给了我们新的启发，即可以充分利用保险制度的优势。《健康保险管理办法》规定除家族病史外，保险公司不得非法搜集、获取、要求投保人提供遗传信息、基因检测资料，或者将其作为核保条件或进行费率浮动。该规定是否合理还留有探讨的空间，也有学者指出此种规定可能破坏保险法的

---

25 曹义孙、徐航：《中国制定“反就业歧视法”问题分析》，载《首都师范大学学报（社会科学版）》2015年第4期。

26 喻术红：《反就业歧视法律问题之比较研究》，载《中国法学》2005年第1期。

27 李雄、肖林彬：《我国制定〈反就业歧视法〉应当着重解决的问题》，载《职业技术教育》2011年第7期。

28 《生命科技助力保险，华大基因构建“预筛诊保治康”一体化解决方案》，载金融界，https：//baijiahao. baidu. com/s? id = 1717820706582256855&wfr = spider&for = pc，最后访问于2022年3月12日。

公平和最大诚信原则，但值得肯定的是，已经得知自身具有缺陷基因的人也可以进行投保获得救济。此外还可以设立基因保护基金，用于因携带致病基因而在就业等诸领域遭受歧视和损失的人的救济和用人单位因录用相关人员的补偿和激励，资金来源可以有多种途径和形式，如税收、捐赠等。因此，可以考虑通过上述保障机制，对就业基因歧视进行社会层面的补充救济。

结语

国际劳工组织指出，歧视不是一种例外或异常的现象，而是一种系统性现象，它经常根植于工作场所的运作方式中，并植根于普遍的文化和社会价值观和规范中。[29]就业基因歧视虽然尚未在我国强劲蔓延开来，但一旦开始，就可能成为职场中根深蒂固的毒瘤，如果我们的法律不能及时合理地应对，那么这一歧视也很可能牢固扎根在社会结构、制度体系和法律规范之中，破坏社会稳定。随着基因科技的发展，就业基因歧视会越发频繁。在当前反对就业歧视呼声日益高涨的背景下，就业基因歧视应当得到应有的关注，它不是影响单个人的利益，而是与每个人息息相关。因此考虑就业基因歧视的立法规制有着独特的时代背景和现实意义，尤其注意可以从隐私权保护的立法模式，包括行政救济和司法救济在内的多途径权利救济以及保险和基金等形式的新型权利保障机制方面考虑。此外公众的知情参与也尤为重要，立法应当广泛听取公众意见，而后也应当加强对人民群众的普法工作，鼓励被歧视者积极行使权利，在多重力量推动之下促进就业领域的公平与正义。

---

29 International Labour Organization, Equality at work, Tackling the challenges, international Labour Conference, 96th Session, 2007, Report I (B), p. 9.

基层行政执法的数字化路径分析

禹　明*

数字化时代的到来已经在社会的方方面面呈现出来，政府活动包括行政执法活动也正经历着相应的变革。互联网、大数据和人工智能共同驱动了第四次工业革命，[1] 数字技术在政府行政管理中的应用日益广泛，我国行政方式正在经历前所未有的数字化变革，[2] 行政执法的过程、方式以及效果都深受影响。

基层行政执法[3] 是最贴近人民群众日常生活的执法活动，基层街道乡镇的行政执法在维护社会正常运行方面发挥了积极作用，与其他层级行政执法分工、协调有助于行政执法体制机制的完善，并且相对而言也有其自身特征。尽管目前基层行政执法还存在选择性执法、功利性执法以及执法绩效考评等方面的问题，[4] 但基层行政执法的基本制度框架和运行机制已经建立，目前需要解决的问题主要是如何优化具体基层行政执法机制、规范执法权限和执法行为、追求最佳执法效果。基于这一考虑，整个社会的数字化发展对于基层行政执法有何影响、如何利用数字信息改进基层行政执法活动等问题就需要认真考量，数字化时代即将来临时，针对基层行政执法的特点进行适应性变革尤为必要。

---

* 禹明——武汉大学法学院博士研究生，深圳市光明区人力资源局局长，主要研究领域：宪法与行政法、法治政府。

1　参见水木然著：《工业 4.0 大革命》，电子工业出版社 2015 年版，第 6 – 40 页。

2　参见展鹏贺：《数字化行政方式的权力正当性检视》，载《中国法学》2021 年第 3 期。

3　在我国政府层级结构中，基层通常指乡镇、街道层次，基层行政执法即街道乡镇的行政执法活动。参见金国坤：《基层行政执法体制改革与〈行政处罚法〉的修改》，载《行政法学研究》2020 年第 2 期。

4　参见李坤：《管理注意价值取向下基层行政执法的困境与策略应对》，载《云南财经大学学报》2021 年第 6 期。

一、基层行政执法数字化的基础与限度

数字化时代的基层行政执法权配置中需要同时考虑数字化时代的特征和现实需求，充分运用数字化技术健全基层行政执法体制机制。同时，要尊重行政执法权运行的基本规律，合理运用而不能过度依赖数字信息和数字化技术，避免落入“互联网+基层政务服务”等数字化改革中的技术陷阱。[5]

（一）基层行政执法数字化的基础

行政执法是法律实施的具体方式之一，基于法律实施的规则依赖性、对人依赖性、资源依赖性和易受干扰性等特征，[6]基层行政执法的数字化改革要尊重行政执法权运行的基本规律，考虑基层行政执法的特征，并基于数字化时代的需求发展和完善执法机制。这几个因素构成基层行政执法数字化改造的基础。

行政执法权运行的关键是权力的合理配置，数字化时代对基层行政执法机制的发展也要抓住执法权配置的这一关键，用数字化技术服务于执法权行使，而不是根据数字化技术变更执法权的内容和结构。同时，要考虑基层行政执法的便捷管理需求、执法案件数量多、类型多等特征，着力运用数字化技术提升行政执法的效率、便捷性和公平性，着重从以下几个方面着手：一是确保执法的实质公平。利用数字化技术着力构建相对统一的基层行政执法标准，在具体执法层次提升执法的规范性、确保执法的公平性。二是着力提升行政执法效率。行政执法的效能原则要求提升行政执法效率，[7]基层行政执法应当通过执法效率的提升来应对案件数量较多的问题，应当建立简便高效、可以批量处理案件的执法机制。三是提升执法程序的便捷性。便民是基层行政执法的重要目标，相应执法机制的创新应当注重便捷性、方便群众办事或者接受处罚等处理，以较少的人力物力投入获得最佳的执法效果。

（二）基层行政执法数字化的限度

数字化是当今社会发展的基本特征之一，但是需要注意的是，数字化技术包括人工智能都是技术手段，在社会中的应用包括行政执法中的应用要有一定

5　参见袁琳：《论“互联网+基层政务服务”中的技术陷阱》，载《中国广播电视学刊》2019年第1期。

6　王红霞：《论法律实施的一般特性与基本原则——基于法理思维和实践理性的分析》，载《法制与社会发展》2018年第4期。

7　参见黄永忠：《论行政执法的基本原则》，载《中国行政管理》2002年第11期。

的限度，坚持其为人服务的定位，对“数据主义”保持警惕，[8]确保数字化技术服务与行政执法目标，而不是行政执法目标因数字化环境而改变。从根本上说，权力配置才是政府架构和运行的核心要素，[9]行政执法机制的建构和创新也要围绕行政执法权展开，数字化技术要服务于行政执法权的有效、规范运行。在此意义上，基层行政执法权的数字化改造要保持在一定的限度内。

首先，要明确数字化技术包括人工智能的工具定位，将其作为辅助行政主体决策、协助行政执法人员完成工作任务的工具，作出决策、决定的主体仍是行政主体及其工作人员，数字信息、自动化设备的处理结果要经过人工确认才能发生法律效力。不能以数字化工具替代执法人员的决策，即使运用自动化行政执法设备，其处理结果也要由执法人员进行认定。

其次，要合理确定数字化技术的使用限度，利用其便利性减轻行政主体及其工作人员、当事人的负担，但要保留当事人特别是老年人等特殊群体按照传统方式办理事务的权利，不能强制其使用数字化技术。在基层行政执法中应用数字化技术时，要同时出台配套措施解决老年人等特殊群体面临的“数字鸿沟”“数字障碍”[10]等问题。也就是说，在对基层行政执法进行数字化改造时，也要保留传统执法方式以适应特殊需求，或者为特殊人群提供运用数字设备的协助。

最后，要把握数字化技术应用的经济合理性限度，数字化设备和运维等成本不能超出基层政府的财政负担能力，对基层行政执法机制的数字化改造要降低执法成本、提升执法效率，避免付出成本而没有获得相应收益或者取得相应效果。数字化技术特别是自动化行政执法设备的应用不仅需要一次性投入，往往还需要长期的运行和维护成本投入，要进行成本效益评估以确定数字化技术应用的合理性。

二、基层行政执法数字化的实现途径

在确定基层行政执法数字化之基础与限度的前提下，基层行政执法的数字化变革要围绕执法权的有效行使这一核心要素展开，致力于运用数字化技术提升执法能力、规范执法权力运行、追求更好的执法效果。在具体推进路径上，基层行政执法的数字化要从执法要素的辨识入手，找出可以进行数字化改造、运用数字技术加以改进或者简化的执法要素，将数字技术融入其中，构成支撑

---

8 参见王国豫、梅宏：《构建数字化世界的伦理秩序》，载《中国科学院院刊》2021年第11期。

9 参见门中敏：《我国政府架构下的权力配置模式及其定型化》，载《中国法学》2021年第6期。

10 杨斌、金栋昌：《老年数字鸿沟：表现形式、动因探寻及弥合路径》，载《中州学刊》2021年第12期。

行政执法数字化改造的基础；进而，以数字技术的融入为手段，以优化行政执法权的运行结构和效率为目标，改造基层行政执法程序，作为行政执法机制创新的重点；同时，要推进基础支持平台建设、数字辅助机制建设，为基层行政执法的数字化变革提供硬件、人力资源方面的保障。最终以数字化为抓手建立和完善适应数字化时代需求的基层行政执法体制和机制。

（一）基本要素辨识是行政执法数字化的关键

基层行政执法的数字化首先要从行政执法要素的辨识入手，以执法要素的数字化支撑执法机制的数字化。数字化本质上是对各类信息的数字化，这就需要将执法要素模块化、标准化，以形成可以高效识别和传输的数字信息。行政执法的基本要素包括主体、行为、客体、法律依据等，都应当进行相对独立的模块化、标准化处理以适应数字化的需要。

行政执法过程要处理大量的信息，包括法律依据等文本信息、当事人身份等信息以及具体行政事务或者违法证据等信息，这些信息基本对应于行政法律关系的主体、权利义务内容以及客体的基本要素，[11]行政执法的数字化要对这些基本要素加以分析和类型化、标准化，区分出其中可以借助技术手段实现数字化的部分，进而确定对其进行数字化的方式、途径，以及相应的数字信息的应用条件和规范，从而实现对行政执法基本要素的数字化处理。例如，针对噪声污染违法的行政执法中，对噪声源发现、噪声量的测量等都可以借助特定技术装备来完成，实现对其中大部分信息的数字化处理，作为进一步开展行政处罚的证据，从而提升行政执法的准确度和效率。

（二）程序改造是基层行政执法数字化的基本内容

基层行政执法数字化要在执法要素数字化的基础上，对基层行政执法程序进行体系化改造，建立健全适应数字化要求的行政执法程序。这一过程就是将数字化的执法要素进一步串联、协调起来，呈现为融入了数字化要素的程序机制。

行政程序是行政主体作出行政行为的过程中所遵循的步骤、顺序、方法、方式以及时限的总和，[12]是规范行政权力行使的基本规则。基层行政执法的程序要遵循行政程序的总体要求，并结合基层行政执法的特点进行适应性改造，

---

11 参见罗豪才、湛中乐主编：《行政法学》（第四版），北京大学出版社 2016 年版，第 19－22 页。

12 罗豪才、湛中乐主编：《行政法学》（第四版），北京大学出版社 2016 年版，第 315 页。

例如针对轻微行政违法的处罚程序要适当简化等。[13] 基层行政执法的数字化变革主要体现在执法程序的数字化改造方面，即在基本执法要素数字化的基础上，以适当的方式将各要素更好地连接起来，提升整个行政执法程序的数字化水平。特别是网络化技术的发展，已经具备将各行政执法要素以新的方式连接起来的技术条件，例如对行政违法的证据进行收集和处理后，可以通过数字化传输途径自动交接到相应的办案人员手上，实现对违法情形的快速认定和快速处理。

（三）平台和设备是基层行政执法数字化的主要载体

基层行政执法的数字化要依托相应的数字化平台、数字信息处理程序以及数字技术设备设施等开展，即要具备相应的硬件和软件环境。行政执法的数字化就是以数字化技术、设备支撑和支持行政执法，这要依托于特定的数字化平台包括信息平台、信息处理平台以及信息技术设备来实现。

具体来说，一是要求信息平台的支持。基层行政执法中的数字化信息要有适当的汇集、处理和交换、查询平台，通过适当的平台才能最大限度发挥数字信息的效用。建设基层行政执法信息化平台要整合相关执法主体的资源，将各类数据收集设备、基础资料信息等汇总到平台共享，并合理设置使用权限，强化信息交流和多样化利用。二是要设计并不断优化行政执法应用程序，将行政执法主体与当事人联系起来，形成畅通的信息交流渠道，并利用应用程序处理简单的行政执法事务或者完成某些特定的行政执法环节，实现基层行政执法的网络化、数字化。三是充分利用数字化设备实施支持基层行政执法，包括数据采集设备、信息交流设备以及专门的执法信息化、自动化设备等。基层政府要根据财力、技术保障能力等合理安排基层行政执法的数字化硬件建设，并合理利用政府现有资源支持行政执法的数字化运行。

（四）配套措施的基层行政执法数字化的保障

基层行政执法的数字化需要保障机制跟进，包括专业技术支持队伍建设、执法人员数字技术培训等。没有足够的配套支持，基层行政执法等数字化难以推进。虽然近年来数字技术已经在全社会普及，但是其中的部分应用仍需要专业技术人员的支持，而且行政执法人员在数字化环境中执法也需要特别的技能，相应的人力资源支持体系是推进基层行政执法数字化变革的保障。基层行政执法数字化要建立健全相应的保障机制，包括财政的持续投入以维持数字化设备

13 参见郭渐强、龚瑜：《简化行政执法程序的探讨》，载《安徽理工大学学报（社会科学版）》2017 年第 1 期。

的工作状态，专职和兼职技术人员的配备以确保对数字化设备的充分和适当运用，以及对执法人员的培训以提升其数字化执法技能、确保执法工作的顺利开展。

上述几个方面是围绕基层行政执法程序的传统模式展开的，并致力于在其中植入和融合数字技术，从而改进行政执法机制。从广义上看，行政执法的数字化已经包括自动化行政执法方式的应用，但是相对而言，自动化行政执法中执法人员在更大程度上退出了执法过程，与通常所称的行政执法数字化相比还是有非常显著的特殊性，可以说是最特殊的数字化行政执法方式，在此单独讨论。

三、自动化行政执法方式的运用

随着人工智能、大数据等新技术在行政管理领域的扩展应用，行政执法的自动化已经得到了长足发展，自动化行政执法逐步成为重要而独特的执法方式。虽然还面临执法公正性等质疑，但也有适当的应对路径，[14]自动化行政执法是未来的发展方向，将在越来越多的领域和场景应用。而且，从法律的角度看，我们不需要彻底改变行政法才能让其在自动化程度越来越高的时代运作，[15]在法律框架下如何更好发挥自动化行政执法的作用是当前要关注的重点。

（一）自动化行政执法的适用空间

基层行政执法的特点是案件简单、重复性强、数量庞大，特别是部分配型的行政执法需要大量的日常重复工作，这是自动化行政执法发挥作用的适当领域，一方面可以最大限度发挥自动化行政执法的优势，实现对简单案件的快速、简化、批量处理，提升便利性；另一方面可以弥补乡镇行政执法人才队伍薄弱[16]的劣势，在事实上有效补充基层执法人员的不足。

同时，自动化行政执法并不能从根本上代替执法人员的工作，即使人工智能的应用越来越广泛，其自动化行政设备是否已经有意思表示能力、是否具有法律主体地位已有讨论，[17]但至少目前为止在执法和司法中的应用并未获得法律地位上的突破，社会并不相信人工智能作出的法律处理决定是可信的，例如虽然司法上智能辅助审判技术已经广泛应用，但仍要保障法官对案件裁判结果

---

14 参见李晴：《自动化行政处罚何以公正》，载《学习与探索》2022 年第 2 期。

15 Cary Coglianese, Administrative Law in the Automated State, 150 Dædalus 104 (2021).

16 江国华、姜梦婷：《乡镇行政执法改革的功能模式与配套机制》，载《河南财经政法大学学报》2021 年第 6 期。

17 参见秦梅玉：《自动化行政的兴起机器法律挑战》，载《社会科学动态》2021 年第 2 期。

的最终决定权。[18]因此，在基层行政执法的自动化改造中，也要明确自动化执法的辅助地位以及执法人员对案例处理结果的最终决定权，通过人工最终认定以及必要情形下的人工复核来实现对自动化执法的控制。

（二）自动化行政执法的适用条件

自动化行政执法的基本定位是提升行政执法效能的辅助工具，因此并不能将所有基层行政执法事务或者基层行政执法事务的全部任务都交由自动化行政设备来完成，而应当限定自动化行政执法的适用条件。

首先，自动化行政执法适用于流程标准化的行政执法领域。行政执法自动化的最大优势是用设备和程序完成重复性任务，执法任务的标准化程度越高，越容易转化为固定的信息格式进行自动化控制，从而交给自动化设备去完成，执法人员可以只控制处理结果。而且，如果出现需要人工复核的情况，标准化流程中的疑问和错误也更容易被发现。因此，已经有成熟、稳定的处理流程和处理标准的行政执法事务，是最适合交给自动化行政设备去完成的。

其次，自动化行政执法应当运用于相对简单的行政执法案件。相对而言，涉及的信息较多、信息更加特别的案件，是法律上难以处理的复杂案件甚至疑难案件，[19]需要更多的理论分析以及主观价值判断，因此不宜交由自动化行政设备去处理，即使运用数字技术，也是将其作为分析评价的要素来运用。自动化行政执法适宜处理的是法律上简单案件，即只需要特定信息，经过简单的推理即可得出处理结论的案件，其中法律适用、证据种类等都是简单而确定的，可以通过预先设置自动处理程序进行有效处理。

最后，自动化行政执法应当适用于当事人对自动执法不排斥、无异议的案件。一方面，由于认知水平、行为习惯的差异，部分当事人对于自动化行政执法本身是抗拒的，那么应当给予当事人当面陈述意见、与执法人员交流的机会，将自动化行政设备的数据仅仅作为证据使用，由执法人员完成执法任务。另一方面，对于当事人对自动化行政执法结果提出异议的情形，要及时启动执法人员介入程序，实现执法程序的人工接管，对当事人异议进行及时处置。总之，自动化行政执法要坚持当事人接受的适用条件，对于当事人不接受自动化执法程序或者结果的，要回到执法人员执法程序。

---

18 雷婉璐：《智能辅助审判技术下法官问责难题的破解路径》，载《哈尔滨工业大学学报（社会科学版）》2022年第2期。

19 参见葛云松：《简单案件与疑难案件——关于法源及法学方法的探讨》，载《中国法律评论》2019年第2期。

（三）自动化行政执法的适用规则

对自动化行政要建立健全法律控制规则，[20] 基层行政执法的自动化也需在完善的规则控制下运行，在满足以上适用条件的前提下，还要逐步完善以下规则实现对自动化行政执法的法律控制。

一是明确自动化行政执法的责任主体。将自动化行政执法定位为执法的辅助手段，就要明确对应的主体责任。原则上，自动化行政执法要与享有行政执法权的主体相联系，由执法权主体负责自动化行政设备的管理，特别是自动化行政执法结果的确认以及相应法律责任的承担。

二是完善自动化行政执法的过程控制规则。基层行政执法权主体运用自动化行政设备完成执法任务，要设计完善的自动化行政执法程序和步骤，包括证据收集、当事人申请或者提交其他意见、处理结果的分析等都应当依法进行规范设计，并且将基本的运作过程公开，接受当事人和社会公众的监督。

三是健全自动化行政执法的复核规则。对自动化行政执法的处理决定，原则上应当由执法人员复核后才能正式发出并产生法律效力，自动化行政执法程序中应当设置人工复核和认定程序。同时，对于当事人有不同意见或者出现其他疑问的情形，要建立专门对异议和异常情况的复核程序，确保自动化行政执法实质上仍然在执法人员的控制之下。当然，对于自动化行政执法的处理决定，也要像其他基层政府的行政行为一样接受司法审查。[21]

总之，自动化行政执法是基层行政执法数字化变革的重要内容，中央明确提出“推进数字政府”建设的背景下，基层政府应当着力推进自动化行政执法，同时要建立健全运用人工智能等技术手段进行行政管理的制度规则。[22] 需要警惕的是，数字社会中人对机器的依赖已经在一定程度上破坏了近代以来的主体性框架，[23] 但是自动化行政执法并不是要赋予执法机器以主体地位，至少在目前阶段，应当将其定位于行政执法的辅助手段和特殊渠道，是在行政主体控制之下的自动化机器，而非行政执法的主体。

20　参见胡国任：《自动化行政的法律控制》，载《克拉玛依学刊》2021 年第 2 期。

21　参见李小萍：《街道办事处实施行政处罚的司法审查：逻辑与路径》，载《江西社会科学》2021 年第 12 期。

22　参见《中共中央关于坚持和完善中国特色社会主义制度 推进国家治理体系和治理能力现代化若干重大问题的决定》（2019 年 10 月 31 日中国共产党第十九届中央委员会第四次全体会议通过）。

23　谢晖：《数字社会的“人权例外”及法律决断》，载《法律科学》2021 年第 6 期。

结语

基层治理的数字化转型是城市治理现代化的底座，是提升城市治理能力的基本途径。[24]大数据作为一种助推工具，能够为行政执法注入源源不断的生命力，促进行政执法的规范化、精准化、科学化和合理化，[25]并有效应对选择性执法[26]等问题。基层行政执法的数字化要顺应时代发展潮流，坚持以人民为中心的数字政府建设方向，[27]克服当前数字技术赋能乡镇政务服务存在理念转向滞后、技术基础薄弱等现实障碍，[28]明确目标、逐步完善规则，充分利用数字技术的优势并克服其不足，不断创新为行政执法体制改革、基层治理能力现代化建设贡献力量。

---

24 韩志明、马敏：《清晰与模糊的张力及其调适——以城市基层治理数字化转型为中心》，载《学术研究》2022 年第 1 期。

25 参见王从虎、门钰璐：《行政执法中应用大数据的问题探析》，载《兰州学刊》2020 年第 5 期。

26 参见黄锫：《为什么选择性执法？制度动因及其规制》，载《中外法学》2021 年第 3 期。

27 杨冬梅、单希政、陈红：《数字政府建设的三重向度》，载《行政论坛》2021 年第 6 期。

28 李晓昀、邓崧、胡佳：《数字技术赋能乡镇政务服务：逻辑、障碍与进路》，载《电子政务》2021 年第 8 期。

图书在版编目（CIP）数据

法治论坛．第66辑／广州市法学会编．—北京：中国法制出版社，2022.11

ISBN 978-7-5216-2730-5

Ⅰ．①法… Ⅱ．①广… Ⅲ．①法学-丛刊 Ⅳ．①D90-55

中国版本图书馆CIP数据核字（2022）第106324号

责任编辑：秦智贤　　封面设计：周黎明

法治论坛·第66辑

FAZHI LUNTAN · DI 66 JI

编者/广州市法学会

经销/新华书店

印刷/三河市紫恒印装有限公司

开本/710毫米×1000毫米　16开　　印张/20.25　字数/351千

版次/2022年11月第1版　　2022年11月第1次印刷

中国法制出版社出版

书号 ISBN 978-7-5216-2730-5　　定价：85.00元

北京市西城区西便门西里甲16号西便门办公区

邮政编码：100053　　传真：010-63141600

网址：http://www.zgfzs.com　　**编辑部电话：010-63141798**

市场营销部电话：010-63141612　　**印务部电话：010-63141606**

（如有印装质量问题，请与本社印务部联系。）

编辑部版权声明

《法治论坛》稿件要求和格式规范

一、稿件要求

1. 本出版物坚持正确的政治导向，秉承实用为先、学术为导的办刊理念，坚持学术为实践服务，具有原创性、前沿性、创新性、实用性、独特性的突出风格，文章要求未在公开发行的刊物发表。一经刊用，将向作者支付稿费。

2. 以学术质量过硬为刊用标准，恪守法律专业规范，来稿须侧重应用型、问题导向型研究，以法律实践中的热点难点问题为切入点进行理论探讨，具有较高的决策参考价值。

3. 文章要求观点鲜明、逻辑缜密、论据充分、格式规范。字数不超过15000字。图表须为可在word文档中编辑的格式。

4. 所有来稿请在正文末尾附上作者简介（包括法律职称、研究领域）、手机号码、通讯地址、邮政编码、电子邮箱，以便编辑及时联系作者退改稿件。

5. 投稿请用电子邮件方式，邮件主题：单位+作者姓名（例如北京大学法学院+张三）。

6. 提倡文责自负，反对抄袭剽窃。本出版物已获中国知网授权使用“学术不端文献检测系统”，查重率超过30%一律不予刊用。

二、格式规范

1. 正文要有内容提要和关键词。

2. 注解采用脚注形式，并用横线与正文隔开；序号左顶格，以数字1、2、3……标示，全文连续编排。引用的专著、杂志的文章和网络文章均用书名号。例：

范愉著：《纠纷解决的理论与实践》，清华大学出版社2007年版，第565页。

姜大伟：《离婚冷静期：由经验到逻辑——〈民法典〉第1077条评析》，载《华侨大学学报（哲学社会科学版）》2020年第4期。

引用期刊文章不需注明页码。援引自学位论文集的文章用书名号，学位论文集无需书名号，要有具体页码。引用学位论文集应当标明作者毕业的学术单位、年份和学位层级，例如：李小明：《准政府组织的行政法定位及其权利规制》，吉林大学2016年博士学位论文，第139页。

3. 文章正文法条使用阿拉伯数字表述，脚注法条同。

例：参见《中华人民共和国民法典》第1207条。

4. 不使用参考文献。如有参考文献，可转化为脚注。

5. 有纸质产品的情况下，不建议引用网站内容。如引用网站内容，请标明网站名字和频道、网址、最后访问时间。例：王利明：《标准合同的若干问题》，载中国民商法律网民事法学频道，http：//www. civillaw. com. cn/weizhang/default. asp？id=22250，最后访问于2022年1月26日。

6. 引用报纸要注明版面。例：胡云腾：《聚焦〈刑法修正案（十一）〉草案》，载《法制日报》2020年7月22日09版。

《法治论坛》2017年1月起入选南京大学CSSCI集刊目录，文章同时被中国知网（www. cnki. net）署名转载，如不同意转载，请在投稿时作出声明。

编辑部地址：广州市越秀区小北路113号8楼广州市法学会。邮编：510046

投稿方式：微信小程序搜索“广州市法学会”，进入后点击“我的”，选择“微信登陆”。进入主页点击《法治论坛》——我的文章——我要投稿。审核进度将以短信告知。

特别提醒：本出版物不收版面费及其他任何费用。任何个人或机构向作者索要版面费或其他费用的行为均为诈骗。

征文启事

我国宣布二氧化碳排放力争于2030年前达到峰值，努力争取2060年前实现碳中和，这一承诺彰显了我国对建设全球生态文明、构建人类命运共同体的责任担当，也对我国能源革命升级，推动经济与产业结构转型、经济增长方式转型提出了更高要求。为适应新形势新任务，我国正在加快制定、完善相关法律法规，为此，广州市法学会《法治论坛》围绕“双碳”法律问题研究这一主题面向全国开展征文。

征文内容涵盖“双碳”专项法律法规立法基本思路、主要内容、法律定位、适用范围、法律责任义务；双碳背景下衍生法律问题探讨：双碳背景下可再生能源法、电力法、煤炭法、财税法、金融法、科技法、循环经济法以及法律服务业的拓展探讨。

论文格式要求与《法治论坛》投稿要求一致，篇幅在6000－15000字（不包含脚注）之间。

请通过微信搜索进入“广州市法学会”小程序“课题/征文”栏目投稿。